सत्यकाशी

स्वर्णयुग का तीर्थ

(कल्कि अवतार का लीला क्षेत्र)

notionpress.com

सत्यकाशी
स्वर्णयुग का तीर्थ
(कल्कि अवतार का लीला क्षेत्र)

लव कुश सिंह "विश्वमानव"

सत्यकाशी पीठ
पांचवां और अन्तिम शंकराचार्य पीठ

Notion Press

Old No. 38, New No. 6
McNichols Road, Chetpet
Chennai - 600 031

First Published by Notion Press 2020

ISBN 978-16-48994-80-7

समर्पण

यह पुस्तक समर्पित है -

उन सभी खोजी आत्माओं को,

जो सत्य की ज्योति को अपने भीतर

और संसार के हर कोने में जलाना चाहते हैं।

भारतीय संविधान के धारा-51 (ए)

नागरिक का मौलिक कर्तव्य के अनुसार

01. संविधान के प्रति प्रतिबद्धता, इसके आदर्शों, धाराओं, राष्ट्रीय ध्वज व राष्ट्रीय गान का आदर करना।
02. स्वतंत्रता के लिए संघर्ष हेतु प्रेरित करने वाले सुआदर्शों का अनुकरण करना व उन्हें चिरस्थायी बनाना।
03. भारत की सर्वोच्चता, एकता और अखण्डता की रक्षा करना तथा समर्थन करना।
04. जब भी आवश्यकता पड़े देश की रक्षा करना व राष्ट्रीय सेवाओं हेतु समर्पित होना।
05. समाज में भाई-चारें की भावना का विस्तार करना, मातृत्व भाव, धार्मिक, भाषायिक, क्षेत्रीय विभिन्नताओं में एकता कायम करना तथा नारी सम्मान आदि का ध्यान देना।
06. अपने मिश्रित संस्कृति का मूल्यांकन करना उसको स्थायित्व देना और इसकी परम्परा को कायम रखना।
07. प्राकृतिक सम्पदा की रक्षा करना जिसमें जलवायु, जंगल, झील, नदियां, जंगली जीवों व समस्त जीवों के प्रति दया का भाव सम्मिलित है।
08. वैज्ञानिक भावना को प्रोत्साहित करना, मानवीय भावनाओं के स्वरूप की परख करते रहना।
09. जन सम्पत्ति की सुरक्षा करना और हिंसा आदि का परित्याग करना।
10. व्यक्तिगत, सामूहिक गतिविधियों के प्रत्येक क्षेत्र में सर्वोच्चता हासिल करना, जिससे राष्ट्र शतत उत्थान, प्रयत्न व प्राप्ति की ओर अग्रसर होता रहे।
11. जो कि माता-पिता या अभिभावक हो, वे अपने 6 साल से 14 साल के बच्चों को शिक्षा या अन्य ऐसे सुअवसरों का लाभ उन्हें मुहैया करावें।

मूल जीवन मंत्र

"हे प्रभु, तेरे प्यार में बस दो ही बातें है। एक तो अपना कल्याण करूँ, दूसरा तुझ जैसा बन सबका कल्याण करूँ"

विषय- सूची

भाग-1: काशी (सत्व)

भाग-2: जीवनदायिनी सत्यकाशी (तम)
(www.satyakashi.com)

भाग-3: सत्यकाशी: दृश्य काल के प्रथम और अन्तिम युग का तीर्थ
(www.satyakashi.com)

सत्यकाशी महायोजना

01. चार शंकराचार्य पीठ के उपरान्त 5वाँ और अन्तिम पीठ "सत्यकाशी पीठ"।
02. "सत्यकाशी महोत्सव" व "सत्यकाशी गंगा महोत्सव" आयोजन।
03. सार्वभौम देवी माँ कल्कि देवी मन्दिर-माँ वैष्णों देवी की साकार रूप
04. भोगेश्वर नाथ-13वाँ और अन्तिम ज्योतिर्लिंग
05. सत्यकाशी पंचदर्शन
06. ज्ञान आधारित मनु-मनवन्तर मन्दिर
07. ज्ञान आधारित विश्वात्मा मन्दिर
08. विश्वधर्म मन्दिर-धर्म के व्यावहारिक अनुभव का मन्दिर
09. नाग मन्दिर
10. विश्वशास्त्र मन्दिर (Vishwshastra Temple)
11. एक दिव्य नगर-सत्यकाशी नगर
12. होटल शिवलिंगम्-शिवत्व का एहसास
13. इन्द्रलोक-ओपेन एयर थियेटर
14. हस्तिनापुर-महाभारत का लाइट एण्ड साउण्ड प्रोग्राम
15. सत्य-धर्म-ज्ञान केन्द्र: तारामण्डल की भाँति शो द्वारा कम समय में पूर्ण ज्ञान
16. सत्यकाशी आध्यात्म पार्क
17. वंश नगर-मनु से मानव तक के वंश पर आधारित नगर
18. 8वें सांवर्णि मनु-सम्पूर्ण एकता की मूर्ति (Statue of Complete Unity)
19. विस्मृत भारत रत्न स्मारक (Forgotten Bharat Ratna Memorial)
20. विश्वधर्म उपासना स्थल-उपासना और उपासना स्थल के विश्वमानक (WS-00000) पर आधारित
21. सत्यकाशी ब्रह्माण्डीय एकात्म विज्ञान विश्वविद्यालय

(Satyakashi Universal Integration Science University-SUISU)

पाँचवें युग-स्वर्णयुग के तीर्थ सत्यकाशी क्षेत्र में प्रवेश का आमंत्रण

01. सत्यकाशी क्षेत्र निवासीयों को आमंत्रण
02. काशी (वाराणसी) को आमंत्रण
03. धार्मिक संगठन/संस्था को आमंत्रण
04. रियल इस्टेट/इन्फ्रास्ट्रक्चर व्यवसायिक कम्पनी को आमंत्रण
05. रियल इस्टेट एजेन्ट को आमंत्रण

सत्यकाशी महायोजना-प्रोजेक्ट को पूर्ण करने की योजना

धर्म स्थापनार्थ दुष्ट वध और साधुजन का कल्याण कैसे और किसका?

भाग-4: समष्टि धर्म दृष्टि

अनिर्वचनीय कल्कि महाअवतार भोगेश्वर श्री लव कुश सिंह "विश्वमानव" का मानवों के नाम खुला चुनौती पत्र

अनिर्वचनीय कल्कि महाअवतार का काशी-सत्यकाशी क्षेत्र से विश्व शान्ति का अन्तिम सत्य-सन्देश

भाग-5: परिवर्तन

सीधी समझ
नये भारत में, नये मनुष्य के उदय के लिए
व्यवस्था के परिवर्तन या सत्यीकरण का पहला प्रारूप और उसकी कार्य विधि
वे शब्द जिसके बिना युग परिवर्तन सम्भव नहीं

भाग-6: केन्द्र या मध्य (भारत) में पांचवां और अन्तिम सत्यकाशी पीठ

सत्यकाशी पीठ: स्थान
सत्यकाशी पीठ: इतिहास और उद्देश्य
पाँचवाँ और अंतिम शंकराचार्य पीठ: इसकी विशेषता

भाग-7: सत्यकाशी पीठ के कार्य

धारा-उद्धार: धर्म की पुनर्स्थापना
मनुष्य चेतना का रूपांतरण
साधना, दीक्षा और आध्यात्मिक अनुष्ठान
वैश्विक कार्य: मानवता के लिए संदेश
शिव-तत्व और कल्कि-तत्व का मिलन
"सार्वभौम सत्य-सिद्धान्त" पर आधारित "युग परिवर्तन श्रृंखला" के नवयुग के शास्त्र-साहित्य

मुख पृष्ठ की व्याख्या

यह आवरण एक दिव्य, अलौकिक और भविष्य-संस्कृत भारत की झलक प्रस्तुत करता है-ऐसा भारत जो धरती और स्वर्ग के संयोग-स्थान जैसा प्रतीत होता है। मुख पृष्ठ के केंद्र में एक विशाल, जीवनदायी, आकाश-स्पर्शी *विश्व-वृक्ष* खड़ा है, जिसकी शाखाओं पर एक अद्‌भुत स्वर्णनगरी बसी हुई है। यह वृक्ष केवल प्रकृति का प्रतीक नहीं, बल्कि *चेतना, ज्ञान और धर्म की अनन्त धुरी* के रूप में दिखता है-मानो सत्य का मूल स्रोत स्वयं इसी वृक्ष से प्रवाहित हो रहा हो।

स्वर्णिम किरणों से घिरा इसके शीर्ष पर स्थित दिव्य मण्डल "सत्यप्रकाश" का प्रतीक है-जो यह बताता है कि सत्यकाशी कोई साधारण तीर्थ नहीं, बल्कि *नवयुग का प्रथम प्रकाश-स्तम्भ*, स्वर्णयुग का आध्यात्मिक द्वार है। आसमान में उड़ते अनेक दिव्य-रथ, अद्‌भुत नौकाएँ और विश्व-वृक्ष से उतरती चमकती आभाएँ यह संकेत देती हैं कि यह स्थान केवल पृथ्वी का नहीं, बल्कि लोकों को जोड़ने वाला एक *सर्वलोक-तीर्थ* है।

मुख पृष्ठ के निचले भाग में विस्तृत हरियाली, शांत नदी, प्राचीन मन्दिर, पुल और घाट एक ऐसे भविष्य की छवि रचते हैं जिसमें आध्यात्मिकता और सभ्यता का अद्‌भुत संतुलन है-न तो अतीत की दरिद्रता, न वर्तमान की अव्यवस्था, बल्कि एक *सुसंस्कृत, दिव्य और न्यायमय स्वर्णयुग*। दायीं ओर खड़ा एक तपस्वी-मानो युगों पहले का कोई ऋषि-इस तेजस्वी नगरी को निहारते हुए प्रतीत होता है, जो बताता है कि यह स्थान रुषियों की साधना-भूमि भी है और भावी मानवता का केंद्र भी।

पूरा मुख पृष्ठ स्वर्ण, नीले और हरे रंगों की दिव्य छटा में नहाया हुआ है-जो मन में श्रद्धा, विस्मय और आशा तीनों को एकसाथ जगाता है। नीचे अंकित "सत्यकाशी पीठ: पाँचवां और अन्तिम शंकराचार्य पीठ" यह स्पष्ट कर देता है कि यह पुस्तक केवल किसी स्थान-विशेष का वर्णन नहीं, बल्कि *युग-परिवर्तन, नये धर्म-सत्य* और *आंशिक नहीं-पूर्ण मानव विकास* की एक आध्यात्मिक घोषणा है।

समग्र रूप से यह मुख पृष्ठ "सत्यकाशी" को एक ऐसे तीर्थ के रूप में प्रस्तुत करता है जो आने वाले स्वर्णयुग का आध्यात्मिक हृदय है-जहाँ भविष्य, धर्म, विज्ञान, प्रकृति और चेतना-एक ही दिव्य मंच पर एकत्र हो जाते हैं।

भूमिका

सत्यकाशी – *स्वर्णयुग का तीर्थ* केवल एक पुस्तक नहीं, बल्कि उस विराट दृष्टि का उद्घोष है जो मानवता को विभाजन, संघर्ष और अज्ञान के युग से उठाकर एक ऐसे विश्व की ओर ले जाने का संकल्प करती है जहाँ धर्म, विज्ञान, समाज और चेतना-चारों मिलकर एक ही सार्वभौमिक सत्य की ओर प्रवाहित होते हैं।

यह ग्रंथ बताता है कि सत्यकाशी कोई साधारण नगर-कल्पना नहीं, बल्कि ब्रह्माण्डीय एकात्म बुद्धि से निर्मित वह दिव्य सभ्यतामूलक केन्द्र है जहाँ मानव जीवन का प्रत्येक पक्ष-आध्यात्मिक अनुभव, ज्ञान, रचनात्मकता, शिक्षा, संस्कृति, सामाजिक संगठन, पारदर्शी शासन, मानवीय एकता और ब्रह्माण्डीय विज्ञान-सत्य-सिद्धान्त के अंतर्गत सुसंगठित रूप से विकसित होता है। यहाँ विश्वशास्त्र मन्दिर, ब्रह्माण्डीय एकात्म विज्ञान विश्वविद्यालय (SUISU), विश्वधर्म उपासना स्थल, सत्य-धर्म-ज्ञान केन्द्र, दिव्य प्रकाश-नगर, सप्त-लोकों व अवतार परंपरा का साक्ष्य आधारित अध्ययन, और मानवता को स्वर्णयुग की ओर ले जाने हेतु अनेक परियोजनाएँ-सब मिलकर एक ही उद्देश्य की पूर्ति करती हैं: मनुष्य को "जानने" के मार्ग पर स्थापित करना, न कि केवल "मानने" के बोझ में दबाना।

यह भूमिका हमें बताती है कि सत्यकाशी वह प्रस्थान-बिंदु है जहाँ शास्त्रों की दीर्घ परंपरा में कही गई भविष्यवाणियाँ प्रत्यक्ष रूप में साकार होती हैं-वामन से लेकर कल्कि तक की अवतार परंपरा, विश्व एकता की मूर्ति, मनु से मानव तक के वंश की पुनर्स्थापना, और मानव जाति को नए क्रम, नई चेतना और नई सभ्यता की ओर ले जाने का संगठनात्मक एवं दार्शनिक ढाँचा। यहाँ प्राकृतिक सत्य मिशन, ईश्वरीय समाज, विश्व राजनीतिक पार्टी संघ, शिक्षा-प्रणालियाँ, राष्ट्र-निर्माण की योजनाएँ और ज्ञान-कर्मज्ञान पर आधारित सामाजिक पुनर्गठन-इन सबका उद्देश्य एक वैश्विक मनुष्य का निर्माण है जो धर्म, जाति, भूगोल, भाषा और विचारों की संकीर्णताओं से परे, सार्वभौमिक सत्य-सिद्धान्त के आलोक में जीए।

सत्यकाशी, स्वर्णयुग का यह तीर्थ, इस पुस्तक में एक ऐसा जीवंत भविष्य प्रस्तुत करता है जो केवल कल्पना नहीं, बल्कि शास्त्रीय आधारों, ऐतिहासिक संकेतों, प्रत्यक्ष अनुभवों और दैवी समय-क्रम के संयोग से निर्मित हुआ है-जहाँ मनुष्य अपनी आत्मा की पूर्ण जागृति के साथ विश्वमानव बनकर उभरता है, और पृथ्वी एक ऐसे समाज की ओर बढ़ती है जिसमें सबके लिए एक समान ज्ञान, एक समान धर्मतत्व, एक समान मानव-मूल्य और एक समान ब्रह्माण्डीय चेतना का अनुभव संभव हो सके। यही सत्यकाशी का स्वर्ण संदेश है-*कि नया युग किसी बाहरी चमत्कार से*

नहीं, बल्कि मानव के भीतर जागे सत्य से आरम्भ होता है; और वही सत्य इस पुस्तक के प्रत्येक पृष्ठ में एक दिव्य तीर्थ की तरह प्रवाहित है।

✍ ***लव कुश सिंह "विश्वमानव"***

एक शोधक, चिंतक और मार्गदर्शक, जिन्होंने अपना जीवन *मानवता, आत्मा और नव-सृष्टि* के अध्ययन एवं लेखन को समर्पित किया है।

- प्रमुख ग्रंथ: *विश्वशास्त्र*
- दृष्टि: *नव-मनुष्य और नव-संसार का निर्माण*

भाग-1

काशी (सत्व)

शिव

तीसरी आँख (Third Eye)

योगेश्वर (ज्ञान का विश्वरूप) और भोगेश्वर (कर्मज्ञान का विश्वरूप)

ज्योतिर्लिंग: अर्थ और द्वादस (12) ज्योतिर्लिंग

ज्योतिर्लिंगों का स्थान

काशी

मोक्षदायिनी काशी और जीवनदायिनी सत्यकाशी: अर्थ व प्रतीक चिन्ह

शिव

पौराणिक वंश के मनुर्भरत वंश की उत्तानपाद शाखा में 6वें मनु चाक्षुष और वर्तमान में चल रहे 7वें मनु वैवस्वत मनु हुए और इस शाखा से ही भारतीय राजवंश चला तथा 45वें पीढ़ी के प्रजापति दक्ष पर समाप्त हुआ। सुसंगठित सभ्य समाज का गठन करने वाले पृथुवैन्य तथा प्रचेतस् उत्तानपाद शाखा में ही हुए हैं। भारतीय संस्कृति का इतिहास (पृष्ठ-93) आचार्य चतुरसेन के अनुसार-चाक्षुष मन्वन्तर में बड़ी-बड़ी घटनाएँ हुईं है। भरतवंश का विस्तार हुआ। राजा की मर्यादा स्थिर हुई। पृथुवैन्य को संसार का प्रथम राजा घोषित किया गया। राज परिषद् धारण किये गये। राज व्यवस्था आधारित की। इसी के नाम पर भूमि का नाम पृथ्वी पड़ा। इसी काल में वेद रचना आरम्भ हुई। भूमि सम की गई। कृषि का आरम्भ हुआ। नगर गांव बसाये गयें। इस वंश के राजा प्रचेतस ने जंगलों को जलाकर भूमि को साफ किया और खेती कराई।

मनुर्भरत वंश की उत्तानपाद शाखा से 36वें पीढ़ी के प्रजापति व 6वें मनु चाक्षुष मनु थे। इनके वंशज 10 पीढ़ी तक प्रजापति रहे। 46वें पीढ़ी के दक्ष इनमें से अन्तिम प्रजापति थे। स्वायंभुव मनु के तीसरी पीढ़ी में दूसरे पुत्र उत्तानपाद से दो पुत्र 1. उत्तम (उत्तमजायी पठान हो गये) व 2. ध्रुव हुये। स्वायंभुव मनु के चौथी पीढ़ी में ध्रुव से एक पुत्र श्लिष्ठ/भव्य हुये। स्वायंभुव मनु के पाँचवी पीढ़ी में श्लिष्ठ से 5 पुत्र 1. ऋभु 2. रिपुन्जय 3. वीर 4. बृकल 5. वृक हुए। स्वायंभुव मनु के छठीं से पैंतीस पीढ़ी अज्ञात है। 36वें पीढ़ी में 6वें मनु चाक्षुष मनु थे। ऐतरेय ब्राह्मण (8. 4. 1) के अनुसार चाक्षुष मनु के 6 प्रतापी पुत्र 1. अत्यराति, जानन्तिपति अर्मीनिया की अराट जाति, 2. अभिमन्यु, मन्युपुरी या सुषानगर के दो पुत्र मन्यु (मन्यु जाति ग्रीक देश) व केशी (केशीवर जाति परशिया देश) 3. सुघुम्न 4. पुर 5. तपोरत 6. उर (उर लोक, उरजन, करतार, चालडिया) के चार पुत्र इलावृत (एलामवंश ईरान), बेबिल (बेबिल जाति बेबिलोनिया), अंगिरा (अंगिरा जाति अंकारा एवं टर्की) व अंग हुए। उर के पुत्र अंगिरा को समुद्रपर्यन्त पृथ्वी का स्वामी कहा गया है। अंगिरा की राजधानी पुर थी, जिसके नाम पर पुरसिया नामक एक स्थान एलबुर्ज (ईरानी बैकुंठ) के समीप है। अंग से बेन, बेन से पृथवेन, पृथवेन से अंतरद्धान, अंतरद्धान से हविद्र्धान, हविद्र्धान से प्राचीन (वर्हिर्षि), वर्हिर्षि से पाँच पुत्र प्रचेतस दक्ष, वृष्ण, वज्र, आजब व गय हुये। इसी वंश को उमा-सती घटना में शिव ने नष्ट कर दिया था। दक्ष का अन्तिम वंश कितनी पीढ़ी तक चला इसका प्रमाण नहीं मिलता परन्तु दक्ष वंश की कन्याओं के विवाह से यह लगभग 22 पीढ़ी तक चलने का अनुमान लगाया जाता है क्योंकि आगे आने वाली पीढ़ीयों में ब्रह्मा के पुत्र मरीच, मरीच के पुत्र कश्यप, अष्टवसु धर का विवाह दक्ष वंश में ही हुआ था।

स्वायंभुव मनु से लेकर दक्ष वंश तक का काल सत्ययुग काल कहा गया। इसी दक्ष वंश के प्रजापति उर के वंशजों का एक राज्य कर्तार प्रदेश (वर्तमान कतर) में था जहाँ का राजा सर्वप्रथम विष्णु कर्तार नाम से हुआ। इस गद्दी पर बैठने वाले सभी विष्णु कर्तार कहलाये। गद्दी पर बैठने वाले पाँचवें विष्णु कर्तार के पुत्र का नाम नाभि

कर्तार, और नाभि कर्तार के पुत्र का नाम कमल कर्तार, और कमल कर्तार के पुत्र का नाम ब्रह्मा कर्तार था। विष्णु कर्तार के साम्राज्य का विस्तार प्रथम विष्णु कर्तार ने वर्तमान क्षीर सागर तथा अराल सागर तक फैलाया। इन सागरों के आस-पास नागवंशीयों तथा गरूण वंशीयों का साम्राज्य था जिसे प्रथम विष्णु ने विजित कर अपने अधीन कर लिया। ब्रह्मा कर्तार ने ही सर्वप्रथम वेदों की ऋचाओं की संरचना एवं संकलन किया।

पुराणों में विष्णु कर्तार व ब्रह्मा कर्तार ही विष्णु और ब्रह्मा के नाम से दिखाये गये हैं। शिव के बारे में आगे तथ्य मिलेंगे। इस प्रकार यह पौराणिक वंशावली चलती गई।

ब्रह्मा (ज्ञान) के 10 मानस पुत्रों 1. मन (विचार से ज्ञान प्राप्त करने वाले) से मरीचि, 2. नेत्रों (देखकर ज्ञान प्राप्त करने वाले) से अत्रि, 3. मुख (वाणी से ज्ञान प्राप्त करने वाले) से अंगिरा, 4. कान (सुन कर ज्ञान प्राप्त करने वाले) से पुलस्त्य, 5. नाभि (केन्द्र से ज्ञान प्राप्त करने वाले) से पुलह, 6. हाथ (कर्म से ज्ञान प्राप्त करने वाले) से कृतु, 7. त्वचा (स्पर्श से ज्ञान प्राप्त करने वाले) से भृगु, 8. प्राण (श्वास से ज्ञान प्राप्त करने वाले) से वशिष्ठ, 9. अँगूठे (आत्मा से ज्ञान प्राप्त करने वाले) से दक्ष तथा 10. गोद (प्रेम से ज्ञान प्राप्त करने वाले) से नारद उत्पन्न हुये। मरीचि ऋषि, जिन्हें "अरिष्टनेमि " के नाम से भी जाना जाता है, का विवाह देवी कला से हुआ। संसार के सर्वप्रथम मनु-स्वायंभुव मनु की पुत्री देवहूति से कर्दम ऋषि का विवाह हुआ था। देवी कला कर्दम ऋषि की पुत्री और विश्व का प्राचीन और प्रथम सांख्य दर्शन को देने वाले कपिल देव की बहन थी। मरीचि ऋषि द्वारा देवी कला की कोख से महातेजस्वी दो पुत्र 1. कश्यप और 2. अत्रि हुये। 1. कश्यप से सूर्य वंश और ब्रह्म वंश तथा 2. अत्रि से चन्द्र वंश का आगे चलकर विकास हुआ।

त्रेता युग के प्रारम्भ में ब्रह्मा के मारीचि नामक पुत्र के प्रथम पुत्र कश्यप (द्वितीय पुत्र अत्रि) हुए (वायु पुराण, 6. 43)। दक्ष वंश की 60 कन्याओं में से 10 कन्याओं का विवाह धर्म के साथ, 13 कन्याओं का विवाह महर्षि कश्यप के साथ, 27 कन्याओं का विवाह चन्द्रमा के साथ, 2 कन्याओं का विवाह भूत के साथ, 2 कन्याओं का विवाह अंगीरा के साथ, 2 कन्याओं (पुलोमा और कालका, इनसे पौलोम और कालकेय नाम के साठ हजार रणवीर दानवों का जन्म हुआ जो कि कालान्तर में निवातकवच के नाम से विख्यात हुए।) का विवाह कश्यप के साथ और शेष 4 कन्याओं (विनता, कद्रु, पतंगी व यामिनी) का विवाह भी तार्कष्यधारी कश्यप के साथ ही कर दिया।

भागवत पुराण, मार्कण्डेय पुराण के अनुसार महर्षि कश्यप का विवाह दक्ष वंश की 13 कन्याओं से हुआ जिनके नाम हैं-1. दिति, 2. दनु, 3. क्रोधवशा, 4. ताम्रा, 5. काष्ठा, 6. अरिष्ठा, 7. सुरसा, 8. इला, 9. मुनी, 10. सुरभि, 11. शरमा और 12. तिमिय 13. अदिति। इन 13 स्त्रीयों से 13 मानव जातियाँ बनीं और इनसे इस वंश का विस्तार होता गया। कश्यप एक गोत्र का भी नाम है। यह बहुत व्यापक गोत्र है। जिसका गोत्र नहीं मिलता उसके लिए कश्यप गोत्र की कल्पना कर ली जाती है, क्योंकि एक परम्परा के अनुसार सभी जीवधारियों की उत्पत्ति कश्यप से हुई। इन्ही से ही सृष्टि का सृजन हुआ और जिसके परिणामस्वरूप महर्षि कश्यप जी "सृष्टि के सृजक" कहलाए।

कश्यप की 13. अदिति नामक स्त्री से आदित्य (सूर्य) उत्पन्न हुए। अदिति, मनुर्भरतवंश के 45वीं पीढ़ी में उत्तानपाद शाखा के प्रजापति दक्ष की पुत्री थी (बृहद्वेता, 3. 57)। प्राचीन विश्व में प्रमुख 2 वंश 1. सूर्य वंश और 2. ब्रह्म वंश इन्हीं की सन्तानों से विकसित हुए।

प्राचीन विश्व में 2 वंश ही प्रमुख रूप से प्रचलित रहें हैं-1. सूर्य वंश और 2. चन्द्र वंश। सूर्यवंश (सूर्य उपासक) और चन्द्रवंश (चन्द्र उपासक), इन दो वंशों से ही क्षत्रियों की उत्पत्ति हुई है। सूर्यवंश के मूल पुरूष सूर्य तथा चन्द्रवंश के प्रथम पुरूष बुध दोनों के नाना मनुर्भरत दक्ष प्रजापति थे। ये दोनों आपस में मौसेरे भाई थे। इन वंशों के बीच आपस में वैवाहिक सम्बन्ध होते थे।

कश्यप-अदिति के आदित्य (सूर्य)-इनकी चार पत्नीयाँ 1. तपसी 2. संज्ञा, 3. बडवा और 4. छाया थी। चारो पत्नीयों से कुल 16 पुत्र (पत्नी संज्ञा से एक यम, पत्नी बडवा से बारह पुत्र, पत्नी तपसी से एक और पत्नी छाया से दो पुत्र) हुये।

सूर्य की पत्नी 2. संज्ञा से यम नामक पुत्र और यमी नामक पुत्री थी। यम की दो पत्नीयाँ 1. संध्या और 2. वसु थी। यम की पहली पत्नी संध्या से सांध्य (सीदीयन जाति) पुत्र हुये जिनके तीन पुत्र 1. हंस (जर्मन जाति) 2. नीप (नेपियन जाति) 3. पाल (पलास जाति)। यम की दूसरी पत्नी वसु से 8 पुत्र 1. धर 2. धुन 3. सोम 4. अह 5. अनिल 6. अनल 7. प्रत्यूष और 8. प्रभाष पैदा हुये जो अष्टवसु कहलाये। अष्टवसु धर की पत्नी उमा से महाप्रतापी पुरूष त्रयम्बक रूद्र पुत्र उत्पन्न हुए थे जिन्हें शिव की उपाधि मिली। यही रूद्र शिव शिवदान (वर्तमान सूडान) प्रदेश के राजा थे जिन्हें दक्ष ने अपनी पुत्री उमा के विवाह में दान में दिया था। यही उमा अपने पति का अपमान न सहन कर सकने के कारण अपने पिता के यज्ञ कुण्ड में कूदकर आत्मदाह कर लिया था। इस पर क्रुद्ध होकर शिव ने इस वंश का नाश ही कर दिया था और यहीं से उमा का नाम सती हो गया।

शिव गद्दी पर बैठने वाले सभी राजा शिव कहलायें। इस वंश में 12 चक्रवर्ती राजा हुये। शेष अन्य छोटे राजा थे। इस प्रकार कुल 52 साम्राज्य शिव वंश के थे। शिव वंश का साम्राज्य वर्तमान भारत का शैव पीठ, ईरान का रूद्रवर क्षेत्र, वर्तमान अफ्रीका के सूडान (शिवदान), वर्तमान उमा प्रदेश (उर्मिया झील के आस-पास का क्षेत्र), बगदाद का उत्तरी हिस्सा, कुर्दिस्तान का दक्षिणी भाग, अरब के काव्य क्षेत्र काबा तक स्थापित था। इसके अतिरिक्त एशिया माइनर सरवन प्रदेश तथा वाणासुर की राजधानी "वन" में रूद्र शिव का निवास रहा। रूद्र शिव से 11 कुल चले जिनसे द्रविण और हूण जाति का विकास हुआ।

शिव, ईश्वर का रूप हैं। हिन्दू धर्म के प्रमुख देवताओं में से हैं। वेद में इनका नाम रुद्र है। यह व्यक्ति की चेतना के अन्तर्यामी हैं। इनकी अर्धांगिनी (शक्ति) का नाम पार्वती है। इनके पुत्र स्कन्द और गणेश हैं। शिव अधिक्तर चित्रों में योगी के रूप में देखे जाते हैं और उनकी पूजा लिंग के रूप में की जाती है। भगवान शिव को संहार का देवता कहा जाता है। भगवान शिव सौम्य आकृति एवं रौद्ररूप दोनों के लिए विख्यात हैं। अन्य देवों से शिव को भिन्न माना गया है। सृष्टि की उत्पत्ति, स्थिति एवं संहार के अधिपति शिव हैं। त्रिदेवों में भगवान शिव संहार के देवता माने गए हैं। शिव अनादि तथा सृष्टि प्रक्रिया के आदिस्रोत हैं और यह काल महाकाल ही ज्योतिषशास्त्र के आधार हैं। शिव का अर्थ यद्यपि कल्याणकारी माना गया है, लेकिन वे हमेशा लय एवं प्रलय दोनों को अपने अधीन किए हुए हैं।

शिव में परस्पर विरोधी भावों का सामंजस्य देखने को मिलता है। शिव के मस्तक पर एक ओर चंद्र है, तो दूसरी ओर महाविषधर सर्प भी उनके गले का हार है। वे अर्धनारीश्वर होते हुए भी कामजित हैं। गृहस्थ होते हुए भी श्मशानवासी, वीतरागी हैं। सौम्य, आशुतोष होते हुए भी भयंकर रुद्र हैं। शिव परिवार भी इससे अछूता नहीं हैं। उनके परिवार में भूत-प्रेत, नंदी, सिंह, सर्प, मयूर व मूषक सभी का समभाव देखने को मिलता है। वे स्वयं द्वंद्वों से रहित सह-अस्तित्व के महान विचार का परिचायक हैं।

तीनों भुवनों की अपार सुंदरी तथा शीलवती गौरां को अर्धांगिनी बनाने वाले शिव प्रेतों व पिशाचों से घिरे रहते हैं। उनका रूप बड़ा अजीव है। शरीर पर मसानों की भस्म, गले में सर्पों का हार, कंठ में विषधर, जटाओं में जगत-तारिणी पावन गंगा तथा माथे में प्रलयंकर ज्वाला है। बैल को वाहन के रूप में स्वीकार करने वाले शिव अमंगल रूप होने पर भी भक्तों का मंगल करते हैं और श्री-संपत्ति प्रदान करते हैं।

सम्पूर्ण आध्यात्मिक सूक्ष्म एवम् स्थूल सिद्धान्तों को व्यक्त करने का माध्यम मात्र मानव शरीर और कर्मक्षेत्र मात्र मानव समाज ही है। साथ ही उसका मूल्यांकनकर्ता मानव का अपना मन स्तर ही है। इसलिए अवतार सम्पूर्ण सिद्धान्तों का कालानुसार व्यक्त सगुण रूप मानव शरीर ही होता है। मूल रूप से अवतार शिव-आत्मा-ईश्वर-ब्रह्म अर्थात् सार्वभौम सत्य-सिद्धान्त के अवतार होते हैं परन्तु एकात्मज्ञान अर्थात् ब्रह्मा और एकात्मध्यान अर्थात् शंकर सार्वजनिक प्रमाणित दृश्य न हो सकने के कारण विष्णु के ही अवतार के रूप में जाने जाते हैं क्योंकि एक मात्र कर्म ही मानव समाज में सार्वजनिक प्रमाणित होता है। इस एकात्मकर्म का कारण एकात्म प्रेम तथा एकात्म प्रेम का कारण एकात्मकर्म होता है।

शंकर अर्थात् एकात्मध्यान का व्यक्त रूप एकात्म समर्पण अर्थात् पार्वती है। एकात्म ध्यान का कारण एकात्म समर्पण तथा एकात्म समर्पण का कारण एकात्म ध्यान होता है। वह ध्यान जो आत्मा के लिए हो और वह

समर्पण जो ध्यान के लिए हो अर्थात् समभाव और ध्यान युक्त मानव शरीर ही शंकर का अवतार है। इस ध्यान का अर्थ काल चिन्तन है। विभिन्न कालों में विभिन्न रूपों में काल के प्रति समर्पण कराने अर्थात् एकात्मज्ञान और एकात्मकर्म की परीक्षा और परीक्षोपरान्त मार्ग प्रशस्त करने के लिए व्यक्तिगत प्रमाणित शंकर अर्थात् एकात्म ध्यान के 21 अंशावतार जाने जाते है। शिव पुराण मे शिव जी और उनके अवतार के बारे में विस्तार से लिखा है। जो निम्नवत् हैं -

अ. व्यक्तिगत प्रमाणित पूर्ण प्रत्यक्ष अवतार

01. ऋषि दधीचि के समय-" पिप्पलाद अवतार"
02. वेश्या की परीक्षा के समय-" वैश्यनाथ अवतार"
03. विश्वानर मुनि के समय-" गृहपति अवतार"
04. इन्द्र की रक्षा के लिए कश्यप मुनि के समय-" एकादश रूद्र अवतार"
05. पार्वती की परीक्षा के समय-" ब्रह्मचारी अवतार"
06. पार्वती को माँगते समय-" सुनट नर्तक अवतार"
07. पार्वती के पिता के समक्ष अपनी निन्दा के समय-" साधु अवतार"
08. पार्वती द्वारा भैरव को श्राप देने पर भैरव के स्नेह में पार्वती का शारदा रूप सहित-" महेश अवतार"
09. राजा भद्रायु की परीक्षा के लिए-" द्विजेश्वर अवतार"
10. भील आहुक-आहुका पति-पत्नी की परीक्षा के लिए-" मतिनाथ अवतार"
11. इछवाकुवंशीय श्रद्धेय की नवमी पीढ़ी में राजा नभग की परीक्षा के लिए-" कृष्ण दर्शन अवतार"
12. इन्द्र, बृहस्पति सहित अन्य देवताओं की परीक्षा के लिए-" अवधुतेश्वर अवतार"
13. विदर्भ नरेश सत्यरथ और उसकी पत्नी के मृत्यु के उपरान्त अबोध बालक के कल्याण-" भिक्षुवर्ण अवतार"
14. व्याघ्रपाद के पुत्र उपमन्यु की परीक्षा के समय-" सुरेश्वर अवतार"
15. कूर्म अवतार के समय-विषपान और देवताओं के घमण्ड को तोड़ने के लिए-" नीलकण्ठ यक्षश्रेश्वर अवतार"
16. कूर्म अवतार के समय विष्णु गणों के आतंक को समाप्त करने के लिए-" वृषभ अवतार"
17. नृसिंह अवतार के समय नृसिंह का क्रोध शान्त करने के लिए-" शरभ अवतार"
18. रामावतार के समय-" दुर्वासा अवतार"
19. रामावतार के समय-" हनुमान अवतार"
20. कृष्णावतार के समय-" विभु अश्वश्थामा अवतार"
21. अर्जुन की परीक्षा में-" किरात अवतार"

ब. सार्वजनिक प्रमाणित पूर्ण प्रेरक अवतार

वर्तमान काल में काल के प्रति समर्पण कराने अर्थात् एकात्मज्ञान और एकात्मकर्म की परीक्षा और परीक्षोपरान्त मार्ग प्रशस्त करने के लिए सार्वजनिक प्रमाणित शंकर अर्थात् एकात्म ध्यान के 22वें और अन्तिम एकमात्र पूर्णावतार निम्नवत् हैं।

22. भोगेश्वर अवतार श्री लव कुश सिंह "विश्वमानव"

शिव निराकार हैं तो शंकर साकार रूप में प्रक्षेपित हैं। शिव अर्थात् सम्पूर्ण जगत का मूल कारण जो सर्वत्र विद्यमान है। फलस्वरूप शिव का साकार पूर्ण अवतरण रूप सम्पूर्ण ब्रह्माण्ड में व्याप्त सार्वभौम सत्य-सिद्धान्त ज्ञान से युक्त होकर जगत के अधिकतम चरित्रों को आत्मसात् करने वाला और उससे मुक्त होता है। शिव-शंकर की दृष्टि में जगत का प्रत्येक वस्तु उपयोगी ही है, न की अनुपयोगी। अर्थात् अनुपयोगी लगने वाले विषय, वस्तु, विचार इत्यादि को भी उपयोगी बना लेना महादेव शिव-शंकर का दिव्य गुण है। शिव-शंकर की पूजा हम मूर्ति, चित्र, या प्रतीक शिवलिंग के माध्यम से करते। शिव-शंकर की संस्कृति तो मात्र कल्याण की प्राथमिकता

वाली संस्कृति है। शिव-शंकर के पूर्णावतार का अर्थ है-निम्नतम नकारात्मक से सर्वोच्च और अन्तिम सकारात्मक गुणों का महासंगम। शिव-शंकर के अन्य गुणों में निःसंग रहना, एकान्तवास करना, सम्पूर्ण विश्व-ब्रह्माण्ड पर ध्यान रखना तथा विश्व के कल्याण के लिए प्रेरणा देना है। साथ ही अपनी मस्ती में मस्त इस भाँति मस्त रहना भी है जैसे न ही कोई चिन्ता है और नही कोई कार्य करना है। जबकि वह विश्व कल्याण के लिए अपने कर्तव्य पर ध्यान भी लगाये रहते हैं।

शिव-शकंर अवतार के आठ रूप और उनके अर्थ निम्नवत हैं-

01. शर्व- सम्पूर्ण पृथ्वी को धारण कर लेना अर्थात् पृथ्वी के विकास या सृष्टि कार्य में इस रूप को पार किये बिना सम्भव न होना।

02. भव- जगत को संजीवन देना अर्थात् उस विषय को देना जिससे जगत संकुचित व मृत्यु को प्राप्त होने न पाये।

03. उग्र- जगत के भीतर और बाहर रहकर श्रीविष्णु को धारण करना अर्थात् जगत के पालन के लिए प्रत्यक्ष या प्रेरक कर्म करना।

04. भीम- सर्वव्यापक आकाशात्मक रूप अर्थात् आकाश की भाँति सर्वव्यापी अनन्त ज्ञान जो सभी नेतृत्व विचारों को अपने में समाहित कर ले।

05. पशुपति-मनुष्य समाज से पशु प्रवृत्तियों को समाप्त करना अर्थात् पशु मानव से मनुष्य को उठाकर ईश्वर मानव की ओर ले जाना। दूसरे रूप में जीव का शिव रूप में निर्माण।

06. ईशान-सूर्य रूप से दिन में सम्पूर्ण संसार में प्रकाश करना अर्थात् ऐसा ज्ञान जो सम्पूर्ण संसार को पूर्ण ज्ञान से प्रकाशित कर दे।

07. महादेव-चन्द्र रूप से रात में सम्पूर्ण संसार में अमृत वर्षा द्वारा प्रकाश व तृप्ति देना अर्थात् ऐसा ज्ञान जो संसार को अमृतरूपी शीतल ज्ञान से प्रकाशित कर दे।

08. रूद्र-जीवात्मा का रूप अर्थात् शिव का जीव रूप में व्यक्त होना।

शिव-शंकर देवता व दानव दोनों के देवता हैं जबकि श्रीविष्णु सिर्फ देवताओं के देवता हैं। अर्थात् शिव-शंकर जब रूद्र रूप की प्राथमिकता में होंगे तब उनके लिए देवता व दानव दोनो प्रिय होंगे लेकिन जब उग्र रूप की प्राथमिकता में होंगे तब केवल देवता प्रिय होंगे। अर्थात् शिव-शंकर का पूर्णवतार इन आठ रूपों से युक्त हो संसार का कल्याण करते हैं। हिन्दू धर्म में भगवान शिव को अनेक नामों से पुकारा जाता है जैसे-

01. अर्धनारीश्वर- शिव और शक्ति के मिलन से अर्धनारीश्वर नाम प्रचलित हुआ।

02. भोला- भोले का अर्थ है कोमल हृदय, दयालु व आसानी से माफ करने वाला। यह विश्वास किया जाता है कि भगवान शंकर आसानी से किसी पर भी प्रसन्न हो जाते हैं।

03. लिंगम- यह रोशनी की लौ व पूरे ब्रह्मांड का प्रतीक है।

04. नटराज- नटराज को नृत्य का देवता मानते है क्योंकि भगवान शिव तांडव नृत्य के प्रेमी हैं।

महाशिवरात्रि

महाशिवरात्रि हिन्दुओं का एक प्रमुख त्योहार है। प्रत्येक मास की कृष्ण पक्ष की तेरहवीं तिथि को मास शिवरात्रि जबकि भगवान शिव का यह प्रमुख पर्व फाल्गुन मास की कृष्ण पक्ष की तेरहवीं तिथि की रात्रि को शिवरात्रि पर्व मनाया जाता है। माना जाता है कि सृष्टि के प्रारंभ में इसी दिन मध्यरात्रि भगवान् शंकर का ब्रह्मा से रुद्र के रूप में अवतरण हुआ था। प्रलय की वेला में इसी दिन प्रदोष के समय भगवान शिव तांडव करते हुए ब्रह्मांड को तीसरे नेत्र की ज्वाला से समाप्त कर देते हैं। इसीलिए इसे महाशिवरात्रि अथवा कालरात्रि कहा गया। इसमें आत्मा और परमात्मा का मिलन, अथवा शिव और पार्वती का विवाह, माना जाता है।

शिव-शंकर परिवार

पत्नी-पार्वती

पार्वती हिमालय की पुत्री तथा भगवान शंकर की पत्नी हैं। पार्वती की माता का नाम मेनका था। उमा, गौरी, अम्बिका भवानी आदि भी पार्वती के ही नाम हैं।

पुत्र 1. स्कन्द

शिवजी और पार्वती के पुत्र हैं। उनका वाहन मोर है। यह देवताओं के सेनापति हैं। इनके अन्य नाम कुमार और कार्तिकेय है।

पुत्र 2. गणेश

गणेश शिवजी और पार्वती के पुत्र हैं। उनका वाहन मूषक है। गणों के स्वामी होने के कारण उनका एक नाम गणपति भी है। ज्योतिष में इनको केतु का देवता माना जाता है, और जो भी संसार के साधन हैं, उनके स्वामी श्री गणेशजी हैं। हाथी जैसा सिर होने के कारण उन्हें गजानन भी कहते हैं। गणेशजी का नाम हिन्दू मत के अनुसार किसी भी कार्य के लिये पहले मान्य है। पत्नी-दो 1. रिद्धि 2. सिद्धि (दक्षिण भारतीय संस्कृति में गणेशजी ब्रह्मचारी रूप में दर्शाये गये हैं) गणेश के पुत्र-दो 1. शुभ 2. लाभ

पूर्व पत्नी-सती

पौराणिक कथाओं मे सती को शिव की पूर्व पत्नी बोला जाता है, और राजा दक्ष की कन्या का नाम दिया जाता है मगर सती शब्द शक्ति नाम का अपभ्रंश है, शक्ति का दूसरा नाम ही सती है।

शक्ति पीठ

हिन्दू धर्म के अनुसार जहां सती देवी के शरीर के अंग गिरे, वहां वहां शक्ति पीठ बन गयी। ये अत्यंत पावन तीर्थ कहलाये। ये तीर्थ पूरे भारतीय उपमहाद्वीप पर फैले हुए हैं। पुराणों के अनुसार, सती के शव के विभिन्न अंगों से बावन शक्तिपीठों का निर्माण हुआ था। इसके पीछे यह अन्त्रतकथा है कि दक्ष प्रजापति ने कनखल (हरिद्वार) में "बृहस्पति सर्व" नामक यज्ञ रचाया। उस यज्ञ में ब्रह्मा, विष्णु, इंद्र और अन्य देवी-देवताओं को आमंत्रित किया गया, लेकिन जान-बूझकर अपने जमाता भगवान शंकर को नहीं बुलाया। शंकरजी की पत्नी और दक्ष की पुत्री सती पिता द्वारा न बुलाए जाने पर और शंकरजी के रोकने पर भी यज्ञ में भाग लेने गयीं। यज्ञ-स्थल पर सती ने अपने पिता दक्ष से शंकर जी को आमंत्रित न करने का कारण पूछा और पिता से उग्र विरोध प्रकट किया। इस पर दक्ष प्रजापति ने भगवान शंकर को अपशब्द कहे। इस अपमान से पीड़ित हो, सती ने यज्ञ-अग्नि कुण्ड में कूदकर अपनी प्राणाहुति दे दी। भगवान शंकर को जब इस दुर्घटना का पता चला तो क्रोध से उनका तीसरा नेत्र खुल गया। भगवान शंकर के आदेश पर उनके गणों के उग्र कोप से भयभीत सारे देवता और ऋषिगण यज्ञस्थल से भाग गये। भगवान शंकर ने यज्ञ कुण्ड से सती के पार्थिव शरीर को निकाल कर कंधे पर उठा लिया और दुःखी हो इधर-उधर घूमने लगे। तदनन्तर जहाँ-जहाँ सती के शव के विभिन्न अंग और आभूषण गिरे, वहाँ बावन शक्ति पीठों का निर्माण हुआ। अगले जन्म में सती ने हिमवान राजा के घर पार्वती के रूप में जन्म लिया और घोर तपस्या कर शिवजी को पुनः पति रूप में प्राप्त किया।

तंत्र चूणामणि अनुसार

पुराण ग्रंथों, तंत्र साहित्य एवं तंत्र चूड़ामणि में जिन बावन शक्तिपीठों का वर्णन मिलता है। इन बावन शक्ति पीठों के अतिरिक्त हिमाचल-प्रदेश में नयना देवी का पीठ (पंचकूला) भी विख्यात है। गुफा में प्रतिमा स्थित है। कहा जाता है कि यह भी शक्तिपीठ है और सती का एक नयन यहाँ गिरा था। इसी प्रकार उत्तराखंड के पर्यटन स्थल मसूरी के पास सुरपुंडा देवी का मंदिर (धनौल्टी में) है। यह भी शक्तिपीठ है। कहा जाता है कि यहाँ पर सती का सिर धड़ से अलग होकर गिरा था।

01. "शक्ति" अर्थात् देवी दुर्गा, जिन्हें दाक्षायिनी या पार्वती रूप में भी पूजा जाता है।

02. "भैरव" अर्थात् शिव का अवतार, जो देवी का संगी हैं।

03. "अंग या आभूषण" अर्थात्, सती के शरीर का कोई अंग या आभूषण, जो श्रीविष्णु के द्वारा सुदर्शन चक्र से काटे जाने पर पृथ्वी के विभिन्न भागों में गिरा, वह भाग पूज्य है, और शक्तिपीठ कहलाता है।

अन्य मंदिर कुछ और शक्ति पीठ मंदिर कहे जाते हैं-1. विंध्यवासिनी मंदिर, मिर्जापुर, उत्तर प्रदेश, 2. महामाया मंदिर, अंबिकापुर, छत्तीसगढ़, 3. योगमाया मंदिर, दिल्ली, महरौली, दिल्ली

तीसरी आँख (THIRD EYE)

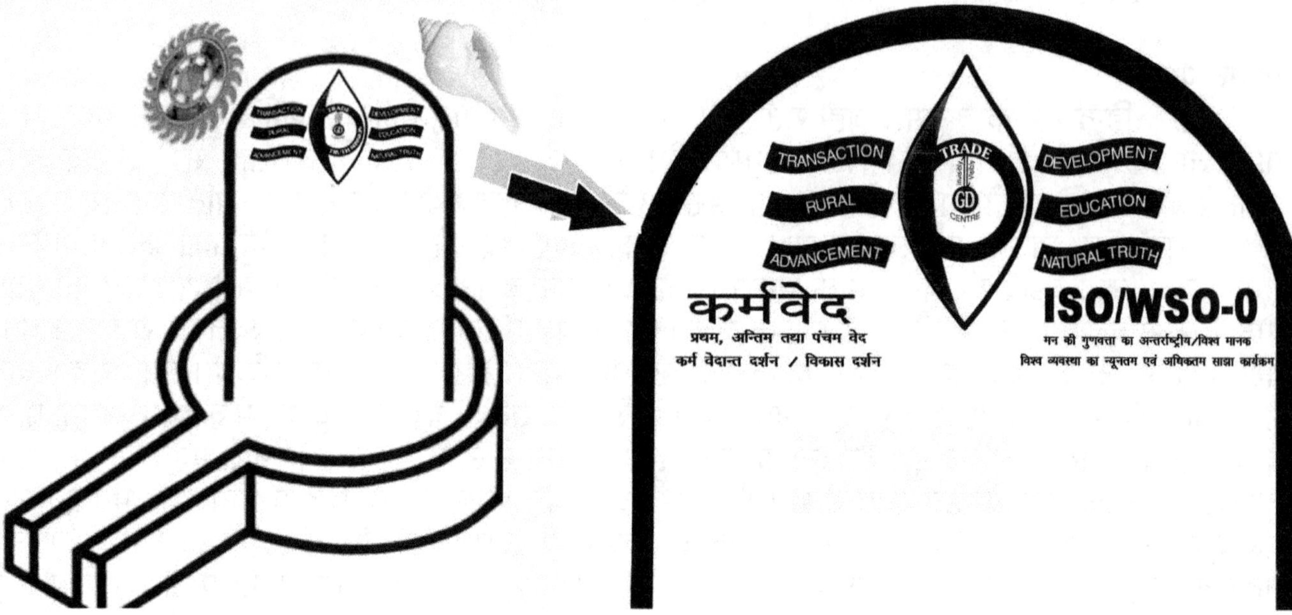

एक ही पक्ष को जानना/सुनना/देखना, एक नेत्र से देखना कहा जाता है। दूसरे पक्ष को भी जानना/सुनना/देखना, दो नेत्र से देखना कहा जाता है। दोनों पक्षों को जानना/सुनना/देखना, और संतुष्टि के लिए समन्वय स्थापित करना समन्वायात्मक दृष्टि कही जाती है जबकि संतुष्टि सहित दोनों पक्षों की शक्ति को रचनात्मकता की ओर लगा देना तीसरे नेत्र की दृष्टि कही जाती है। चूँकि यह दृष्टि रचनात्मक होती है इसलिए दोनों पक्षों को अपने विचार पर उनके ही दिशा से व्यापक विचार होता है इसलिए पक्षों को उनके अंहकार पर चोट जैसा अनुभव कराता है। उन्हें लगता है कि हमारा अस्तित्व नहीं रहा। इसी को तीसरे नेत्र से भस्म कर देना कहते हैं। पौराणिक कथाओं में नारद मुनि और शिव-शंकर द्वारा रचनात्मक विकास दर्शन के प्रयोग के अनेक घटनाएँ उपलब्ध हैं। कोई भी रचनात्मक विकास दर्शन अपने अन्दर पुराने सभी दर्शनों को समाहित कर लेता है अर्थात् उसका विनाश कर देता है और स्वयं रचनात्मक मार्गदर्शक दर्शन का स्थान ले लेता है। अर्थात् सृष्टि-स्थिति-प्रलय फिर सृष्टि। चक्रीय रूप में ऐसा सोचने वाला ही नये परिभाषा में आस्तिक और सिर्फ सीधी रेखा में सृष्टि-स्थिति-प्रलय सोचने वाला नास्तिक कहलाता है।

तीसरे नेत्र के दृष्टि सम्पूर्ण ब्रह्माण्ड में व्याप्त कर्मज्ञान की दृष्टि है। कर्मज्ञान की दृष्टि ही रचनात्मक विकास दर्शन की दृष्टि होती है। जो सभी प्रकार के विचार के उपर स्वयं को स्थापित कर लेता है। इस दृष्टि के निम्नलिखित बिन्दु है (आध्यात्मिक सत्य आधार-विस्तार के लिए "विश्वशास्त्र" अध्याय-तीन देखें)

सूत्र-1. ज्ञानातीत चक्र: चक्र -0 - धर्म ज्ञान से बिना युक्त के मुक्त अर्थात् अपना मालिक अन्य और धर्म ज्ञान से युक्त होकर मुक्त अर्थात् अपना मालिक स्वंय की स्थिति। ज्ञानावस्था से होकर यही चक्र 7 भी कहलाता है। यह स्थिति शिशु और ज्ञानी की होती है।

सूत्र-2. भौतिकवाद या भोगवाद कर्म चक्र:

चक्र-1. TRANSACTION - आदान-प्रदान चक्र। यही ज्ञानावस्था में चक्र-6 कहलाता है।

उपचक्र 1.1 - शारीरिक

उपचक्र 1.2 - आर्थिक/संसाधन
उपचक्र 1.3 - मानसिक

चक्र-2. RURAL - ग्रामीण चक्र
उपचक्र 2.1 - शारीरिक
उपचक्र 2.2 - आर्थिक/संसाधन
उपचक्र 2.3 - मानसिक

चक्र-3. ADVANCEMENT या ADAPTABILITY - आधुनिकता या अनुकूलन चक्र
उपचक्र 3.1 - शारीरिक
उपचक्र 3.2 - आर्थिक/संसाधन
उपचक्र 3.3 - मानसिक

चक्र-4. DEVELOPMENT - विकास चक्र
उपचक्र 4.1 - शारीरिक
उपचक्र 4.2 - आर्थिक/संसाधन
उपचक्र 4.3 - मानसिक

चक्र-5. EDUCATION - शिक्षा चक्र
उपचक्र 5.1 - शारीरिक
उपचक्र 5.2 - आर्थिक/संसाधन
उपचक्र 5.3 - मानसिक

सूत्र-3. आध्यात्मवाद-ज्ञान चक्र:

चक्र-6. NATURAL TRUTH - प्राकृतिक सत्य चक्र: यही चक्र अज्ञानावस्था में चक्र-1 कहलाता है।
उपचक्र-1.1 - अदृश्य प्राकृतिक अर्थात अदृश्य आत्मा
उपचक्र 1.2 - दृश्य प्राकृतिक अर्थात दृश्य आत्मा

सूत्र-4. ज्ञानातीत चक्र: चक्र -7 - RELIGION - धर्मचक्र: अपना मालिक स्वंय की स्थिति। यही अज्ञानावस्था में चक्र-0 भी कहलाता है।

इस प्रकार - to stepup TRADE through CENTRE (सभी कर्म व्यापार को सार्वभौम आत्मा केन्द्र के ज्ञान द्वारा आगे बढ़ाना) अर्थात विस्तार में to stepup Transaction, Rural, Advancement (Adoptability), Development, Education through Center for Enhancement of Natural Truth & Religious Education (सभी कर्म आदान-प्रदान, ग्रामीण, आधुनिकता-अनुकूलन, विकास, शिक्षा को प्राकृतिक सत्य और धार्मिक शिक्षा के ज्ञान द्वारा आगे बढ़ाना) हुआ अर्थात जो व्यक्ति और संस्था समभाव और निष्पक्ष में स्थित होकर सभी शारीरिक, आर्थिक व मानसिक कर्म आदान-प्रदान, ग्रामीण, आधुनिकता-अनुकूलन, विकास, शिक्षा को सदैव एक साथ करता है वही मानक व्यक्ति और संस्था कहलाता है।

किसी भी व्यक्ति (व्यष्टि मन), संस्था (समष्टि मन) और भौगोलिक क्षेत्र के लिए उपरोक्त सर्वेक्षण के आधार बिन्दु के अनुसार देखना, तीसरे नेत्र द्वारा देखना और कमी के पूर्ति हेतु रचनात्मक योजना बनाना, स्वयं की सर्वोच्चता स्थापित करते हुये अन्य को भस्म कर देने जैसा ही होता है। उपरोक्त बिन्दुओं के आधार पर सर्वेक्षण एक सत्य मानक सर्वेक्षण और रचनात्मक योजना ब्रह्माण्डीय विकास की दिशा के मुख्य धारा की ओर होता है।

योगेश्वर (ज्ञान का विश्वरूप)
और
भोगेश्वर (कर्मज्ञान का विश्वरुप)

सत्य-धर्म-ज्ञान या सार्वभौम आत्मा प्रारम्भ में अव्यक्त व्यक्तिगत प्रमाणित है तो अन्त में दृश्य सार्वभौम सत्य-सिद्धान्त का रुप लेकर ही सार्वजनिक प्रमाणित होता है। सम्पूर्ण जगत में जो भी गतिशील है, वास्तव में वह गतिशील नहीं बल्कि उसके पीछे जो सत्य-सिद्धान्त है उसके द्वारा ही सिद्धान्तानुसार गतिशील है। इस सिद्धान्त को व्यक्त करने वाला मानव ही है अर्थात् भले ही वह सिद्धान्त किसी एक व्यक्ति के माध्यम से व्यक्त होता है लेकिन वह विचार नहीं बल्कि सार्वजनिक प्रमाणित सत्य-सिद्धान्त है। इस प्रकार किसी भी विषय से जुड़ना योग है और मैं या आत्मा या ईश्वर या ब्रह्म या शिव से जुड़ना योगेश्वर है।

पाश्चात्य का समस्त कार्य प्रणाली भोग पर आधारित है। जिस प्रकार ईश्वर जीवन का एक सत्य है। इसी प्रकार भोग भी जीवन का एक सत्य है। क्योंकि कोई भी एक क्षण कर्म किये बिना नहीं रह सकता फिर कर्म होने पर भोग तो निश्चित है। इस प्रकार किसी भी विषय पर कर्म करना भोग है और मैं या आत्मा या ब्रह्म या शिव या ईश्वर से जुड़कर भोग या कर्म करना भोगेश्वर है।

योगेश्वर का अर्थ सार्वभौम अदृश्य सत्य-धर्म-ज्ञान या आत्मा का विश्वरुप है तथा भोगेश्वर का अर्थ योगेश्वर का दृश्य रुप अर्थात् सार्वभौम अदृश्य-सत्य-धर्म-ज्ञान या आत्मा का दृश्य रुप सार्वभौम कर्मज्ञान अर्थात् भोग ज्ञान अर्थात् सार्वभौम सत्य-सिद्धान्त है। योगेश्वर सार्वभौम विश्व ज्ञान का प्रतीक है तो भोगेश्वर सार्वभौम विश्व कर्मज्ञान अर्थात् सत्य जीवन प्रणाली का प्रतीक है। भोगेश्वर, योगेश्वर का ही दृश्य रुप है। भोगेश्वर में योगेश्वर समाहित है।

श्रीकृष्ण ने महाभारत में गीता उपदेश के समय अपने योगेश्वर रुप अर्थात् ज्ञान के विश्वरुप की व्याख्या कर अर्जुन को अनासक्त कर्म की ओर प्रेरित किये थे लेकिन कहीं भी उन्होंने उस कर्मज्ञान की व्याख्या नहीं की जिसके आधार पर वे धर्म की स्थापना के लिए उपलब्ध साधनों पर अपनी योजना तैयार किये अर्थात् भगवान श्रीकृष्ण में योगेश्वर रुप चरम विकसित व्यक्त अवस्था में तथा भोगेश्वर रुप चरम विकसित अव्यक्त अवस्था में था। वेदान्त की शाखाओं में कर्म वेदान्त अन्तिम शाखा है जो सबसे महत्वपूर्ण शाखा भी है जिसके बिना मानव संसाधन विकास, प्रबन्धकीय प्रशिक्षण, मानवाधिकार इत्यादि पर खर्च बढ़ता ही जायेगा और पूर्ण स्वस्थ समाज, लोकतन्त्र, उद्योग और मानव का निर्माण भी नहीं हो पायेगा। ज्ञान मार्ग से मानव को पूर्णता एवं विज्ञान के साथ उपयोगिता की आवश्यकता के कारण ही समयानुसार यह ज्ञान भोगेश्वर रुप में व्यक्त हुआ है। मानव का मानक विश्वमानव के भोगेश्वर रुप में योगेश्वर रुप चरम विकसित अव्यक्त अवस्था में तथा भोगेश्वर रुप चरम विकसित व्यक्त अवस्था में है।

भौतिकता युक्त पाश्चात्य का आध्यात्मिकता युक्त प्राच्य का सामंजस्य स्थापित कर कर्म करना ही अब इक्कीसवीं सदी और भविष्य की जीवन प्रणाली है अर्थात् भोगेश्वर रुप ही भविष्य की जीवन प्रणाली है। यदि यह सम्भव हो कि एक चेतना युक्त परमाणु स्वयं अपने इलेक्ट्रानों को घटा-बढ़ा सके तो वह परमाणु सभी तत्वों के गुणों या प्रकृति को व्यक्त करने लगेगा। ऐसी स्थिति में उस जटिल और मूल परमाणु को किसी विशेष तत्व का परमाणु निर्धारित करना असम्भव हो जायेगा। फिर उसे "एक में सभी, सभी में एक" कहना पड़ेगा अर्थात् उसकी निम्नतम् एवं सर्वोच्चतम अन्तिम स्थिति ही उसकी निर्धारण योग्य प्रकृति होगी।

मानव वह चेतना युक्त आत्मा है जो स्वयं अपने मन की उच्चता और निम्नता पर आवश्यकता एवं समयानुसार नियन्त्रण कर सकता है और सभी तरह के व्यक्तियों के गुणों या प्रकृति को व्यक्त कर सकता है। ऐसी स्थिति में उस जटिल व्यक्ति को किसी विशेष प्रकृति का व्यक्ति निर्धारण करना असम्भव हो जायेगा। फिर उसे "एक में सभी, सभी में एक" कहना पड़ेगा अर्थात् उसकी निम्नतम पशुमानव और उच्चतम विश्वमानव स्थिति ही उसकी निर्धारण योग्य प्रकृति होगी।

जिस प्रकार अदृश्य काल से आत्मीय काल की अवस्था में स्थित भगवान श्रीकृष्ण एक जटिल और अनिर्धारण योग्य चरित्र थे, जिनको पूर्ण रुप में स्वीकार या आत्मसात् करना साधारण मानव के लिए कठिन है। सिवाय इसके कि-" एक में सभी, सभी में एक" या "एक साधारण नागरिक, एक सर्वोच्च और अन्तिम मानव"। इस प्रकार ऐसे व्यक्ति स्वयं अपने उद्देश्यों के विग्रह हो जाते हैं और स्वयं उनका जीवन मानक नहीं बन पाता सिर्फ उनका ज्ञान ही मानक होता है।

अवतारों में उपरोक्त अवस्था अवश्य विशेष रुप से पायी जाती है। जिससे वे उचित समय के आने तक स्वयं को व्यक्त नहीं होने देते और विभिन्न मन स्तर के क्रियाकलाप करते हुए वे उन क्रियाकलापों के फल से मुक्त रहकर लीला करते रहते हैं। लीला का अर्थ उन्हीं क्रियाकलापों से होता है। जो लीलाकर्ता को वास्तविक चरित्र या कर्म नहीं होता परन्तु वे अवश्य ऐसा करते हैं। क्योंकि शरीर धारण की कीमत तो चुकानी ही पड़ती है। इस प्रकार आत्मीय काल अवस्था में स्थित अर्थात् स्वयं अपनी अन्तः एवं बाह्य प्रकृति को नियन्त्रित कर उचित समय आने पर वे स्वयं व्यक्त होते हैं और व्यक्त होने तक का जीवन हँसते, खेलते हुए ध्यान से युक्त होता है। जिससे वे बखूबी दूसरों के प्रकृति को जानकर उसके कर्मानुसार फल, सलाह और सचेत करते रहते हैं। अन्ततः अपने उद्देश्यों के लिए विरोधी और समर्पण भक्ति के रुप में उनका प्रयोग करते हैं।

योगेश्वर ज्ञान (सत्य) का विश्वरूप है तो भोगेश्वर कर्मज्ञान (सत्य-सिद्धान्त) का विश्वरूप है।

ज्योतिर्लिंग: अर्थ और द्वादस (12) ज्योतिर्लिंग

शब्द कोश के अनुसार-कोई भी चीज जिसके बारे में बातचीत या विचार किया जा सके, चाहे वह वास्तविक हो या काल्पनिक, मानसिक हो या भौतिक "वस्तु" कहलाती है और तत्व शब्द का अर्थ है-सार, रहस्य, यथार्थता इत्यादि। इस आधार पर धर्म के सम्बन्ध में वस्तु तत्व का अर्थ धर्म में सर्वस्वीकृत मूर्त्त या अमूर्त्त विषय एवं धारणायें होगा। वस्तु तत्व को भाषायिक स्वरूप प्रदान कर इनके श्रेष्ठ, उचित या योग्य होने के सम्बन्ध में विभिन्न संदर्भों के अन्तर्गत वार्तालाप, संभाषण, तर्क आदि किये जा सकते हैं। अतः धर्म के वस्तु तत्व जैसे ईश्वर, मुक्ति, नियतिवाद, कर्म, स्वर्ग-नरक आदि के सम्बन्ध में भिन्न-भिन्न लेखकों ने प्रश्न उठायें हैं, प्राकल्पनायें, सिद्धान्त, व्याख्यायें, परिभाषायें एवं धारणायें प्रस्तुत की हैं।

इस आधार पर यह कहा जा सकता है कि धर्म के वस्तु-तत्व वे होते हैं जो सत्ता/अस्तित्व/अमूर्त्त को अर्थपूर्णता प्रदान करते हैं और समाज को सक्रिय चेतन आयाम प्रदान करते हैं। इन वस्तु तत्वों को समाज/समुदाय की विकासोन्मुख स्थिति, बौद्धिक वर्ग एवं जन सामान्य की स्थिति, नये मूल्यपरक दृष्टिकोण आदि को ध्यान में रखते हुए शक्तिशाली, अपूर्व बुद्धिमान व्यक्ति पुराने के स्थान पर नवीन धर्मतत्वों की स्थापना कर सकते हैं या उन्हें रूपान्तरित कर सकते हैं। अतः धर्म के वस्तु तत्व-तत्वों का निर्धारण देशकाल, परिस्थितियों के आधार पर अथवा युगानुरूप दृष्टिकोण के आधार पर किया जा सकता है। धर्म के वस्तु तत्व व्यक्ति के अपूर्व कल्पना शक्ति के द्योतक होते हैं। इनके द्वारा अमूर्त को मूर्त रूप में व्याख्यायित कर समझने का व्यावहारिक यत्न किया जाता है।

धर्म में वस्तु तत्व प्रतीक के रूप में होते हैं। ऋग्वेद में प्रतीक शब्द का प्रयोग अवयव के अर्थ में किया गया है। उपनिषद् में प्रतीक शब्द का प्रयोग मुख के लिए करते हुए कहा गया है कि जो अन्न के अक्षय भाव को जानता है, वह मुख रूप से प्रतीक के द्वारा इसका भक्षण करता है। इससे स्पष्ट होता है कि प्रतीक प्रयोग प्राचीनकाल में अवयव, मुख, अंग आदि विभिन्न अर्थों में किये जाते रहें हैं।

शब्दकोश के अनुसार सामान्यतः प्रतीक वे होते हैं जो किसी भौतिक एवं अभौतिक वस्तु का प्रतिनिधित्व करते हैं। ये संकेत, चिन्ह, लक्षण (स्वभाव), चरित्र आदि अर्थ को भी समाहित करते हैं। ये वे कृत्रिम चिन्ह या संकेत हैं जो किसी वस्तु-विचार या कल्पना को व्यक्त करते हैं। ये मानव मन का ही आविष्कार है तथा चेतन-अचेतन दोनों मनः अवस्थाओं द्वारा प्रयुक्त किये जाते हैं। अतः प्रतीक केवल मानस प्रत्यक्ष तथा कल्पना में आने वाले विचारों, भावों और अनुभूतियों के गोचर संकेत अथवा चिन्ह हैं, के रूप में भी परिभाषित किया गया है। भारतीय चिंतकों के अनुसार प्रतीक का अर्थ है-" ओर आना या समीप पहुँचना"। ये मनुष्य को अपने साधना मार्ग अथवा सद्गुणों के विकास में अगले सोपान (सीढ़ी) तक ले जाते हैं। इनके आधार पर मनुष्य अपने ध्येय की ओर बढ़ता है किन्तु वे प्रतीक सीढ़ीयाँ उच्चतर तत्व की प्राप्ति के लिए सहायक साधन मात्र हैं, स्वयं लक्ष्य या उच्चतर तत्व नहीं। इनका प्रयोग हम मूल वस्तु को समझने के लिए करते हैं। ये सदा ही अनुभव या अवबोध से भिन्न होते हैं। प्रतीक के निम्नलिखित लक्षण होते हैं-

01. प्रतीक व चिन्ह दोनों अपने से पृथक किसी अन्य वस्तु की ओर संकेत करते हैं। ये एक दूसरे से भिन्न होते हैं, किन्तु कई बार इनमें अंतर न कर पाने के कारण इन्हें एक मान लिया जाता है। एक चिन्ह के स्थान पर दूसरे चिन्ह को स्वेच्छानुसार प्रयोग किया जा सकता है किन्तु किसी एक प्रतीक के स्थान पर अन्य प्रतीक का स्वेच्छापूर्वक प्रयोग अथवा उसकी रचना नहीं की जा सकती। प्रतीक में अपनी विशेष शक्ति अन्तर्निहित होती है।

02. प्रतीक वस्तुओं का प्रतिनिधित्व करते हुए प्रतीक्य की ओर संकेत करते हैं, उसमें सहभागी होते हैं किन्तु कभी भी प्रतीक्य का स्थान ग्रहण नहीं कर सकते है। जैसे-राष्ट्रध्वज (प्रतिनिधि) राष्ट्र की शक्ति, गौरव, मर्यादा, सम्मान में सहभागी होता है किन्तु यह सम्मान ध्वजरूपी प्रतिनिधि का नहीं वरन् उसका होता है जिसका कि वह प्रतिनिधित्व करता है।

03. इनकी सहायता से वह अदृश्य, अनुभवातीत सत्ता भी इनके सत्स्वरूप संकेत के कारण बोधगम्य हो जाती है जिसे अन्य इन्द्रियानुभविक प्रकारों से नहीं जाना जा सकता है।

04. प्रतीक की सार्थकता समाज द्वारा उनकी स्वीकृति पर निर्भर होती है। प्रतीक बनने तथा प्रतीक के रूप में समाज द्वारा स्वीकार किये जाने की प्रक्रिया साथ ही साथ होती है। यद्यपि प्रतीक सर्वप्रथम किसी के मन में उत्पन्न होते हैं और अचेतन पर निर्भर हैं फिर भी इसकी रचना व ग्राह्य सामाजिक क्रिया का परिणाम है कल्पित या मनगढ़न्त नहीं।

05. प्रतीकों में संगठनात्मक व विघटनात्मक दोनों शक्तियाँ विद्यमान रहती हैं।

प्रतीकों के ये लक्षण सामान्य प्रतीकों के साथ-साथ धार्मिक प्रतीकों में भी पायी जाती हैं। इस दृष्टि से सामान्य प्रतीकों तथा धार्मिक प्रतीकों में पर्याप्त समानता है परन्तु इस समानता के होते हुए भी धार्मिक प्रतीक सामान्य प्रतीक से भिन्न होते हैं। प्रत्येक धार्मिक प्रतीक का प्रयोजन उसकी ओर संकेत करना है जो सीमातीत है। ये ऐसे विषय को अभिव्यक्त करते हैं जो आस्था का विषय है तथा स्वरूपतः विश्व की उन वस्तुओं से परे है जिन्हें ज्ञान का विषय बनाया जा सकता है। ऐसे विषय यथा-परमसत्ता जो कि निरूपाधिक इन्द्रियातीत सत्ता है, को धार्मिक प्रतीकों के अभाव में नहीं जाता जा सकता। जबकि सामान्य प्रतीक जिन वस्तुओं की ओर संकेत करते हैं उन्हें प्रतीकों की सहायता लिये बिना भी जाना जा सकता है। परमसत्ता अनुभवातीत और अज्ञेय है अर्थात् इन्द्रियगम्य नहीं है। अतः इस परमसत्ता के सम्बन्ध में कुछ कहने के लिए विभिन्न प्रतीकों की सहायता लेनी पड़ती है। इन प्रतीकों के माध्यम से मनुष्य परमसत्ता के प्रति अपनी भावनाओं तथा अभिवृत्तियों को व्यक्त कर सकता है। इन धर्म प्रतीकों के द्वारा परमसत्ता का ज्ञान (बौद्धिक) तो नहीं हो सकता, किन्तु इनके प्रतीक के द्वारा अगम्य परमसत्ता (अन्तिम सत्ता) का सांकेतिक, अप्रत्यक्ष आभास अवश्य हो सकता है। प्रतीक इसी सत्स्वरूप के प्रति अन्तिम संलग्नता को व्यक्त करते हैं। ये हमारे कार्यों को दैवत्व से सम्बद्ध करते हैं।

धार्मिक प्रतीकों का क्षेत्र विस्तृत है। ईश्वर, देवता, इष्ट, धर्मगुरू, प्रतिमा, शब्द, सिद्धान्त, देवकथा, पवित्र वस्तुएँ, सृष्टि, स्वर्ग-नरक, पाप-पुण्य, पूजा आदि सभी धर्म में, प्रतीक रूप में व्यवहार्य हैं। गौतम बुद्ध, ईसामसीह आदि ऐतिहासिक पुरूष ही नहीं वरन् धर्म प्रतीक भी हैं। प्रतीक सभी अनुभवात्मक जगत में सत्यस्वरूप की ओर संकेत करते हैं जो कि इन्द्रियातीत है। लक्ष्य प्राप्ति होने पर प्रतीकों का कोई प्रयोजन नहीं है।

अतः कहा जा सकता है कि धर्म में जो वस्तु तत्व स्वीकार्य किये जाते हैं वे प्रतीक रूप होते हैं। चाहे वे धार्मिक उपादान (ईश्वर, आत्मा, अवतार, ईश्वर के अंश से उत्पन्न मानव, क्रास, शंख, चक्र, धर्म पुस्तकें आदि) हों या धार्मिक कृत्य चर्च, मन्दिर जाना, उपासना करना, नमाज या प्रार्थना करना, यज्ञ करना आदि। ये किसी न किसी रूप में सभी धर्मों में प्रचलित होते हैं तथा मानव आस्थाओं के परिचायक होते हैं।

साभार-" विश्व के प्रमुख धर्मों में धर्म समभाव की अवधारणा"
प्रकाशक-वैज्ञानिक तथा तकनीकी शब्दावली आयोग
मानव संसाधन विकास मंत्रालय, भारत सरकार

स्वामी विवेकानन्द के प्रतीक के सम्बन्ध में विचार-

"उन्हें (सिद्ध गुरुओं) मंत्र द्वारा शिष्यों में आध्यात्मिक ज्ञान का बीजारोपड़ करना पड़ता है। ये मंत्र क्या हैं? भारतीय दर्शन के अनुसार नाम और रुप ही इस जगत की अभिव्यक्ति के कारण हैं। मानवीय अन्तर्जगत में एक भी ऐसी चित्तवृत्ति नहीं रह सकती, जो नाम-रुपात्मक न हो। बृहत् ब्रह्माण्ड में भी ब्रह्मा, हिरण्यगर्भ या समष्टि महत् ने पहले अपने आप को नाम के, और फिर बाद में रुप के आकार में अर्थात् इस परिदृश्यमान जगत के आकार में अभिव्यक्त किया। यह सारा व्यक्त इन्द्रियग्राह्य जगत रुप है, और इसके पीछे है अनन्त अव्यक्त स्फोट। स्फोट का अर्थ-समस्त जगत की अभिव्यक्ति का कारण शब्द-ब्रह्म है। समस्त नामों अर्थात् भावों की नित्य समवायी उपादान स्वरुप यह नित्य स्फोट ही वह शक्ति है, जिससे भगवान इस विश्व की सृष्टि करते हैं। यही नहीं बल्कि भगवान पहले स्फोट रुप में परिणत हो जाते हैं और तत्पश्चात् अपने को उससे भी स्थूल इस इन्द्रियग्राह्य जगत के रुप में परिणत कर लेते हैं। इस स्फोट का एक मात्र वाचक शब्द है-" ऊँ"। और चूँकि हम किसी भी उपाय से शब्द को भाव से

अलग नहीं कर सकते, इसलिए यह "ऊँ" भी इस नित्य स्फोट से नित्य संयुक्त है। एकमेव यह "ऊँ" ही इस प्रकार सर्वभावाव्यापी वाचक शब्द है, अन्य कोई भी इसके समान नहीं। स्फोट ही सारे भावों का उपादान है, फिर भी वह स्वयं पूर्ण रुप से विकसित कोई विशिष्ट भाव नहीं है। अर्थात् यदि उन सब भेदों को, जो एक भाव को दूसरे से अलग करते हैं, निकाल दिया जाय, तो जो कुछ बचा रहता है, वही स्फोट है। इसलिए इस स्फोट को "नादब्रह्म" कहते हैं। जो वाचक शब्द उसे सब से कम विशेषभावापन्न करेगा, पर साथ ही उसके स्वरुप को यथासम्भव पूरी तरह प्रकाशित करेगा, वही उसका सबसे सच्चा वाचक होगा। और यह वाचक शब्द है-एकमात्र "ऊँ" क्योंकि ये तीनों अक्षर अ, उ और म्, जिनका एक साथ उच्चारण करने से "ऊँ" होता है, समान शब्दों के साधारण वाचक के तौर पर लिये जा सकते हैं।

भक्ति योग, राम कृष्ण मिशन

सृष्टि के पूर्व ब्रह्म शब्दात्मक बनते है, फिर ओंकारात्मक या नादात्मक होते है। तत्पश्चात् पहले कल्पों के विशेष शब्द जैसे-भूः, भुवः, स्वः अथवा गो, मानव, घट, पट इत्यादि का प्रकाश उसी ओंकार से होता है। सिद्ध संकल्प ब्रह्म में क्रमशः एक-एक शब्द के होते ही उसी क्षण उन सब पदार्थों का भी प्रकाश हो जाता है और इस विचित्र जगत् का विकास हो उठता है। अब समझे न कि कैसे शब्द ही सृष्टि का मूल है।

विवेकानन्द जी के संग में, पृष्ठ-62, राम कृष्ण मिशन

प्रतीक का अर्थ है वे वस्तुएं, जो थोड़े-बहुत अंश में ब्रह्म के स्थान में उपास्य-रूप से ली जा सकती है जो वस्तु ब्रह्म नहीं है, उसमें ब्रह्म-बुद्धि करके ब्रह्म का अनुसंधान प्रतीकोपासना कहलाता है।

योग क्या है?, पृष्ठ-48, राम कृष्ण मिशन

संसार के मुख्य धर्मों में से वेदान्त, बौद्ध धर्म और ईसाई धर्म के कुछ सम्प्रदाय बिना किसी आपत्ति के प्रतिमाओं का उपयोग करते हैं। केवल इस्लाम और प्रोटेस्टेण्ट ये ही दो ऐसे धर्म हैं जो इस सहायता की आवश्यकता नहीं मानते। फिर भी मुसलमान प्रतिमा के स्थान में अपने पीरों और शहीदों की कब्रों का उपयोग करते हैं। ईसाई और इस्लाम धर्म में जो कुछ प्रतिमा-उपासना विद्यमान है, वह उस श्रेणी की है, जिसमें प्रतीक या प्रतिमा की उपासना केवल प्रतीक या प्रतिमा रूप से होती है-ब्रह्म दृष्टि से नहीं। अतएव वह कर्मानुष्ठान के ही समान है-उससे न भक्ति मिल सकती है, न मुक्ति। इस प्रकार की प्रतिमा-पूजा में उपासक ईश्वर को छोड़ अन्य वस्तुओं में आत्मसमर्पण कर देता है और इसलिए प्रतिमा, कब्र, मन्दिर आदि के इस प्रकार उपयोग को ही सच्ची मूर्तिपूजा कहते है। पर वह न तो कोई पाप कर्म है और न कोई अन्याय-वह तो बस एक कर्म मात्र है, और उपासकों को उसका फल भी अवश्य मिलता है।

भक्तियोग पृष्ठ-51, राम कृष्ण मिशन

उस एक सार्वभौम आत्मतत्व को जानने के लिए ज्ञान सूत्रों के माध्यम से वेदों में, ईश्वर नाम (ओउम) के माध्यम से उपनिषद् में, उस आत्मतत्व के गुणों व ब्रह्माण्डीय वस्तुओं (सूर्य, चाँद, ग्रह, नक्षत्र, तत्व इत्यादि) के गुणों के साकार निरूपण (मूर्ति) के माध्यम से पुराणों में, प्रकृति (सत्व, रज, तम, आसुरी, दैवी व उसके अन्य अंश गुणों) के माध्यम से गीता/गीतोपनिषद् में व्यक्त किया गया है। इन सभी माध्यमों सहित वर्तमान पदार्थ विज्ञान, समाज विज्ञान, राजनीति विज्ञान, शासन प्रणाली इत्यादि के माध्यम से सार्वजनिक प्रमाणित गीता अर्थात् विश्वशास्त्र में व्यक्त किया गया है।

पौराणिक साकार चरित्रों के निरूपण से ही समाज में जो पहचान बनी वह धर्म-हिन्दू धर्म कहलाया जबकि अवतारगण (सनातन समर्थक) का इनसे कोई सम्बन्ध नहीं रहा और न ही वे इनकी पूजा करते हुये दर्शाये गये। अवतारगण मात्र शिव (सार्वभौम आत्मा) और उसके प्रतीक रूप शिवलिंग तक ही सीमित रहे। क्योंकि वे जानते थे कि ये सब मात्र माध्यम हैं न कि लक्ष्य।

हिन्दू धर्म में पुराणों के अनुसार शिवजी जहाँ-जहाँ स्वयं प्रगट हुए उन बारह स्थानों पर स्थित शिवलिंगों को ज्योतिर्लिंगों के रूप में पूजा जाता है। ये संख्या में 12 है। 12 ज्योतिर्लिंगों के नाम शिव पुराण (शतरुद्र संहिता, अध्याय 42/2-4) के अनुसार हैं। जिनकी अपनी-अपनी कथाएँ भी हैं।

एक मतानुसार बारह ज्योतिर्लिंगों को बारह राशियों से जोड़कर भी देखा जाता है। ये राशियां इस प्रकार से हैं-1. मेष-सोमनाथ, 2. वृष-श्रीशैल, 3. मिथुन-महाकाल, 4. कर्क-अमलेश्वर, 5. सिंह-वैद्यनाथ, 6. कन्या-भीमशंकर, 7. तुला-रामेश, 8. वृश्चिक-नागेश, 9. धनु-विश्वेशं, 10. मकर-त्र्यम्बकं, 11. कुंभ-केदार, 12. मीन-घृष्णेशं। ये राशियां चंद्र राशि समझें।

साधारण भाषा व सार्वभौम परिभाषा के रूप में जिन शिवलिंगो की कथा पौराणिक या अवतारों की कथा से जुड़ी होती है सिर्फ वही ज्योतिर्लिंग की योग्यता रखते हैं।

ज्योतिर्लिंगों का स्थान

01. सोमनाथ- गुजरात प्रभास पाटन, सौराष्ट्र श्री सोमनाथ सौराष्ट्र, (गुजरात) के प्रभास क्षेत्र में विराजमान है। इस प्रसिद्ध मंदिर को अतीत में छह बार ध्वस्त एवं निर्मित किया गया है। 1022 ई. में इसकी समृद्धि को महमूद गजनवी के हमले से सार्वाधिक नुकसान पहुँचा था।

02. मल्लिकार्जुन- आंध्र प्रदेश कुर्नूल आन्ध्र प्रदेश प्रांत के कृष्णा जिले में कृष्णा नदी के तटपर श्रीशैल पर्वत पर श्रीमल्लिकार्जुन विराजमान जिसे दक्षिण का कैलाश कहते हैं।

03. महाकालेश्वर- मध्य प्रदेश महाकाल, उज्जैन श्री महाकालेश्वर (मध्यप्रदेश) के मालवा क्षेत्र में क्षिप्रा नदी के तटपर पवित्र उज्जैन नगर में विराजमान है। उज्जैन को प्राचीनकाल में अवंतिकापुरी कहते थे।

04. ओमकारेश्वर- मध्य प्रदेश नर्मदा नदी में एक द्वीप पर मालवा क्षेत्र में श्री ओमकारेश्वर स्थान नर्मदा नदी के बीच स्थित द्वीप पर है। उज्जैन से खण्डवा जाने वाली रेलवे लाइन पर मोरटक्का नामक स्टेशन है, वहां से यह स्थान 10 मील दूर है। यहां ओमकारेश्वर और मामलेश्वर दो पृथक-पृथक लिङ्ग हैं, परन्तु ये एक ही लिङ्ग के दो स्वरूप हैं। श्रीओमकारेश्वर लिंग को स्वयंभू समझा जाता है।

05. केदारनाथ- उत्तराखंड केदारनाथ श्री केदारनाथ हिमालय के केदार नामक श्रृङ्गपर स्थित हैं। शिखर के पूर्व की ओर अलकनन्दा के तट पर श्री बदरीनाथ अवस्थित हैं और पश्चिम में मन्दाकिनी के किनारे श्री केदारनाथ हैं। यह स्थान हरिद्वार से 150 मील और ऋषिकेश से 132 मील दूर उत्तरांचल राज्य में है।

06. श्रीभीमशंकर- महाराष्ट्र भीमशंकर श्री भीमशंकर का स्थान मुंबई से पूर्व और पूना से उत्तर भीमा नदी के किनारे सह्याद्रि पर्वत पर है। यह स्थान नासिक से लगभग 120 मील दूर है। सह्याद्रि पर्वत के एक शिखर का नाम डाकिनी है। शिवपुराण की एक कथा के आधार पर भीमशंकर ज्योतिर्लिङ्ग को असम के कामरूप जिले में गुवाहाटी के पास ब्रह्मपुर पहाड़ी पर स्थित बतलाया जाता है। कुछ लोग मानते हैं कि नैनीताल जिले के काशीपुर नामक स्थान में स्थित विशाल शिवमंदिर भीमशंकर का स्थान है।

07. श्रीकाशी विश्वनाथ- वाराणसी (उत्तर प्रदेश) स्थित काशी के श्रीविश्वनाथजी सबसे प्रमुख ज्योतिर्लिंगों में एक हैं। गंगा तट स्थित काशी विश्वनाथ शिवलिंग दर्शन हिंदुओं के लिए सबसे पवित्र है।

08. श्रीत्रयम्बकेश्वर- महाराष्ट्र त्रयम्बकेश्वर, निकट नासिक श्री त्रयम्बकेश्वर ज्योतिर्लिङ्ग महाराष्ट्र प्रांत के नासिक जिले में पंचवटी से 18 मील की दूरी पर ब्रह्मगिरि के निकट गोदावरी के किनारे है। इस स्थान पर पवित्र गोदावरी नदी का उद्गम भी है।

09. श्रीवैद्यनाथ- झारखंड देवघर जिला (झारखंड) राज्य के संथाल परगना क्षेत्र में जसीडीह स्टेशन के पास देवघर (वैद्यनाथधाम) नामक स्थान पर श्रीवैद्यनाथ ज्योतिर्लिङ्ग सिद्ध होता है, क्योंकि यही चिताभूमि है। महाराष्ट्र में पासे परभनी नामक जंक्शन है, वहां से परली तक एक ब्रांच लाइन गयी है, इस परली स्टेशन से थोड़ी दूर पर परली ग्राम के निकट श्रीवैद्यनाथ को भी ज्योतिर्लिङ्ग माना जाता है। परंपरा और पौराणिक कथाओं से देवघर स्थित श्रीवैद्यनाथ ज्योतिर्लिङ्ग को ही प्रमाणिक मान्यता है।

10. श्रीनागेश्वर- गुजरात दारुकावन, द्वारका श्रीनागेश्वर ज्योतिर्लिङ्ग बड़ौदा क्षेत्रांतर्गत गोमती द्वारका से ईशानकोण में बारह-तेरह मील की दूरी पर है। निजाम हैदराबाद राज्य के अन्तर्गत औढ़ा ग्राम में स्थित शिवलिङ्ग को ही कोई-कोई नागेश्वर ज्योतिर्लिङ्ग मानते हैं। कुछ लोगों के मत से अल्मोड़ा से 17 मील उत्तर-पूर्व में यागेश (जागेश्वर) शिवलिङ्ग ही नागेश ज्योतिर्लिङ्ग है।

11. श्रीरामेश्वर- तमिलनाडु रामेश्वरम श्रीरामेश्वर तीर्थ तमिलनाडु प्रांत के रामनाड जिले में है। यहाँ लंका विजय के पश्चात् भगवान श्रीराम ने अपने अराध्यदेव शंकर की पूजा की थी। ज्योतिर्लिंग को श्रीरामेश्वर या श्रीरामलिंगेश्वर के नाम से जाना जाता है।

12. श्रीघुश्मेश्वर- महाराष्ट्र निकट एल्लोरा, औरंगाबाद जिला श्रीघुश्मेश्वर (गिरीश्नेश्वर) ज्योतिर्लिंग को घुश्मेश्वर या घृष्णेश्वर भी कहते हैं। इनका स्थान महाराष्ट्र प्रांत में दौलताबाद स्टेशन से बारह मील दूर बेरूल गांव के पास है।

काशी

काशी, काश धातु से निष्पन्न है। काश का अर्थ है-ज्योतित होना या ज्योतित करना अर्थात् जहाँ से ब्रह्म प्रकाशित हो। जिस स्थान या नगर से ज्ञान का प्रकाश चारों ओर फैलता है उसे काशी पुरी या काशी नगर कहते हैं। ब्रह्म प्रकाशित करने वाला प्रत्येक नगर ही काशी है।

काशी क्या है? काशी सत्य का प्रतीक है। इसके सत्य अर्थ को समझने के लिए सार्वभौम सत्य-सिद्धान्त आधारित सृष्टि के उत्पत्ति से प्रलय को व्यक्त करने वाला शिव-शंकर अधिकृत कर्मवेद: प्रथम, अन्तिम तथा पंचम वेद को समझना पड़ेगा। कालभैरव जन्म कथा इसका प्रमाण है। सर्वोच्च मन सें व्यक्त यह पौराणिक कथा स्पष्ट रुप से व्यक्त करती है कि ब्रह्मा और विष्णु से सर्वोच्च शिव-शंकर हैं। चारो वेदों को प्रमाणित करने वाले शिव-शंकर हैं। चार सिर के चार मुखों से चार वेद व्यक्त करने वाले ब्राह्मण ब्रह्मा जब पाँचवे सिर के पाँचवे मुख से अन्तिम वेद पर अधिपत्य व्यक्त करने लगे तब शिव-शंकर के द्वारा व्यक्त उनके पूर्ण रुप कालभैरव ने उनका पाँचवा सिर काट डाला जिससे यह स्पष्ट होता है कि काल ही सर्वोच्च है, काल ही भीषण है, काल ही सम्पूर्ण पापों का नाशक और भक्षक है, काल से ही काल डरता है। अर्थात् पाँचवा वेद काल आधारित ही होगा। पुराणों में ही व्यक्त शिव-शंकर से विष्णु तथा विष्णु से ब्रह्मा को बहिर्गत होते अर्थात् ब्रह्मा को विष्णु के समक्ष तथा विष्णु को शिव-शंकर के समक्ष समर्पित और समाहित होते दिखाया गया है। जिससे यह स्पष्ट होता है कि शिव-शंकर ही आदि और अन्त हैं। अर्थात् जो पंचम वेद होगा वह अन्तिम वेद होगा, साथ ही प्रथम वेद भी होगा। शिव-शंकर ही प्रलय, स्थिति और सृष्टिकर्ता हैं। चूँकि वेद शब्दात्मक होते हैं इसलिए पंचम वेद शब्द से ही प्रलय, स्थिति और सृष्टिकर्ता होगा। पुराण-शास्त्र को रचने वाले व्यास हैं तो पुराण जिस कला से रची गयी है वह व्यास ही बता सकते हैं या जो शास्त्र रचने की योग्यता रखता हो। सृष्टि की उत्पत्ति और प्रलय या प्रलय और उत्पत्ति की क्रिया उसी भाँति है जैसे जन्म के बाद मृत्यु, पुनः मृत्यु के बाद जन्म अर्थात् उत्पत्ति और प्रलय या जन्म और मृत्यु एक ही विषय हैं इसलिए ही कहा जाता है कि जो प्रथम है वही अन्तिम है। कर्मवेद में सृष्टि की उत्पत्ति से प्रलय को व्यक्त किया गया है जिसके बीच सात चरण है और यही सात काशी है। यदि गिने तो प्रलय प्रथम तथा उत्पत्ति अन्तिम व सातवाँ चरण है। इस प्रकार उत्पत्ति व प्रलय अलग-अलग दिखाई पड़ते हुए भी एक हैं। सृष्टि के विकास क्रम में ही मनुष्य की सृष्टि है यह जैसे-जैसे प्राकृतिक नियम से दूर होता जाता है वह पतन की अवस्था को प्राप्त होता जाता है जिसकी निम्नतम अवस्था पशुमानव अर्थात् पूर्णतः इन्द्रिय के वश में संचालित होने वाली अवस्था है। अब यदि यह पशुमानव अवस्था चरम शिवत्व की स्थिति तक उठना चाहे तो उसे मानवीय व प्राकृतिक मूल पाँच चरणों को पार करना पड़ता है। यदि वह अन्तः जगत अर्थात् सार्वभौम सत्य ज्ञान से सृष्टि की उत्पत्ति की ओर जाता है तब वह योगेश्वर की अवस्था प्राप्त करता है। यदि वह वाह्य जगत् अर्थात् सार्वभौम सत्य-सिद्धान्त ज्ञान से सृष्टि के प्रलय की ओर जाता है तब वह भोगेश्वर की अवस्था प्राप्त करता है। योगेश्वर व भोगेश्वर एक ही हैं बस एक अवस्था में दूसरा प्राथमिकता पर नहीं होता है। इस प्रकार सृष्टि के आदि में काशी और अन्त में सत्यकाशी व्यक्त होता है। इनके बीच पाँच अन्य काशी होती हैं। इस क्रमानुसार काशी: पंचम, प्रथम तथा सप्तम काशी तथा सत्यकाशी: पंचम, अन्तिम तथा सप्तमकाशी की स्थिति में होता है। योगेश्वर अवस्था ही अदृश्य विश्वेश्वर की अवस्था है तथा भोगेश्वर अवस्था ही दृश्य विश्वेश्वर की अवस्था है जबकि दोनों एक हैं और प्रत्येक वस्तु की भाँति एक-दूसरे के दृश्य और अदृश्य रुप हैं। इसलिए ही विष्णु और शिव-शंकर को एक दूसरे का रुप कहते हैं।

सम्पूर्ण ब्रह्माण्ड की उत्पत्ति और अन्त को प्रदर्शित करते शिव अधिकृत कर्मवेद: प्रथम, अन्तिम तथा पंचम वेद में सात सत्य चक्र हैं। ये चक्र कालानुसार सात सत्य हैं जो सात काशीयों को व्यक्त करते हैं। वर्तमान काल अन्तिम सत्य चक्र अर्थात् सातवें चक्र में है। इसलिए ही सातवाँ काशी ही अन्तिम काशी है। मानव शरीर के उत्पत्ति के दो केन्द्र हैं-प्रथम मानव ब्रह्म से उत्पन्न, उसके उपरान्त मानव मानव से उत्पन्न हो रहा है। ऐसी स्थिति में मानव, ब्रह्माण्ड की उत्पत्ति की ओर से अन्त सत्य चक्र की ओर जाता है तो उसे पाँच सत्यचक्र के ज्ञान से युक्त होना पड़ता

है। और उसे पाँचवे सत्य पर उत्पत्ति की दिशा में काशी (वाराणसी) और अन्त की दिशा में सत्यकाशी के सत्यचक्र का ज्ञान होता है। जो अन्तिम है वहीं प्रथम है और जो प्रथम है वहीं अन्तिम है। इस प्रकार काशी: पंचम, प्रथम तथा सप्तम काशी तथा सत्यकाशी क्रमशः पंचम, अन्तिम तथा सप्तम काशी है। काशी और सत्यकाशी एक ही का अद्दश्य और द्दश्य रुप हैं। सत्यकाशी, काशी का ही विस्तार मात्र है। काशी मोक्षदायिनी मोक्षपुरी है सत्यकाशी जीवनदायिनी है क्योंकि यहाँ से जीवन शास्त्र "विश्वशास्त्र" व्यक्त हुआ है। जीवन ही मृत्यु है और मृत्यु ही जीवन है।

काशी शब्द का नाम ही कानों में सुनाई पड़ने से जिस शिवत्व का बोध होता है उससे पूरा शरीर ऐसे स्थिर, शान्त, सुन्दर, एक, सत्य, शुद्ध, ओउम, आत्मा, ब्रह्म, विश्वास, धर्म, केन्द्र या CENTRE की चरम अनुभूति से कम्पित हो जाता है जो भगवान विश्वनाथ की शिव नगरी का वास्तविक परिचय है। क्या इस अनुभूति के परे भी कोई जीवन है? क्या इस चरम आनन्द की स्थिति के उपरान्त भी आनन्द की चरम स्थिति को तलाश सकता है? क्या ऐसी स्थिति में मानव क्षण भर भी रहकर वह अपना सर्वस्व उसमें स्थित नहीं कर देगा? क्या उसे बारम्बार वह अनुभूति आकर्षित करता नहीं रहेगा? इन सब प्रश्नों का उत्तर मात्र यहीं है कि वह स्वयं शिव हो जाता है। वह उसी में विलीन हो जाता है। शिव पुराण जो हमारे भारतीय संस्कृति के धर्मग्रन्थों के श्रृंखला का एक महत्वपूर्ण धर्मग्रन्थ है। उसमें काशी का वर्णन प्राप्त होता है जिनमें सबसे प्राचीन काशी नगरी (वाराणसी) का मुख्य स्थान है। यहाँ का वातावरण अनेकों उत्थान पतन एवं घटनाओं के बावजूद भी उस शिवत्व की अनुभूति का एहसास आज भी अनुभव किया जा सकता है। लेकिन बढ़ते भौतिकता और उस शिवत्व से दूर जाती नयी पीढ़ी कितनें दिनों तक इस ऐतिहासिक नगरी की सभ्यता, परम्परा और शुद्धता को यथावत् बनाये रख पायेगी, यह दिनों-दिन अविश्वसनीय होता जा रहा है। शिक्षा, धर्म-ज्ञान और शिवत्व से जुड़ी यह नगरी वर्तमान में अपने पहचान के विषयों से धीरे-धीरे इतनी दूर हट गया है कि पुनः इसे सही अर्थों में लाना असम्भव हो चुका है। यह सत्य है कि सुधार कभी सफल नहीं हो पाता यदि सुधार चाहिए तो आवश्यक होता है कि सुधार नहीं बल्कि निर्माण हो। इस दूरदर्शी विचारों से प्रभावित होकर काशी की परम्परा को पुनः स्थापित करने हेतु निर्माण के रास्ते से वाराणसी के दक्षिण गंगा पार समाज समर्थित "सत्यकाशी" को व्यक्त किया गया है। अन्य काशी हैं-उत्तरकाशी, शिवाकाशी, दक्षिणकाशी (वैदुर्यपत्तन-बरकला केरल), छोटा काशी और गुप्त काशी।

बिना गुण के अन्य काशीयों की स्थापना तो आध्यात्मिक एवं धार्मिक दोनों द्दष्टिकोण से निश्चित ही अनुचित है परन्तु गुण-धर्म से युक्त स्थान व सीमा में काशी की स्थापना अनुचित नहीं उचित है। अब जबकि पाँच मुख वाले महादेव शिव-शंकर का वेद-कर्मवेद व्यक्त हो चुका है। सभी काशीयों का व्यक्त होना भी अतिआवश्यक है। क्योंकि अनेक तीर्थस्थलों को व्यक्त करने से मनुष्य की सृष्टि में कैसे-कैसे लाभ होते हैं यह तो आप सब भली-भाँति जानते हैं। आद्य शंकराचार्य जी ने भी भारत के चारों दिशाओं में चार पीठों की स्थापना उसी लाभ के लिए किये थे। सम्पूर्ण ब्रह्माण्ड में सभी वस्तु का प्रसार हो रहा है इसलिए अब समय आ गया है कि काशी का भी प्रसार हो क्योंकि प्रसार ही जीवन है। संकुचन ही मृत्यु है। 'नयी काशी' योजना का उचित स्थान (रामनगर से पड़ाव) पर निर्माण किसी भी द्दष्टि से अनुचित नहीं है। क्योंकि रामनगर में शिवभक्त और शिव के अवतार माने जाने वाले महाराजा काशी नरेश तथा पड़ाव में शिव की एक धारा- अघोर के अवधूत भगवान राम का आश्रम व समाधि स्थल है तथा काशी का सम्बन्ध सत्य-धर्म-ज्ञान से है। सृष्टि की उत्पत्ति से लेकर प्रलयकाल तक काशी का स्थान भिन्न नहीं हो सकता परन्तु काशी एक नहीं बल्कि सात काशियों का संयुक्त रूप है, जो पुराणों में वर्णित भी है और सम्पूर्ण ब्रह्माण्ड के उत्पत्ति और अन्त को प्रदर्शित करता शिव अधिकृत कर्मवेदः प्रथम, अन्तिम तथा पंचमवेद में सात सत्य चक्र भी है जो सात काशियों को व्यक्त करते हैं जिसके अनुसार काशी (वाराणसी) पंचम, प्रथम तथा सप्तम एवं (वाराणसी)-विन्ध्याचल-शिवद्वार-सोनभद्र के बीच का सत्यकाशी-पंचम, अन्तिम तथा सप्तम काशी है जो शिव-शक्ति क्षेत्र है और पौराणिक भूमि भी है। सम्पूर्ण विश्व को मार्गदर्शन देने की ज्ञान बुद्धि भी अब सत्यकाशी क्षेत्र से व्यक्त हो चुका है। काशी मोक्षदायिनी जरुर है परन्तु विश्व को जीवन देने वाली जीवनदायिनी तो सत्यकाशी ही है क्योंकि इसी क्षेत्र से जीवन शास्त्र "विश्वशास्त्र" व्यक्त हुआ है। मोक्ष तभी मिलता है जब जीवन मिलता है और जीवन तभी मिलता है जब मोक्ष मिलता है। इसलिए काशी और सत्यकाशी एक ही है अन्तर मात्र प्रसार का है। यह सत्य है

कि अदृश्य शिव अकेले रह सकते हैं परन्तु दृश्य शिव-शंकर तो शक्ति के बिना रह नहीं सकते इसका ही परिणाम है शक्ति क्षेत्र-सत्यकाशी में दृश्य शिव-शंकर का व्यक्त होना।

भविष्य पुराण से व्यक्त है कि- "ग्यारह टोपी (राष्ट्रपति) तक मतपत्रों का राज्य चलेगा इसके बाद किसी पार्टी को बहुमत प्राप्त नहीं होगा। माता-पिता, साधु-सन्त, ब्राह्मण-विद्वान अपमानित होंगे। तब भयानक युद्ध होगा। भारत पुनः अपने अस्तित्व में आकर विश्वगुरु पद पर स्थापित होगा।" वह समय तो वर्तमान में चल रहा है जो भी अपना गुण-धर्म त्यागता है वह अपमानित होने का रास्ता स्वयं निर्माण करता है। ऐसे ही अपमानित कोई भी नहीं करता बल्कि वे जिस पद जैसे- माता-पिता, साधु-सन्त, ब्राह्मण-विद्वान पर बैठे रहते हैं। उसका भी धर्म निर्वहन नहीं करते परिणामस्वरुप सत्य-धर्म-ज्ञानियों के लिए वे न तो सम्मान के योग्य होंगे न ही अपमान के। भारत पुनः अपने अस्तित्व में आकर विश्व गुरु पद पर स्थापित होगा। यह बात तो सत्य है परन्तु यह स्वतः नहीं हो जायेगा कोई न कोई तो इसका माध्यम अवश्य बनेगा और वह अन्तिम माध्यम ही शिव-शंकर के पूर्णावतार के रूप में होगा क्योंकि ब्रह्मा के पूर्णावतार श्रीराम तथा विष्णु के पूर्णावतार श्रीकृष्ण हो चुके हैं। इसलिए तीसरे नेत्र की दृष्टि से सत्यकाशी के निर्माण में काशी को ही अग्रसर होना चाहिए। यह काशी के लिए सम्मानजनक होगा।

काशी का स्थान, निर्माण, रक्षा और प्रसार महादेव विश्वेश्वर भगवान भोले शंकर के अधीन है और उनकी पहचान है-अनासक्त एकात्म ज्ञान, एकात्म कर्म एवं एकात्म ध्यान के संगम की व्यक्त अवस्था अर्थात् ऐसा सर्वोच्च और अन्तिम ज्ञान तथा कर्म जो सम्पूर्ण ब्रह्माण्ड (तीनों लोकों) के काल्याणार्थ अन्तिम रास्ता हो, समस्त विश्व एक मात्र कर्म के लिए बद्ध हो और ज्ञान से मुक्त हो। दर्शन के मुख्य तीन स्तर-अद्वैत, विशिष्टाद्वैत तथा द्वैत की स्थिति अदृश्य काल में अदृश्य तथा दृश्य काल में दृश्य की स्थिति होती है। वर्तमान समय चक्र की स्थिति दृश्य काल के दृश्य विशिष्टाद्वैत की स्थिति की ओर है। ऐसी स्थिति में सम्पूर्ण दृश्य जगत को ही सत्य मानकर व्यक्ति कार्य करते हैं। यही भौतिकवाद की स्थिति भी है। ध्यान का विषय है-शिव से काशीवासी और काशी है या काशीवासी और काशी से शिव हैं। यह भी ध्यान रहे कि व्यासजी द्वारा काशी को शाप देने के कारण विश्वेश्वर ने व्यासजी को काशी से निष्कासित कर दिया था। तब व्यासजी लोलार्क मन्दिर के आग्नेय कोण में गंगाजी के पूर्वी तट पर स्थित हुए। इस घटना का उल्लेख काशी खण्ड में इस प्रकार है-

लोलार्कादं अग्निदिग्भागे, स्वर्घुनी पूर्वरोधसि।
स्थितो ह्यद्यापि पश्चेत्सः काशीप्रासाद राजिकाम्।।

- स्कन्दपुराण, काशी खण्ड 96/201

और गंगा पार क्षेत्र से ही जीवन शास्त्र "विश्वशास्त्र" व्यक्त हुआ है। ध्यान का विषय है-शिव से काशीवासी और काशी है या काशीवासी और काशी से शिव हैं''

मोक्षदायिनी काशी और जीवनदायिनी सत्यकाशी अर्थ व प्रतीक चिन्ह

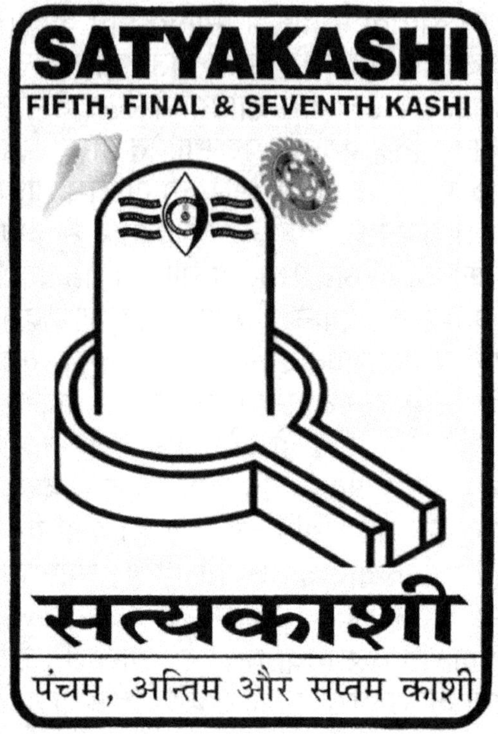

मोक्षदायिनी काशी: प्रतीक चिन्ह व अर्थ

काशी का प्रतीक विश्वेश्वर शिवलिंग है जो शिव (सार्वभौम आत्मा) और उसके प्रतीक रूप शिवलिंग है। इसे आदियोगी के नाम पर योगेश्वरनाथ ज्योतिर्लिंग भी कह सकते हैं।

जीवनदायिनी सत्यकाशी: प्रतीक चिन्ह व अर्थ

समस्त विश्व को अणु रूप में धारण करने वाले देवता को विष्णु कहते हैं और समस्त विश्व को तन्त्र रूप में धारण करने वाले देवता को शिव कहते हैं। विष्णु, सार्वभौम आत्मा सत्य के प्रतीक हैं तो शिव, सार्वभौम आत्मा सिद्धान्त के प्रतीक हैं। आत्मा, व्यक्तिगत प्रमाणित अदृश्य है तो सिद्धान्त सार्वजनिक प्रमाणित दृश्य है अर्थात् विष्णु के ही दृश्य रूप शिव हैं। सत्यकाशी के प्रतीक में विष्णु का प्रतीक शंख और सु-दर्शन चक्र समर्पित है अर्थात् विष्णु के शिव में समाहित होने का प्रतीक है। साथ ही विष्णु के नारायणास्त्र-सुदर्शन चक्र और उद्घोषक-शंख का समर्पण अहिंसा को भी व्यक्त करता है। इसे भोगेश्वरनाथ ज्योतिर्लिंग कहते हैं।

"क्या आर्थिक विकास ही विकास है? आज विकास का जो स्वरूप दिख रहा है, इसका वीभत्स परिणाम भी ग्लोबल वार्मिंग, ग्लेशियर का पिघलना, मौसम मे बदलाव आदि के रूप में सामने दिख रहा है। हमें यह देखना होगा कि विकास की इस राह में हमने क्या खोया और क्या पाया। समाज शास्त्री विमर्श कर यह राह सुझायें जिससे विकास, विविधता व लोकतंन्त्र और मजबूत बनें। विकास वह है जो समाज के अन्तिम व्यक्ति को भी लाभान्वित करे। भारत में एकता का भाव, व्यक्ति का मान होना चाहिए क्योंकि इसमें ही देश का सम्मान निहित है। समाज के लोग आगे आयें और सरकारों पर दबाव बनायें। विविधता भारत की संस्कृति की थाती है। भारत की यह संस्कृति 5000 वर्ष से अधिक पुरानी व जीवन्त है। काशी ज्योति का शहर है क्योंकि यहाँ बाबा का ज्योतिर्लिंग है। यह ज्ञान व एकता की ज्योति है। इसके प्रकाश से यह शहर ही नहीं, बल्कि पूरा देश आलोकित हो रहा है। यह शहर ज्ञान की असीम पूँजी लिए देश को अपनी ओर बुला रहा है।" ***(महात्मा गाँधी काशी विद्यापीठ, वाराणसी में भारतीय समाजशास्त्रीय सोसायटी के 40वें अधिवेशन के उद्घाटन में)***

- श्री प्रणव मुखर्जी, राष्ट्रपति, भारत

साभार - दैनिक जागरण, 30 नवम्बर, 2014

"देश विविधता से भरा है। इसमें आस्था ऐसा पहलू है जो एका बनाता है। भले ही बोली भाषा, पहनावा, संस्कृति में भिन्नता हो पर माँ गंगा के प्रति आस्था तो एक जैसी है। इसे विकास से जोड़ने का यह उपयुक्त वक्त है। काशी की इसी धरती पर आदि शंकराचार्य को अद्वैत ज्ञान मिला था। यहाँ के कण-कण में पाण्डित्य व्याप्त है जो हमें संस्कृति की ओर आकर्षित करता है। देश में भले ही विभिन्न राज्यों की अपनी संस्कृति और सम्प्रभुता है मगर काशी, देश के सभी राज्यों को अद्वैत भाव से एकता के साथ लेकर आगे बढ़ती है। देश को एकता के साथ विकास का भाव जगाने के लिए काशी की ओर देखना चाहिए।" (महात्मा गाँधी काशी विद्यापीठ, वाराणसी में भारतीय समाजशास्त्रीय सोसायटी के 40वें अधिवेशन के उद्घाटन में)

- श्री राम नाइक, राज्यपाल, उत्तर प्रदेश, भारत

साभार - दैनिक जागरण, 30 नवम्बर, 2014

"काशी के राष्ट्र गुरू बने बिना भारत जगत गुरू नहीं बन सकता। देश अतीत की तरह आध्यात्मिक ऊँचाई पर पहुँचेगा तो स्वतः आर्थिक वैभव प्राप्त हो जायेगा। इसी खासियत की वजह से इतिहास में कभी भारत सोने की चिड़िया थी।"

- श्री नरेन्द्र मोदी, प्रधानमंत्री, भारत

साभार - दैनिक जागरण, वाराणसी संस्करण, दि0 18.05.2014

"अच्छी शिक्षा, शिक्षकों से जुड़ी है। शिक्षक को हर परम्पराओं का ज्ञान होना चाहिए। हम विश्व को अच्छे शिक्षक दे सकते हैं। विगत छह महीने से पूरा विश्व हमारी ओर देख रहा है। ऋषि-मुनियों की शिक्षा पर हमें गर्व है। 21वीं सदी में विश्व को उपयोगी योगदान देने की माँग है। पूर्णत्व के लक्ष्य को प्राप्त करना विज्ञान हो या तकनीकी, इसके पीछे परिपूर्ण मानव मन की ही विश्व को आवश्यकता है। रोबोट तो पाँच विज्ञानी मिलकर भी पैदा कर देंगे। मनुष्य का पूर्णत्व, तकनीकी में समाहित नहीं हो सकता। पूर्णता मतलब जनहित। कला-साहित्य से ही होगा नवजागरण।" (बी.एच.यू. वाराणसी में)

- श्री नरेन्द्र मोदी, प्रधानमंत्री, भारत

साभार - काशी वार्ता, वाराणसी संस्करण, दि0 26 दिसम्बर, 2014

काशी

काशी, काश धातु से निष्पन्न है। काश का अर्थ है–ज्योतित होना या ज्योतित करना अर्थात् जहाँ से ब्रह्म प्रकाशित हो। जिस स्थान या नगर से ज्ञान का प्रकाश चारों ओर फैलता है उसे काशी पुरी या काशी नगर कहते हैं। ब्रह्म प्रकाशित करने वाला प्रत्येक नगर ही काशी है।

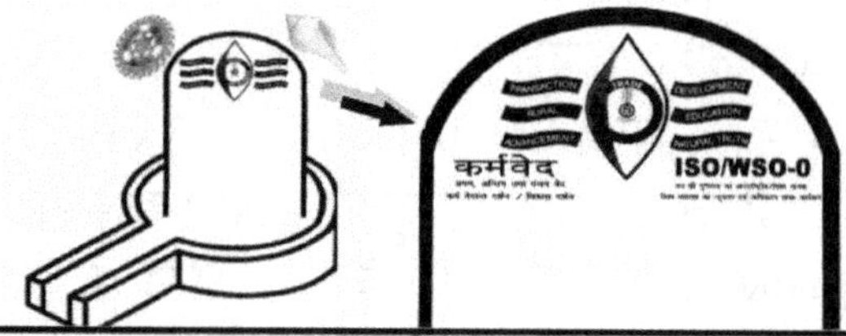

मोक्षदायिनी काशी
पंचम, प्रथम एवं सप्तम काशी

प्रतीक चिन्ह

KASHI
FIFTH, FIRST & SEVENTH KASHI
काशी
पंचम, प्रथम एवं सप्तम काशी

योगेश्वर (ज्ञान का विश्वरूप)
विश्वेश्वर (योगेश्वरनाथ) : प्रथम ज्योतिर्लिंग
वाराणसी

अद्वैत वेदान्त / आत्म दर्शन

व्यक्तिगत प्रमाणित विश्वधर्म

www.kashikatha.com

जीवनदायिनी सत्यकाशी
पंचम, अन्तिम और सप्तम काशी

प्रतीक चिन्ह

SATYAKASHI
FIFTH, FINAL & SEVENTH KASHI
सत्यकाशी
पंचम, अन्तिम और सप्तम काशी

भोगेश्वर (कर्मज्ञान का विश्वरूप)
भोगेश्वरनाथ : 13वाँ और अन्तिम ज्योतिर्लिंग
वाराणसी–सोनभद्र–शिवद्वार–विन्ध्याचल
के बीच का क्षेत्र

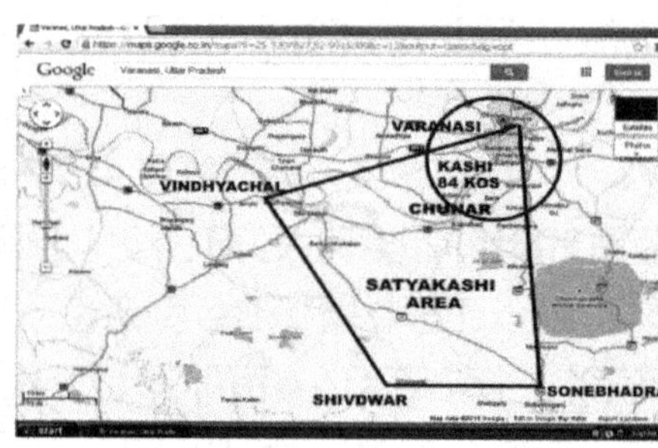

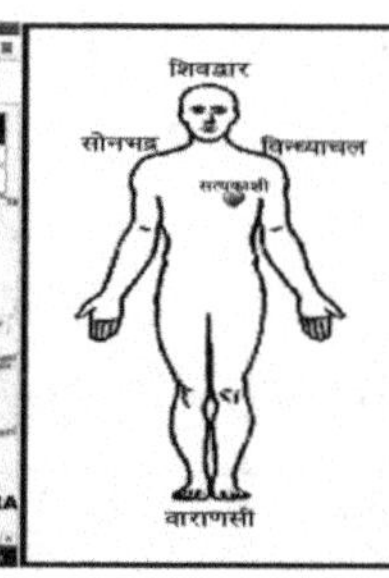

अद्वैत कर्म वेदान्त / विकास दर्शन

सार्वजनिक प्रमाणित विश्वधर्म

www.satyakashi.com

भाग-2
जीवनदायिनी सत्यकाशी (तम)
(www.satyakashi.com)

SATYAKASHI
FIFTH, FINAL & SEVENTH KASHI
सत्यकाशी
पंचम, अन्तिम और सप्तम काशी

जीवनदायिनी सत्यकाशी
पंचम, अन्तिम और सप्तम काशी

काशी, काश धातु से निष्पन्न है। काश का अर्थ है–ज्योतित होना या ज्योतित करना अर्थात् जहाँ से ब्रह्म प्रकाशित हो। जिस स्थान या नगर से ज्ञान का प्रकाश चारों ओर फैलता है उसे काशी पुरी या काशी नगर कहते हैं। ब्रह्म प्रकाशित करने वाला प्रत्येक नगर ही काशी है।

अनिवर्चनीय कल्कि महाअवतार का लीला भूमि क्षेत्र और "विश्व शिक्षा पाठ्यक्रम" सहित "विश्वशास्त्र" का प्रकाशन क्षेत्र।

www.satyakashi.com

वाराणसी–सोनभद्र–शिवद्वार–विन्ध्याचल के बीच का क्षेत्र

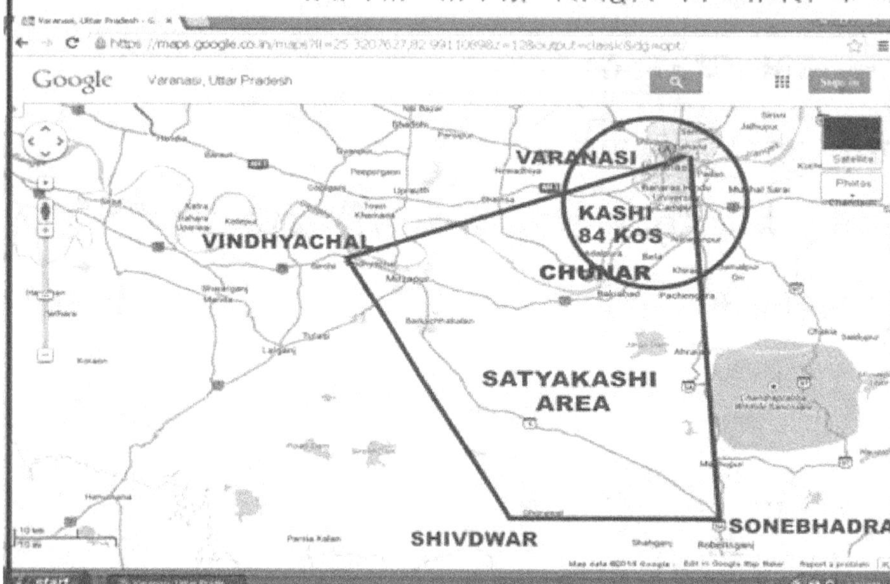

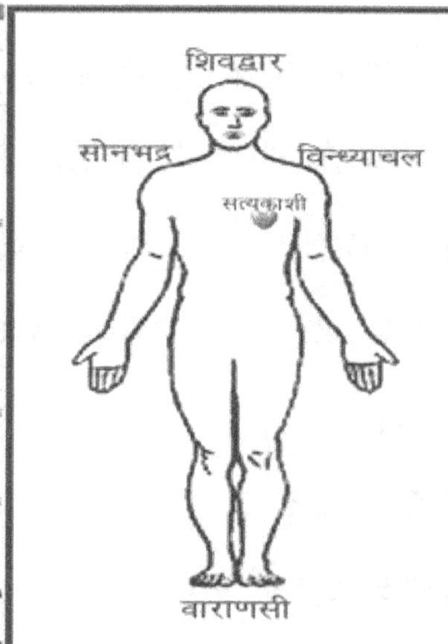

मीरजापुर

चुनार (चरणाद्रिगढ़)
सत्यकाशी व भारत माता का हृदय क्षेत्र

विश्वशास्त्र–द नॉलेज ऑफ फाइनल नॉलेज

भोगेश्वरनाथ-13वाँ और अन्तिम ज्योतिर्लिंग क्यों?

01. प्रत्येक मास में कृष्ण पक्ष की तेरहवीं तिथि की रात्रि मास शिवरात्रि तथा फाल्गुन मास की कृष्ण पक्ष की तेरहवीं तिथि की रात्रि महाशिवरात्रि कहलाती है। मनुष्य के जन्म के बारहवीं तिथि के संस्कार को बरही तथा शरीर से मुक्त होने के तेरहवीं तिथि के अन्तिम संस्कार को तेरहवीं कहते हैं अर्थात् तेरह का अंक शिव-शंकर का प्रतीक है। तब तेरहवां ज्योतिर्लिंग कहाँ है? क्योंकि केवल द्वादस ज्योतिर्लिंग ही हम सब जानते हैं, इस तेरहवें ज्योतिर्लिंग की स्थापना ही सत्यकाशी तीर्थ का महत्व है।

02. जीवनदायिनी सत्यकाशी से सार्वभौम आत्मा पर केन्द्रित सत्व मन से युक्त प्रवृत्ति मार्गी पाँचवें अवतार-वामन अवतार का अवतरण हुआ था। सत्व मन से युक्त प्रवृत्ति मार्ग भोगेश्वर की अवस्था है।

03. जीवनदायिनी सत्यकाशी से सार्वभौम आत्मा पर केन्द्रित सत्व मन से युक्त प्रवृत्ति मार्गी दसवें और अन्तिम अवतार-कल्कि अवतार का अवतरण हुआ है। सत्व मन से युक्त प्रवृत्ति मार्ग भोगेश्वर की अवस्था है। अन्तिम अवतरण से अन्तिम भोगेश्वर का अवतरण है।

04. अन्तिम अवतार-लव कुश सिंह "विश्वमानव" स्वयं आश्विन, शुक्ल पक्ष के त्रयोदशी (तेरहवीं) तिथि को जन्म ग्रहण किये हैं।

जिस प्रकार शिव भक्त रावण से जुड़ी घटना के कारण ज्योतिर्लिंग श्री वैद्यनाथ स्थापित है और सातवें अवतार श्रीराम से जुड़ी ज्योतिर्लिंग श्री रामेश्वर है। उसी प्रकार श्री लव कुश सिंह "विश्वमानव" से जुड़ा है-13वाँ और अन्तिम ज्योतिर्लिंग-भोगेश्वरनाथ। जिसकी प्रतिकात्मक स्थापना वे माँ शीतला धाम, अदलपुरा के ठीक पूर्व दिशा में गंगा नदी के बीच जहाँ गंगा दो भागों में बँटी हुई हैं, वहीं कर चुके हैं। 13वाँ और अन्तिम ज्योतिर्लिंग-भोगेश्वरनाथ को व्यक्त करने की श्री लव कुश सिंह "विश्वमानव" की योग्यता यह है कि उन्होंने कश्मीरी शैव तन्त्र व पाशुपत दर्शन से जीवन जीते हुए शिव तन्त्र का जीवनदायिनी शास्त्र कर्मवेद: प्रथम, अन्तिम तथा पंचम वेद समाहित-" विश्वशास्त्र-द नालेज आफ फाइनल नालेज" की रचना सत्यकाशी क्षेत्र से ही की है जो आध्यात्मिक एवं दार्शनिक विरासत के आधार पर एक भारत-श्रेष्ठ भारत तथा भारत को दृश्य काल में विश्वगुरू पद प्राप्त करने की योजना का सर्वोच्च प्रवृत्ति मार्ग का शास्त्र है और जिसकी रचना मोक्षदायिनी काशी: वाराणसी के गंगा पार व्यास क्षेत्र से हुआ है प्रमाण स्वरूप-

व्यासजी द्वारा काशी को शाप देने के कारण विश्वेश्वर ने व्यासजी को काशी से निष्कासित कर दिया था। तब व्यासजी लोलार्क मन्दिर के आग्नेय कोण में गंगाजी के पूर्वी तट पर स्थित हुए। इस घटना का उल्लेख काशी खण्ड में इस प्रकार है-

लोलार्कादं अग्निदिग्भागे, स्वर्धुनी पूर्वरोधसि।
स्थितो ह्यद्यापि पश्चेत्सः काशीप्रासाद राजिकाम्।।

-स्कन्दपुराण, काशी खण्ड 96/201

जीवनदायिनी सत्यकाशी-पंचम, अन्तिम और सप्तम काशी

(काशी (वाराणसी)-सोनभद्र-शिवद्वार-विन्ध्याचल के बीच का क्षेत्र)

काशी, काश धातु से निष्पन्न है। काश का अर्थ है-ज्योतित होना या ज्योतित करना अर्थात् जहाँ से ब्रह्म प्रकाशित हो। जिस स्थान या नगर से ज्ञान का प्रकाश चारो ओर फैलता है उसे काशी पुरी या काशी नगर कहते हैं। इस प्रकार ब्रह्म प्रकाशित करने वाला प्रत्येक नगर ही काशी है जिसमें से एक वाराणसी-विन्ध्याचल-शिवद्वार-सोनभद्र के बीच का क्षेत्र है जिसका स्वरूप जीवनदायिनी का है क्योंकि यहाँ से जीवनदायिनी "विश्वशास्त्र" व्यक्त हुआ है।

सार्वभौम सत्य-सिद्धान्त और समाज समर्थित सत्यकाशी योजना जिसका क्षेत्र है-वाराणसी-विन्ध्याचल-शिवद्वार-सोनभद्र के बीच का भगवान विष्णु और भगवान शिव से जुड़ा क्षेत्र। जो धर्मक्षेत्र से व्यापक सार्थक एवं पौराणिक आधारों पर प्रश्न करता है कि-क्यों काशी नरेश होते हुए भी उनका किला काशी शहर में नहीं? क्यों देवकी के आठवें पुत्र कृष्ण के बदले में पुत्री को कंस ने मारना चाहा तो वह विन्ध्य पर्वत पर आ बसीं? क्यों समष्टि (समाज या सार्वजनिक) धर्म के स्थापनार्थ विष्णु के पाँचवे अवतार वामन अवतार ने जब राजा बलि से तीन पग जमीन मांगा तब अवतार ने पहला पग चुनार क्षेत्र में ही रखा जिसके कारण इसका पुराना नाम चरणाद्रिगढ़ था? क्यों ब्रह्मलीन श्री श्री 1008 सत्ययोगानन्द उर्फ भुईधरा बाबा (भगवान रामकृष्ण की अगली कड़ी) ने सदी का सबसे लम्बा (दि0 13. 11. 97 से 22. 06. 98 तक) तथा अदृश्य काल का अन्तिम यज्ञ-विष्णु महायज्ञ और ज्ञानयज्ञ चुनार क्षेत्र में ही आयोजित किये? क्यों विश्व का अन्तिम शास्त्र "विश्वशास्त्र" इसी क्षेत्र से व्यक्त हुआ? क्यों विश्वव्यापी धर्म स्थापना (समष्टि धर्म स्थापना) पाँचवें अवतार वामन अवतार के बाद पुनः इस क्षेत्र से प्रारम्भ हो रहा है।

उपरोक्त प्रश्नों का जबाब भी सत्यकाशी योजना के जन्मदाता गण व्यापकता के साथ देते हैं। भौतिकवादी काशीवासीयों से मुक्त-शिवभक्त काशी नरेश की सत्यता के लिए प्रकृतिक चक्र द्वारा इनका किला काशी शहर में नहीं जिससे वे अन्त में अन्तिम काशी-सत्यकाशी के सत्यकाशी नरेश भी कहलायें। चुनार क्षेत्र पाँचवें अवतार वामन के चरणों से एक श्राप द्वारा ग्रसित हो चुका था कि इस क्षेत्र में जन्म लेने वाले व्यक्ति की चाहें जितना भी समष्टि (समाज) धर्म के लिए प्रयत्न क्यों न करें वे व्यष्टि (व्यक्तिगत) धर्म से अधिक न उठ सकेंगे। जब तक की इस क्षेत्र से बाहर जन्म लेकर कोई पुनः समष्टि धर्म स्थापनार्थ नहीं आ जाता। यह सब इसलिए है कि प्राकृतिक चक्र द्वारा विकसित और सन्तुलित क्षेत्र जो वाराणसी-विन्ध्याचल-शिवद्वार-सोनभद्र के बीच स्थित है। बस यहीं है पुराणों में वर्णित सात काशीयों में अन्तिम काशी-सत्यकाशी। यदि काशी (वाराणसी), शिवाकाशी, उत्तरकाशी और दक्षिण काशी (वैदुर्यपत्तन, बरकला, केरल प्रदेश) को मुख्य काशी माना जाय तो सत्यकाशी पंचम काशी है। और दो काशीयों को और सम्मिलित किया जाता है तो सत्यकाशी सप्तम काशी होगी इस प्रकार शिव पुराण में वर्णित सात काशीयों में सत्यकाशी पंचम, अन्तिम तथा सप्तम काशी होगी।

इस प्रकार हम देखते हैं कि आध्यात्मिक, सार्थक, दूरदर्शी, प्रमाणित, पौराणिक, समाज समर्थित काशी की परम्परा का पालन करते हुए सत्यकाशी योजना है। जबकि लक्ष्य एक व्यापक जनसमुदाय को एक नयी दिशा द्वारा संरक्षण, विकास और आजिविका प्रदान करना है। इसलिए उचित स्थान पर इसका निर्माण आवश्यक है।

सत्यकाशी क्षेत्र से व्यक्त हुये मुख्य विषय

01. द्वापर युग में आठवें अवतार श्रीकृष्ण द्वारा प्रारम्भ किया गया कार्य "नवसृजन" के प्रथम भाग "सार्वभौम ज्ञान" के शास्त्र "गीता" के बाद कलियुग में शनिवार, 22 दिसम्बर, 2012 से काल व युग परिवर्तन कर दृश्य काल व पाँचवें युग का प्रारम्भ, व्यवस्था सत्यीकरण और मन के ब्रह्माण्डीयकरण के लिए दसवें और अन्तिम अवतार-कल्कि महावतार श्री लव कुश सिंह "विश्वमानव" द्वारा व्यक्त द्वितीय और अन्तिम भाग "सार्वभौम कर्मज्ञान" और "पूर्णज्ञान का पूरक शास्त्र" , "विश्वशास्त्र: द नालेज आफ फाइनल नालेज" के रूप में व्यक्त हुआ।

02. जिस प्रकार सुबह में कोई व्यक्ति यह कहे कि रात होगी तो वह कोई नई बात नहीं कह रहा। रात तो होनी है चाहे वह कहे या ना कहे और रात आ गई तो उस रात को लाने वाला भी वह व्यक्ति नहीं होता क्योंकि वह प्रकृति का नियम है। इसी प्रकार कोई यह कहे कि "सतयुग आयेगा, सतयुग आयेगा" तो वह उसको लाने वाला नहीं होता। वह नहीं भी बोलेगा तो भी सतयुग आयेगा क्योंकि वह अवतारों का नियम है। सुबह से रात लाने का माध्यम प्रकृति है। युग बदलने का माध्यम अवतार होते हैं। जिस प्रकार त्रेतायुग से द्वापरयुग में परिवर्तन के लिए वाल्मिकि रचित "रामायण" आया, जिस प्रकार द्वापरयुग से कलियुग में परिवर्तन के लिए महर्षि व्यास रचित "महाभारत" आया। उसी प्रकार प्रथम अदृश्य काल से द्वितीय और अन्तिम दृश्य काल व चौथे युग-कलियुग से पाँचवें युग-स्वर्णयुग में परिवर्तन के लिए शेष समष्टि कार्य का शास्त्र "विश्वशास्त्र" सत्यकाशी क्षेत्र जो वाराणसी-विन्ध्याचल-शिवद्वार-सोनभद्र के बीच का क्षेत्र है, से भारत और विश्व को अन्तिम महावतार श्री लव कुश सिंह "विश्वमानव" द्वारा मानवों के अनन्त काल तक के विकास के लिए व्यक्त किया गया है।

03. कारण, अन्तिम महावतार श्री लव कुश सिंह "विश्वमानव" और "आध्यात्मिक सत्य" आधारित क्रिया "विश्वशास्त्र" से उन सभी ईश्वर के अवतारों और शास्त्रों, धर्माचार्यों, सिद्धों, संतों, महापुरूषों, भविष्यवक्ताओं, तपस्वीयों, विद्वानों, बुद्धिजिवीयों, व्यापारीयों, दृश्य व अदृश्य विज्ञान के वैज्ञानिकों, सहयोगीयों, विरोधीयों, रक्त-रिश्ता-देश सम्बन्धियों, उन सभी मानवों, समाज व राज्य के नेतृत्वकर्ताओं और विश्व के सबसे बड़े लोकतन्त्र के संविधान को पूर्णता और सत्यता की एक नई दिशा प्राप्त हो चुकी है जिसके कारण वे अधूरे थे।

अपने-अपने धर्म शास्त्र-उपनिषद्-पुराण इत्यादि का अध्ययन करें कहीं ऐसा तो नहीं कि-

1. काल के प्रथम रूप अदृश्य काल से दूसरे और अन्तिम दृश्य काल का प्रारम्भ।
   - इसलिए कि अधिकतम व्यक्ति व समाज का मन दृश्य विषयों पर केन्द्रित है।
2. मनवन्तर के वर्तमान 7वें मनवन्तर वैवस्वत मनु से 8वें मनवन्तर सांवर्णि मनु का प्रारम्भ।
   - इसलिए कि सावर्णि मनु के "सार्वभौम" गुण का प्रयोग कर श्री लव कुश सिंह "विश्वमानव" व्यक्त हैं।
3. अवतार के नवें बुद्ध से दसवें और अन्तिम अवतार-कल्कि महावतार का प्रारम्भ।
   - इसलिए कि आधुनिक युग के लिए एकीकरण व मानकीकरण के सभी प्रणाली व्यष्टि व समष्टि के लिए संयुक्त एवं अन्तिम रूप से कल्कि अवतार द्वारा व्यक्त है।
4. युग के चौथे कलियुग से पाँचवें युग स्वर्ण युग का प्रारम्भ।
   - इसलिए कि युग परिवर्तन के लिए कल्कि अवतार का आगमन हो चुका है।
5. व्यास और द्वापर युग में आठवें अवतार श्रीकृष्ण द्वारा प्रारम्भ किया गया कार्य "नवसृजन" के प्रथम भाग "सार्वभौम ज्ञान" के शास्त्र "गीता" से द्वितीय अन्तिम भाग "सार्वभौम कर्मज्ञान" , पूर्णज्ञान का पूरक शास्त्र" , लोकतन्त्र का "धर्मनिरपेक्ष धर्मशास्त्र" और आम आदमी का "समाजवादी शास्त्र" द्वारा व्यवस्था सत्यीकरण और मन के ब्रह्माण्डीयकरण और नये व्यास का प्रारम्भ।
   - इसलिए कि नया और अन्तिम शास्त्र "विश्वशास्त्र" प्रकाशित हो चुका है।

यदि ऐसा नहीं तो-

1. तुम्हारे शास्त्रों में दिये वचन और शास्त्र झूठे हो जायेंगे। 2. तुम्हारे भविष्यवक्ताओं की भविष्यवाणीयाँ झूठी हो जायेंगी। 3. तुम्हारे युग और काल गणना झूठे हो जायेंगे। 4. तुम्हारे अवतार-ईशदूत-ईशपुत्र-पुनर्जन्म सिद्धान्त झूठे हो जायेंगे।

मीरजापुर

स्थानीय मान्यताओं के अनुसार मीरजापुर, राजा नान्नेर द्वारा स्थापित किया गया था और पूर्व में यह शहर पर्वत पुत्री गिरिजा के नाम पर गिरिजापुर के नाम से जाना जाता था लेकिन ब्रिटीश विजय के उपरान्त इसे मीरजापुर के नाम से जाना जाने लगा। मीरजापुर, बनारस राज्य का अंग था। प्रशासनिक दृष्टि से मीरजापुर जनपद को चार तहसील चुनार, लालगंज, सदर और मड़िहान में बाँटा गया।

www.satyakashi.com

वाराणसी–सोनभद्र–शिवद्वार–विन्ध्याचल के बीच का क्षेत्र

घण्टा घर

पक्का घाट

ओझला पुल

कंतित शरीफ

विण्ढ़म फाल

तारकेश्वर महादेव

मीरजापुर

मीरजापुर, भारत के उत्तर प्रदेश राज्य का एक शहर और जिला मुख्यालय है, जो जिला सोनभद्र, चन्दौली, वाराणसी, संत रविदास नगर भदोही और इलाहाबाद जिले से घिरा हुआ है। इस जिले का नाम शासक मिर्जा के नाम पर रखा गया है। ब्रिटीश सरकार द्वारा कब्जा कर लेने के बाद इस नगर का नाम इसके पूर्व शासक के नाम पर रख दिया गया। स्थानीय मान्यताओं के अनुसार मीरजापुर, राजा नान्नेर द्वारा स्थापित किया गया था और पूर्व में यह शहर पर्वत पुत्री गिरिजा के नाम पर गिरिजापुर के नाम से जाना जाता था लेकिन ब्रिटीश विजय के उपरान्त इसे मीरजापुर के नाम से जाना जाने लगा। जबकि शोधकर्ताओं में नाम के लिए अभी भी शोध जारी है कि "मीरजा" होगा या "मिर्जा"।

मीरजापुर, बनारस राज्य का अंग था। सन् 1775 ई0 में इसकी प्रभुसत्ता अवध के नबाब कादीर द्वारा ईस्ट इण्डिया कम्पनी को सौंप दी गई। किन्तु इसका प्रबन्धात्मक प्रशासन सन् 1794 ई0 तक काशी नरेश के जमींदार के अन्दर ही बना रहा। 27 अक्टुबर, 1794 को राजा महीप नारायण सिंह से सन्धि के शर्तों के अनुसार अपने नियंत्रण को तत्कालीन गर्वनर जनरल को हस्तान्तरित कर दिया गया। सन् 1861 ई0 तक इलाहाबाद से अलग होकर यह जनपद अपने वर्तमान युग में प्रतिष्ठित हुआ। अप्रैल, 1998 में इस जनपद के दक्षिणी और पूर्वी भाग को अलग करते हुए सोनभद्र जनपद का सृजन किया गया। प्रशासनिक दृष्टि से मीरजापुर जनपद को चार तहसील चुनार, लालगंज, सदर और मड़िहान में बाँटा गया। विकास की गतिविधियों को संचालित करने के लिए 12 विकास खण्ड मीरजापुर शहर, कोन, छानबे, मझवां, पहाड़ी, सीखड़, नरायनपुर, जमालपुर, मड़िहान, राजगढ़ और हलियां बनाया गया। जनपद में 106 न्याय पंचायत, 763 ग्राम पंचायत, 1987 राजस्व गाँव जिसमें 265 गैर आबादी वाले गाँव सम्मिलित हैं। 14 जून 1997 से मीरजापुर मण्डल का सृजन किया गया जिसमें सन्त रविदास नगर भदोही, सोनभद्र तथा मीरजापुर जनपद सम्मिलित हैं। वर्तमान में मीरजापुर मण्डल का नाम बदलकर विन्ध्य मण्डल कर दिया गया है। मीरजापुर जिले की कुल भूमि 4.55 लाख हेक्टेयर है। इसमें कृषि योग्य जमीन मात्र 2. 11 लाख के लगभग है। सिंचाई तो मात्र 1.33 लाख हेक्टेयर की हो पा रही है। 2.33 लाख हेक्टेयर जमीन बंजर होकर परती पड़ी हुई है।

पर्यटन की दृष्टि से मीरजापुर काफी महत्वपूर्ण जिला माना जाता है। यहाँ की प्राकृतिक सुन्दरता और धार्मिक वातावरण बरबस लोगों का ध्यान अपनी ओर खींचती है। इसके दर्शनीय स्थल चुनारगढ़, सक्तेशगढ़, बिलखरा, खमरिया, बावनघाट, कुण्ड, ओझलापुल, भर्ग राजाओं के अवशेष, रामगया घाट पर बीच गंगा में स्थित स्तम्भ, हलिया उपरौंध में अर्धनिर्मित शिला महल, मीरजापुर नगर का घण्टाघर व पक्काघाट व अनके मन्दिर तथा प्राकृतिक पर्यटन स्थल में टांडा जल प्रपात, विन्ढम झरना, खजूरी बाँध, सिरसी बाँध, लखनियां दरी, चूना दरी, सिद्धनाथ की दरी, जरगो बाँध इत्यादि हैं जिनमें से कुछ के वर्णन इस प्रकार हैं-

1. तारकेश्वर महादेव

विन्ध्याचल के पूर्व में स्थित तारकेश्वर महादेव की कथा पुराणों में मिलता है। मन्दिर के समीप एक कुण्ड स्थित है। माना जाता है कि तारक नामक असुर ने मन्दिर के समीप एक कुण्ड खोदा था। भगवान शिव ने ही तारक का वध किया था। इसलिए उन्हें तारकेश्वर महादेव भी कहा जाता है। कुण्ड के समीप काफी सारे शिवलिंग स्थित हैं। पौराणिक कथा के अनुसार भगवान विष्णु ने तारकेश्वर के पश्चिम दिशा की ओर एक कुण्ड खोदा था और भगवान शिव के मन्दिर का निर्माण किया था। इसके अतिरिक्त, ऐसा भी कहा जाता है कि तारकेश्वर देवी लक्ष्मी का निवास स्थल है। देवी लक्ष्मी यहाँ अन्य रूप में देवी सरस्वती के साथ वैष्णवी रूप में निवास करती हैं।

2. शिवपुर

पौराणिक कथा के अनुसार भगवान श्रीराम चन्द्र ने अपने पिता दशरथ का श्राद्ध विन्ध्याचल क्षेत्र में ही किये थे। इस जगह पर भगवान श्रीराम ने भगवान शिव की प्रतिमा की स्थापना की थी। इसी कारण यह मन्दिर रामेश्वर तथा स्थान शिवपुर के नाम से जाना जाता है। लक्ष्मण जी ने भी यहाँ शिवलिंग की स्थापना की जिसे लक्ष्मणेश्वर कहा जाता है।

3. सीताकुण्ड

अष्टभुजा मन्दिर के पश्चिम दिशा की ओर सीता जी ने एक कुण्ड खुदवाया था। उस समय से इस जगह को सीता कुण्ड के नाम से जाना जाता है। कुण्ड के समीप ही सीता जी ने भगवान शिव की स्थापना की थी जिसे सीतेश्वर कहते हैं। साथ ही रामकुण्ड भी है।

4. कांतित शरीफ

ख्वाजा इस्माइल चिस्ती का मकबरा, कांतित शरीफ में स्थित है। प्रत्येक वर्ष हिन्दू व मुस्लिम दोनों मिलकर उर्स का पर्व मनाते हैं। मकबरे के समीप ही मुगल काल का एक मस्जिद स्थित है जो काफी लम्बी है। जिसके कारण इसे लोग पहलवान मस्जिद के नाम से जानते हैं।

5. पुण्यजल नदी

मीरजापुर और विन्ध्याचल शहर के बीच बहने वाली नदी को पुण्यजल अथवा ओझल के नाम से जाना जाता है। कहा जाता है कि जिस प्रकार सभी यज्ञों में अश्वमेघ यज्ञ और सभी पर्वतों में हिमालय पर्वत प्रसिद्ध है उसी प्रकार सभी तीर्थ में ओझल सबसे प्रमुख मानी जाती है। इस नदी का जल, गंगा नदी के जल के समान ही पवित्र है। यह जगह देवी काली, महालक्ष्मी, महासरस्वती और तारकेश्वर महादेव मन्दिर से घिरी है।

6. गुरूद्वारा गुरू दा बाघ

मीरजापुर स्थित गुरूद्वारा गुरू दा बाघ काफी प्रमुख गुरूद्वारों में से है। इस गुरूद्वारे का निर्माण दसवें सिख गुरू गोविन्द सिंह की याद में करवाया गया था। यह शहर से लगभग 5 किलोमीटर की दूरी पर स्थित है।

7. काशी हिन्दू विश्वविद्यालय का दक्षिणी परिसर

2700 एकड़ का काशी हिन्दू विश्वविद्यालय का यह परिसर मीरजापुर जनपद के बरकछा नामक जगह पर स्थित है जो सोनभद्र मार्ग पर पहाड़ी पर लगभग 10 किलोमीटर पर स्थित हैं। यहाँ भी वाराणसी के मुख्य परिसर की भाँति व्यवस्थाएँ विकसित हो रहीं हैं। यह परिसर भी एक स्वतन्त्र विश्वविद्यालय जैसी क्षमता रखता है। जिसके सम्बन्ध में डा0 कर्ण सिंह, प्रख्यात चिंतक व काशी हिन्दू विश्वविद्यालय, वाराणसी, उ0प्र0, भारत के चांसलर भी बोल चुके हैं कि-" विश्व एक परिवार है न कि बाजार। भारतीय मानको में गुरू-शिष्य परम्परा की अवधारणा को मजबूती देने की जरूरत है। शैक्षणिक संस्थानों में नई चेतना, विचारधारा निकालनी होगी जिससे सामाजिक व राष्ट्रीय उत्थान को बल मिले। शान्ति, मूल्यों की शिक्षा ही आज की आवश्यकता है। महामना की सोच मानवीय मूल्य के समावेश वाले युवाओं के मस्तिष्क का विकास था, चाहे वह इंजिनियर हो, विज्ञान या शिक्षाविद्। यहाँ के छात्र दुनिया में मानवीय मूल्य के राजदूत बनें ताकि देश में नम्बर एक बना बी. एच. यू. अब दुनिया के लिए आदर्श बने। इस विश्वविद्यालय सरीखा दूसरा कोई उत्कृष्ट संस्थान ही नहीं जहाँ संयुक्त राष्ट्र संघ द्वारा यूनेस्को चेयर फार पीस एंड इंटरकल्चर अंडरस्टैण्डिंग की स्थापना हुई। विश्वविद्यालय का दक्षिणी परिसर मुख्य परिसर की सिर्फ कापी भर नहीं है, बल्कि यह तो भविष्य में नये विश्वविद्यालय का रूप लेगा।" (दैनिक जागरण, वाराणसी, दि0 26-12-2010)

चुनार (चरणाद्रिगढ़)—01

सत्यकाशी व भारत माता का हृदय क्षेत्र

काशी (वाराणसी) और विन्ध्य क्षेत्र के बीच स्थित होने के कारण चुनार क्षेत्र भी ऋषियों—मुनियों, महर्षियों, राजर्षियों, संत—महात्माओं, योगियों, सन्यासियों, साहित्यकारों इत्यादि के लिए आकर्षण के योग्य क्षेत्र रहा है।

"समाज" शब्द का जन्मदाता पाँचवें अवतार—बामन अवतार का क्षेत्र चुनार क्षेत्र है। जिसके कारण ही चुनार का प्रचीन नाम चरणाद्रिगढ़ था। फादर कामिल बुल्के के शोध ग्रन्थ "राम कथा : उद्भव और विकास" के अनुसार कवि वाल्मीकि की तपस्थली चुनार ही है इसलिए कहीं—कहीं इसे चाण्डालगढ़ भी कहा गया है।

www.satyakashi.com

वाराणसी—सोनभद्र—शिवद्वार—विन्ध्याचल के बीच का क्षेत्र

उत्तरमुखी गंगा घाट

योगीराज भर्तृहरि समाधि, चुनार किला

सोनवा मण्डप, चुनार किला

शाह कासिम सुलेमानी का दरगाह

महाप्रभु गोस्वामी विट्ठलनाथ जी

जरगो बाँध

भण्डारी देवी

लखनियाँ दरी

चुनार (चरणाद्रिगढ़)—02
सत्यकाशी व भारत माता का हृदय क्षेत्र
www.satyakashi.com
वाराणसी—सोनभद्र—शिवद्वार—विन्ध्याचल के बीच का क्षेत्र

सिद्धपीठ दुर्गा खोह

परमहंस स्वामी अड़गड़ानन्द आश्रम

सिद्धनाथ की दरी

माँ शिवशंकरी धाम

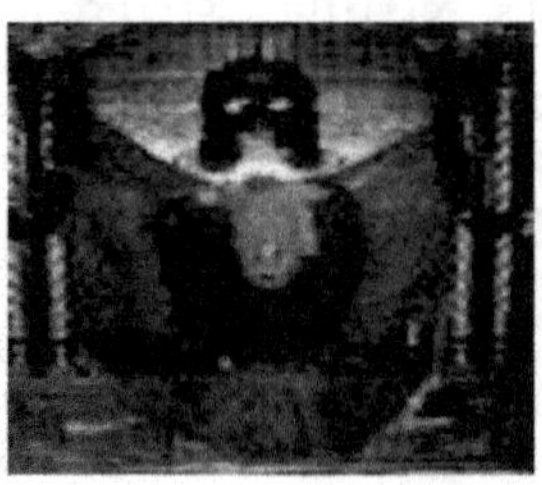

माँ शीतला धाम

ऊँश्री अहिरावीर डीह

श्री नये वीर

श्री विष्णु मन्दिर, वैकुण्ठपुर

विश्वशास्त्र—द नॉलेज ऑफ फाइनल नॉलेज

चुनार एवं चुनार क्षेत्र

मीरजापुर जनपद के चार तहसील चुनार, लालगंज, सदर और मड़िहान में से एक तहसील चुनार है जो जिला मुख्यालय से 33 किलोमीटर और वाराणसी-कन्याकुमारी राष्ट्रीय राजमार्ग संख्या-7 पर वाराणसी से 42 किलोमीटर पर स्थित है। दिल्ली-हावड़ा रेल लाईन पर यह मुगलसराय और इलाहाबाद के बीच स्थित है। चुनार तहसील के अन्तर्गत जनपद के 12 विकासखण्ड में से जमालपुर, नरायनपुर, सीखड़ और आधे राजगढ़ विकासखण्ड का क्षेत्र और दो नगरपालिका क्षेत्र अहरौरा और चुनार प्रशासनिक कार्य के अन्तर्गत आता है।

काशी (वाराणसी) और विन्ध्य क्षेत्र के बीच स्थित होने के कारण चुनार क्षेत्र भी ऋषियों-मुनियों, महर्षियों, राजर्षियों, संत-महात्माओं, योगियों, सन्यासियों, साहित्यकारों इत्यादि के लिए आकर्षण के योग्य क्षेत्र रहा है। प्राचीन काल में सोनभद्र सम्मिलित मीरजापुर व चुनार क्षेत्र सभी काशी के ही अभिन्न अंग थे। चुनार प्राचीन काल से आध्यात्मिक, पर्यटन और व्यापारिक केन्द्र के रूप में स्थापित है। गंगा किनारे स्थित होने से इसका सीधा व्यापारिक सम्बन्ध कोलकाता से था और वनों से उत्पादित वस्तुओं का व्यापार होता था। चुनार किला और नगर के पश्चिम में गंगा, पूर्व में पहाड़ी जरगो नदी, उत्तर में ढाब का मैदान तथा दक्षिण में प्राकृतिक सुन्दरता का विस्तार लिए विन्ध्य पर्वत की श्रृंखलाएँ हैं जिसमें अनेक जल प्रपात, गढ़, गुफा और घाटियाँ हैं।

सतयुग में एक विचित्र स्थिति उत्पन्न हो गयी, हुआ यह कि एक प्रतापी, धर्मपरायण, प्रजावत्सल, सेवाभावी, दानवीर, सौम्य, सरल यानी सर्वगुण सम्पन्न राजा हुआ-बलि। लोग इसके गुण गाने लगे और समाजवादी राज्यवादी होने लगे। राजा बलि का राज्य बहुत अधिक फैल गया। समाजवादियों के समक्ष यानी मानवजाति के समक्ष एक गम्भीर संकट पैदा हो गया कि अगर राज्य की अवधारणा दृढ़ हो गयी तो मनुष्य जाति को सदैव दुःख, दैन्य व दारिद्रय में रहना होगा क्योंकि अपवाद को छोड़कर राजा स्वार्थी होंगे, परमुखपेक्षी व पराश्रित होंगे अर्थात् अकर्मण्य व यथास्थिति वादी होंगे यह भयंकर स्थिति होगी परन्तु समाजवादी असहाय थे। राजा बलि को मारना संभव न था और उसके रहते समाजवादी विचारधारा का बढ़ना सम्भव न था। ऐसी स्थिति में एक पुरूष की आत्मा अदृश्य प्राकृतिक चेतना द्वारा निर्मित परिस्थितियों में प्राथमिकता से वर्तमान में कार्य करना, में स्थापित हो गयी। वह राजा बलि से थोड़ी सी भूमि समाज या गणराज्य के लिए माँगा। चूँकि राजा सक्षम और निश्चिंत था कि थोड़ी भूमि में समाज या गणराजय स्थापित करने से हमारे राज्य पर कोई प्रभाव नहीं पड़ेगा। इसलिए उस पुरूष को राजा ने थोड़ी भूमि दे दी। जिस पर उस पुरूष ने स्वतन्त्र, सुखी, स्वराज आधारित समाज-गणराज्य स्थापित किया और उसका प्रभाव धीरे-धीरे बढ़ता गया और वह राजा बलि के सुराज्य को भी समाप्त कर दिया और समाज या गणराज्य की स्थापना की गयी। चूँकि यह पुरूष बौना अर्थात् छोटे कद का तथा स्वभाव और ज्ञान में ब्राह्मण गुणों से युक्त था इसलिए कालान्तर में इसे "समाज" शब्द का जन्मदाता वामन अवतार का नाम दिया गया। ध्यान देने योग्य है कि प्रथम अवतार-मत्स्य ने समाज की रक्षा शुद्ध रूप से साध्य अर्थात् गणराज्य या समाज को साधन अर्थात् जनता का सहयोग प्राप्त कर की थी। दूसरा और तीसरा अवतार-कूर्म और बाराह ने साध्य को साधन अर्थात् जनता के दोनों विचारों के समुदाय में समन्वय स्थापना कर की थी। चौथे-नृसिंह अवतार ने सीधे असुरों के राजा का वध कर ही साध्य अर्थात् गणराज्य या समाज की स्थापना की थी क्योंकि तब तक असुरों के एक राजा ही हुआ करते थे और राजा के वध के बाद नये राजा के अनुसार ही प्रजा का भी वही विचार होता था जो राजा का होता था। पाँचवें-वामन अवतार ने राजा के सहयोग से ही उसके सुराज्य को समाप्त करने के लिए साधन का प्रयोग कर साध्य की प्राप्ति की। राजा बलि द्वारा इस अवतार को दी गई भूमि का क्षेत्र ही वर्तमान का उ0प्र0 के मीरजापुर जनपद का चुनार क्षेत्र है। जिस पर इस अवतार के कार्य का प्रथम चरण प्रारम्भ हुआ था जिसके कारण ही चुनार का प्रचीन नाम चरणाद्रिगढ़ था। जहाँ आज भी मूल मानव जाति कूर्मि का बाहुल्य हैं। पाँचवें अवतार तक अव्यक्त ऐकेश्वर वाद का ही अधिकतम प्रभाव समाज पर रहा।

चूँकि गणराज्य स्थापना का पहला चरण (आदि चरण) का क्षेत्र यह चुनार क्षेत्र ही था इसलिए इसका नाम चरणाद्रि पड़ा जो कालान्तर में चुनार हो गया। पहला चरण जिस भूमि पर पड़ा वह चरण के आकार का है। हमारे प्राचीन भूगोलविज्ञानियों ने अपने सर्वेक्षणों से यह पता लगा लिया कि विन्ध्य की सुरम्य उपत्यका में स्थित यह पर्वत मानव के चरण के आकार का है। विन्ध्य पर्वत श्रृंखला के इस पहाड़ी पर ही हरिद्वार से मैदानी क्षेत्र में बहने वाली गंगा का और विन्ध्य पर्वत की श्रृंखला से पहली बार संगम हुआ है जिस पर चुनार किला स्थित है। अनेक स्थानों पर वर्णन है कि श्रीराम यहीं से गंगा पार करके वनगमन के समय चित्रकूट गये थे। फादर कामिल बुल्के के शोध ग्रन्थ "राम कथा: उद्भव और विकास" के अनुसार कवि वाल्मीकि की तपस्थली चुनार ही है इसलिए कहीं-कहीं इसे चाण्डालगढ़ भी कहा गया है। इसे पत्थरों के कारण पत्थरगढ़, नैना योगिनी के तपस्थली के कारण नैनागढ़, भर्तृहरि के कारण इसे भर्तृहरि की नगरी भी कहा जाता है।

चुनार क्षेत्र के पत्थर और चीनी मिट्टी की कलाकृतियाँ प्रसिद्ध हैं। राजा-रजवाड़ों के समय चुनार के पत्थरों की काफी माँग थी। राजाओं द्वारा बनवाये गये किले व घाट इसके प्रमाण हैं। लगभग 3000 वर्ष पूर्व गुप्त साम्राज्य में भी इन पत्थरों का जमकर प्रयोग हुआ। चक्रवर्ती सम्राट अशोक द्वारा निर्मित "अशोक स्तम्भ" इसका उदाहरण है जिसका एक भाग सारनाथ (वाराणसी) के संग्रहालय में आज भी रखा हुआ है। काशी (वाराणसी) व मीरजापुर के घाटों व मन्दिरों का निर्माण भी यहीं के पत्थरों से हुआ है। वाराणसी स्थित सारनाथ बौद्ध मन्दिर, भारत माता मन्दिर व सम्पूर्णानन्द संस्कृत विश्वविद्यालय भी इसके प्रमाण हैं। भारत का संसद भवन-नई दिल्ली, रामकृष्ण मिशन का बेलूड़ मठ का मन्दिर व लखनऊ में बन रहे अनेक स्मारक चुनार के पत्थरों से ही बने हैं। क्षेत्र में सीमेण्ट फैक्ट्री भी स्थित है।

1. चुनार किला

सन् 1029 ई0 में कन्नौज के राजा सहदेवा ने इस किले को अपना राजधानी बनाया और पहाड़ के कन्दरा में नैनाजोगिनी की मूर्ति स्थापित की, जिससे इसका एक नाम नैनागढ़ भी पड़ा। राजा सहदेवा के दो बेटे थे- छोटक और इन्दु और एक बेटी सोनवा थी। राजा सहदेवा ने प्रतिज्ञा की थी कि जो मेरे साथ युद्ध में जीतेगा उसी से मैं अपनी बेटी का विवाह करूँगा। 52 राजा हारकर इस किले में कैद हुये और अंत में महोबा के राजा जासन के पुत्र उदल ने राजा सहदेवा के बेटे छोटक को कैद तथा इन्दू को मारकर अपने भाई आल्हा से सोनवा का विवाह कराया और सोनवा को महोबा ले गया। किले में सोनवा का मण्डप अब भी है।

ऐतिहासिक दृष्टि से मिर्जापुर का चुनार किला काफी समृद्ध रहा है। किले को देखने से भारतीय इतिहास के अतीत को जानने का बेहतरीन मौका मिलता है। मिर्जापुर शहर से करीब 35 किलोमीटर पूर्व दिशा की ओर गंगा नदी के किनारे चुनार किला स्थित है। मैदानी जमीन से 80 से 175 फीट ऊँचाई पर स्थित इस किले का खास आकर्षण इसकी बनावट एवं विशालता है। पत्थर की ऊँची-ऊँची दीवारें किले की मजबूती की कहानी बयां करती है। यह किला प्राचीन भारतीय शैली का गवाह रहा है। प्राचीन काल में इस स्थान का नाम चरणाद्री नैनागढ़ के रूप में भी जाना जाता है। इस किले का निर्माण विक्रमादित्य ने अपने भाई भर्तृहरी के लिए बनवाया था। मुस्लिम शासन काल के दौरान यह किला गंगा के पूर्वी भाग की सीमा रक्षक था।

यह किला पहले बनारस राज्य के अधीन हुआ उसके बाद 12वीं सदी में पृथ्वीराज चौहान, ज्वालासेन और शहाबुद्दीन गौरी (1194 ई0) के बाद 1206 ई0 में जब शाह कुतुबुद्दीन ऐबक सिंहासन पर बैठा तो उस ने सहदेव जमालुद्दीन को यहाँ का राज्यपाल नियुक्त किया। 1266 ई0 में जब गयासुद्दीन बलवन सिंहासन पर बैठा तब मिर्जा महमूद बेग यहाँ का राज्यपाल बना। सन् 1333 ई0 में स्वामी राजा चन्देल के अधिकार में यह किला आने के कारण इसे चन्देलगढ़ भी कहा गया है। सन् 1488 ई0 से सन् 1528 ई0 तक यह किला राजा वीर सिंह और वीरभान सिंह के पास रहा। सन् 1529 ई0 में जब बनारस राज्य बाबर के अधिकार में आया तो वह अपनी सेना को इस किले में रखा। उस समय किले के चारो ओर जगंल और जंगली जानवर रहते थे। जानवरों ने उसकी सेना के अनेक सिपाहीयों को भी मारा था। आगरा में बाबर की मृत्यु के बाद सन् 1530 ई0 में शेरशाह सूरी ने इस किले पर

अधिकार जमाया और किले में कुछ निर्माण भी कराये। जब हुमायूँ को दिल्ली में खबर मिली तो वह अपनी सेना लेकर चुनार के किले पर चढ़ाई कर दी और 6 महीने तक युद्ध होता रहा। शेरशाह सूरी ने हुमायूँ को हरा दिया। सन् 1545 ई0 में शेरशाह सूरी के मरने के बाद यह किला हुमायूँ के दिल्ली राज्य के अधिकार में आया। सन् 1556 ई0 में जब हुमायूँ मरा तब अकबर नाबालिंग था जिसके कारण उसके मंत्री बैरम खां को दिल्ली का शासन दिया गया। अकबर ने इस किले का एक दरवाजा बनवाया जिस पर हिजरी सन् 981 खुदा हुआ है। यह दरवाजा अब पानी घाट कहलाता है। अकबर के बाद जहांगीर, शाहजहां और औरंगजेब भी इस किले के अधिपति बने। जहांगीर ने सन् 1605 ई0 में नबाब इफितारखां को यहाँ का राज्यपाल बनाया। सन् 1658 ई0 में जब औरंगजेब दिल्ली के सिंहासन पर बैठा तब उस ने मिर्जा बहराम को यहाँ का राज्यपाल बनाया और उसके माध्यम से किले में एक मस्जिद बनवाया जो अभी भी है। सन् 1713 ई0 में फारूख सियर, 1719 ई0 में मुहम्मद शाह के बाद 1760 ई0 में यह किला नबाब शुजाउद्दौला के अधिकार में आया। 1764 ई0 में अंग्रेज मेजर मुनरो अपनी सेना लेकर इस किले पर चढ़ाई कर दिया परन्तु असफल रहा। 1765 ई0 में अंग्रेज जनरल कारनिक ने इस किले पर चढ़ाई की परिणामस्वरूप जनरल कारनिक और नबाब शुजाउद्दौला में समझौता हुआ। सन् 1768 ई0 में यह अंग्रेजों के अधीन हो गया।

सन् 1947 ई0 में भारत देश के स्वतन्त्रता प्राप्ति के साथ यह भारत सरकार के अधीन हो गया। देश विभाजन के पश्चात् कश्मीरी शरणार्थी यहाँ अनकों वर्ष तक रहे। इसके उपरान्त 1950 ई0 में बंगाल की विधवाएँ यहाँ आयीं। सन् 1966 ई0 में यहाँ पी. ए. सी. की 28वीं वाहिनी रहने लगी जो वर्तमान तक हैं।

इस किले का अधिकांश प्रयोग युद्ध बन्दियों, युद्ध सामग्री निर्माण, सेना छावनी इत्यादि के लिए ही किया गया। कहा जाता है कि यहाँ से अनेक सुरंगे निकलकर दूर-दूर तक जाती है। इस किले के रहस्यमय कथाओं के कारण ही सुप्रसिद्ध उपन्यासकार देवकीनन्दन खत्री ने "चन्द्रकान्ता" उपन्यास की रचना की जिस पर चर्चित दूरदर्शन धारावाहिक भी बन चुका है।

किले में भर्तृहरि की समाधि, समाधि के सम्बन्ध में बाबर का हुक्मनामा, औरंगजेब का हुक्मनामा, सोनवा मण्डप, शेरशाह सूरी का शिलालेख, अनेक अरबी भाषा में लिखे शिलालेख, आलमगीरी मस्जिद, बावन खम्भा व बावड़ी, जहांगीरी कमरा, रनिवास, मुगलकालीन बारादरी, तोपखाना व बन्दी गृह, लाल दरवाजा, वारेन हेस्टिंग का बंगला, बुढ़े महादेव मन्दिर इत्यादि किले के उत्थान-पतन की कहानियाँ कहती हैं।

किले के पिछले हिस्से में भर्तृहरि का समाधि स्थल स्थित है। जिसमें चार द्वार है। वर्तमान में इस हिस्से में धार्मिक कार्यक्रम होते हैं। इसी सोनवा मंडप हिस्से में एक सुरंग भी है जिसमें से राजकुमारी "सोनवा" गंगा नदी में स्नान करने जाती थी। सोनवा मंडप भवन 28 खंभों पर खड़ा है, जो भारतीय वास्तुकला का बेहतरीन उदाहरण प्रस्तुत करता है। इसी के पास एक गहरा कुआं भी स्थित है। कहा जाता है कि इस कुएं का जल-स्रोत गंगा से मिला हुआ है। कभी-कभी राजकुमारी सोनवा इसके जल से भी स्नान करती थी। इसी स्थान पर वारेन हेस्टिंग का बंग्लो भी है जिसे चुनार किले में प्रवेश सुबह 10 से दोपहर 2 बजे तक होता है।

2. चुनार नगर

चुनार किले से लगा हुआ ही चुनार नगर है जिसकी भौगोलिक स्थिति बड़ी आकर्षक है। नगर के चारों ओर नदी-नाले, पर्वत-जंगल, झरने, तालाब आदि की बहुतायत है। चुनार नगर उतना ही प्राचीन है जितना चुनार किला। दोनों की स्थापना व विकास साथ-साथ चलता रहा है। चुनार नगर क्षेत्र के ऐतिहासिक स्थलों में रौजा इफतियार खां, गंगेश्वरनाथ, आचार्य कूप, कदम रसूल, शाह कासिम सुलेमानी का दरगाह, गदाशाह, मुहम्मदशाह, बच्चूशाह, नवलगीर, सूरदास, बालूघाट के भगवान वामन अवतार, भैरो जी, चक्र देवी, आनन्दगिर का मठ, राघो जी के महाबीर, गंगाराम का स्थल, गुरू नानक की संघत, गोसाई साहब का मठ, सतीवाड़, हजारी की हवेली, टेकउर के टिकेश्वर महादेव का श्रीचक्र त्रिकोण, अंग्रेजों का कब्रिस्तान इत्यादि के अपने-अपने इतिहास हैं।

(अ) शाह कासिम सुलेमानी का दरगाह

यह शाह कासिम सुलेमानी का मकबरा है जो अकबर और जहाँगीर के समकालीन थे। यह चुनार किले के दक्षिण तरफ गंगा किनारे 30 बीघे के क्षेत्र में स्थित है। दूर-दूर से लोग फरियाद लेकर यहाँ बाबा के दरगाह में हाजिरी लगाने के लिए हिन्दू-मुसलमान दोनों आते हैं। कहते हैं कि यहाँ मिन्नत मानने वाले की मुराद जरूर पूरी होती है। यहाँ वर्ष में दो बार मेला लगता है। मेला जमादेउल अव्वल की 17वीं से 19वीं तारीख (अक्टुबर-नवम्बर) को उर्स के अवसर पर तथा दूसरी बार हिन्दी के चैत्र महीने के प्रत्येक बृहस्पतिवार को। 5वें जुमेरात का मेला "धोबिया मेला" के नाम से विख्यात है। इसमें हिन्दुओं की संख्या अधिक होती है। उर्स के मौके पर चिश्तियों की दरगाह की भाँति यहाँ कौव्वाली और गाने-बजाने का कार्यक्रम नहीं होता। मकबरा स्थान पर खलीफा की नियुक्ति होती है जिन्हें सज्जादा नशीन कहा जाता है और पदवी "दीवाना" होती है। दरगाह के प्रबन्धक इसी पदवी से सम्मानित होते हैं। वर्तमान में सैयद अताउर्रहमान दीवाना इस स्थान के वर्तमान खलीफा हैं।

शाह कासिम सन् 956 हिजरी (1539 ई0) में पेशावर (पाकिस्तान) के पास बद्री नदी के निकटवर्ती गांव के अफगान वंश में पैदा हुए थे। जहाँ उनके अनेक चमत्कार विख्यात हैं। इनके पूर्वज सुलेमान पर्वत के भूखण्ड के निवासी थे इसी कारण इन्हें सुलेमानी कहा जाता है। इनके पूर्वज भी संत थे। शाह कासिम 27 वर्ष की उम्र में 7 वर्ष के लिए तीर्थ करने के उद्देश्य से निकल पड़े। बाबा मक्का, मदीना, करबला, बगदाद, बसरा, नजफ, यरूशलम और सीरिया में ह्यूमा तक गये। ह्यूमा इनके पीर-ए-मुर्शीद (आध्यात्मिक गुरू) का स्थान था इसलिए वहाँ दो बार गये और 13 महीने रहकर अपने पीर की सेवा की।

अकबर के बाद जब जहाँगीर गद्दी पर बैठा और अपने पुत्र खुसरो का दमन करने के लिए लाहौर गया तो उसे बताया गया कि संत उसके पुत्र का समर्थक है। जहाँगीर ने इस बात का विश्वास करके इनके पास एक थाल में हथकड़ी तथा दूसरे में तलवार रखकर भेजा। खून-खराबे से दूर संत ने हथकड़ी कबूल की। इस प्रकार संत को बन्दी बनाकर हिजरी 1015 (सन् 1606) ई0 में चुनार के लिए रवाना किया गया। बंदी संत की टोली जब चुनार पहुँची तो इन्होंने एक सेवक से मिट्टी के पात्र में जल लाने को कहा। जल लाते समय पात्र सेवक के हाथ से गिरकर टूट गया। यह देखकर संत ने कहा कि उनके जीवन के अन्तिम क्षण निकट हैं और उनकी समाधि चुनार में ही बनेगी। बाद में उनका कथन सत्य निकला। चुनार के किले में उन्होंने अनेक चमत्कार किये जिससे सम्राट को यकीन हुआ कि ये अराजकता के प्रचारक नहीं हैं बल्कि पहुँचे हुये संत हैं। बाद में जहाँगीर ने इनसे मिलने की अनुमति चाही लेकिन संत ने इन्कार कर दिया। किले के भैरोबुर्ज से एक दिन इन्होंने एक तीर छोड़ा और शिष्यों को आदेश दिया कि तीर जहाँ गिरे वहीं इन्हें दफन किया जाये। तीर पहले उस स्थान पर गिर रहा था, जहाँ बस्ती थी। तब संत ने कहा "टुक और" अर्थात् थोड़ा और आगे। कहते हैं तीर थोड़ा और आगे जाकर गिरा और उसी स्थान पर मकबरा बना। बाद में इस स्थान का नाम टिकौर हो गया।

बाबा साहेब की मृत्यु हिजरी 1016 (सन् 1607) ई0 के जमादेउल अव्वल की 19वें दिन हुई थी। उनका शव 6 माह तक सुरक्षित रखा गया था। जहाँ शव सुरक्षित रखा गया था वह कमरा आज भी उनके पुत्र मुहम्मद वासिल की समाधि के निकट है। संत का आज का मकबरा उनके पुत्र मुहम्मद वासिल ने बनवाया था। बाद में जहाँगीर ने 30 बीघा भूमि कर मुक्त इस दरगाह को दी थी। फिर शाहजहाँ ने 50 बीघा जमीन तथा बादशाह फरूखसियार ने बेगपुर गाँव अनुदान मे देकर दरगाह के खर्च की स्थायी व्यवस्था दी। आगे चलकर संत के पुत्रों तथा पौत्रों की समाधियाँ भी यहीं बनी। यहीं दरगाह में बहादुरशाह जफर के पुत्र जहांदार शाह की बीबी की कब्र भी है। संत सुलेमानी की दो स्त्रियाँ खदीजा बीबी और माही बीबी थी। मुहम्मद वासिल की माँ खदीजा बीबी की मृत्यु संत को बंदी बनाने के पूर्व लाहौर में ही हो चुकी थी किन्तु मुहम्मद कबीर की माँ माही बीबी चुनार आयीं और मृत्योपरान्त यही दफन की गयीं। संत के ज्येष्ठ पुत्र कबीर की समाधि कन्नौज में है।

(ब) आचार्य कूप और विट्ठल महाप्रभु

काशी चौरासी कोस यात्रा के अन्तर्गत यह वल्ल्भाचार्य धाम भी है। शंकराचार्य के अद्वैत मत के पश्चात् द्वैत, द्वैताद्वैत, विशिष्टाद्वैत, शुद्धद्वैत आदि का प्रवर्तन हुआ। इसके बाद वल्लभाचार्य ने पुष्टि मार्ग की अवधारणा की। पुष्टि में भगवान के अनुग्रह को विशेष महत्व दिया गया तथा कहा गया कि भगवान के पोषण (पुष्टि) के अभाव में जीव को मुक्ति नहीं मिल सकती। वल्लभ सम्प्रदाय के जनक तथा पुष्टि मार्ग का प्रसार करने वाले वल्लभाचार्य जी ने पृथ्वी की तीन बार प्रदक्षिणा की थी। अपने अन्तिम प्रदक्षिणा में जब वे चुनार से गुजर रहे थे तब यहीं विट्ठलनाथ जी का जन्म विक्रम सम्वत् 1572 में पौष कृष्ण नवमी को हुआ। वल्लभाचार्य की ससुराल वाराणसी स्थित तैलंग ब्राह्मण मधुमंगल जी के यहाँ महालक्ष्मी जी से हुयी थी। अपने पृथ्वी परिक्रमा के अवसर पर वल्लभाचार्य ने 84 स्थानों पर भगवान का परायण किया था। इन स्थानों को महाप्रभु की बैठक कहा जाता है। इस दृष्टि से चुनार की पावनभूमि को दोहरा महत्व प्राप्त है क्योंकि यहाँ महाप्रभु की बैठक भी है और यहीं महाप्रभु विट्ठलनाथ का अवतरण भी हुआ था। इस स्थान को "चरणाट्धाम" कहते हैं।

वल्लभाचार्य जी का जब देहान्त हुआ था तब विट्ठलनाथ जी मात्र 15 वर्ष के थे। तब विट्ठलनाथ जी के ज्येष्ठ भ्राता गोपीनाथ जी को सम्प्रदाय का आचार्य बनाया गया। कुछ समय उपरान्त उनका भी निधन हो गया। अपने छोटी सी उम्र में ही विट्ठलनाथ जी ने काफी अध्ययन कर लिये थे और उन्हें आचार्य बनाया गया। कम समय में ही उनकी कीर्ति पूरे देश में फैल गयी। गुसाई विट्ठलनाथ जी की आगे चलकर दो विवाह हए। प्रथम पद्मावती जी से हुआ और इनसे 6 पुत्र और 4 पुत्रियों की प्राप्ति हुई। दूसरे विवाह से मात्र एक पुत्र घनश्याम जी हुए।

विट्ठलनाथ जी हिन्दी, संस्कृत और ब्रजभाषा के प्रकाण्ड विद्वान और दार्शनिक थे। उनकी विद्वता से प्रभावित होकर कई देश के प्रतापी राजा-महाराजा उनके शिष्य बन गये। टोडरमल और बीरबल भी उनके समर्थक माने जाते थे। कहा जाता है कि उनके उपदेश से प्रभावित होकर अकबर ने गोकुल और ब्रज में गोवध पर प्रतिबन्ध लगा दिया था। उन्होंने 4 दर्जन से अधिक ग्रन्थों की रचना की। विट्ठलनाथ जी ने अष्टछाप नामक संगठन भी बनाया था जिसमें सूरदास, कुम्भनदास, परमानन्ददास, श्रीकृष्णदास, गोविन्द स्वामी, नन्दादास, छीत स्वामी और चतुर्भुजदास थे। अपने पिता की भाँति इन्होंने पूरे देश में 28 बैठकें स्थापित कीं जिसमें 16 ब्रज में, 8 गुजरात में और 4 अन्य स्थानों पर स्थित हैं। पौष मास में यहाँ प्राकट्य महोत्सव होता है जिसमें सारे देश से लोग भाग लेने आते हैं। वाराणसी से हजारों लोग इसमें सम्मिलित होते हैं इस अवसर पर चुनार लघुकाशी का रूप ले लेता है।

विट्ठलनाथ जी का जब जन्म हुआ तब वल्लभाचार्य जी यात्रा में थे, उन्हें नवजात शिशु के साथ यात्रा पर जाना कष्टप्रद लगा। वल्लभाचार्य ने पुत्र को एक डोलची में रखकर एक कूप में लटका दिया और भगवान भरोसे छोड़कर आगे निकल गये। यात्रा से लौटकर उन्होंने देखा कि कुँए के मुंडेर पर एक मधुमक्खी का छत्ता लगा है जिसमें शहद की एक-एक बूँद नीचे डोलची में रखे पुत्र के मुख पर गिर रहा है और बालक पूर्ण स्वस्थ और आनन्दित है। तभी से इस स्थान को जन्म स्थान होने का गौरव प्राप्त है। सम्प्रदाय के लोगों ने कुँए को पक्का बनवाकर उस का नाम "आचार्य कूप" रख दिया। आस-पास धर्मशाला और पक्का तालाब बनवाकर उस जगह बाग लगवा दिये। सावन के हर रविवार को यहाँ स्नान का मेला लगता है।

वि. सं. 1642 को 70 वर्ष की आयु में वे सदेह श्रीनाथ जी के स्वरूप में लीन हो गये। इसके बाद उनके ज्येष्ठ पुत्र गिरधरलाल जी उनके कार्यों को आगे बढ़ाये।

3. चुनार क्षेत्र

चुनार क्षेत्र के अन्तर्गत जमालपुर, नरायनपुर, सीखड़, राजगढ़ का क्षेत्र और नगरपालिका क्षेत्र अहरौरा तथा चुनार आता है। सम्पूर्ण चुनार क्षेत्र का ऐतिहासिक, प्राकृतिक, धार्मिक व आध्यात्मिक महत्व अति विशाल और समृद्ध है। इनमें से कुछ निम्नलिखित हैं।

(अ) जरगो बाँध

जरगो बाँध मीरजापुर-वाराणसी (काशी)-राबर्ट्सगंज (सोनभद्र) के त्रिभुज के केन्द्र में पहाड़ियों के बीच में स्थित है जो तीनों शहर से लगभग 50 किमी की दूरी पर है। जरगो बाँध सन् 1950 से 1958 के दौरान रु0 1,21,36,700. 00 की लागत से निर्मित हुआ है। जिसका मुख्य लाभ सिंचाई व मत्स्य पालन के क्षेत्र में है। जरगो बाँध द्वारा मीरजापुर के 3150 एकड़, चन्दौली के 33744 एकड़ तथा गाजीपुर के 17691 एकड़ अर्थात् कुल 64585 एकड़ की सिंचाई होती है। जरगो बाँध में 143.0 वर्ग किलोमीटर (55 वर्ग मील) से वर्षा का जल एकत्रित होता है। तथा स्थिर जल का झील क्षेत्र 31.2 वर्ग किमी (12 वर्ग मील) है। सिंचाई के लिए उपयोगी जल 5005 लाख क्यूबिक फीट तथा अनुपयोगी जल 320 लाख क्यूबिक फीट है। मिट्टी द्वारा बने बाँध की कुल लम्बाई 8 किमी 240 मीटर (5 मील 800 फीट) है। जिसकी अधिकतम ऊँचाई लगभग 30 मीटर (100 फीट) है। जल निकासी के लिए 30 फीट की ऊँचाई और 15 फीट की चौड़ाई के 12 गेट है। जो दो स्थानों पर 8 और 4 की संख्या में बनाये गये हैं। जिससे 70400 क्यूबिक फीट प्रति सेकेण्ड की गति से जल निकल सकता है। जल का अधिकतम स्तर 323 फीट समुद्रतल (एस0 एल0), झील का अधिकतम स्तर 322 फुट समुद्र तल (गेट से) है। अनुपयोगी जल का स्तर 282 फीट समुद्रतल है। जरगो बाँध का पूर्ण क्षेत्र 1,97,000 एकड़ है तथा कृषि योग्य क्षेत्र 1,28,050 एकड़ है। जरगो बाँध के नहरों की लम्बाई लगभग 244.8 किमी (153 मील) है।

जरगो बाँध को मध्य प्रदेश से आने वाली बाण सागर परियोजना के नहरों से जोड़ा जा रहा है। इस प्रकार वर्षा जल पर आधारित इस बाँध में जल की स्थिरता सुनिश्चित हो जायेगी।

यहाँ सन् 1996 से लव कुश सिंह "विश्वमानव" अक्सर ही आते रहते हैं।

(ब) बेचूवीर धाम

वाराणसी-शक्तिनगर मार्ग पर अहरौरा बाजार से लगभग 14 किलोमीटर की दूरी पर, जरगो बाँध के दक्षिण घने पहाड़ों एवं जंगलों के बीच बेचूवीर धाम स्थित है। लगभग 300 वर्ष पूर्व बेचू यादव गुलरिहां गाँव के निवासी थे। यह गाँव सन् 1952 में जरगो बाँध बनने से समाप्त हो गया। उस समय यह पूरा क्षेत्र पहाड़ी और घनघोर जंगल का क्षेत्र था। बेचू यादव अपनी विधवा माँ, पत्नी और छोटे भाई के साथ वहाँ रहते और गाय-भैंस चराया करते थे। साथ ही वे पहलवान और अनन्य शिव भक्त भी थे। जगंल में रहने के कारण वे जगंली हिंसक जानवरों से लड़ने में भी कुशल थे। एक बार जरगो नदी के दक्षिण तरफ एक हिंसक शेर आ गया था जो जानवरों के साथ दो चरवाहों को भी मार डाला था। माँ की आज्ञा से वे शेर से लड़ने चले गये। शेर के साथ उनका युद्ध कार्तिक मास अष्टमी से लेकर कार्तिक मास दशमी तक चलता रहा और तीसरे दिन शेर ने दम तोड़ दिया। बेचू यादव इस युद्ध में काफी घायल हो गये जिसकी सूचना गाँव वालों को उनके पालतू कुत्ते ने दिया। गाँव वालों के सामने वे भी दम तोड़ दिये और उन्हें उनके कहने के अनुसार वहीं दफन कर दिया गया।

जंगल महाल के बजाहुर नदी के किनारे प्राचीन समय में बेचूवीर की चौरी स्थित थी। साधकों द्वारा व्यवस्था व सुविधा की दृष्टि से बरही गाँव में लाकर चौरी बनाकर स्थापित कर दिया गया जहाँ बेचू यादव के वंशज ही पूजा करते आ रहे हैं। बेचूवीर धाम सहित चारों दिशाओं में प्रेत बाधा निवारण के लिए विभिन्न देवी-देवताओं के स्थान हैं। बेचूवीर धाम के दक्षिण-पूर्व की ओर बरहिया माता का स्थान है। इन्हें खोरियाडीह भी कहते हैं। बेचूवीर के पश्चिम टेड़ुवा के पहाड़ में टेड़ुआ खोह है जिसमें तालाब होने की बात कही जाती है। इसी स्थान पर ढेसुर के प्राचीन वृक्ष में सात परियों और एक वीर का भी स्थान है। बेचूवीर धाम के दक्षिण तरफ एक प्राचीन नीम के वृक्ष में नर

पहलवान और मोहिनी माता का निवास स्थान है। बेचूवीर धाम में पिछले 300 वर्षों से कार्तिक अष्टमी से लेकर कार्तिक एकादशी तक चार किलोमीटर क्षेत्र में मेला लगता है। इस मेले में उत्तर प्रदेश के विभिन्न जिलों के अलावा मध्य प्रदेश, बिहार, पश्चिम बंगाल, महाराष्ट्र, हिमाचल प्रदेश सहित अन्य प्रदेशों से लाखों लोग आते हैं। लोगों के अनुसार इस मेले में प्रेत निस्तारण, संतानोत्पत्ति अथवा मनोवांछित फल प्राप्ति के लिए लगातार 5 बार आना पड़ता है। इस मेले के दर्शन से यह अनुभव होगा कि जंगल की संस्कृति और कबीले की जिन्दगी कैसी रही होगी?

यहाँ सन् 1986 में लव कुश सिंह "विश्वमानव" आये थें।

(स) भण्डारी देवी

वाराणसी-शक्तिनगर मार्ग पर अहरौरा बाजार से उत्तर दिशा में 3000 फिट ऊँचे पर्वत पर माँ भण्डारी देवी का मन्दिर स्थित है। जहाँ दूर-दूर से भक्त दर्शन करने आते हैं। मन्दिर के पास ही एक तालाब है जिसके बारे में लोगों की मान्यता है कि देवी जी यहीं नित्य स्नान करने आती हैं। भक्तजन इसे गंगा की तरह पवित्र मानते हैं। यहीं पर्वतों की चट्टानों पर कुछ पद चिन्ह भी है जिन्हें देवी माँ का पद चिन्ह माना जाता है। मन्दिर के नीचे विशाल आँगन होने की बात कही जाती है लेकिन चट्टानों के खिसक जाने के कारण अन्दर जाने के सभी मार्ग बन्द हो चुके हैं। अहरौरा से दक्षिण-पूर्व स्थित राजा कर्णपाल सिंह का पर्वत है। जनश्रुति है कि यहीं माँ भण्डारी देवी का मायका है। सावन के महीने में माँ देवी मायके में रहती हैं। इस महीने के बाद भक्तजन उन्हें किर्तन-भजन के साथ मन्दिर ले आते हैं। पुरातात्विक दृष्टि से माँ भण्डारी देवी पर्वत का विशेष महत्व है। मन्दिर के उत्तर तरफ थोड़ी दूर पर पुरातत्व विभाग ने एक स्थान को सुरक्षित कर रखा है। इसके अन्दर पत्थरों पर अज्ञात लिपियों में कुछ लिखा हुआ है।

यहाँ सन् 2003 में लव कुश सिंह "विश्वमानव" आये थें।

(द) लखनियाँ दरी

वाराणसी-शक्तिनगर मार्ग पर अहरौरा बाजार से लगभग 8 किलोमीटर की दूरी पर लखनियाँ दरी स्थित है। बाबू देवकीनन्दन खत्री की रचना "चन्द्रकान्ता" का प्रेरणास्रोत यही क्षेत्र रहा है। लखनियाँ दरी सहित, मानिकपुर गाँव के समीप की पहाड़ी का कमरा तथा जंगल महाल, बरही क्षेत्र के अनेक स्थान आज भी चन्द्रकान्ता की कथा की याद दिलाते हैं। लखनियाँ दरी के भित्ति चित्रों के निर्माण का काल 400 वर्ष पूर्व बताया जाता है। कुछ लोगों ने इसे मुगलकालीन बताया है। लखनियाँ दरी के सम्बन्ध में कहावत है कि एक राजकुमार अपनी पत्नी और अंगरक्षकों के साथ लखनियाँ में नदी पार कर रहा था। उसी समय अचानक बाढ़ आ गई जिसमें सभी बह गये। रानी ने अपने पति की प्राण रक्षा के लिए प्रयत्न किया परन्तु वह असफल रही। पति की मृत्यु के बाद दुःखी रानी ने मृत्यु का वरण करने से पूर्व एक अत्यन्त सुरक्षित गुफा की दीवार पर अपने खून से कुछ भित्ति चित्रों का निर्माण कर दिया। कहा जाता है कि उसी स्थान पर रानी ने अपने प्राण त्याग दिये। आज भी इस स्थान के ऊपर सती माता का एक चौरी स्थित है। पास में ही झलरिया दरी भी एक महत्वपूर्ण साधना स्थली है। इस क्षेत्र में आज भी खतरनाक जंगली जानवरों की बहुलता है।

यहाँ सन् 2002 में लव कुश सिंह "विश्वमानव" आये थें।

(य) चूना दरी

लखनियाँ दरी के पास ही चूना दरी स्थित है। चूना दरी के लिये वाहन का रास्ता नहीं है। भौगोलिक दृष्टि से डोगिया जलाशय व अहरौरा जलाशय के निर्माण के पूर्व यह एक खतरनाक नदी मानी जाती थी। बरसात के दिनों में इसमें काफी उफान होता था। चूना दरी को डोगिया जलाशय द्वारा और लखनियाँ दरी को हाईचैनल तथा अहरौरा जलाशय द्वारा नियंत्रित कर सिचाई के उपयोग में लिया गया है।

(र) गुरूद्वारा बाग

श्री गुरू तेगबहादुर जी का यह गुरूद्वारा, वाराणसी-शक्तिनगर मार्ग पर 40 किलोमीटर की दूरी पर मीरजापुर जिले के अहरौरा में स्थित है। यह गुरूद्वारा नौंवे सिख गुरू तेगबहादुर को समर्पित है। यह गुरूद्वारा, गुरूद्वारा बाग साहिब के नाम से प्रसिद्ध है। माना जाता है कि 1666 में वाराणसी की यात्रा के दौरान गुरू जी इस जगह पर आए थे। 1742 में प्रकाशित पवित्र गुरू ग्रन्थ साहिब की हस्तलिपि आज भी यहाँ संरक्षित है। इसके अतिरिक्त हाथ से लिखी हुई पोथी, जिस पर गुरू गोविन्द सिंह के हस्ताक्षर हैं, मौजूद है। यह पोथी लोगों के सामने केवल गुरू तेग बहादुर और गुरू गोविन्द सिंह की जयंती पर ही प्रदर्शित की जाती है।

(ल) सिद्धपीठ दुर्गा खोह

दुर्गा खोह चुनार से 2 किलोमीटर दक्षिण की ओर राजगढ़ सड़क पर स्थित है। इसी मार्ग पर सक्तेशगढ़, जौगढ़, परमहंस स्वामी अड़गड़ानन्द आश्रम और सिद्धनाथ की दरी है। काशी खण्ड के अनुसार दैत्य दुर्ग के तप पर प्रसन्न होकर ब्रह्मा ने उसे अजेय होने का वर दिया था। इस शक्ति को प्राप्त कर दुर्ग दैत्य ऋषियों, मुनियों तथा देवीयों को कष्ट देने लगा। देवों ने शिव से रक्षा की गुहार की। शिव ने देवी पार्वती से दुर्ग का वध करने का अनुरोध किया। तब देवी पार्वती ने अपनी शक्ति से कालरात्रि को सुन्दर स्त्री के रूप में प्रकट करके दैत्यों के पास भेजा। दुर्ग ने आदेश दिया कि इसे मेरे पास ले आओ। दैत्यों ने ज्योंहि कालरात्रि को पकड़ना चाहा कि वे उनके दीर्घश्वास से भस्म हो गये। इस दृश्य को देखकर दुर्ग अपनी विशाल सेना लेकर कालरात्रि से युद्ध करने चल दिया। कालरात्रि तब चुनार स्थित इसी विन्ध्य पर्वत की श्रृंखला पर देवी पार्वती के पास आ गयीं। उसी समय दैत्य दुर्ग भी अपनी सेना लेकर यहाँ आया। देवी ने सहस्र भुजा धारण कर दुर्ग एवं उसकी सेना का संहार किया। दुर्ग का वध करने के कारण देवी को दुर्गा नाम दिया गया।

दुर्गाखोह पहुँचने के लिए सीढ़ियों से उतरना पड़ता है। जहाँ सिढ़ियाँ समाप्त होती हैं वहीं देवी के प्रकट होने का वर्णन है। मन्दिर के प्रांगण में पहुँचते ही बाँयी ओर अपने समय के सिद्ध-साधक कवल गिरि की समाधि है। इन्होंने यहाँ जिवित समाधि ली थी। दुर्गा खोह का वर्तमान स्वरूप दो भागों में विभाजित है। घाटी के इस पार देवी का प्राचीन प्राकट्य स्थल है और उस पार पर्वत खण्ड पर वर्तमान मन्दिर। वर्षा काल में एक छोटा सा जल प्रपात घाटी में गिरता है जो कुण्ड से घाटीयों में होते हुए गंगा में मिल जाता है। इस कुण्ड के निर्माण के सम्बन्ध में कहा जाता है कि दुर्ग के वध के पश्चात् यहाँ इतना रूधिर बहा कि इससे यहाँ एक कुण्ड बन गया। कहा जाता है कि त्रेतायुग में श्रीराम ने वनगमन के समय इधर से जाते समय शारदीय नौरात्रि में देवी दुर्गा की पूजा की थी। द्वापरयुग में राजा सुरथ ने यहाँ चैत्र नवरात्र में मन्दिर बनवाया और पहाड़ पर स्थित प्रतिमा को मन्दिर में स्थापित किया। राजा सुरथ रूधिर से भरे कुण्ड को देखकर दुर्गा को बलि प्रिय समझा और अनेको जीव की बलि यहाँ दी थी। श्रीराम के कारण शारदीय नौरात्रि व राजा सुरथ के कारण चैत्र नवरात्र का महत्व होने से दोनों नवरात्रि में यहाँ दर्शनार्थीयों की विशेष भीड़ रहती है। वैसे सावन माह तथा मंगलवार को दर्शनार्थीयों का आना-जाना सदैव लगा रहता है।

यहाँ सन् 1979 से लव कुश सिंह "विश्वमानव" अक्सर ही आते रहते हैं।

(व) परमहंस स्वामी अड़गड़ानन्द आश्रम

महर्षि व्यास द्वारा रचित और श्रीकृष्ण के मुख से व्यक्त गीता के उसी मनस्तर पर स्थित होकर उसकी व्याख्या "यथार्थ गीता" से व्यक्त करने वाले संत श्री स्वामी अड़गड़ानन्द जी का यह आश्रम है जो जरगो नदी के उद्गम स्थल सिद्धनाथ की दरी से दो किलोमीटर पहले जरगो नदी के किनारे स्थित है। आश्रम चुनार से 20 किलोमीटर दक्षिण की ओर राजगढ़ मार्ग पर स्थित है। यह आश्रम प्रारम्भ में एक किले का खण्डहर था जो विजयपुर राज्य के अधीन था। स्वामी जी ने राजा शक्ति सिंह द्वारा निर्मित इस किले को विजयपुर की रानी को एक नारियल भेजकर प्राप्त किया। भक्तों के परिश्रम और ईश्वरीय कृपा से यहाँ अद्भुत तथा मनोहारी आश्रम का निर्माण हुआ। स्वामी जी द्वारा व्यक्त "यर्थाथ गीता", गीता की अन्तिम यथार्थ व्याख्या है अर्थात् इससे अच्छी व्याख्या अब

सम्भव नहीं है। गुरू पूर्णिमा के अवसर पर यहाँ लाखों भक्त आते हैं। स्वामी जी "विश्वगौरव" सम्मान से विभूषित हैं। संत श्री स्वामी अड़गड़ानन्द जी यहाँ से पूर्व सती अनुसूईया आश्रम, चित्रकूट (सतना, म0प्र0) तथा जगतानन्द आश्रम, बरैनी, कछवां (मीरजापुर, उ0¬प्र0) में थे।

सन् 1997 में जब सक्तेशगढ आश्रम का निर्माण कार्य चल रहा था तब मेरे दो मामा (श्री बैजनाथ सिंह एवं श्री महंगी सिंह, निवासी-बकियाबाद, दोनों चचेरे भाई) के साथ लव कुश सिंह "विश्वमानव" आये थें।

(ष) सिद्धनाथ की दरी

सिद्धनाथ की दरी चुनार से 20 किलोमीटर दक्षिण की ओर राजगढ़ मार्ग पर स्थित है। यहाँ के प्राकृतिक जल प्रपात को देखने और उसमें क्रिड़ा के लिए दूरदराज से प्रत्येक दिन सैकडों लोग यहाँ आते हैं। सार्वजनिक अवकाश के दिन यह संख्या हजारों में पहुँच जाती है। यहाँ 300 फिट की ऊँचाई से गिरने वाला जल ही जरगो नदी का जल है। जनश्रुति के अनुसार बहुत पहले यहाँ एक सिद्ध पुरूष हुआ करते थे, उन्हीं के नाम से इसे सिद्धनाथ की दरी कहते हैं।

यहाँ सन् 1997 से लव कुश सिंह "विश्वमानव" अक्सर ही आते रहते हैं।

(ह) सिद्धनाथ धाम "धुईं बाबा"

क्षेत्रवासियों के अनुसार सैकड़ों वर्ष पूर्व एक संत चुनार क्षेत्र के भरेहटा गांव के पश्चिम की ओर और जरगो नदी के पूर्वी तट पर कुटी बनाकर रहा करते थे। कुटी के सामने वे धूनी (हवन कुण्ड) बना रखे थे जिसमें हमेशा आग जलती रहती थी। एक बार जरगो नदी में बाढ़ आ गया। गांव के कई बच्चे उसमें स्नान कर रहे थे जिसमें से एक बच्चा डूब गया। बच्चे के शव को जब गांव वाले घर जाने लगे तो संत ने धूनी के पास लिटाने के लिए कहा। शव को धूनी के पास लिटाने के बाद उसमें प्राण आ गये और बच्चा जिवित हो गया था। उसके बाद संत वहाँ से हमेशा के लिए कहीं चले गये। तब से अब तक उस धूनी की आग कभी नहीं बुझायी जाती। इस धाम को सिद्धनाथ धाम या धुईं बाबा धाम के नाम से जानते हैं। यहाँ वर्ष भर मुण्डन संस्कार, विवाह, हवन-पूजन का कार्यक्रम चलता रहता है और धूनी की राख से पीड़ित जनों के कष्ट दूर किये जाते हैं। बाबा में आस्था रखने वाले भक्त और समाजसेवी गणों द्वारा यहाँ धर्मशाला, हैण्डपम्प, कुँआ, पानी की टंकी इत्यादि जन सुविधाओं का निर्माण कराया गया है।

यहाँ उम्र 14 वर्ष तक लव कुश सिंह "विश्वमानव" को अनेकों बार चैत्र नवरात्र में उनकी माँ दशनार्थ लाया करती थीं।

(क) सत्ययोगानन्द मठ

विश्व ऐतिहासिक सत्यकाशी: पंचम, अन्तिम तथा सप्तम काशी का वह स्थल (राष्ट्रीय राजमार्ग-7 पर वाराणसी-काशी: पंचम, प्रथम तथा सप्तम काशी से 18 कि. मी. तथा 1 कि. मी गंगा किनारे) श्मशान घाट, गोपालपुर, जहाँ ब्रह्मलीन श्री श्री 1008 सत्ययोगानन्द "भुईधराबाबा" (भगवान राम-कृष्ण परमहंस की अगली कड़ी) ने ब्रह्म या ईश्वर के अन्तिम, भगवान विष्णु के दसवें अन्तिम कल्कि तथा भगवान शंकर के बाईसवें और अन्तिम भोगेश्वर सार्वजनिक प्रमाणित पूर्ण प्रेरक संयुक्त पूर्णावतार श्री लव कुश सिंह "विश्वमानव" (स्वामी विवेकानन्द की अगली पूर्ण ब्रह्म की अन्तिम कड़ी) को धर्म क्षेत्र के भोग द्वारा व्यक्त करने के लिए सदी के सार्वाधिक लम्बे बृहस्पतिवार, 13 नवम्बर, 1997 से सोमवार, 22 जून, 1998 (आसाढ़ मास शिवरात्रि) तक तथा अद्दश्य काल (व्यक्तिगत प्रमाणित) के अन्तिम अद्दश्य महायज्ञ-विष्णु महायज्ञ और ज्ञान यज्ञ का आयोजन किये थे। यज्ञ प्रारम्भ होने के 21 वें दिन बुधवार, 3 दिसम्बर 1997 को आयोजक एवम् संचालनकर्ता सत्ययोगानन्द जी के ब्रह्मलीन होने के पश्चात् छठें दिन सोमवार, 8 दिसम्बर, 1997 को श्री लव कुश सिंह "विश्वमानव" व्यक्त हुये और स्वामी विवेकानन्द के सम्मान में उनके शिकागो वक्ृतता के दिन उम्र 30 वर्ष 7 माह 29 दिन अर्थात् यज्ञ अवधि के 7 दिन

पूर्व सोमवार, 15 जून, 1998 को उतना ही उम्र पूर्ण करने के पश्चात् मंगलवार, 16 जून, 1998 से सोमवार, 22 जून, 1998 तक धर्म, धर्मनिरपेक्ष, सर्वधर्मसमभाव, प्राच्य, पाश्चात्य, राज्यक्षेत्र, धर्मक्षेत्र और समाजक्षेत्र में एकता, काल परिवर्तन, हिन्दू, वर्तमान एवं भविष्य की आवश्यकता, सत्य चेतना आधारित 21वीं सदी के विश्व प्रबन्ध के सूत्र अर्थात् कर्मवेदीय सार सूत्र व्याख्या, विश्व और भोगेश्वर रूप, नवयुग के लिए घोषणा, यज्ञ की पूर्णाहूति, दृश्यकाल (सार्वजनिक प्रमाणित) के लिए प्रथम और अन्तिम दृश्य महायज्ञ-प्रकृतिक सत्य मिशन तथा पंचम, अन्तिम तथा सप्तम काशी: सत्यकाशी निर्माण के लिए विश्व ऐतिहासिक व्याख्यान व्यक्तिगत रूप से दिये थे। इसी स्थान पर विश्वमानव के अप्रत्यक्ष सम्बन्ध कर्मगुरू ब्रह्मलीन श्री श्री 1008 सत्ययोगानन्द "भुईधराबाबा" की समाधि भी है। जिनके समाधि स्थल के साथ ही श्री लव कुश सिंह "विश्वमानव" का समाधि स्थल सुनिश्चित व उनके द्वारा घोषित है, यहीं पर "सत्ययोगानन्द मठ ट्रस्ट" की स्थापना की गई है।

(ख) सीखड़

मीरजापुर जनपद के चुनार तहसील का सीखड़ विकास खण्ड चुनार नगर से पश्चिम दिशा में गंगा उस पार का क्षेत्र है। सीखड़ क्षेत्र के पूर्व में गंगा नदी है जिसके उस पार चुनार का ऐतिहासिक किला है। दक्षिण में भी गंगा बहती है जिसके उस पार विन्ध्य पर्वत श्रेणियाँ है। उत्तर में काशी (वाराणसी) का क्षेत्र है तथा पश्चिम में जनपद का विकास खण्ड मझवां का क्षेत्र है। सीखड़ का वास्तविक नाम "श्रीखण्ड" था जिसे अंग्रेजों ने अपनी भाषा में सीखर कर दिया जो बाद में सीखड़ हो गया। सीखड़ का उल्लेख विभिन्न ऐतिहासिक पुस्तकों "आइने अकबरी", "तैमूर वंश", "वृहत्तर भारत", "शिव पुराण" एवं आल्हा उदल की रचनाओं में भी मिलता है। सीखड़ की स्थापना किसने की इसके सम्बन्ध में दो मान्यता है-

पहले मत के अनुसार सीखड़ को भर्तृहरि के शिष्यों ने बसाया था। उन्होंने इसके नाम पर ही अर्थात् लक्ष्मी का क्षेत्र रखा था। शिष्यों ने जब इसे बसाया था तब इस क्षेत्र में जल भरा रहता था जिसके बीचो-बीच एक ऊँचा टीला बनाया। इस पर खड़े होने के बाद उनकी दृष्टि जहाँ तक गयी, उस पूरे क्षेत्र का नाम "कृयात" रखा गया जो वर्तमान में इस क्षेत्र के परगने का नाम है जिसका अर्थ भी लक्ष्मी का क्षेत्र है। इस टीले पर ही शिष्यों ने साधना स्थल भी बनाया। इस टीले का भग्नावशेष आज भी है जिस पर वर्तमान में आदर्श कन्या इण्टर कालेज खुल चुका है।

दूसरे मत के अनुसार उक्त टीले का निर्माण राजा नवल किशोर सिंह ने अपना राजमहल बनाने के उद्देश्य से किया था। कहा जाता है कि इस टीले का निर्माण रावण की लंका के तर्ज पर किया गया था। राजा नवल सिंह ने इस टीले के चारो ओर गड्ढा खुदवाया था जो हमेशा जल से भरे रहते थे। इस टीले पर वे अपना राज महल बनवाये जिसका स्मृति चिन्ह तक समाप्त हो चुका है। कहा जाता है कि नवल किशोर के पूर्वजों के पास इतना धन था कि उन्होंने चन्द्रगुप्त मौर्य को धन देकर मगध का सम्राट बनने में सहायता दी थी। राजा नवल किशोर के पतन के बाद क्षेत्र पर राय गोविन्द चंद का अधिकार हो गया था। बाद में यह अंग्रेजों के अधिपत्य में चला गया। ऐतिहासिक ग्रन्थों के अनुसार गाजी तैमूरलंग की सेनाएँ इस क्षेत्र को रौंदती पश्चिम दिशा की ओर बढ़ गयी थीं। यह भी कहा जाता है कि सीखड़ गाँव के एक चिश्ती ने मुगल सम्राट हुमायूँ के प्राण बचाये थे। यह भी कहा जाता है कि मुगल सम्राट अकबर को यहाँ गाजी तैमुरलंग द्वारा रचित पुस्तक "तैमूर वंश" की प्राप्ति हुई थी। शेरशाह सूरी ने भी यहाँ निवास किया था।

ऐसा भी माना जाता है कि विवाहोपरान्त भगवान शिव ने यहाँ महाभारत काल तक निवास किया था। सीखड़ विकास खण्ड हिन्दू-मुस्लिम एकता का भी अनूठा उदाहरण विश्व समुदाय के लिए बन चुका है। हिन्दूओं के पवित्र मेला सीखड़ की रामलीला में अधिकतर कार्य मुस्लिम वर्ग के लोग ही किया करते हैं।

सीखड़ क्षेत्र के धनैता (मझरा) ग्राम में मार्च सन् 1991 में लव कुश सिंह "विश्वमानव" का विवाह शिव कुमारी देवी से हुआ था।

(ब) माँ शिवशंकरी धाम

यह प्राचीन मन्दिर वाराणसी से 29 कि. मी. राष्ट्रीय राजमार्ग-7 (वाराणसी से कन्याकुमारी मार्ग) पर स्थित है। दण्डी स्वामी शिवानन्द द्वारा लिखित पुस्तक में काशी चौरासी कोस यात्रा व सत्यकाशी पंचदर्शन के अन्तर्गत शिवशंकरी धाम मन्दिर आता है। शिवशंकरी धाम मन्दिर दिल्ली-हावड़ा मुख्य रेल मार्ग पर अहरौरा रोड और कैलहट रेलवे स्टेशन के बीच रेल मार्ग के किनारे स्थित है। मन्दिर रेल लाइन बनने से पूर्व भी थी। यहाँ दोनों नवरात्र चैत्र और शारदीय में भक्तों की संख्या बढ़ जाती है परन्तु वर्ष भर मुण्डन संस्कार, विवाह, हवन-पूजन का कार्यक्रम चलता रहता है। चैत्र नवरात्र में मेले के आयोजन की सैकड़ों वर्ष पुरानी परम्परा है। मन्दिर में अर्धनारीश्वर की मूर्ति विराजमान है। माँ में आस्था रखने वाले भक्त और समाजसेवी गणों द्वारा यहाँ धर्मशाला, हैण्डपम्प, कुँआ, पानी की टंकी इत्यादि जनसुविधाओं का निर्माण कराया गया है। सत्यकाशी पंचदर्शन के अन्तर्गत यह मन्दिर आता है।

यहाँ सन् 1977 से लव कुश सिंह "विश्वमानव" अक्सर ही आते रहते हैं।

(ग) माँ शीतला धाम

सीखड़ क्षेत्र में, चुनार के गंगा के उस पार 5 किलोमीटर पर अदलपुरा में स्थित माँ शीतला धाम का प्राचीन मन्दिर है जो गंगा किनारे स्थित है और सीखड़ के धार्मिक महत्व को सिद्ध करती है। यहाँ पर प्रतिवर्ष लाखों श्रद्धालु दर्शन-पूजन के लिए आते हैं। नवरात्र में यहाँ अधिक दर्शनार्थी आते हैं।

यहाँ सन् 1978 में लव कुश सिंह "विश्वमानव" गांगपुर घाट से नाव द्वारा अपने गाँव के लोगों के साथ आये थें।

(घ) राम सरोवर

यह चुनार नगर से 3 किलोमीटर पर पूर्व दिशा में स्थित है। आज से सैकडों वर्ष पहले इस क्षेत्र में अकाल पड़ा जिससे चारो तरफ त्राहि-त्राहि मच गयी। उस समय चुनार गढ़ एक छोटा सा कस्बा था। यहाँ के तालुकेदार पं0 माधोराम व साधोराम नामक दो भाईयों से क्षेत्र की जनता का करूण रूदन देखा नहीं गया और उन्होंने सबको अनाज देने की घोषणा की। इस वजह से उनके यहाँ भीड़ लग गई। यह देखकर उन्होंने सोचा कि इनसे एक तालाब खुदवाया जाये। यह बात लोगों को अच्छी भी लगी और रामसरोवर बनकर तैयार हुआ। इस तालाब की खुदाई के दौरान एक शिवलिंग मिला जिसकी प्राण-प्रतिष्ठा इस तालाब के बगल में कर दी गई और मन्दिर का नाम रामेश्वर महादेव रखा गया। सन् 1901 में यहाँ 10 दिनों के मेले का आयोजन प्रारम्भ हुआ जिसमें घुड़दौड़, कुश्ती, तैराकी, तीरंदाजी, तलवारबाजी के साथ-साथ तीतर-बटेर का लड़ाना और नौटंकी तथा रामलीला भी होती है। बाद में यहाँ पशुओं का बाजार भी लगने लगा जहाँ पूरे हिन्दुस्तान से पशु व्यापारी आते हैं।

यह स्थान लव कुश सिंह "विश्वमानव" के मामा के गाँव बकियाबाद के पास होने के कारण बचपन में यहाँ का मेला देखने आये थें।

(च) स्वयंमेश्वर महादेव

यह नरायनपुर से अदलहाट मार्ग पर रानीबाग से दो किलोमीटर की दूरी पर डेहरी गाँव में स्थित मुगलकाल से भी प्राचीन शिव मन्दिर है। इस मन्दिर को मुगलकाल में क्षतिग्रस्त कर दिया गया था जिसका अवशेष अभी भी शेष है। मन्दिर के पुजारी और गाँव के निवासी श्री राम सागर त्रिपाठी के अनुसार इस मन्दिर को पुनः बनाने का विचार जब-जब किया गया तब-तब स्वप्न आया कि मन्दिर बनाने की आवश्यकता नहीं, उसे मैं स्वयं बना लूँगा। शिवलिंग के एक ओर स्थित नीम और दूसरी ओर स्थित पीपल के वृक्ष ने आपस में मिलकर ऐसा सुन्दर मन्दिर का निर्माण किया है जो देखने में किसी आश्चर्य से कम नहीं हैं।

इस मन्दिर का दर्शन करने सन् 2013 में स्कन्द कुमार पाण्डेय "व्यासजी" (ग्राम रामजीपुर निवासी) के साथ लव कुश सिंह "विश्वमानव" आये थें।

(छ) श्री राम मन्दिर, कोलना

चुनार क्षेत्र में स्थित ग्राम-कोलना में स्थित यह मन्दिर अति प्राचीन व भव्य है। इसी ग्राम के निवासी डा0 राम व्यास जी हैं जो "विश्वशास्त्र" के समीक्षक द्वय में से एक हैं।

(ज) बाबा सुन्दरम् पचपेड़वा बाबा

यह नरायनपुर विकास खण्ड के रामजीपुर ग्राम में स्थित है। इस स्थान पर एक ही वृक्ष में आम, नीम, पीपल, बरगद और पकड़ी संयुक्त रूप से प्राचीन काल से ही है। वर्तमान में आम और नीम का वृक्ष लुप्त हो चुका है। इस स्थान पर अनेक रोग-व्याधियों व भूत-प्रेत बाधा का निवारण दर्शन मात्र से स्वतः ही हो जाता है। गंगा दशहरा के शुभ-अवसर पर यहाँ प्रत्येक वर्ष रामचरित मानस का पाठ व अखण्ड भण्डारा का आयोजन गाँव के ही श्री स्कन्द कुमार पाण्डेय "व्यास" एवं आसपास के गाँव के सहयोग से किया जाता है।

(य) जलालपुर माफी

कहा यह जाता है कि जब हुमायूँ चुनार के किले पर अधिकार करने के लिए यहाँ कई महीने रूका था तब वह किले के पास स्थित गाँव जलालपुर में रूका था यहीं अकबर गर्भ में आया था। बाद में जब अकबर को यह बात ज्ञात हुई तब उसने अपने नाम के साथ जलालुद्दीन भी लगाया साथ ही इस गाँव का अपने शासन काल में कर भी माँफ किया जिस कारण इस गाँव का नाम जलालपुर माफी हो गया। जहाँ "सत्यकाशी ट्रस्ट" की स्थापना की गई है।

(र) ऊँ श्री अहिरावीर डीह बाबा

यह अति प्राचीन मन्दिर जलालपुर माफी गाँव में स्थित है। बात बहुत पुराने समय की है जब इस गाँव के आस-पास जंगल हुआ करता था और कुछ बस्तीयाँ भी थीं। उस समय का कुँआ और विशाल नीम का पेड़ आज भी है। गाँव के बुढ़े-बुजुर्ग व्यक्ति बताते हैं कि अहिरावीर बाबा प्रतिदिन रात में पूरे गाँव का पूरा चक्रमण करते हैं और यह मान्यता आज भी चली आ रही है। आस-पास के निवासी आज भी इस मन्दिर में अपनी मन्नतें माँगने आते हैं और पूरी श्रद्धा-भक्ति से पूजन-अर्चन करते हैं। मान्यता है कि आज भी बाबा लोगों को दर्शन देते रहते हैं।

(ल) श्री नये वीर बाबा

अदलपुरा में स्थित माँ शीतला धाम के प्राचीन मन्दिर के सामने गंगा दो भागो में विभक्त होकर पुनः एक हो गईं है जिसके बीच सैकड़ों बीघे का टीला है। इसी टीले पर श्री नये वीर बाबा की चौरी है। चौरी के पश्चिम में अदलपुरा स्थित माँ शीतला धाम का मन्दिर है तो पूर्व में जलालपुर गाँव है। प्राचीन समय की बात है जब यहाँ साधन का अभाव था। लोग बर्रे, रेड़ी (अरण्डी), चना, जौ के खेती कर जीवन चलाते थे। बाग-बगीचे भी थे। गंगा नदी का किनारा होने के कारण भूमि बहुत ही उपजाऊ थी लेकिन वर्तमान समय में भूमि पर कुश इत्यादि झाड़ी का जंगल फैल चुका है। प्राचीन समय के उस काल में एक व्यक्ति रात्रि में अपने खेत की सिंचाई कर रहा था। उसके पास एक व्यक्ति लालटेन लेकर पहुँच गया और कहा कि तुम्हारा समय खत्म हो चुका है और मेरा समय शुरू हो चुका है। तुम अपने घर जाओ और अब कभी इतनी रात को खेत पर काम मत करना, कह कर वह आदमी थोड़ा दूर जाकर अदृश्य हो गया। खेत पर काम करने वाला व्यक्ति उसके बातों को गम्भीरता से न लेकर रात्रि में काम करता रहा। चौथे दिन उसकी मृत्यु हो गई। मृत व्यक्ति की पत्नी को स्वप्न आया कि "मैं नये वीर बाबा, का कहना न मानने के कारण ही तुम्हारे पति की मृत्यु हुई है।" तब से लेकर अब तक इस चौरी पर पूजा-अर्चन-कीर्तन चलता रहता है।

लोगों की मन्नतें पूरी होने से दिनों-दिन यहाँ श्रद्धालुओं की संख्या बढ़ती जा रही है। यहाँ पर पीपल, नीम व बरगद का संयुक्त वृक्ष प्रदीप कुमार, धनारू, ओम प्रकाश, महेन्द्र कुमार सिंह, गुड्डु इत्यादि ने पूरी श्रद्धा-भक्ति के साथ रोपित करते हुए सौन्दर्यीकरण का कार्य सम्पन्न किये और जारी भी है।

इस मन्दिर का दर्शन करने सन् 2013 में प्रदीप सिंह "बबलू नेता" (ग्राम जलालपुर माफी निवासी) के साथ लव कुश सिंह "विश्वमानव" आये थें।

(व) श्री विष्णु मन्दिर, वैकुण्ठपुर, नरायनपुर

यह प्राचीन मन्दिर नरायनपुर में वाराणसी से 21 कि. मी. राष्ट्रीय राजमार्ग-7 (वाराणसी से कन्याकुमारी मार्ग) पर स्थित है। दण्डी स्वामी शिवानन्द द्वारा लिखित पुस्तक में काशी चौरासी कोस यात्रा व सत्यकाशी पंचदर्शन के अन्तर्गत यह मन्दिर आता है।

यहाँ सन् 1977 से लव कुश सिंह "विश्वमानव" अक्सर ही आते रहते हैं क्योंकि यह निवास ग्राम के पास स्थित है।

(श) श्री कल्कि अवतार एवं कलिकेश्वर महादेव मन्दिर

यह ग्राम चुनार क्षेत्र के नरायनपुर विकास खण्ड के ग्राम-रामजी पुर में स्थित है। इस प्राचीन शंकर व हनुमान मन्दिर के जीर्णोद्धार के उपरान्त श्री कल्कि अवतार की मूर्ति लगाई गयी साथ ही स्थापित शिवलिंग का नामकरण कलिकेश्वर महादेव किया गया। सत्यकाशी पंचदर्शन के अन्तर्गत यह मन्दिर आता है।

इसी ग्राम के निवासी श्री स्कन्द कुमार पाण्डेय "व्यास" और चन्द्रेश कुमार, मुख्य ट्रस्टी "सत्यकाशी ब्रह्माण्डिय एकात्म विज्ञान विश्वविद्यालय ट्रस्ट" के ट्रस्टी हैं।

(ह) नियामतपुर कलाँ

चुनार क्षेत्र के नरायनपुर विकास खण्ड, जरगो नदी के गंगा संगम से दक्षिण में स्थित नियामतपुर कलाँ (काशी हिन्दू विश्वविद्यालय-बी. एच. यू. वाराणसी के दक्षिण गंगा उस पार), गाँव "विश्वशास्त्र-द नालेज आफ फाइनल नालेज" के रचनाकार श्री लव कुश सिंह "विश्वमानव" का पैतृक निवास स्थल है जो सत्यकाशी पंचदर्शन यात्रा के घेरे में भी स्थित है। काशी चौरासी कोस यात्रा के अनुसार काशी (वाराणसी) व सत्यकाशी क्षेत्र के उभय स्थान में भी स्थित है।

(क्ष) बघेड़ा

चुनार क्षेत्र के नरायनपुर विकास खण्ड, जरगो नदी के गंगा संगम से दक्षिण में स्थित बघेड़ा (काशी हिन्दू विश्वविद्यालय-बी. एच. यू. वाराणसी के दक्षिण गंगा उस पार) गाँव, काशी चौरासी कोस यात्रा के अनुसार काशी (वाराणसी) व सत्यकाशी क्षेत्र के उभय स्थान में भी स्थित है।

यहीं "विश्वशास्त्र-द नालेज आफ फाइनल नालेज" के रचनाकार श्री लव कुश सिंह "विश्वमानव" द्वारा स्थापित ट्रस्ट "सत्यकाशी ब्रह्माण्डिय एकात्म विज्ञान विश्वविद्यालय ट्रस्ट" का पंजीकृत कार्यालय है। ट्रस्ट के दो ट्रस्टी अजय कुमार व विनय कुमार का निवास ग्राम है।

(त्र) "सृष्टि सेवा आश्रम" और "लच्छन बाबा मन्दिर"

चुनार शहर से 5 किलोमीटर पूर्व दिशा में ग्राम जमुहार में स्थित है। लच्छन बाबा मन्दिर, आस-पास के ग्रामवासीयों के लिए विशेष श्रद्धा का स्थान है। यहीं श्री महेन्द्र सिंह "सरकार" (ग्राम बेला निवासी, जो लव कुश सिंह "विश्वमानव" के कक्षा 10 के सहपाठी भी हैं) द्वारा "सृष्टि सेवा आश्रम" की स्थापना की गई है। लव कुश सिंह "विश्वमानव" अपने क्षेत्र से बहुत वर्ष तक बाहर रहने के कारण समाज के लागों से सम्पर्क टूट गया था। वे इस

सम्पर्क को पुर्नजिवित करने और विशाल-व्यापक चरित्र के प्रदर्शन के लिए 2019 में 3 महीने आश्रम में व्यतीत किये थे।

(ज्ञ) "विश्वशास्त्र" व "शास्त्राकार" से सम्बन्धित अन्य स्थान

नईबस्ती बघेड़ा, संत रविदास मन्दिर (मीरजापुर) उ0प्र0 के दक्षिण पैतृक भूमि का स्थान जहाँ दृश्यकाल के "शब्दब्रह्म" की प्राप्ति 1992 में हुई। शास्त्राकार के कारण सत्यकाशी क्षेत्र अन्तर्गत चुनार क्षेत्र के शेरपुर, बकियाबाद, धनैता मझरा, पचेवरा, फिरोजपुर, केशवपुर, भगीरथपुर, कोलना, घासीपुर बसाढ़ी, जौगढ़, रामरायपुर, जलालपुर माफी, गांगपुर, रामजीपुर, बघेड़ा इत्यादि गाँव भी जाने जायेंगे। माधव विद्या मन्दिर इण्टरमीडिएट कालेज, पुरूषोत्तमपुर, मीरजापुर, उ0प्र0 से कक्षा 7 से दसवीं -1981, 13 वर्ष 6 माह में लव कुश सिंह "विश्वमानव" उत्तीर्ण किये।

चुनार के विषय में अधिक जानकारी के लिए पढ़ें-

"चुनारगढ़ का सांस्कृतिक वैभव"

लेखक श्री शिव प्रसाद "कमल" (पत्रकार)

पुस्तक प्राप्ति का स्थान

1. कल्पना मन्दिर, चुनार बाजार, मीरजापुर (उ0प्र0)
2. लोकरूचि प्रकाशन, राबर्टसगंज, सोनभद्र (उ0प्र0)

"कुछ पुराना हाल चुनार का"

संपादित श्री लक्ष्मी चन्द्र श्रीवास्तव "रमेन्दु"

पुस्तक प्राप्ति का स्थान

1. जनसेवी प्रकाशन, बालूघाट, चुनार, मीरजापुर (उ0प्र0)
2. बी. 26/72, नबाबगंज, वाराणसी (उ0प्र0) पिन-221010

सत्यकाशी क्षेत्र में श्री राम

शिवपुर, मीरजापुर में पौराणिक कथा के अनुसार भगवान श्री राम चन्द्र ने अपने पिता दशरथ का श्राद्ध विन्ध्याचल क्षेत्र में ही किये थे। इस जगह पर भगवान राम ने भगवान शिव की प्रतिमा की स्थापना की थी। इसी कारण यह मन्दिर रामेश्वर तथा स्थान शिवपुर के नाम से जाना जाता है। लक्ष्मण जी ने भी यहाँ शिवलिंग की स्थापना की जिसे लक्ष्मणेश्वर कहा जाता है।

विन्ध्याचल अष्टभुजा मन्दिर के पश्चिम दिशा की ओर सीता जी ने एक कुण्ड खुदवाया था। उस समय से इस जगह को सीता कुण्ड के नाम से जाना जाता है। कुण्ड के समीप ही सीता जी ने भगवान शिव की स्थापना की थी जिसे सीतेश्वर कहते हैं। साथ ही रामकुण्ड भी है। अनेक स्थानों पर वर्णन है कि श्रीराम चुनार किले के पास से गंगा पार करके वनगमन के समय चित्रकूट गये थे। फादर कामिल बुल्के के शोध ग्रन्थ "राम कथा: उद्भव और विकास" के अनुसार कवि वाल्मीकि की तपस्थली चुनार ही है इसलिए कहीं-कहीं इसे चाण्डालगढ़ भी कहा गया है। कहा जाता है कि त्रेतायुग में श्रीराम ने वनगमन के समय चुनार से जाते समय शारदीय नौरात्रि में चुनार के राजगढ़ मार्ग स्थित दुर्गा खोह में स्थित देवी दुर्गा की पूजा की थी।

सत्यकाशी क्षेत्र में श्री कृष्ण

पुराणों के अनुसार राजा शैवास का दुर्ग चुनार का ही दुर्ग था जिनका काल 2 से 3 हजार वर्ष ईसा पूर्व था। बाद में मगध नरेश जरासंध ने इस पर अधिकार कर लिया। द्वापर युग में बृहद्रथ के पुत्र जरासंध मगध देश का राजा बने। उसने इस चरण के आकार वाले पहाड़ पर एक गढ़ का निर्माण कराया और उसका नाम राज्यगिरि रखा। बीस सहस्र राजाओं को हराकर उन्हें इसी गढ़ में कैद कर दिया। जब राजा युधिष्ठिर ने राजसूय यज्ञ करने की तैयारी की तो श्रीकृष्ण से उन्होंने कहा कि राजसूय यज्ञ में सभी काम राजाओं द्वारा कराया जाता है इसलिए जिन राजाओं को जरासंध ने राज्यगिरि में कैद कर रखा है पहले आप उन्हें छुड़ाकर लायें तब मेरा यज्ञ पूरा हो। यह सुनकर श्रीकृष्ण युधिष्ठिर के भाई अर्जुन और भीम को साथ लेकर जरासंध को मारने मगध देश को गये। वहाँ कृष्ण ब्राह्मण के भेष में होकर जरासंध से कहे कि तू मेरे भाई से लड़। भीम से युद्ध के उपरान्त जरासंध मारा गया। श्रीकृष्ण जरासंध के बेटे सहदेव को मगध देश का राज्य दिये और उसे साथ लेकर राज्यगिरि आये और सभी बन्दी राजाओं को मुक्त कराकर हस्तिनापुर राजसूय यज्ञ के लिए ले गये। जरासंध का कैदखाना चुनार के किले में अभी भी है। श्रीकृष्ण के पैर का निशान एक पत्थर पर है जिसे चरणपादुका कहते हैं।

सत्यकाशी क्षेत्र में भगवान बुद्ध

कलियुग के बौद्ध काल में विन्ध्यक्षेत्र का सार्वाधिक भाग गणराज्य में शामिल था। बौद्ध ग्रन्थ "अंगुत्तर निकाय" के अनुसार बौद्धों का कहना है कि तथागत भगवान बुद्ध ने चुनार किले में रूककर अपना एक चतुर्मास व्यतीत किये थे। छठवीं शताब्दी ईसा पूर्व को बौद्ध काल के नाम से जाना जाता है। इतिहासकारों के अनुसार इस काल में राजतन्त्रों एवं गणतन्त्रों का अस्तित्व विद्यमान था। यह प्राचीन भारत में होने वाले द्वितीय नगरीय प्रमाण को समेटे हुए था। बौद्ध काल में विन्ध्यक्षेत्र का सर्वाधिक भाग इसमें सम्मिलित था। यही नहीं जनपद मीरजापुर भी बौद्ध काल में ही स्थापित हुआ था। आज भी देश के कोने-कोने से बड़ी संख्या में बौद्ध धर्मावलम्बी किले में पवित्र स्थान का दर्शन करने आते हैं।

सत्यकाशी क्षेत्र में स्वामी विवेकानन्द

स्वामी विवेकानन्द द्वारा स्थापित "राम कृष्ण मिशन" की एक शाखा सत्यकाशी क्षेत्र के मीरजापुर शहर से विन्ध्याचल मार्ग पर स्थित है। जहाँ से अन्य शाखाओं की भाँति "शिव भाव से जीव सेवा" व आध्यात्मिक सत्य पर आधारित वेदान्त ज्ञान का प्रसार कार्य सफलतापूर्वक चल रहा है।

सत्यकाशी क्षेत्र में श्री लव कुश सिंह "विश्वमानव"

चन्द्रवंशीय कूर्म क्षत्रिय (चन्देल वंश), के अधिकतम जनसंख्या वाला चुनार क्षेत्र के नरायनपुर विकास खण्ड, काशी चौरासी कोस यात्रा व सत्यकाशी क्षेत्र के उभय स्थान व जरगो नदी के गंगा संगम से दक्षिण में स्थित नियामतपुर कलाँ (काशी हिन्दू विश्वविद्यालय-बी. एच. यू. वाराणसी के दक्षिण गंगा उस पार), गाँव "विश्वशास्त्र-द नालेज आफ फाइनल नालेज" के रचनाकार श्री लव कुश सिंह "विश्वमानव" का पैतृक निवास स्थल है जो सत्यकाशी पंचदर्शन यात्रा के घेरे में भी स्थित है। श्री लव कुश सिंह "विश्वमानव" का जन्म भले ही रिफाइनरी टाउनशिप अस्पताल, जिला-बेगूसराय (जन्म के समय जिला-मुंगेर, बिहार प्रदेश) है और मुण्डन शिव भक्त रावण से जुड़ी घटना वाले ज्योतिर्लिंग श्री वैद्यनाथ में हुआ परन्तु उनका पैतृक निवास स्थल यही गाँव है। अधिकतम रिश्तेदार और उनका विवाह भी इसी क्षेत्र के किरियात क्षेत्र के धनैता (मझरा) गाँव में है। अन्य रिश्तेदारियाँ शेरपुर, बकियाबाद, पचेवरा, फिरोजपुर, केशवपुर, भगीरथपुर, कोलना, जौगढ़, रामरायपुर, जलालपुर माफी, गांगपुर, रामजीपुर, बघेड़ा इत्यादि में हैं। नईबस्ती बघेड़ा, संत रविदास मन्दिर (मीरजापुर, उ0प्र0) के दक्षिण पैतृक भूमि का स्थान जहाँ दृश्यकाल के "शब्दब्रह्म" की प्राप्ति 1992 में हुई। निवास स्थान नियामतपुर कलाँ, जहाँ शास्त्र को सन् 2010 से अन्तिम रूप देने का कार्य हुआ और मथुरा में पूर्ण किया गया। माधव विद्या मन्दिर इण्टरमीडिएट कालेज, पुरूषोत्तमपुर, मीरजापुर, उ0प्र0 में कक्षा-7 से 10वीं तक (सन् 1977 से 1981) तक में अध्ययन हुआ। उनका अधिकतम जीवन तो भारत के अनेक स्थानों पर बीता है परन्तु शास्त्र की उत्पत्ति और अधिकतम रचना सत्यकाशी क्षेत्र में ही हुई है और इस क्षेत्र के सभी धार्मिक व दर्शनीय स्थल पर उनका भ्रमण होता रहा है।

जरगो नदी और श्री लव कुश सिंह "विश्वमानव"

श्रीराम की जन्म तिथि नवमी (9) है, श्रीकृष्ण की जन्म तिथि अष्टमी (8) है। 9 के अंक का किसी अंक से गुणा करें, सारांश (अंकों का योग) 9 ही रहता है। 8 का गुणा घटता-बढ़ता रहता है। अंक 8 लौकिक-संसारी है, 9 जटिल है जस का तस रहता है। डा0 लोहिया का कहना था-"राम मनुष्य हैं, मर्यादा और आदर्श पर चलते हुए देव बनते हैं, लेकिन कृष्ण देवता हैं। वे लोक संग्रह के लिए मनुष्य बनते हैं, देवत्व से नीचे उतरते हैं। राम और कृष्ण, भारतीय प्रज्ञा के सम्राट हैं।" इसी क्रम में श्री लव कुश सिंह "विश्वमानव" का जन्म तिथि त्रयोदशी (13) है। प्रत्येक मास में कृष्ण पक्ष की तेरहवीं तिथि की रात्रि मास शिवरात्रि तथा फाल्गुन मास की कृष्ण पक्ष की तेरहवीं तिथि की रात्रि महाशिवरात्रि कहलाती है। हिन्दू धर्म में मनुष्य के जन्म के बारहवीं तिथि के संस्कार को बरही तथा शरीर से मुक्त होने के तेरहवीं तिथि के अन्तिम संस्कार को तेरहवीं कहते हैं अर्थात् तेरह का अंक शिवशंकर का प्रतीक है। इसी कारण श्री लव कुश सिंह "विश्वमानव" से व्यक्त अधिकतम विषय के साथ अन्तिम लगा हुआ है।

जिस प्रकार ब्रह्मा के पूर्णावतार श्री राम से सरयू नदी, विष्णु के पूर्णावतार श्री कृष्ण से यमुना नदी और शिव-शंकर से गंगा नदी जुड़ी हुयी है उसी प्रकार शिव-शंकर के पूर्णावतार श्री लव कुश सिंह "विश्वमानव" के जन्म, जीवन व कर्म से गंगा व जरगो नदी जुड़ी हुयी है। जन्म गंगा किनारे स्थित जिला-बेगूसराय (जन्म के समय जिला-मुंगेर, बिहार प्रदेश) है वहाँ के नजदीकी सिमरिया घाट पर स्नान व छठ पूजा में भाग लेने का अवसर भी उनको

मिलता रहा है। जीवन में जरगो नदी से लगाव मामा, बुआ, मौसी एवं स्वयं उनका गाँव जरगो किनारे होने से हमेशा रहा है। कर्म में इसी नदी के बहाव क्षेत्र के विकास की योजना है।

महर्षि व्यास द्वारा रचित और श्रीकृष्ण के मुख से व्यक्त गीता के उसी मनस्तर पर स्थित होकर उसकी व्याख्या "यथार्थ गीता" से व्यक्त करने वाले संत श्री स्वामी अड़गड़ानन्द जी का आश्रम जरगो नदी के उद्गम स्थल पर स्थित है तो द्वापर युग में आठवें अवतार श्रीकृष्ण द्वारा प्रारम्भ किया गया कार्य "नवसृजन" के प्रथम भाग "सार्वभौम ज्ञान" के शास्त्र "गीता" के बाद कलियुग में शनिवार, 22 दिसम्बर, 2012 से काल व युग परिवर्तन कर दृश्य काल व पाँचवें युग का प्रारम्भ, व्यवस्था सत्यीकरण और मन के ब्रह्माण्डीयकरण के लिए दसवें और अन्तिम अवतार-कल्कि महावतार श्री लव कुश सिंह "विश्वमानव" द्वारा व्यक्त द्वितीय और अन्तिम भाग "सार्वभौम कर्मज्ञान" और "पूर्णज्ञान का पूरक शास्त्र", "विश्वशास्त्र: द नालेज आफ फाइनल नालेज" के व्यक्त करने वाले श्री लव कुश सिंह "विश्वमानव" का निवास ग्राम नियामतपुर कलाँ गंगा-जरगो संगम के पास स्थित है। संत श्री स्वामी अड़गड़ानन्द जी प्रारम्भ हैं तो श्री लव कुश सिंह "विश्वमानव" अन्त हैं। "गीता" बीज है तो "विश्वशास्त्र" वृक्ष है।

सत्यकाशी में कल्कि अवतार मन्दिर

श्री कल्कि अवतार एवं कलिकेश्वर महादेव मन्दिर-यह ग्राम चुनार क्षेत्र के नरायनपुर विकास खण्ड के ग्राम-रामजी पुर में स्थित है। इस प्राचीन शंकर व हनुमान मन्दिर के जीर्णोद्धार के उपरान्त श्री कल्कि अवतार की मूर्ति लगाई गयी साथ ही स्थापित शिवलिंग का नामकरण कलिकेश्वर महादेव किया गया। सत्यकाशी पंचदर्शन के अन्तर्गत यह मन्दिर आता है।

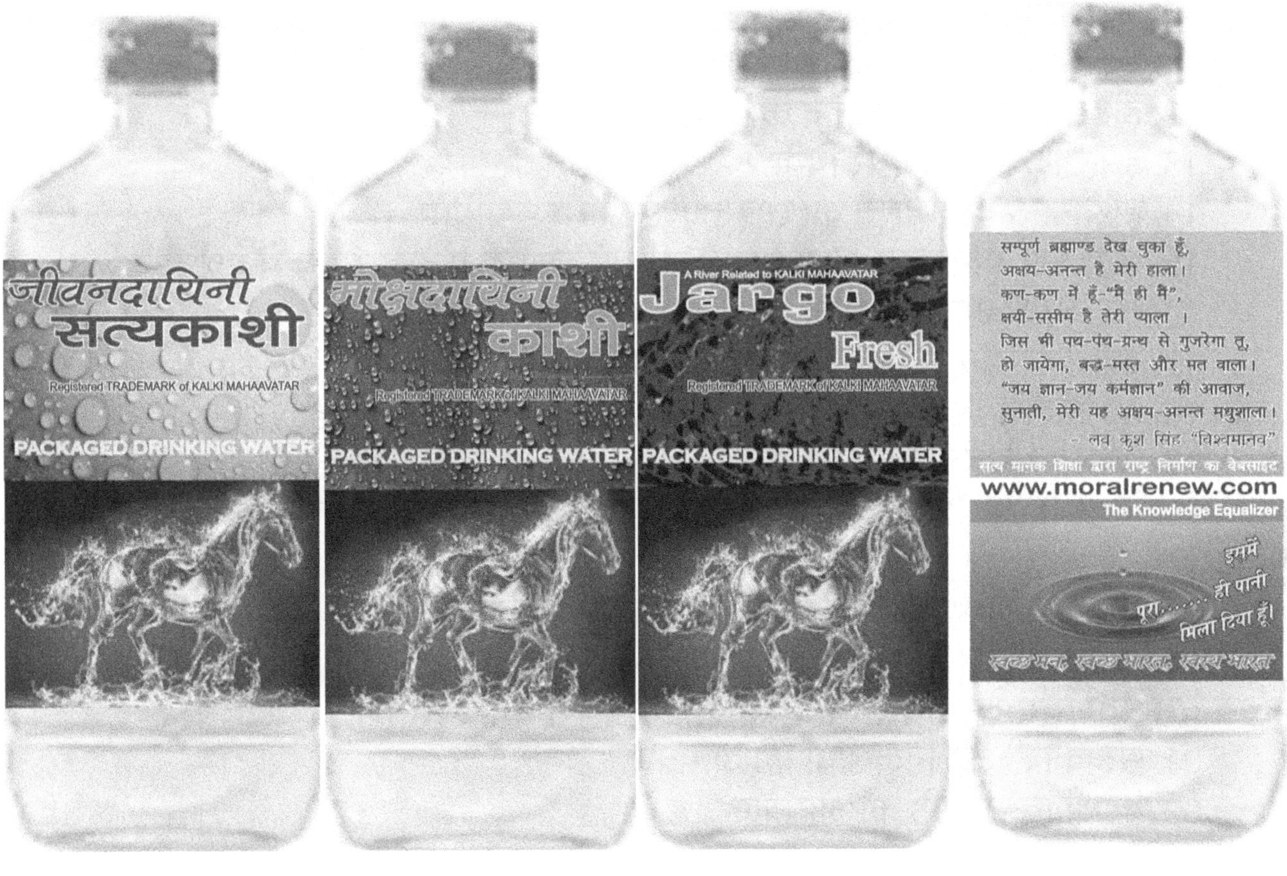

भाग-3

सत्यकाशी: दृश्य काल के प्रथम और अन्तिम युग का तीर्थ

(www.satyakashi.com)

क्षेत्र वासीयों गर्व से कहो-"हम सत्यकाशी निवासी हैं"
व्यक्ति, एक विचार और अरबों रूपये का व्यापार
सत्यकाशी महायोजना

01. चार शंकराचार्य पीठ के उपरान्त 5वाँ और अन्तिम पीठ "सत्यकाशी पीठ"।
02. "सत्यकाशी महोत्सव" व "सत्यकाशी गंगा महोत्सव" आयोजन।
03. सार्वभौम देवी माँ कल्कि देवी मन्दिर-माँ वैष्णों देवी की साकार रूप
04. भोगेश्वर नाथ-13वाँ और अन्तिम ज्योतिर्लिंग
05. सत्यकाशी पंचदर्शन
06. ज्ञान आधारित मनु-मनवन्तर मन्दिर
07. ज्ञान आधारित विश्वात्मा मन्दिर
08. विश्वधर्म मन्दिर-धर्म के व्यावहारिक अनुभव का मन्दिर
09. नाग मन्दिर
10. विश्वशास्त्र मन्दिर (Vishwshastra Temple)
11. एक दिव्य नगर-सत्यकाशी नगर
12. होटल शिवलिंगम्-शिवत्व का एहसास
13. इन्द्रलोक-ओपेन एयर थियेटर
14. हस्तिनापुर-महाभारत का लाइट एण्ड साउण्ड प्रोग्राम
15. सत्य-धर्म-ज्ञान केन्द्र: तारामण्डल की भाँति शो द्वारा कम समय में पूर्ण ज्ञान
16. सत्यकाशी आध्यात्म पार्क
17. वंश नगर-मनु से मानव तक के वंश पर आधारित नगर
18. 8वें सांवर्णि मनु-सम्पूर्ण एकता की मूर्ति (Statue of Complete Unity)
19. विस्मृत भारत रत्न स्मारक (Forgotten Bharat Ratna Memorial)
20. विश्वधर्म उपासना स्थल-उपासना और उपासना स्थल के विश्वमानक (WS-00000) पर आधारित
21. सत्यकाशी ब्रह्माण्डीय एकात्म विज्ञान विश्वविद्यालय (Satyakashi Universal Integration Science University-SUISU)

पाँचवें युग-स्वर्णयुग के तीर्थ सत्यकाशी क्षेत्र में प्रवेश का आमंत्रण

01. सत्यकाशी क्षेत्र निवासीयों को आमंत्रण
02. काशी (वाराणसी) को आमंत्रण

03. धार्मिक संगठन/संस्था को आमंत्रण
04. रियल इस्टेट/इन्फ्रास्ट्रक्चर व्यवसायिक कम्पनी को आमंत्रण
05. रियल इस्टेट एजेन्ट को आमंत्रण

सत्यकाशी महायोजना-प्रोजेक्ट को पूर्ण करने की योजना

धर्म स्थापनार्थ दुष्ट वध और साधुजन का कल्याण कैसे और किसका?

क्षेत्र वासीयों गर्व से कहो-"हम सत्यकाशी निवासी हैं"

कर्मवेदान्त की प्रथम शिक्षा आधारित गीता उपदेश में भगवान श्रीकृष्ण ने कहा कि आदि में मैं (आत्मा) और अन्त में भी मैं (आत्मा) हूँ। अदृश्य (सार्वजनिक प्रमाणित) काल में उन्होंने युद्ध क्षेत्र में अपने योगेश्वर रुप (सार्वभौम ज्ञान/आत्मा का विश्व रुप अर्थात् भोगेश्वर का अदृश्य रुप) द्वारा यह व्यक्त किये और वर्तमान के दृश्य (सार्वजनिक प्रमाणित) काल में श्री लव कुश सिंह "विश्वमानव" ने "विश्वशास्त्र" द्वारा भोगेश्वर रुप (सार्वभौम दृश्य कर्मज्ञान/सिद्धान्त का विश्व रुप अर्थात् आत्मा का दृश्य रुप अर्थात् योगेश्वर का दृश्य रुप) को व्यक्त किये जिसका पूर्ण दर्शन समाज को अब हो रहा है। क्योंकि ज्ञान, कर्म का अदृश्य रुप और कर्म, ज्ञान का दृश्य रुप है। अर्थात् कर्म को जानो व्यक्ति के ज्ञान को जान जाओगे। भगवान श्रीकृष्ण ने गीता उपदेश में कर्म करने की शिक्षा तो दी लेकिन उस सिद्धान्त की शिक्षा न दी जिसके आधार पर उन्होनें धर्म स्थापना की। बस यहीं सिद्धान्त ही कर्मवेद है। जिसका ज्ञान न होने के कारण ही मानसिक गुलामी के साथ आश्रितों की संख्या बढ़ रही है। वर्तमान समय विश्वव्यापी धर्म स्थापना का है न कि धर्म प्रचार का क्योंकि धर्म स्थापना की आवश्यकता की पहचान तीन सम्बन्धों द्वारा ज्ञात होता है। देश सम्बन्ध, रिश्ता सम्बन्ध और रक्त सम्बन्ध। श्रीराम के समय देश सम्बन्ध खराब तथा शेष दो सम्बन्ध ठीक था। श्रीकृष्ण के समय देश सम्बन्ध और रिश्ता सम्बन्ध खराब था, सिर्फ रक्त सम्बन्ध ठीक था और वर्तमान समय में तीनों सम्बन्ध खराब हो चुके हैं। परिणामसवरुप कर्म आधारित मानव सम्बन्ध बढ़ रहे है और बस यहीं सम्बन्ध धर्म है। राज्य और समाज क्षेत्र के बीच बढ़ती दूरी भी धर्म स्थापना का प्रतीक है।

वेदान्त की अन्तिम शाखा-कर्म वेदान्त के प्रथम चरण में कर्म की शिक्षा भगवान श्रीकृष्ण (पूर्ण ब्रह्म की प्रथम कड़ी) द्वारा, वेदान्त की व्यवहारिकता की शिक्षा स्वामी विवेकानन्द के द्वारा और अन्त में कर्मवेदान्त अर्थात् पूर्ण व्यवहारिक कर्म ज्ञान का विश्व रुप की शिक्षा श्री लव कुश सिंह "विश्वमानव" द्वारा व्यक्त "विश्वशास्त्र" द्वारा पूर्ण हुई है।

इस क्षेत्र के कल्याण का एक और अन्तिम रास्ता है-श्री लव कुश सिंह "विश्वमानव" द्वारा "विश्वशास्त्र" में व्यक्त व सार्थक योजनाबद्ध किया गया "सत्यकाशी महायोजना"। जिसमें सहयोग ही आपका स्वयं के लिए सहयोग है। जो बुद्धि युक्त है और जो बुद्धि एवं धन युक्त है-वे इस निर्माण का भरपुर लाभ उठा लेंगे लेकिन वे जो सिर्फ धनयुक्त हैं वे सिर्फ देखते रह जायेंगे। जो जितना क्रमशः उच्चतर-शारीरिक, आर्थिक एवं मानसिक विषयों का आदान-प्रदान करता है वहीं विकास करता है जीवकोपार्जन तो पशु पक्षी भी कर लेते हैं। दूर-दृष्टि से लाभ उठायें और गर्व से कहें-"हम सत्यकाशी निवासी हैं

व्यक्ति, एक विचार और अरबों रूपये का व्यापार

श्रीराम के नाम पर कितने का करोबार है?
श्रीकृष्ण के नाम पर कितने का करोबार है?
शिव-शंकर के नाम पर कितने का करोबार है?
बुद्ध के नाम पर कितने का करोबार है?
माँ वैष्णों देवी के नाम पर कितने का करोबार है?
सांई बाबा के नाम पर कितने का करोबार है?
विश्व के तमाम धर्म संस्थापकों व धर्मों के नाम पर कितने का करोबार है?

क्या ये उस कारोबार के मालिक हैं?
क्या ये उसका हिसाब व लाभ लेने आते हैं?

जबकि संसार के किसी भी व्यापारिक संगठन से सर्वाधिक रोजगार देने वाला उपरोक्त करोबार है।

हे मनुष्यों
जिस दिन तुम इसे समझ जाओगे।
उस दिन तुम धर्म को समझ जाओगे।
धर्म के फल, व्यापार को अपनाओं,
धर्म-अधर्म का निर्णायक मत बनों।

इसलिए

कल्कि अवतार, सत्यकाशी, सत्य शिक्षा, दृश्य योग, दृश्य ध्यान,
मन (मानव संसाधन) के विश्वमानक इत्यादि नये युग के नये आविष्कारों
के व्यापार को समझो

यही धर्म का फल
और
संसार के कल्याण का

सत्य-शिव-सुन्दर
कर्म है।

परियोजना – सत्यकाशी महायोजना (PROJECT - REAL KASHI)
अन्तिम अवतार – कल्कि
के लीला भूमि क्षेत्र और दृश्य काल का तीर्थ सत्यकाशी
महायोजना का क्षेत्र
वाराणसी–सोनभद्र–शिवद्वार–विन्ध्याचल के बीच का क्षेत्र

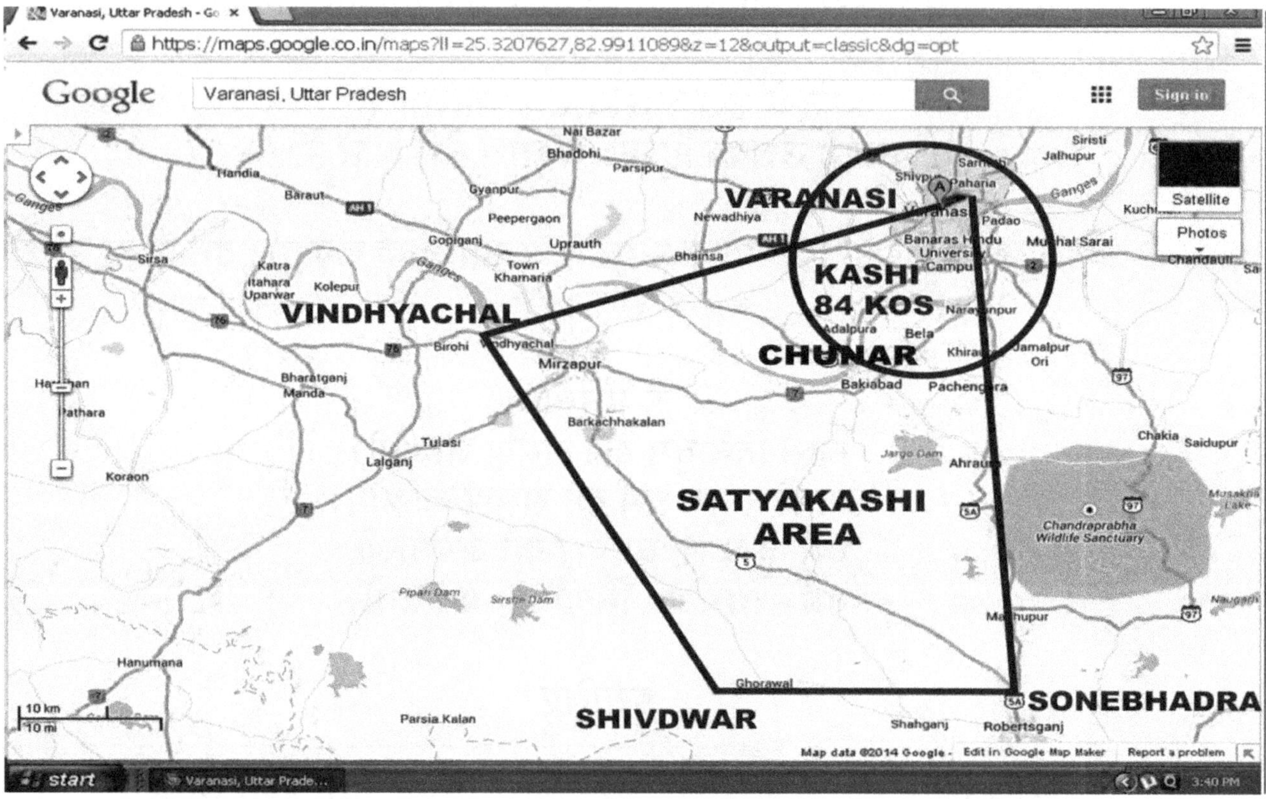

सत्यकाशी क्षेत्र में पिकनिक की दृष्टि से वाराणसी और आस–पास क्षेत्र से हजारो लोग आते रहते हैं। स्वामी अड़गड़ानन्द के कारण गुरू पूर्णिमा को लाखों लोगों का आगमन एक साथ होता है, वैसे तो सालों भर लोग आते रहते हैं। दिपावली के बाद आने वाले एकादशी को बेचुबीर मेला के कारण लाखों लोग कई प्रदेशों से आकर तीन दिन रूकते हैं। इसलिए यह क्षेत्र लोगों से परिचित है आवश्यकता है इस प्रकाशित क्षेत्र के सही उपयोग का। इस क्षेत्र के समग्र विकास के लिए ही योजनाबद्ध की गई है – “सत्यकाशी महायोजना” जो आध्यात्मिक–पौराणिक–धार्मिक और पर्यटन के शक्तिशाली आधार से युक्त है। “सत्यकाशी महायोजना” की नयी परियोजनाएँ, वहीं हैं जो विश्व में अभी कहीं नहीं हैं अर्थात वाराणसी–विन्ध्य के लिए आने वाले पर्यटक और धार्मिक व्यक्ति के लिए इस क्षेत्र में आना रूचिकर बन जायेगा।

पर्यटन मनुष्य की मजबूरी है,
दर्शनीय स्थल के निर्माण से विकास होता है।

सत्यकाशी महायोजना

सत्यकाशी भी एक विचार है। मात्र इस विचार से मानव समाज का कितना बड़ा लाभ हो सकता है, यह चिन्तन का विषय है। कोई भी धार्मिक स्थल जैसे वैष्णों देवी, चित्रकूट, शिरडी, मथुरा, वृन्दावन, वाराणसी इत्यादि किसी विचार पर ही विकसित हुए और जिस विचार से वे विकसित हुए उस स्थान पर उस नाम का प्रयोग ही प्रमुख है क्योंकि उस नाम के कारण ही व्यक्ति वहाँ पहुँचते हैं। उस नाम को सदैव आगे रखना ही वहाँ का सारा रहस्य है और उसी में वहाँ का कल्याण है। उस नाम के आगे वहीं के किसी व्यक्ति के माता-पिता का नाम अंश मात्र होता है। होना भी यही चाहिए माता-पिता व्यक्तिगत श्रद्धा के पात्र हैं। जब समाज का विकास करना हो तब नाम भी सामाजिक ही होना चाहिए या ऐसे व्यक्ति के नाम पर होना चाहिए जिनका समाज के लिए योगदान रहा हो। क्योंकि उस नाम पर ही व्यक्ति उस स्थान की यात्रा करता है। इसे ऐसे समझा जाये कि ऐसे व्यक्ति जिनका लक्ष्य धन रहा था वे अपने धन के बल पर अपनी मूर्ति अपने घर पर ही लगा सकते हैं परन्तु जिनका लक्ष्य धन नहीं था, उनका समाज ने उन्हें, उनके रहते या उनके जाने के बाद अनेकों प्रकार से सम्मान दिया है ये सार्वजनिक प्रमाणित है।

किसी वस्तु को मान लेने से उसमें गुण नहीं आ जाते इसलिए मानने में नहीं जानने में रूचि व विश्वास रखना चाहिए। मानने में आलस्य है, समर्पण है, परतन्त्रता है। जानने में पुरूषार्थ है, संघर्ष है, स्वतन्त्रता है। मानना आसान है जानना कठिन है इसलिए तुम सब जानने से बचते हो। मान लेना आसान है। इसलिए समस्यायें हैं। जानना, मनुष्य से सम्बन्धित व्यक्तिगत विषय है। मानना, तो भीड़ (जन समूह) से संचालित होती है। सत्यकाशी के सम्बन्ध में भी यही बात है। मैं मानने के लिए नहीं बल्कि जानने के लिए सत्यकाशी को व्यक्त किया हूँ। अभी जानें और लाभों को समझें, मानने का काम आने वाली पीढ़ी पर छोड़ दें।

भगवान श्री कृष्ण के मथुरा-वृन्दावन को भी लोग उनके जाने के 4000 वर्ष बाद ही जाने जब चैतन्य महाप्रभु का आगमन हुआ और वह "महाभारत" शास्त्र साहित्य में लिखा था।

कितना विचित्र संयोग है कि विन्ध्य क्षेत्र से ही भारत का मानक समय निर्धारित होता है और इसी क्षेत्र से युग परिवर्तन की घोषणा हो रही है। यह भी विचित्रता ही है कि व्यासजी द्वारा काशी को शाप देने के कारण विश्वेश्वर ने व्यासजी को काशी से निष्कासित कर दिया था और वे गंगा पार आ गये और गंगा पार सत्यकाशी क्षेत्र से ही उनके बाद विश्वशास्त्र रचना हुई है। श्री लव कुश सिंह "विश्वमानव" कृत "विश्वशास्त्र" से मुख्यतः सत्यकाशी क्षेत्र के लिए निम्नलिखित विषय व्यक्त हुये हैं-

01. चार शंकराचार्य पीठ के उपरान्त 5वाँ और अन्तिम पीठ "सत्यकाशी पीठ"
02. "सत्यकाशी महोत्सव" व "सत्यकाशी गंगा महोत्सव" आयोजन
03. सार्वभौम देवी माँ कल्कि देवी मन्दिर-माँ वैष्णों देवी की साकार रूप
04. भोगेश्वर नाथ-13वाँ और अन्तिम ज्योतिर्लिंग
05. सत्यकाशी पंचदर्शन
06. ज्ञान आधारित मनु-मनवन्तर मन्दिर
07. ज्ञान आधारित विश्वात्मा मन्दिर
08. विश्वधर्म मन्दिर-धर्म के व्यावहारिक अनुभव का मन्दिर
09. नाग मन्दिर
10. विश्वशास्त्र मन्दिर (Vishwshastra Temple)
11. एक दिव्य नगर-सत्यकाशी नगर
12. होटल शिवलिंगम्-शिवत्व का एहसास
13. इन्द्रलोक-ओपेन एयर थियेटर
14. हस्तिनापुर-महाभारत का लाइट एण्ड साउण्ड प्रोग्राम
15. सत्य-धर्म-ज्ञान केन्द्रः तारामण्डल की भाँति शो द्वारा कम समय में पूर्ण ज्ञान
16. सत्यकाशी आध्यात्म पार्क

17. वंश नगर-मनु से मानव तक के वंश पर आधारित नगर
18. 8वें सावर्णि मनु-सम्पूर्ण एकता की मूर्ति (Statue of Complete Unity)
19. विस्मृत भारत रत्न स्मारक (Forgotten Bharat Ratna Memorial)
20. विश्वधर्म उपासना स्थल-
    उपासना और उपासना स्थल के विश्वमानक (WS-00000) पर आधारित
21. सत्यकाशी ब्रह्माण्डीय एकात्म विज्ञान विश्वविद्यालय
    (Satyakashi Universal Integration Science University- SUISU)

उपरोक्त एक-एक प्रोजेक्ट के साथ जिसमें सम्भव हो सकेगा आवासीय कालोनी बसती चली जायेंगी। सभी परियोजना आपस में कम से कम 5 कि. मी दूर स्थित होंगी जिससे विकास करने के लिए अन्य निवासियों को भी स्वयं के संसाधन पर अवसर मिल सके।

ये धार्मिक-दर्शनीय निर्माण जिस गाँव क्षेत्र में बनेंगे उनके विकास के सम्बन्ध में विचार करें। घूमना मनुष्य की मजबूरी है। दर्शनीय स्थलों का निर्माण करें। अपने आप व्यापार व कल्याण हो जायेगा। किसी विषय के विकास व विस्तार के लिए आवश्यक होता है कि पहले उस विषय के भूतकाल व वर्तमान की स्थिति क्या है, उसे जाना जाय। क्योंकि इन्हीं आकड़ों पर आधारित होकर ही विकास व विस्तार की कार्य योजना बनायी जाती है। यह वैसे ही है जैसे कोई भी विद्यार्थी जब किसी कक्षा में प्रवेश लेता है तब उसे पिछली कक्षा की योग्यता अर्थात् भूतकाल व वर्तमान की स्थिति बतानी पड़ती है। काशी क्षेत्र के विकास व विस्तार के पहले मानव व काशी क्षेत्र की भूतकाल व वर्तमान की स्थिति क्या है, इसे जाने जो विकास व विस्तार के लिए आधार आकड़े हैं। अगर ये सत्य हैं तो विकास व विस्तार भी के रूप में सत्यकाशी भी सत्य ही होगा।

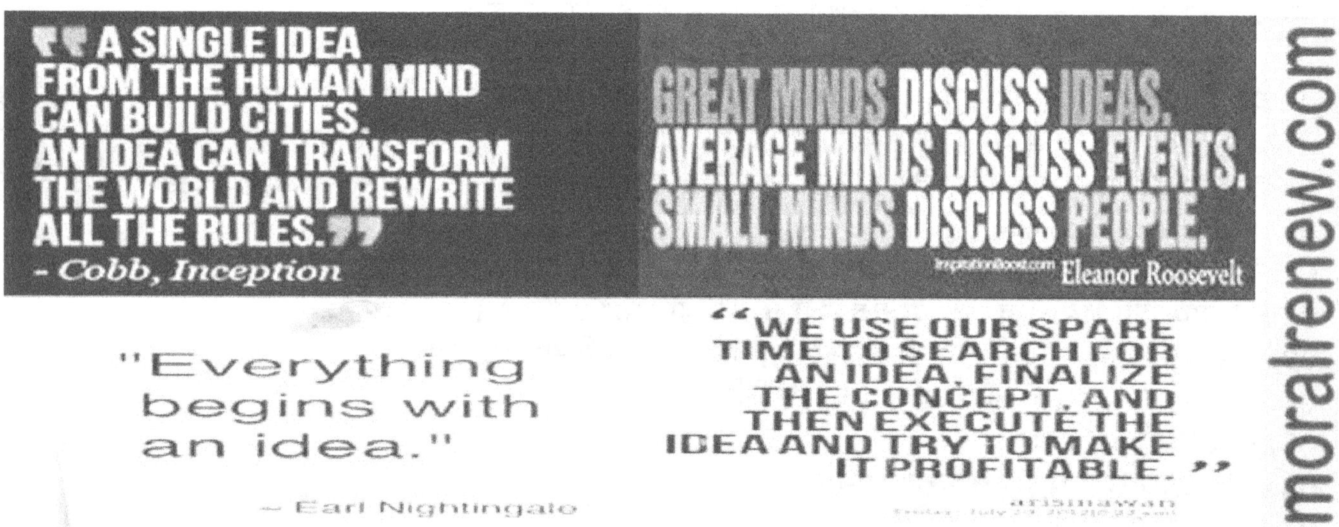

"1. आध्यात्मिक एवं दार्शनिक विरासत के आधार पर साकार होगा एक भारत-श्रेष्ठ भारत का सपना, 2. सोशल मीडिया का प्रयोग कर सरकार को बेहतर बनाने की कोशिश, 3. सबका साथ, सबका विकास, 4. 100 नये माडल शहर बसाना, 5. 5T - ट्रेडिशन (Tradition), ट्रेड (Trade), टूरिज्म (Tourism), टेक्नालाजी (Technology), और टैलेन्ट (Talent) का मंत्र"

- श्री प्रणव मुखर्जी, राष्ट्रपति, भारत
(भारत के 16वीं लोकसभा के संसद के संयुक्त सत्र को सम्बोधित करते हुये सोमवार, 9 जून 2014 ई0)

सत्यकाशी महायोजना (PROJECT - REAL KASHI)
के
परियोजनाओं का संक्षिप्त तुलना – 1

उपलब्धता से एक कदम आगे अर्थात् अगला और अन्तिम चरण

विश्व में उपलब्धता →	सत्यकाशी महायोजना के प्रोजेक्ट
01. चार शंकराचार्य पीठ पूर्व–गोवर्धन मठ उत्तर–जोशी या ज्योतिर्मठ पश्चिम–शारदा मठ दक्षिण–श्रृंगेरी मठ	01. 5वाँ और अन्तिम पीठ सत्यकाशी और भारत माता के हृदय क्षेत्र में "सत्यकाशी पीठ"
02. "काशी महोत्सव" व "काशी गंगा महोत्सव" (उत्तरवाहिनी गंगा तट पर)	02. "सत्यकाशी महोत्सव" व "सत्यकाशी गंगा महोत्सव" (उत्तरवाहिनी गंगा तट पर)
03. माँ वैष्णों देवी 	03. सार्वभौम देवी माँ कल्कि देवी मन्दिर –माँ वैष्णों देवी की साकार रूप 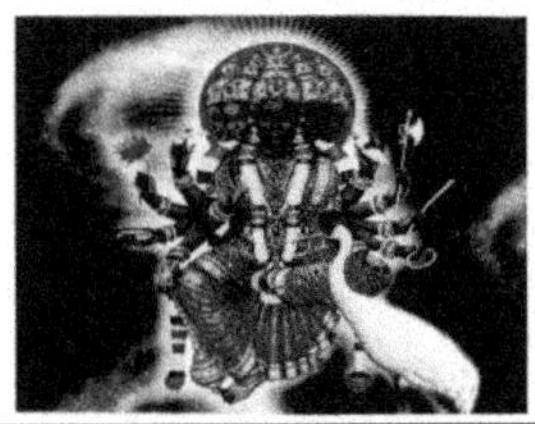 
04. योगेश्वर नाथ –प्रथम ज्योतिर्लिंग KASHI FIFTH, FIRST & SEVENTH KASHI काशी पंचम, प्रथम एवं सप्तम काशी	04. भोगेश्वर नाथ –13वाँ और अन्तिम ज्योतिर्लिंग SATYAKASHI FIFTH, FINAL & SEVENTH KASHI सत्यकाशी पंचम, अन्तिम और सप्तम काशी
05. काशी चौरासी कोस यात्रा  	05. सत्यकाशी पंचदर्शन 01.श्री कल्कि अवतार एवं कलिकेश्वर महादेव मन्दिर 02.माँ शिवशंकरी धाम 03.13वाँ और अन्तिम ज्योतिर्लिंग : भोगेश्वर नाथ 04.माँ कल्कि देवी मन्दिर 05.श्री वैकुण्ठ धाम
06. विश्व में कहीं भी अभी उपलब्ध नहीं	06. ज्ञान आधारित मनु–मनवन्तर मन्दिर
07. विश्व में कहीं भी अभी उपलब्ध नहीं	07. ज्ञान आधारित विश्वात्मा मन्दिर
08. विश्व में कहीं भी अभी उपलब्ध नहीं	08. विश्वधर्म मन्दिर –धर्म के व्यावहारिक अनुभव का मन्दिर

सत्यकाशी महायोजना (PROJECT - REAL KASHI)
के
परियोजनाओं का संक्षिप्त तुलना – 2

उपलब्धता से एक कदम आगे अर्थात् अगला और अन्तिम चरण

विश्व में उपलब्धता →	सत्यकाशी महायोजना के प्रोजेक्ट
09. विश्व में कहीं भी अभी उपलब्ध नहीं	09. नाग मन्दिर
10. विश्व में कहीं भी अभी उपलब्ध नहीं	10. विश्वशास्त्र मन्दिर (Vishwshastra Temple)
11. विश्व में कहीं भी अभी उपलब्ध नहीं	11. एक दिव्य नगर–सत्यकाशी नगर
12. विश्व में कहीं भी अभी उपलब्ध नहीं	12. होटल शिवलिंगम्–शिवत्व का एहसास 
13. विश्व में कहीं भी अभी उपलब्ध नहीं	13. इन्द्रलोक–ओपेन एयर थियेटर 
14. विश्व में कहीं भी अभी उपलब्ध नहीं	14. हस्तिनापुर –महाभारत का लाइट एण्ड साउण्ड प्रोग्राम 
15. विश्व में कहीं भी अभी उपलब्ध नहीं	15. सत्य–धर्म–ज्ञान केन्द्र : तारामण्डल की भाँति शो द्वारा कम समय में पूर्ण ज्ञान 

सत्यकाशी महायोजना (PROJECT - REAL KASHI) के परियोजनाओं का संक्षिप्त तुलना – 3

उपलब्धता से एक कदम आगे अर्थात् अगला और अन्तिम चरण

विश्व में उपलब्धता ➡	सत्यकाशी महायोजना के प्रोजेक्ट
16. विश्व में कहीं भी अभी उपलब्ध नहीं	16. सत्यकाशी आध्यात्म पार्क
17. विश्व में कहीं भी अभी उपलब्ध नहीं	17. वंश नगर –मनु से मानव तक के वंश पर आधारित नगर
18. सरदार वल्लभ भाई पटेल –एकता की मूर्ति (Statue of Unity)  	18. 8वें सावर्णि मनु –सम्पूर्ण एकता की मूर्ति (Statue of Complete Unity) 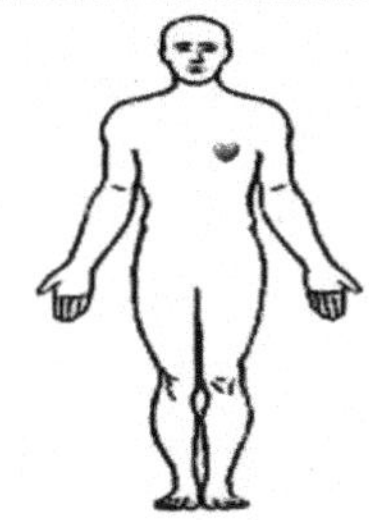
19. भारत रत्न स्मारक (भारत सरकार के अधीन)	19. विस्मृत भारत रत्न स्मारक (Forgotten Bharat Ratna Memorial)
20. विश्व में कहीं भी अभी उपलब्ध नहीं	20. विश्वधर्म उपासना सिलि –उपासना और उपासना स्थल के विश्वमानक (WS- 00000) पर आधारित
21. विश्व में हजारों विश्वविद्यालय उपलब्ध	21. सत्यकाशी ब्रह्माण्डीय एकात्म विज्ञान विश्वविद्यालय (www.su-isu.org) Satyakashi Universal Inetgration Science University)

Yes You I Yes You
S U I S U

"किसी वस्तु को मान लेने से उसमें गुण नहीं आ जाते इसलिए मानने में नहीं जानने में रूचि व विश्वास रखना चाहिए। मानने में आलस्य है, समर्पण है, परतन्त्रता है। जानने में पुरूषार्थ है, संघर्ष है, स्वतन्त्रता है। मानना आसान है जानना कठिन है इसलिए तुम सब जानने से बचते हो। मान लेना आसान है। इसलिए समस्यायें हैं।

भगवान श्री कृष्ण के मथुरा-वृन्दावन को भी लोग उनके जाने के ४००० वर्ष बाद ही जाने जब चैतन्य महाप्रभु का आगमन हुआ और वह "महाभारत" शास्त्र साहित्य में लिखा था।

जानना, मनुष्य से सम्बन्धित व्यक्तिगत विषय है। मानना, तो भीड़ (जन समूह) से संचालित होती है। सत्यकाशी के सम्बन्ध में भी यही बात है। मैं मानने के लिए नहीं बल्कि जानने के लिए सत्यकाशी को व्यक्त किया हूँ। अभी जानें और लाभों को समझें, मानने का काम आने वाली पीढ़ी पर छोड़ दें।"

– अनिवर्चनीय कल्कि महाअवतार

01. चार शंकराचार्य पीठ के उपरान्त 5वाँ और अन्तिम पीठ "सत्यकाशी पीठ"

चार शंकराचार्य पीठ के उपरान्त पाँचवें शंकराचार्य पीठ का अधिकार और उसका शास्त्रानुसार आधार क्या हैं इसका विवरण निम्न प्रकार है-

आदि शंकराचार्य (चार शंकराचार्य पीठ के स्थापक) का परिचय

भगवान श्रीकृष्ण द्वारा भगवद्गीता में कथित वचन- "जब जब धर्म की हानि और अधर्म की वृद्धि होती है तब तब मैं अवतार धारणा करता हूँ" को चरितार्थ करने हमारी पावन मातृभूमि भारतवर्ष में विभिन्नकाल में तेजस्वी सन्त और महापुरूष अवतरित होते रहे हैं। एक बार पुनः इसी वचन को हम दक्षिण भारत में केरल राज्य के कालडी नामक ग्राम में आठवीं शताब्दी ई0 में पूर्ण होता हुआ पाते है। जब श्रीशंकर ने सनातनी नम्बूदरी ब्राह्मण दम्पति विशिष्टा और शिवगुरू के घर में जन्म लिया। आठ वर्ष की आयु में शंकर का उपनयन -संस्कार हो गया था, पर इसके पूर्व ही उन्होंने पण्डितों को आश्चर्यचकित करते हुए अनेक धर्मग्रन्थों में प्रवीणता प्राप्त कर ली थी। सोलह वर्ष की अल्पायु में ही शिक्षा पूरी करके उन्होंने षट्दर्शन का सांगोपांग अध्ययन कर लिया। फलतः उनका मन बाह्य जगत से पूर्णतया विरक्त हो गया। अब उन्होंने संन्यास ग्रहण करने का निश्चय कर लिया। उनके इस संकल्प में उनकी प्रिय एवं वात्सल्यपूर्ण माँ ही एक बड़ा अवरोध थी। क्योंकि अपनी माँ का वे अत्यधिक आदर करते थे। वैराग्य और प्रेम में द्वन्द्व खड़ा हो गया किन्तु शंकर को तो सर्वोच्च कोटि का अखिल विश्व का धर्मगुरू होना था। अतः कुछ विचित्र परिस्थितियों के उत्पन्न हो जाने से उन्हें माँ की सन्यासी होने की आज्ञा मिल गयी। शंकर ने अपनी माँ को वचन दिया था- "यद्यपि मैं एक सन्यासी का जीवन व्यतीत करने जा रहा हूँ किन्तु तुम्हारे जीवन के अन्तिम दिनों में तुम्हारे पास ही होउगाँ।" तीव्र वैराग्य भाव से उत्तप्त आसक्ति के अन्तिम बन्धन को छिन्न करके शंकर नर्मदातट पर पहुँचे और वहाँ उन्होंने विख्यात गौड़पाद के आत्मज्ञानी शिष्य गोविन्दपाद की शिष्यता ग्रहण की। दीक्षा के पश्चात गुरूश्रेष्ठ गोविन्दपाद ने शंकर को भगवान वेदव्यास के वेदान्तसूत्रों पर भाष्य लिखने का आदेश दिया। इन महत्कार्य को सम्पादित करके आचार्य शंकर दिग्विजय यात्रा पर निकल पड़े। हिमालय से कन्याकुमारी और कश्मीर से आसाम में कामरूप तक उन्होंने पैदल भ्रमण किया। इस महान यात्रा में उन्होंने लगभग सभी समकालीन प्रकाण्ड विद्वानों को शास्त्रार्थ में पराजित किया। पराजित विद्वानों में से अधिकांश उनके शिष्य या अनुयायी हो गये। आचार्य शंकर की सब से बड़ी विजय थी, प्रकाण्ड विद्वान एवं महान कर्मकाण्डी मण्डन मिश्र तथा उनकी तत्सम् विद्वान धर्म पत्नी उभय भारती को पराजित करना। यह दम्पत्ति वैदिक कर्मकाण्ड के कट्टर अनुयायी थे। कुमारिल भट्ट के शिष्य थे। शास्त्रार्थ की पूर्व शर्त के अनुसार मण्डन मिश्र, आचार्य शंकर के प्रमुख चार शिष्य में गौरवशाली स्थान प्राप्त हुआ। सन्यास ग्रहण करने के बाद उनका नामकरण सुरेश्वराचार्य हो गया। आचार्य शंकर के अन्य तीन शिष्य थें- पद्मपाद, तोटकाचार्य और हस्तामलक। आचार्य शंकर के उस समय के सबसे प्रबल विरोधी सम्भवतः बौद्ध ही जो वैदिक धर्म के समस्त रूपों का विरोध ही करते थे। किन्तु अन्ततोगत्वा आचार्य शंकर ने अपनी दिव्य वाग्मिता से उन सभी को पराभूत किया और उनमें से अधिकांश तो उनके अनुयायी बन गये। अद्वैत वेदान्त की महिमा और श्रेष्ठता प्रतिष्ठापित कर देने के बाद आचार्य शंकर ने भारत की चार दिशाओं में चार मठ स्थापित किये। पूर्व में जगन्नाथपुरी में गोवर्धन मठ, उत्तर में हिमालय बद्रीकाश्रम में जोशी या ज्योतिर्मठ, पश्चिम में द्वारका में शारदा मठ और दक्षिण में कर्नाटक राज्य के अन्तर्गत श्रृंगेरी मठ। इन मठों में उन्होंने अपने उपरोक्त चार प्रमुख शिष्यों को उनका पीठाधिपति नियुक्त किया। आज भी ये मठ अध्यात्मविद्या के केन्द्र है जहाँ पर सहस्त्रों ज्ञानपिपासु जाते रहते हैं। आचार्य शंकर ने संन्यासियों की दस सुविख्यात श्रेणियाँ भी स्थापित की जो गिरी, पुरी, भारती, सरस्वती, तीर्थ, आश्रम, वन, अरण्य, पर्वत और सागर नाम से प्रसिद्ध हैं। ब्रह्मसूत्र, ग्यारह प्रमुख उपनिषदों और भगवद्गीता पर भाष्य लिखकर आचार्य शंकर अमर हो गये हैं। आचार्य शंकर निर्विवाद रूप से वेदान्त दर्शन के सब से महान आचार्य हैं। उन्होंने अपनी तीक्ष्ण मीमांसा द्वारा वेदान्त का सार लेकर उस अद्भुत अद्वैत तत्वज्ञान को प्रतिपादित किया जो उपनिषदों में निहित है। उन्होंने ब्रह्मविषयक परस्परविरोधी व्याख्याओं में ऐक्य स्थापित करके यह दर्शाया कि

चिरन्तन सत्य केवल एक है। उनकी मान्यता थी चूंकि चढ़ाई के मार्ग पर व्यक्ति धीरे धीरे ही गमन कर सकता है। तदनुरूप विभिन्न व्यक्तियों की क्षमता के अनुसार विभिन्न साधनमार्ग हैं। उनके प्रख्यात प्रकरणग्रन्थों से उदाहरणार्थ विवेकचूड़ामणि तथा अपरोक्षानुभूति आदि से उनके अगाध ज्ञान और अपरिमित कल्पनाशक्ति का पता चलता है। आचार्य शंकर के ये ग्रन्थ आध्यात्मिक साधको के लिए आवश्यक पथप्रदर्शक हैं। शंकराचार्य यद्यपि पूर्णतया अद्वैतवादी थे, किन्तु उनका अन्तःकरण प्रगाढ़ भक्ति से ओतप्रोत था। उनके द्वारा विरचित अद्वितीय स्तोत्र भक्ति एवं वैराग्य की भावना से ऐसे परिपूर्ण है कि इनसे पाषाणहृदय भी द्रवित हो उठे। अपने अद्वैत दर्शन द्वारा सारे देश को प्लावित करके एवं धर्म में युगान्तरकारी सुधार ले आने के उपरान्त आचार्य शंकर सन 830 में बत्तीस वर्ष की आयु में हिमालय पर्वत पर केदारनाथ महासमाधि में लीन हो गये। आज सैकड़ो वर्षो के बाद भी भारत के धार्मिक जीवन पर उनके व्यापक एवं प्रभावशाली कार्यों का सफल प्रभाव पूर्णतः विद्यमान है। वे हमें निरन्तर प्रेरेरित करते रहे तथा उनके द्वारा हमारा मार्गदर्शन होता रहे यही हमारी ऐकान्तिक कामना है।

आचार्य शंकर पर स्वामी विवेकानन्द के कुछ शब्द –

"......और इस बार प्राकट्य दक्षिण में हुआ। एक ब्राह्मण बालक उत्थित हुआ, जिसके विषय में कहा जाता है कि उसने सोलह वर्ष की आयु में अपना समस्त लेखनकार्य भाष्यरचना आदि सम्पूर्ण कर लिया था। यह असाधारण बालक शंकराचार्य थे। इस सोलह वर्षीय बालक द्वारा लिखे ग्रन्थ आधुनिक जगत् के लिए एक महान आश्चर्य है, और ऐसा ही वह बालक था। उनकी अभिलाषा यही थी कि भारतवर्ष में पुरातन पावन परम्पराओं का पुनः स्थापना हो। विचार करने की बात है कि उस बालक के सम्मुख कितना महान कार्य था। आचार्य शंकर एक महान तत्वज्ञानी थे। उन्होंने यह स्पष्ट किया कि बौद्ध धर्म का सार तत्वतः वेदान्त दर्शन से भिन्न नहीं है। शंकर की सर्वोपरि गरिमा उनका गीता का प्रचार है। उस महापुरूष ने अपने उदात्त जीवन में अनेक महान कार्य किये किन्तु गीता का प्रचार और गीता पर उनका उत्कृष्ट भाष्य उनके सर्वोत्तम कार्यों में से है। आचार्य शंकर ने वेदों के सनातन धर्म की पूर्ण रक्षा की। अनेक अनुयायी उन्हें शिव का अवतार मानते है..... तुम्हें शंकर का अनुसरण करना चाहिए।

श्री शंकराचार्य की वाणी

जिस प्रकार अँधेरे में पड़ी रस्सी से सर्प की कल्पना कर ली जाती है तथा शुक्ति या सीपी को चाँदी का टुकड़ा समझ लिया जाता है। उसी प्रकार अज्ञानी पुरूष देह को ही आत्मा मान लेता है। आत्मा वस्तुतः एक और निरवयव है। उसके विपरीत देह अनेक अंगो की बनी है, फिर भी आश्चर्य! लोग दोनों को एक ही मानते है, भला इससे बढ़कर अज्ञान और क्या हो सकता है। अज्ञानी पुरूष फल की अभिलाषा से कर्म में प्रवृत्त होता है। सतत चिन्तन से इस भाव की उत्पत्ति होती है कि मै ब्रह्म हूँ और वह अज्ञान एवं उसके कार्यों का नाश कर देता है। यह वैसे ही होता है जैसे रसायन औषधि रोग का नाश कर देता है। मन से बाहर अज्ञान का अस्तित्व नहीं है। केवल मन ही अविद्या है, वही समस्त बन्धनों एवं पुनर्जन्म का कारण है। जब मन नष्ट हो जाता है तो सारे प्रपंच नष्ट हो जाते है। जिस प्रकार पीलिया या पाण्डुरोग के रोगी को श्वेत वस्तुएँ भी पीली दिखाई देती हैं उसी प्रकार अज्ञान के कारण मनुष्य आत्मा को देहरूप देखता है। ब्रह्म के साथ आत्मा के ऐक्य की अनुभूति से ही मुक्ति सम्भव है। योग, सांख्य, कर्म, विद्या अथवा अन्य किसी उपाय से वह सम्भव नहीं। मैं देवाधिदेव हूँ, मैं द्वेष और ईर्ष्र्या के स्पर्श मात्र से अलिप्त हूँ, मैं वह जो मुमुक्षु साधको की कामना पूर्ण करता हूँ, मैं अजर, मैं अमर हूँ, ईश्वर हूँ, मैं प्रत्यगात्मचैतन्य हूँ, परमानन्द पूर्ण हूँ, मैं परमशिव हूँ, मैं अनन्त हूँ, आत्मसाक्षात्कार करने वालो पुरूषों में मैं सर्वश्रेष्ठ हूँ, मैं आत्मानन्द का भोक्ता हूँ, अशिक्षित बालक अथवा अन्य प्राणी जिस अपने मैं की गरिमा का अनुभव करते हैं, वह मैं हूँ, मैं आनन्दमयी हूँ, ज्ञानमय हूँ आत्मानुभूतिमय हूँ, मैं बाह्य वस्तु के विचार तक से कोसों दूर हूँ, मेरा हृदय उस आनन्द में मग्न है जो इन्द्रियों का विषय नहीं है। केवल मैं ही जगत का मूल हूँ, उपनिषदों के उद्यान में बिहार करनेवाला मैं ही हूँ, मैं वह बड़वाग्नि हूँ, जो दुःखों के उफनाते हुए सागर को सुखा देगी। मैं ऋषि हूँ, ऋषियों का समूह मैं ही हूँ, सृष्टि-सृजन की क्रिया मैं हूँ, और मैं स्वयं ही सृष्टि हूँ, मैं प्रगति हूँ, मैं तृप्ति हूँ, तृप्तिरूपी दीप का प्रकाश मैं ही हूँ, मैं देह से भिन्न हूँ, अतः मैं जन्म, जरा, क्षीणता, क्षय तथा आदि के आवर्तन से मुक्त हूँ, शब्द, रूप, रस, स्पर्श, गन्ध आदि इन्द्रिय विषयों से मैं निर्लिप्त हूँ, क्योंकि मैं इन्द्रियरहित हूँ,। मैं मन नहीं हूँ, अतः मोह, द्वेष और भय से मुक्त हूँ, उपनिषदों में उल्लेख

है वह प्राणरहित, मनरहित, शुद्ध, उच्च से भी उच्च और अविनाशी है वह परब्रह्म मैं ही हूँ, जो शाश्वत शुद्ध, बुद्ध, मुक्त है जो अखण्ड, असीम एकमेवाद्वितीयम् है, जो सत्य ज्ञानमनन्तम रूप है। आकाश के समान मैं अन्तः वाह्य में व्याप्त हूँ, अविकारी और सर्वत्र सम हूँ, मैं शुद्ध, बुद्ध, निर्लिप्त, निर्मल, अविनाशी हूँ,। मैं निर्गुण और निष्क्रिय हूँ, मैं शाश्वत, निर्विकल्प, शुद्ध, निर्मल, निर्विकार, निराकार, अपरिवर्तनशील, नित्यमुक्त हूँ। मैं इन्द्रिय सुखो से विरक्त हूँ, परमानन्द, ज्ञान, आत्मानुभूति से पूर्ण हूँ, मैं इन्द्रिय जगत की कामनओं से सर्वत्र पृथक हूँ, जो अतीन्द्रिय है उसी में आनन्दित हूँ, समस्त शक्तिशाली तत्वों का मंगल मैं हूँ, क्योंकि मैं उन सब में महान हूँ, मैं कामजन्य संवेगों से मुक्त हूँ, मैं एक हूँ,। अभेद हूँ, यह इस प्रकार अथवा ऐसे के भेद से पृथक हूँ, मैं निःसंदेह पुरूषों का वन्दनीय हूँ, मैं गुणदोष की आन्तरिक भावनाओ से रहित हूँ,। मैं एकत्व का उद्घाटक हूँ, वेदान्त सिद्धान्त के सम्यक ज्ञान से जिनकी बुद्धि शुद्ध हो गयी है उनके लिए एकमात्र मैं ही परमासत्ता हूँ। रात्रि के अन्धकार की तरह अज्ञान को नष्ट करने वाला सूर्य मैं ही हूँ। मैं समस्त अशुभों का निदान हूँ,। मैं समस्त आरोपित उपाधियों से रहित औदार्य की पराकाष्ठा हूँ। धर्म, अर्थ, काम और मोक्ष प्रदान कर सभी इच्छओं को पूर्ण करने वाला मैं ही हूँ,। मैं समस्त औषधियों में ओज हूँ। सारे जगत का ताना बाना मैं हूँ, मैं पवित्र मन्त्ररूपी पंकज से निःसृत आत्माभिव्यक्ति की आनन्दमय सुरभि से उनमत्त भ्रमर हूँ। मैं ज्ञान हूँ, मैं ज्ञेय हूँ,, मैं ज्ञाता हूँ,। मैं सभी प्रकार के ज्ञान का साधन हूँ, ज्ञाता, ज्ञान और ज्ञेय से परे शुद्ध अस्तित्व मात्र मैं ही हूँ, मैं, न बुद्धि, न अहंकार चिन्ता, कान, जीभ, और आँख भी नहीं, आकाश, वायु, अग्नि, जल और पृथ्वी भी मैं नहीं हूँ,। मैं चिदानन्दस्वरूप शिव हूँ, मैं शिव हूँ, मैं प्राण नहीं हूँ,। पंच वायु, सप्ततत्व, पंचकोश, हाथ, पाँव, जिह्वा या अन्य कर्मेन्द्रिय भी नहीं हूँ, मैं चिदानन्दस्वरूप शिव हूँ, मैं शिव हूँ। मुझे न लोभ, न मोह, न द्वेष है, न राग, न मद, न मत्सर, धर्म, अर्थ, काम और मोक्ष की भी मुझे कामना नहीं है। मैं चिदानन्दस्वरूप शिव हूँ, मै शिव हूँ। मैं सुख, दुःख, पाप, पुण्य कुछ भी नहीं जानता। मन्त्र, तीर्थ, वेद, यज्ञ भी मैं नहीं जानता। मैं न भोक्ता हूँ, न भोग्य और न भोग। मैं चिदानन्दस्वरूप शिव हूँ, मैं शिव हूँ। मुझे मृत्यु नहीं, किसी प्रकार का भय नहीं, मुझमें जातिभेद नहीं है, न मेरे पिता है, न माता, मैं अजन्मा हूँ, न मेरे मित्र हैं, न सुहृद, न शिष्य, न गुरू मैं चिदानन्दस्वरूप शिव हूँ, मैं शिव हूँ। मैं निराकार हूँ, निर्विकल्प हूँ, मैं सर्वव्यापी हूँ, सर्वत्र हूँ, फिर भी इन्द्रियातीत हूँ, मैं न मोक्ष हूँ, न ज्ञेय, मैं चिदानन्दस्वरूप शिव हूँ, मैं शिव हूँ। बहुत से व्यक्ति जटाजूट बढ़ा लेते हैं, बहुत से सिर मुड़ा लेते है। बहुत से अपने केश निकाल डालते है, बहुत से गेरूआ वस्त्र धारण कर लेते हैं अथवा अन्य रंगों के वस्त्र पहन लेते हैं, किन्तु ये सब बातें उदर पोषण के लिए ही होता है। मोहग्रस्त व्यक्ति सम्मुख स्पष्ट सत्य देखकर भी नहीं देखते। मित्र और शत्रु, पुत्र, सगे-सम्बंधी, युद्ध या सन्धि किसी के प्रति भी आसक्त मत हो। यदि तुम विष्णुपद की प्राप्ति की इच्छा करते हो तो सभी विषयों को समदृष्टि से देखो। ज्ञान की प्राप्ति केवल विचार से ही हो सकती है। अन्य किसी साधन से नहीं। यह ठीक उसी प्रकार है जैसे बिना प्रकाश की सहायता के कोई वस्तु दृष्टिगोचर नहीं होती। प्रत्येक वस्तु का जन्म अज्ञान से होता है। ज्ञान के जागृत होते ही उसका नाश हो जाता है। मन जब दर्पण की भाँति निर्मल हो जाता है तब उसमें ज्ञान प्रकट होता है। अतः मन को शुद्ध करने का प्रयत्न करना चाहिए। आत्मा का स्वतः अथवा किसी दूसरे के द्वारा न तो ग्रहण किया जा सकता है, न त्याग और न आत्मा स्वयं किसी वस्तु का ग्रहण या त्याग ही करती है। यही सम्यक ज्ञान है। सम्यक ज्ञान परम शोधक अग्नि है। यह समस्त वेद और देवताओं का परम रहस्य है। मैं सर्वव्यापी, सम, शान्त, निरपेक्ष, सच्चिदानन्द ब्रह्म हूँ, मैं यह शरीर नहीं हूँ, जो स्वयं असत् है। इसी को ज्ञानी सत्य ज्ञान कहते हैं। पूर्ण ज्ञान प्राप्त योगी अपने ज्ञान चक्षुओं से स्व आत्मा में ही सम्पूर्ण जगत को देखता है। उसे सर्वत्र स्व आत्मा ही दिखाई देता है। अन्य कुछ नहीं। आत्मा पर आरोपित उपाधियों का विनाश केवल पूर्ण ज्ञान से होता है। अन्य किसी उपाय से नहीं। वेदों के अनुसार ब्रह्म और जीव में एकत्व की अनुभूति ही पूर्ण ज्ञान है। सत्य ज्ञान, अहंकार को समूल नष्ट करके समस्त कर्मों को भस्म कर देता है। तत्पश्चात्, न कर्ता रह जाता है न कर्म। न फलों का भोक्ता। मुक्ति के लिए कोई चाहे तीर्थ यात्रा करते हुए, गंगासागर जाए या व्रत या दान पुण्य करे, किन्तु ज्ञान के बिना मुक्ति नहीं मिल सकती। आत्मा से तत्क्षण, तत्काल और यही आत्मानुभूति होती है। सब उपनिषदों का सार तत्व यही है कि पूर्ण मुक्ति ज्ञान से ही होती है। ज्ञान का फल तुरंत यहीं इसी जन्म में प्राप्त हो जाता है। अतः उसके लिए किसी प्रकार के संशय कि फल मिलेगा या नहीं अथवा भयभीत होने की कोई आवश्यकता नहीं।

सत्यज्ञान, जो वेदान्त का विषय है इस संकल्प को जन्म देता है कि आत्मा ही ब्रह्म है। इसकी उपलब्धि से व्यक्ति पुनर्जन्म के बन्धन से तुरन्त पूर्णतः मुक्त हो जाता है। ज्ञानी पुरूष को विवेक द्वारा सम्पूर्ण दृश्य जगत को आत्मा में ही विलीन कर लेना चाहिए और निरन्तर यह चिन्तन करते रहना चाहिए कि आत्मा, आकाश के सदृश्य निर्मल है। मैं देवताओं को प्रणाम नहीं करता। जो सभी देवताओं से परे है वह किसी देवता को प्रणाम नहीं करता। उस स्थिति की उपलब्धि के उपरान्त फिर साधक शास्त्रविहित कर्म नहीं करता। मैं बारम्बार स्वयं अपनी आत्मा को, जो समस्त साधनाओं का मूल है, प्रणाम करता हूँ। जिसकी प्राप्ति के बाद फिर अन्य कोई वस्तु प्राप्त करने को नहीं रह जाती। जिसके आनन्द के बाद फिर किसी अन्य आनन्द की कामना नहीं रहती और जिसके ज्ञान के बाद फिर कुछ भी ज्ञातव्य नहीं रह जाता, उसी को तू ब्रह्म जान। जो आत्मतत्व है उसी को तू ब्रह्म जान वह असीम अनन्त परम सत्य है। वह महान है इसीलिए उसे ब्रह्म कहा जाता है। जो कुछ हम देखते हैं, जो कुछ सुनते हैं, वह ब्रह्म ही हैं। अन्य कुछ नहीं। परम तत्व का ज्ञान हो जाने पर समस्त विश्व सच्चिदानन्द अद्वैय ब्रह्म ही दिखाई देता है। सर्वोच्च और दिव्य ब्रह्म ज्ञान से जो व्यक्ति विमुख है उनका जीवन व्यर्थ है। वे मनुष्य होते हुए भी पशुवत् हैं। ब्रह्म अनन्त का भण्डार है, अतः एकमात्र ब्रह्म ही परम सत्ता है। फलतः जो सत् के ज्ञान है वे उसी में शरण लेते हैं। ज्ञान और कर्म के बीच पर्वत सदृश अडिग विरोध है। भगवान व्यास ने इस पर बहुत विचार करने के पश्चात् अपने पुत्र को इस प्रकार बोध कराया- इन दोनों मार्गों की वेदों में शिक्षा दी गयी है। एक है कर्म का मार्ग या प्रवृत्ति और दूसरा त्याग का मार्ग या निवृत्ति। परम अद्वैत की महानता की तुलना में देवादि भी दैत्य जैसे प्रतीत होने लगते है। और देवलोक, दानवलोक जैसा प्रतीत होने लगता है। जिसका भ्रम नष्ट हो गया है। वह आत्मज्ञान को किसी कर्म अथवा किसी अन्य ज्ञान के साथ संयुक्त करने की इच्छा नहीं करता। सत्य, परमधाम है। वह परमधाम है क्योंकि उपनिषदों का भी वही गन्तव्य स्थल है। सत्य का अर्थ है- मन, वाणी और कर्म से कपटाचरण का अभाव। असंख्य ग्रन्थों में जिस बात का उल्लेख हुआ है उसकी व्याख्या अर्धश्लोक में ही किये दे रहा हूँ। ब्रह्म सत्य है, जगत मिथ्या, जीव ब्रह्म ही है, वह ब्रह्म से पृथक नहीं।

पाँचवें शंकराचार्य पीठ के स्थापक श्री लव कुश सिंह "विश्वमानव"

कर्मवेदान्त की प्रथम शिक्षा आधारित गीता उपदेश में भगवान श्रीकृष्ण ने कहा कि आदि में मैं (आत्मा) और अन्त में भी मैं (आत्मा) हूँ। अदृश्य (सार्वजनिक प्रमाणित) काल में उन्होंने युद्ध क्षेत्र में अपने योगेश्वर रुप (सार्वभौम ज्ञान/आत्मा का विश्व रुप अर्थात् भोगेश्वर का अदृश्य रुप) द्वारा यह व्यक्त किये और वर्तमान के दृश्य (सार्वजनिक प्रमाणित) काल में श्री लव कुश सिंह "विश्वमानव" ने "विश्वशास्त्र" द्वारा भोगेश्वर रुप (सार्वभौम दृश्य कर्मज्ञान/सिद्धान्त का विश्व रुप अर्थात् आत्मा का दृश्य रुप अर्थात् योगेश्वर का दृश्य रुप) को व्यक्त किये जिसका पूर्ण दर्शन समाज को अब हो रहा है। क्योंकि ज्ञान, कर्म का अदृश्य रुप और कर्म, ज्ञान का दृश्य रुप है। अर्थात् कर्म को जानो व्यक्ति के ज्ञान को जान जाओगे। भगवान श्रीकृष्ण ने गीता उपदेश में कर्म करने की शिक्षा तो दी लेकिन उस सिद्धान्त की शिक्षा न दी जिसके आधार पर उन्होनें धर्म स्थापना की। बस यही सिद्धान्त ही कर्मवेद है। जिसका ज्ञान न होने के कारण ही मानसिक गुलामी के साथ आश्रितों की संख्या बढ़ रही है। वर्तमान समय विश्वव्यापी धर्म स्थापना का है न कि धर्म प्रचार का क्योंकि धर्म स्थापना की आवश्यकता की पहचान तीन सम्बन्धों द्वारा ज्ञात होता है। देश सम्बन्ध, रिश्ता सम्बन्ध और रक्त सम्बन्ध। श्रीराम के समय देश सम्बन्ध खराब तथा शेष दो सम्बन्ध ठीक था। श्रीकृष्ण के समय देश सम्बन्ध और रिश्ता सम्बन्ध खराब था, सिर्फ रक्त सम्बन्ध ठीक था और वर्तमान समय में तीनों सम्बन्ध खराब हो चुके हैं। परिणामसवरुप कर्म आधारित मानव सम्बन्ध बढ़ रहे है और बस यही सम्बन्ध धर्म है। राज्य और समाज क्षेत्र के बीच बढ़ती दूरी भी धर्म स्थापना का प्रतीक है।

वेदान्त की अन्तिम शाखा-कर्म वेदान्त के प्रथम चरण में कर्म की शिक्षा भगवान श्रीकृष्ण (पूर्ण ब्रह्म की प्रथम कड़ी) द्वारा, वेदान्त की व्यवहारिकता की शिक्षा स्वामी विवेकानन्द के द्वारा और अन्त में कर्मवेदान्त अर्थात् पूर्ण व्यवहारिक कर्म ज्ञान का विश्व रुप की शिक्षा श्री लव कुश सिंह "विश्वमानव" द्वारा व्यक्त "विश्वशास्त्र" द्वारा पूर्ण हुई है। इस योग्यता के कारण सत्यकाशी पीठ- पाँचवें शकराचार्य पीठ के रूप में स्थापित होने का अधिकार रखता है।

काल चक्र मार्ग के
(विस्तृत विवरण अध्याय – पाँच में उपलब्ध है। संक्षिप्त रूप से यहाँ दिया गया है।)

01. काल चक्र के प्रथम भाग
अदृश्य काल में विश्वात्मा का प्रथम जन्म – योगेश्वर श्रीकृष्ण
(पूर्ण ब्रह्म की प्रथम कड़ी)

शरीर नाम :

धर्मयुक्त नाम – श्रीकृष्ण (जन्म समय धर्मनिरपेक्ष वर्तमान में धर्मयुक्त)
धर्मनिरपेक्ष एवं समभाव युक्त नाम – अदृश्य भोगेश्वर समाहित दृश्य योगेश्वर

1. जन्म परिचय

– तिथि – मास – भाद्रपद, कृष्ण पक्ष, अष्टमी
– समय – अर्धरात्रि, स्थान – मथुरा (उ0 प्र0)
– अस्थायी निवास – गोकुल
– स्थायी निवास – स्वयं द्वारा निर्मित – द्वारिका नगर (गुजरात)
– गुरु – कर्म गुरु – कोई नहीं
– ज्ञान गुरु – सांदिपनी
– शिक्षा – ब्रह्मज्ञान, शास्त्र एवं शस्त्र विद्या
– स्वरुप – धर्म (व्यक्त रुप), धर्मनिरपेक्ष एवं सर्वधर्मसमभाव (अव्यक्त रुप), मानवता का पुजारी (समष्टि धर्म)
– सर्वोच्च व्यक्त रुप :– प्रथम योगेश्वर (गीता द्वारा ज्ञान / आत्मा का विश्वरुप) अर्थात् भोगेश्वर का अदृश्य रुप, राजनीतिज्ञ, वक्ता, मनोवैज्ञानिक, गृहस्थ युक्त सन्यासी, सत्य जीवन का अभिनेता, प्रेमी, दार्शनिक
– व्यक्त रुप का स्थल :– कुरुक्षेत्र (कौरव और पाण्डव के बीच युद्ध स्थल)
– जन्म समय के महत्व पूर्ण सम्बन्धों की स्थिति :–
देश सम्बन्ध – खराब था । रिश्ता सम्बन्ध – खराब था ।
रक्त सम्बन्ध – ठीक था । समाज और राज्य सम्बन्ध – खराब था ।
– जीवन नीति– वैष्णव रुप में ज्ञान प्राप्ति एवं वैष्णव रुप में ही धर्म स्थापना ।

2. ज्ञान परिचय :

– सर्वोच्च कथन – "यदा यदा हि धर्मस्य ग्लानिर्भवति भारतः।
अभ्युत्थानमधर्मस्य तदातमानं सृजाम्यहम्।।" (गीता 4.7)
(जब–जब भारत में धर्म की हानि होती है। तब–तब मैं (आत्मा) धर्म के उत्थान के लिए मैं (आत्मा) स्वयं को सूचित कर व्यक्त होता हूँ।)
– सर्वोच्च संदेश – समभाव (अद्वैत) में स्थित होकर कर्म करो और परिणाम की इच्छा मुझ (आत्मा) पर छोड़ दो।
– धर्म स्थापना की आवश्यकता की पहचान –
देश सम्बन्ध, रिश्ता सम्बन्ध तथा समाज और राज्य सम्बन्ध खराब होना।
– ज्ञान से व्यक्त शास्त्र–साहित्य – गीता (चारों वेदों के उपनिषद् का सार), रचनाकार – महर्षि व्यास
– ज्ञान को व्यक्त करने के लिए प्रयुक्त धर्म / धर्मनिरपेक्ष / सर्वधर्मसमभाव शब्द (ईश्वर नाम)
"ओउम" (अदृश्य काल का व्यक्तिगत प्रमाणित व्यष्टि व समष्टि ईश्वर नाम)
– दर्शन – चारो वेदों के उपनिषद् के सार द्वारा योग दर्शन और निष्काम योग दर्शन।

3. कर्म परिचय :

– सर्वोच्च कर्म – धर्म (समष्टि) अद्वैत वेदान्त, मानवता, समता, एकता की स्थापना, स्वयं को ही ईश्वर के रुप में व्यक्त करना। साधु जन का मुक्तिएवं दुष्टों का वध (बदलाव)
– कर्म की नीति – राजनीतिक, शारिरिक एवं मानसिक वध (बदलाव)।
– कर्म द्वारा निर्माण – स्वयं एवं अपने उद्देश्य समाज–गणराज्य के लिए द्वारिका नगर का निर्माण।

काल चक्र मार्ग के
(विस्तृत विवरण अध्याय – पाँच में उपलब्ध है। संक्षिप्त रूप से यहाँ दिया गया है।)

02. काल चक्र के द्वितीय और अन्तिम भाग
दृश्य काल में विश्वात्मा के जन्म का पहला भाग – स्वामी विवेकानन्द
(प्रथम एवं अन्तिम पूर्ण ब्रह्म के बीच की कड़ी)

शरीर नाम :

धर्मयुक्त नाम – नरेन्द्र नाथ दत्त
धर्मनिरपेक्ष एवं समभाव युक्त नाम – स्वामी विवेकानन्द

1. जन्म परिचय

– तिथि – मास – सोमवार, 12 जनवरी 1863
– समय – – स्थान – पश्चिम बंगाल
– अस्थायी निवास – सम्पूर्ण भारत
– स्थायी निवास – हावड़ा (बेलूर मठ)
– गुरु – कर्म गुरु – कोई नहीं – ज्ञान गुरु – श्री राम कृष्ण "परमहंस"
– शिक्षा – ब्रह्मज्ञान और विश्व इतिहास
– स्वरुप – धर्म (व्यक्त रुप), धर्मनिरपेक्ष एवं सर्वधर्मसमभाव (अव्यक्त रुप), मानवता का पुजारी (समष्टि धर्म)
– सर्वोच्च व्यक्त रुप – सन्यासी, दार्शनिक, वक्ता, शास्त्र–साहित्यकार, समाजशास्त्री, भविष्यवक्ता, योगी।
– व्यक्त रुप का स्थल – शिकागो का विश्वधर्म संसद, दिनांक 11 सितम्बर,1893 (उम्र 30 वर्ष 7 माह 29 दिन)
– जन्म समय के महत्व पूर्ण सम्बन्धों की स्थिति :–
देश सम्बन्ध – खराब था । रिश्ता सम्बन्ध – खराब था ।
रक्त सम्बन्ध – ठीक था । समाज और राज्य सम्बन्ध – खराब था ।
– जीवन नीति– शैव रुप में ज्ञान प्राप्ति एवं वैष्णव रुप में धर्म प्रचार ।

2. ज्ञान परिचय :

– सर्वोच्च कथन :–"सम्भवतः यह अच्छा होगा कि मैं इस शरीर से बाहर निकल आऊँ और इसे जीर्ण वस्त्र की भाँति उतार फेकूँ परन्तु मैं फिर भी कार्य करते रहने से रुकूँगा नहीं। मानव समाज में मैं तब तक सर्वत्र प्रेरणा प्रदान करता रहूँगा जब तक कि संसार यह भाव आत्मसात् न कर ले कि वे ईश्वर के साथ एक है।"

– सर्वोच्च संदेश :– हिन्दू भावों को अंग्रेजी में व्यक्त करना, फिर शुष्क दर्शन, जटिल पौराणिक कथाएं और अनूठे आश्चर्यजनक मनोविज्ञान से ऐसे धर्म का निर्माण करना, जो सरल, सहज और लोकप्रिय हो और उसके साथ ही उन्नत मस्तिष्क वालों को संतुष्ट कर सके– इस कार्य की कठिनाइयों को वे ही समझ सकते हैं, जिन्होंने इसके लिए प्रयत्न किया हो। अद्वैत के गुढ़ सिद्धान्त में नित्य प्रति के जीवन के लिए कविता का रस और जीवनदायिनी शक्ति उत्पन्न करनी है। अत्यन्त उलझी हुई पौराणिक कथाओं में से जीवन प्रकृत चरित्रों के उदाहरण समूह निकालने हैं और बुद्धि को भ्रम में डालने वाली योगविद्या से अत्यन्त वैज्ञानिक और क्रियात्मक मनोविज्ञान का विकास करना है और इन सब को एक ऐसे रुप में लाना पड़ेगा कि बच्चा–बच्चा इसे समझ सके।

– धर्म स्थापना की आवश्यकता की पहचान –
देश सम्बन्ध, रिश्ता सम्बन्ध तथा समाज और राज्य सम्बन्ध खराब होना।
– ज्ञान से व्यक्त साहित्य –
ज्ञान योग, राज योग, प्रेम योग, कर्म योग, भक्ति योग एवं विश्व व्यवस्था के लिए साहित्य।
– लेखक – स्वयं
– ज्ञान को व्यक्त करने के लिए प्रयुक्त धर्म / धर्मनिरपेक्ष / सर्वधर्मसमभाव शब्द –
"एक शब्द में वेदान्त का आदर्श है– मनुष्य के सच्चे स्वरुप को जानना।"

3. कर्म परिचय :

– सर्वोच्च कर्म –
धर्म (समष्ठि) अद्वैत वेदान्त, मानवता, समता, एकता तथा प्राच्य एवं पाश्चात्य में एकता का प्रयत्न।
– कर्म की नीति :– मानसिक वध (बदलाव)
– कर्म द्वारा निर्माण :– सत्य धर्म आधारित मिशन– राम कृष्ण मिशन (अपने गुरु के नाम पर) राम अर्थात् प्राकृतिक टर्थात् व्यष्टि अर्थात् समय पर निर्भर, कृष्ण अर्थात् सत्य अर्थात् समष्टि अर्थात् समय का निर्माणकर्ता।

काल चक्र मार्ग के
(विस्तृत विवरण अध्याय – पाँच में उपलब्ध है। संक्षिप्त रूप से यहाँ दिया गया है।)

03. काल चक्र के द्वितीय और अन्तिम भाग
दृश्य काल में विश्वात्मा के जन्म का अन्तिम भाग–
भोगेश्वर श्री लव कुश सिंह "विश्वमानव"
(स्वामी विवेकानन्द की अगली एवं पूर्ण ब्रह्म की अन्तिम कड़ी)

शरीर नाम :

धर्मयुक्त नाम – लव कुश सिंह
धर्मनिरपेक्ष एवं समभाव युक्त नाम – अदृश्य योगेश्वर समाहित दृश्य भोगेश्वर विश्वमानव

1. जन्म परिचय

– तिथि – मास – सोमवार, 16 अक्टूबर 1967 (आश्विन, शुक्ल पक्ष–त्रयोदशी, रेवती नक्षत्र)
– समय – 2.15 ए.एम स्थान – रिफाइनरी टाउनशिप अस्पताल, बेगूसराय (बिहार)
– अस्थायी निवास – नियामतपुर कलाँ, पुरुषोत्तमपुर, मीरजापुर (उ0 प्र0)
– स्थायी निवास – स्वयं द्वारा घोषित – सत्यकाशी क्षेत्र (उ0 प्र0)
– गुरु – कर्म गुरु – ब्रह्मलीन श्री श्री 108 सत्ययोगानन्द (अप्रत्यक्ष कर्म सम्बन्ध) ज्ञान गुरु – कोई नहीं।
– शिक्षा – बी0 एससी0 (जीव), तकनीकी पी0 जी0 डिप्लोमा (कम्प्यूटर प्रोग्रामिंग)
– स्वरुप – धर्म (व्यक्त रुप), धर्मनिरपेक्ष एवं सर्वधर्मसमभाव (अव्यक्त रुप), मानवता का पुजारी (समष्टि धर्म)
– सर्वोच्च व्यक्त रुप – अन्तिम भोगेश्वर (कर्मवेद द्वारा कर्मज्ञान का विश्वरुप) अर्थात् योगेश्वर का दृश्य रुप, राजनीतिज्ञ, मनोवैज्ञानिक, गृहस्थ युक्त, सन्यासी, अभिनेता, प्रेमी, दार्शनिक, वक्ता साहित्यकार, समाजशास्त्री, भविष्यवक्ता, व्यापारी।
– व्यक्त रुप का स्थल – विष्णु महायज्ञ और ज्ञान यज्ञ, गोपालपुरम्, छोटा सत्यकाशी, सत्यकाशी उत्तर प्रदेश, अन्तिम दिन दिनांक–सोमवार, 22 जून 1998 (आषाढ़ मास शिवरात्रि, अदृश्य काल का अन्तिम दिन, अदृश्य काल का अन्तिम एवं सदी का सर्वाधिक लम्बा यज्ञ विष्णु महायज्ञ एवं ज्ञान यज्ञ का अन्तिम दिन, विश्वमानव द्वारा यज्ञ की पूर्णाहूति का दिन, विश्वमानव के ऐतिहासिक भोगेश्वर रुप (योगेश्वर अर्थात् ज्ञान के विश्व रुप का दृश्य रुप अर्थात् कर्म ज्ञान का विश्वरूप अर्थात् उपलब्ध संसाधन का ईश्वरत्व भाव से भोग) का दिन)
– जन्म समय के महत्व पूर्ण सम्बन्धों की स्थिति –

देश सम्बन्ध – खराब था। रिश्ता सम्बन्ध– खराब था।
रक्त सम्बन्ध – खराब था। समाज और राज्य सम्बन्ध – खराब था।

– जीवन नीति – शैव रुप में ज्ञान प्राप्ति एवं शैव रुप में धर्म स्थापना।

2. ज्ञान परिचय :

– सर्वोच्च कथन – मैं (आत्मा) तब भी था, मैं (आत्मा) आज भी हूँ, मैं (आत्मा) आगे भी रहूँगा वर्तमान से योग कराने के लिए ही मैं (आत्मा) व्यक्त होता हूँ।
– सर्वोच्च संदेश – परिणाम के ज्ञान से युक्त एवं समभाव (अद्वैत) में स्थित होकर कर्म करो और परिणाम की इच्छा मुझ (आत्मा) पर छोड़ दो, एवं दिनांक 23 जून सन् 1998 ई0 से व्यक्तिगत प्रमाणित पूर्ण दृश्य काल का प्रथम / अन्तिम युग – स्वर्ण युग प्रारम्भ।
– धर्म स्थापना की आवश्यकता की पहचान – देश सम्बन्ध, रिश्ता सम्बन्ध, रक्त सम्बन्ध तथा समाज और राज्य सम्बन्ध खराब होना।
– ज्ञान से व्यक्त साहित्य – कर्मवेद : प्रथम, अन्तिम तथा पंचमवेद (धर्म युक्त नाम) अर्थात् विश्वमानक – शून्य श्रृंखला : मन की गुणवत्ता का विश्व मानक, पुराण रहस्य समाहित "विश्वशास्त्र" शास्त्र–साहित्य
– लेखक – स्वयं
– ज्ञान को व्यक्त करने के लिए प्रयुक्त धर्म / धर्मनिरपेक्ष / सर्वधर्मसमभाव शब्द :–
– ईश्वर नाम :–"TRADE CENTRE" (दृश्य काल का समष्टि ईश्वर नाम)
– दर्शन :– कर्म वेदान्त दर्शन या विकास दर्शन (व्यष्टि एवं समष्टि)

3. कर्म परिचय :

– सर्वोच्च कर्म – धर्म (समष्टि) अद्वैत वेदान्त, मानवता, समता, एकता की स्थापना, ईश्वर को ही ईश्वर के रुप में व्यक्त करना। साधु जन का मुक्ति, दुष्टों का वध (बदलाव), प्राच्य एवं पाश्चात्य में एकता और स्वस्थ लोकतन्त्र एवं स्वस्थ समाज सहित एकता के लिए विवादमुक्त तन्त्रों पर आधारित संविधान।
– कर्म की नीति – राजनीतिक, शारीरिक एवं मानसिक सत्यीकरण (बदलाव)
– कर्म द्वारा निर्माण – स्वयं एवं अपने उद्देश्य के लिए सत्यकाशी क्षेत्र का निर्धारण एवं धर्मनिरपेक्ष और सर्वधर्मसमभाव आधारित मिशन – प्राकृतिक सत्य मिशन

02. "सत्यकाशी महोत्सव" व "सत्यकाशी गंगा महोत्सव" आयोजन

वाराणसी-विन्ध्याचल-शिवद्वार-सोनभद्र के बीच स्थित क्षेत्र जिसे हम सभी "गुप्तकाशी" के नाम से जानते हैं, अपने आप में व्यापक पौराणिक व ऐतिहासिक प्रमाणों को छुपाये हुये है। परन्तु वह अब "जीवनदायिनी सत्यकाशी: पंचम, अन्तिम और सप्तम काशी" के रुप में हमारे समक्ष व्यक्त हो चुका है। इस जागरण की कड़ी में "सत्यकाशी महोत्सव" व "सत्यकाशी गंगा महोत्सव" नाम से दो महोत्सव सत्यकाशी जागरण के लिए ही प्रारम्भ किए गये हैं। प्रारम्भ में दोनों महोत्सव का स्थान एक है, परन्तु आगे चलकर "सत्यकाशी महोत्सव" सत्यकाशी नगर निर्माण स्थल पर हो जाएगा। इस आयोजन से "जीवनदायिनी सत्यकाशी" के इतिहास और उसकी वर्तमान योग्यता को उपर लाना चाहते हैं, वह इसलिए कि इस क्षेत्र की पहचान को भारतीयता की पहचान से जोड़ सकें। "सत्यकाशी" पंचम, सप्तम एवं अन्तिम काशी है और दृश्य काल के तीर्थ के रूप में व्यक्त है, उसके अनेक कारण हैं जिसमें निम्न मुख्य हैं-

01. यह क्षेत्र "समाज" के जन्मदाता भगवान विष्णु के पांचवें अवतार-वामन अवतार का क्षेत्र है।
02. यह क्षेत्र शक्ति क्षेत्र है जिसमें अनेक महत्वपूर्ण, प्राचीन, ऐतिहासिक, पौराणिक धर्मस्थल-पर्यटन स्थल स्थित हैं।
03. यह क्षेत्र जीवनदायिनी शास्त्र "कर्मवेदः प्रथम, अन्तिम तथा पंचम वेद" समाहित विश्व के अन्तिम शास्त्र "विश्वशास्त्र" को प्रस्तुत करने वाला क्षेत्र है।
04. अन्तिम अवतार-कल्कि महाअवतार का क्षेत्र है।
05. यह 8वें मनु-सावर्णि मनु का क्षेत्र है, यह व्यास क्षेत्र है, यह काल, मनवन्तर, युग परिवर्तक का क्षेत्र है इत्यादि।

"सत्यकाशी गंगा महोत्सव" स्थल- प्रत्येक वर्ष देव दिपावली के दिन उत्तरमुखी गंगातट, स्वामी विवेकानन्द घाट (रैपुरिया), नरायनपुर में दीप दान का आयोजन जिससे यह भावना जागृत हो कि "मैं सत्यकाशी निवासी हूँ।"

"सत्यकाशी महोत्सव" स्थल- सत्यकाशी नगर स्थल में।

04. सार्वभौम देवी माँ कल्कि देवी मन्दिर (माँ वैष्णों देवी की साकार रूप)

माँ वैष्णों देवी की साकार रूप सार्वभौम देवी माँ कल्कि देवी मन्दिर, की स्थापना सत्यकाशी और काशी चौरासी कोस यात्रा के उभय क्षेत्र में स्थित ग्राम भवानीपुर और गांगपुर के बीच गंगा किनारे होगा। इसी गंगा किनारे अनिर्वचनीय कल्कि महाअवतार भोगेश्वर श्री लव कुश सिंह "विश्वमानव" की धर्म पत्नी स्व0 शिव कुमारी देवी का अन्तिम संस्कार बुधवार, 25 मई, 1994 ई0 को अर्धरात्रि में सम्पन्न हुआ था।

वैष्णों देवी की कथा

(कटरा-जम्मू में कथा के सम्बन्ध में बिकने वाली पुस्तिका, इन्टरनेट पर उपलब्ध कथा और गुलशन कुमार कृत "माँ वैष्णों देवी "प्रदर्शित फिल्म पर आधारित कथा)

वैष्णों देवी मन्दिर शक्ति को समर्पित एक पवित्रतम् हिन्दू मन्दिर है जो भारत के जम्मू और कश्मीर राज्य में कटरा के पास पहाड़ी पर स्थित है। यह उत्तरी भारत के सबसे पूज्यनीय पवित्र स्थानों में से एक है। मन्दिर 5300 फीट की ऊँचाई और कटरा से लगभग 12 किलोमीटर की दूरी पर स्थित है। हिन्दू धर्म में वैष्णों देवी को, जो माता रानी और वैष्णवी के नाम से भी जानी जाती है, देवीजी का अवतार हैं। हर वर्ष लाखों तीर्थयात्री मन्दिर का दर्शन करते हैं। और यह भारत में तिरूमला वेंकटेश्वर मन्दिर के बाद दूसरा सर्वाधिक देखा जाने वाला धार्मिक तीर्थ स्थल है। इस मन्दिर की देख-रेख श्री माता वैष्णो देवी तीर्थ मण्डल द्वारा की जाती है। तीर्थ यात्रा को सुविधाजनक बनाने के लिए उधमपुर से कटरा तक एक रेल सम्पर्क बनाया जा रहा है।

हिन्दू महाकाव्य के अनुसार, माँ वैष्णों देवी ने दक्षिण भारत में रत्नाकर सागर के घर जन्म लिया। इनके लौकिक माता-पिता लम्बे समय तक निःसन्तान थे। दैवी बालिका के जन्म से एक रात पहले, रत्नाकर ने वचन लिया कि बालिका जो भी चाहे, वे उसकी इच्छा के रास्ते में कभी नहीं आयेंगे। माँ वैष्णों देवी को बचपन में त्रिकुटा नाम से बुलाया जाता था। बाद में भगवान विष्णु के वंश से जन्म लेने के कारण वे वैष्णवी कहलायी। जब त्रिकुटा नौ साल की थीं, तब उन्होंने अपने पिता से समुद्र किनारे पर तपस्या करने की अनुमति चाही। त्रिकुटा ने राम के रूप में भगवान विष्णु से प्रार्थना की। सीता की खोज करते समय श्रीराम अपनी सेना के साथ समुद्र किनारे पहुँचें। उनकी दृष्टि गहरे ध्यान में लीन इस दिव्य बालिका पर पड़ी। त्रिकुटा ने श्रीराम से कहा-उसने उन्हें पति रूप में स्वीकार किया है। श्रीराम ने उसे बताया कि उन्होंने इस अवतार में केवल सीता के प्रति निष्ठावान रहने का वचन लिया है लेकिन भगवान ने उसे आश्वासन दिया कि कलियुग में वे कल्कि के रूप में प्रकट होंगे और उससे विवाह करेंगे। इस बीच, श्रीराम ने त्रिकुटा से उत्तर भारत में स्थित माणिक पहाड़ियों की त्रिकुटा श्रृंखला में अवस्थित गुफा में ध्यान में लीन रहने के लिए कहा। रावण के विरूद्ध श्रीराम की विजय के लिए माँ ने नवरात्र मनाने का निर्णय लिया। इसलिए उक्त सन्दर्भ में लोग, नवरात्र के 9 दिनों की अवधि में रामायण का पाठ करते हैं। श्री राम ने वचन दिया था कि समस्त संसार द्वारा माँ वैष्णों देवी की स्तुति गाई जायेगी। त्रिकुटा, वैष्णों देवी के रूप में प्रसिद्ध होगी और सदा के लिए अमर हो जायेंगी।

तुलसीदास कृत श्रीरामचरितमानस के किष्किन्धाकाण्ड में एक देवी का वर्णन मिलता है। इन्होंने श्रीहनुमानजी तथा अन्य वानर वीरों को जल व फल दिया था तथा उन्हें गुफा से निकालकर सागर के तट पर पहुँचाया था। ये देवी स्वयंप्रभा हैं। यही देवी माता वैष्णव के रूप में प्रतिष्ठित हैं। कलयुग के अंतिम चरण में भगवान का कल्कि अवतार होगा। पुराणों के अनुसार यह अवतार भी भारत में ही सम्भलपुर नाम के एक गाँव में विष्णुयश नामक एक विप्र के यहाँ होगा। तब ये कल्कि भगवान दुष्टों को दंडित करेंगे और धरती पर धर्म की स्थापना करेंगे तथा देवी स्वयंप्रभा से श्रीरामावतार में दिए गए वचनानुसार विवाह करेंगे।

समय के साथ-साथ, देवी माँ के बारे में कई कहानियाँ उभरी, ऐसी ही एक कहानी है श्रीधर की। श्रीधर माँ वैष्णों के प्रबल भक्त थे। वे वर्तमान कटरा से 2 किलोमीटर की दूरी पर स्थित हंसली गाँव में रहते थे। एक बार माँ ने मोहक युवा लड़की के रूप में उनको दर्शन दिये। युवा लड़की ने विनम्र पण्डित से भण्डारा (भिक्षुकों व भक्तों के लिए एक प्रीतिभोज) आयोजित करने के लिए कहा। पण्डित गाँव और निकटस्थ जगहों से लोगों को आमंत्रित करने के लिए चल पड़े। उन्होंने एक स्वार्थी राक्षस "भैरव नाथ" को भी आमंत्रित किया। भैरव नाथ ने श्रीधर से पूछा कि वे कैसे अपेक्षाओं को पूरा करने के लिए योजना बना रहें हैं। उसने श्रीधर को विफलता की स्थिति में बुरे परिणामों का स्मरण कराया, चूँकि पण्डित जी चिंता में डूब गये, दिव्य बालिका प्रकट हुई और कहा कि वे निराश न हों सब व्यवस्था हो चुकी है। उन्होंने कहा कि 360 से अधिक श्रद्धालुओं को छोटी-सी कुटिया में बिठा सकते हो। उनके कहे अनुसार ही भण्डारा में अतिरिक्त भोजन और बैठने की व्यवस्था के साथ निर्विध्न आयोजन सम्पन्न हुआ। भैरव नाथ ने स्वीकार किया कि बालिका में अलौकिक शक्तियाँ थी और आगे और परीक्षा लेने का निर्णय लिया। उसने त्रिकुटा पहाड़ियों तक उस दिव्य बालिका का पीछा किया। 9 महीनों तक भैरव नाथ उस रहस्यमय बालिका को ढूढता रहा, जिसे वह देवी माँ का अवतार मानता था। भैरव से दूर भागते हुये देवी ने पृथ्वी पर एक बाण (तीर) चलाया, जिससे पानी फूटकर बाहर निकला। यही नदी बाणगंगा के रूप में जानी जाती है। ऐसी मान्यता है कि बाणगंगा में में स्नान करने पर, देवी माता पर विश्वास करने वालों के सभी पाप धुल जाते हैं। नदी के किनारे, जिसे चरण पादुका कहा जाता है, देवी माँ के पैरों के निशान हैं जो आज तक उसी तरह विद्यमान हैं। इसके बाद वैष्णों देवी ने अधकावरी के पास गर्भ जून में शरण ली, जहाँ वे 9 महीनों तक ध्यान-मग्न रहीं और आध्यात्मिक ज्ञान और शक्तियाँ प्राप्त की। भैरव द्वारा उन्हें ढूढ़ लेने पर उनकी साधना भंग हुई। जब भैरव ने उन्हें मारने की कोशिश की, तो विवश होकर वैष्णों देवी ने महाकाली का रूप लिया। दरबार में पवित्र गुफा के द्वार पर देवी माँ प्रकट हुई। देवी ने ऐसी शक्ति के साथ भैरव का सिर, धड़ से अलग किया कि खोपड़ी पवित्र गुफा से 2. 5 किलोमीटर की दूरी पर भैरव घाटी नामक स्थान पर जा गिरी। भैरव ने मरते समय क्षमा याचना की। देवी जानती थीं कि उन पर हमला

करने के पीछे भैरव की प्रमुख मंशा मोक्ष प्राप्त करने की थी। उन्होंने न केवल भैरव को पुनर्जन्म के चक्र से मुक्ति प्रदान की, बल्कि उसे वरदान भी दिया कि भक्त द्वारा यह सुनिश्चित करने के लिए कि तीर्थ-यात्रा सम्पन्न हो चुकी है, यह आवश्यक होगा कि वह देवी माँ के दर्शन के बाद, पवित्र गुफा के पास भैरव नाथ के मन्दिर के भी दर्शन करें। इस बीच वैष्णों देवी ने तीन पिण्ड सहित एक चट्टान का आकार ग्रहण किया और सदा के लिए ध्यानमग्न हो गईं। इस बीच पण्डित श्रीधर अधीर हो गये। वे त्रिकुटा पर्वत की ओर उसी रास्ते बढ़े, जो उन्होंने सपने में देखा था। अन्ततः वे गुफा के द्वार पर पहुँचें। उन्होंने कई विधियों से "पिण्डों" की पूजा को अपनी दिनचर्या बना ली। देवी उनकी पूजा से प्रसन्न हुई और उन्हें आशीर्वाद दिया। तब से श्रीधर और उनके वंशज माँ वैष्णों देवी की पूजा करते आ रहे हैं।

कल्कि अवतार एवं माँ वैष्णों देवी से सम्बन्ध

श्रीरामचरितमानस के किष्किन्धाकाण्ड में एक देवी का वर्णन मिलता है। इन्होंने श्रीहनुमानजी तथा अन्य वानर वीरों को जल व फल दिया था तथा उन्हें गुफा से निकालकर सागर के तट पर पहुँचाया था। ये देवी स्वयंप्रभा हैं। यही देवी माता वैष्णव के रूप में प्रतिष्ठित हैं। कलयुग के अंतिम चरण में भगवान का कल्कि अवतार होगा। पुराणों के अनुसार यह अवतार भी भारत में ही सम्भलपुर नाम के एक गाँव में विष्णुयश नामक एक विप्र के यहाँ होगा। तब ये कल्कि भगवान दुष्टों को दंडित करेंगे और धरती पर धर्म की स्थापना करेंगे तथा देवी स्वयंप्रभा से श्रीरामावतार में दिए गए वचनानुसार विवाह करेंगे इस अनुसार माँ वैष्णो देवी, कल्कि अवतार की पत्नी हुईं। माँ वैष्णों देवी पिण्ड रूप में हैं उनका ही साकार रूप सार्वभौम देवी-माँ कल्कि देवी के रूप में कल्कि अवतार द्वारा प्रक्षेपित किया गया है।

माँ कल्कि देवी की कथा

माँ कल्कि देवी का पूजन, व्रत एवं मंत्र

मंत्र- अब तक के मंत्र व्यक्तिगत मंत्र हैं सार्वभौम देवी माँ कल्कि देवी का सार्वजनिक मंत्र है-

कलियुगनाशिनी विघ्न विनाशिनि, मातः कल्कि सुरेश्वरी।
शान्तिं ज्ञानं भक्ति सर्वं, भक्तेश्यः सततंतु प्रदेहि।।

मन्त्र अर्थ- कलियुग नाशिनी, विघ्नहरिणी हे माँ कल्कि मेरे पड़ोसीयों को शान्ति, ज्ञान और धन प्रदान करें।
कथा दिन- शनिवार, सायंकाल
प्रसाद- खिचड़ी

माँ कल्कि देवी का परिचय एवं रूप

MAA KALKI DEVI : Visible Form of Maa Vaishno Devi

Projected by - KALKI AVATAR

माँ वैष्णो देवी के साकार रूप माँ कल्की देवी दरबार

04. भोगेश्वर नाथ: 13वाँ और अन्तिम ज्योतिर्लिंग

13वाँ और अन्तिम ज्योतिर्लिंग भोगेश्वर नाथ की स्थापना माँ शीतला धाम, अदलपुरा के ठीक पूर्व दिशा में गंगा नदी के बीच होगा। यहाँ गंगा दो भागों में बँटी हुई हैं। प्रतीकात्मक रूप में अनिर्वचनीय कल्कि महाअवतार भोगेश्वर श्री लव कुश सिंह "विश्वमानव" द्वारा सन् 2011 में ही वहाँ की मिट्टी से शिवलिंग बना चुके हैं। जिस प्रकार श्रीराम के द्वारा रामेश्वरम् (तमीलनाडु, भारत) में रेत से सम्पन्न हुआ था। इस स्थापना स्थल के पूर्व ग्राम-जलालपुर माफी हैं जहाँ "सत्यकाशी ट्रस्ट" की स्थापना सन् 2012 में ही हो चुकी है। इस ज्योतिर्लिंग के विशेषता यह है कि ज्योतिर्लिंग के दोनों ओर से श्रीविष्णु का प्रतीक शंख और सु-दर्शन चक्र समर्पित है। जो अहिंसा के सन्देश के साथ श्रीविष्णु का महादेव में समाहित होना दिखाता है।

05. सत्यकाशी पंचदर्शन

सत्यकाशी तीर्थ में निम्नलिखित 5 दर्शन सर्वकल्याणकारी और मनोकामना पूर्ण करने वाले हैं।

01. श्री कल्कि अवतार एवं कलिकेश्वर महादेव मन्दिर-यह ग्राम चुनार क्षेत्र के नरायनपुर विकास खण्ड के ग्राम-रामजीपुर में स्थित है। इस प्राचीन शंकर व हनुमान मन्दिर के जीर्णोद्धार के उपरान्त श्री कल्कि अवतार की मूर्ति लगाई गयी साथ ही स्थापित शिवलिंग का नामकरण कलिकेश्वर महादेव किया गया। सत्यकाशी पंचदर्शन के अन्तर्गत यह मन्दिर आता है।

02. माँ शिवशंकरी धाम

03.13वाँ और अन्तिम ज्योतिर्लिंग: भोगेश्वर नाथ-जलालपुर माफी

04. माँ कल्कि देवी मन्दिर-भवानीपुर-गांगपुर के बीच

05. श्री वैकुण्ठ धाम-नरायनपुर

पंच दर्शन यात्रा कल्कि अवतार मन्दिर से प्रारम्भ होकर पुनः यहीं समाप्त होती है।

06. ज्ञान आधारित मनु-मनवन्तर मन्दिर

14 मनु पर ज्ञान आधारित मनु-मनवन्तर मन्दिर, की स्थापना जीवनदायिनी सत्यकाशी क्षेत्र में उचित स्थान देखकर की जायेगी क्योंकि इसकी स्थापना के पीछे स्थान का कोई विशेष कारण और स्थान के लिए शास्त्रीय आधार नहीं है, इसके लिए पूरा सत्यकाशी क्षेत्र ही शास्त्रीय आधार के अन्तर्गत है।

हिन्दू पुराण के अनुसार ब्रह्माण्ड का सृजन क्रमिक रूप से सृष्टि के ईश्वर ब्रह्मा द्वारा होता है जिनकी जीवन 100 ब्राह्म वर्ष होता है। ब्रह्मा के 1 दिन को 1 कल्प (1. हेमत् कल्प, 2. हिरण्यगर्भ कल्प, 3. ब्राह्म कल्प, 4. पाद्य्म कल्प, 5. श्वेत बाराह कल्प-वर्तमान) कहते हैं। 1 कल्प, 14 मनु (पीढ़ी) के बराबर होता है। 1 मनु का जीवन मनवन्तर कहलाता है और 1 मनवन्तर में 71 चतुर्युग (अर्थात् 71 बार चार युगों का आना-जाना) के बराबर होता है। ब्रह्मा का एक कल्प (अर्थात् 14 मनु अर्थात् 71 चतुर्युग) समाप्त होने के बाद ब्रह्माण्ड का एक क्रम) समाप्त हो जाता है और ब्रह्मा की रात आती है। फिर सुबह होती है और फिर एक नया कल्प शुरू होता है। इस प्रकार ब्रह्मा 100 वर्ष व्यतीत कर स्वयं विलिन हो जाते हैं। और पुनः ब्रह्मा की उत्पत्ति होकर उपरोक्त क्रम का प्रारम्भ होता है। गिनीज बुक आफ वर्ल्ड रिकार्ड्स ने कल्प को समय का सर्वाधिक लम्बा मापन घोषित किया है।

हिन्दू धर्म अनुसार, मानवता के प्रजनक की आयु होती है। यह समय मापन की खगोलीय अवधि है। मन्वन्तर एक संस्कृत शब्द है, जिसका संधि-विच्छेद करने पर मनु अन्तर मिलता है। इसका अर्थ है मनु की आयु।

प्रत्येक मन्वन्तर एक विशेष मनु द्वारा रचित एवं शासित होता है, जिन्हें ब्रह्मा द्वारा सृजित किया जाता है। मनु विश्व की और सभी प्राणियों की उत्पत्ति करते हैं, जो कि उनकी आयु की अवधि तक बनती और चलती रहतीं हैं, (जातियां चलती हैं, ना कि उस जाति के प्राणियों की आयु मनु के बराबर होगी)। उन मनु की मृत्यु के उपरांत ब्रह्मा फिर एक नये मनु की सृष्टि करते हैं, जो कि फिर से सभी सृष्टि करते हैं। इसके साथ साथ विष्णु भी आवश्यकता अनुसार, समय-समय पर अवतार लेकर इसकी संरचना और पालन करते हैं। इनके साथ ही एक नये इंद्र और सप्तर्षि भी नियुक्त होते हैं।

चौदह मनु और उनके मन्वन्तर को मिलाकर एक कल्प बनता है। यह ब्रह्मा का एक दिवस होता है। यह हिन्दू समय चक्र और वैदिक समय रेखा के अनुसार होता है। प्रत्येक कल्प के अन्त में प्रलय आती है, जिसमें ब्रह्माण्ड का संहार होता है और वह विराम की स्थिति में आ जाता है, जिस काल को ब्रह्मा की रात्रि कहते हैं।

इसके उपरांत सृष्टिकर्ता ब्रह्मा फिर से सृष्टि रचना आरम्भ करते हैं, जिसके बाद फिर संहारकर्ता भगवान शिव इसका संहार करते हैं। और यह सब एक अंतहीन प्रक्रिया या चक्र में होता रहता है।

काल के गणनाओं में इतना अन्तर है कि एक मनुष्य इतने समयान्तराल में प्रमाणिकता के लिए जीवित नहीं रह सकता। अतः वर्तमान समय की आवश्यकता और उसकी उपयोगिता पर कार्य करने वालों में खोजें।

वर्तमान श्वेतवाराह कल्प के मनु और वंश-

1. मनुर्भरत वंश की प्रियव्रत शाखा

	वंश	अवतार	काल
अ. पौराणिक वंश			
	01. स्वायंभुव मनु	यज्ञ	भूतकाल
	02. स्वारचिष मनु	विभु	भूतकाल
	03. उत्तम मनु	सत्यसेना	भूतकाल
	04. तामस मनु	हरि	भूतकाल
	05. रैवत मनु	वैकुण्ठ	भूतकाल
2. मनुर्भरत वंश की उत्तानपाद शाखा			
	06. चाक्षुष मनु	अजित	भूतकाल
ब. ऐतिहासिक वंश			
	07. वैवस्वत मनु	वामन	वर्तमान
स. भविष्य के वंश			
	08. सावर्णि मनु	सार्वभौम	भविष्य
	09. दत्त सावर्णि मनु	रिषभ	भविष्य
	10. ब्रह्म सावर्णि मनु	विश्वकसेन	भविष्य
	11. धर्म सावर्णि मनु	धर्मसेतू	भविष्य
	12, रूद्र सावर्णि मनु	सुदामा	भविष्य
	13. रौच्य या देव सावर्णि मनु	योगेश्वर	भविष्य
	14. भीम या इन्द्र सावर्णि मनु	वृहद्भानु	भविष्य

वैदिक-सनातन-हिन्दू धर्म में जो बातें उपलब्ध होती है, उनमें सबसे प्राचीन वंश स्वायंभुव मनु से प्रारम्भ होता है। स्वायंभुव मनु से पहले का समय प्रागैतिहासिक काल था। स्वायंभुव मनु से ही ऐतिहासिक काल प्रारम्भ होता है। स्वायंभुव मनु से प्रारम्भ हुये ऐतिहासिक काल को पौराणिक, ऐतिहासिक व भविष्य के वंश में विभाजित किया जा सकता है। स्वायंभुव मनु के स्वयं उत्पन्न होने के कारण इन्हें स्वायंभुव मनु कहा गया है यह सर्वमान्य सत्य है कि बिना स्त्री-पुरूष के सम्बन्ध से किसी का उत्पन्न होना विश्वसनीय नहीं माना जा सकता है। यह हो सकता है

कि स्वायंभुव मनु के पूर्वजों के बारे में हमें कोई जानकारी नहीं थी इसलिए इन्हें स्वायंभुव मनु कहा गया। स्वायंभुव मनु के बारे में भिन्न-भिन्न धर्म ग्रन्थों में भिन्न-भिन्न नाम से वर्णन किया गया है जैसे आदेश्वर, अशिरष, वैवस्वत मनु, आदम और नूह। अतः यहाँ से शुरू होता है-"सर्वप्रथम विकसित मानव का इतिहास"।

07. ज्ञान आधारित विश्वात्मा मन्दिर

ज्ञान आधारित विश्वात्मा मन्दिर, की स्थापना जीवनदायिनी सत्यकाशी क्षेत्र में उचित स्थान देखकर की जायेगी क्योंकि इसकी स्थापना के पीछे स्थान का कोई विशेष कारण और स्थान के लिए शास्त्रीय आधार नहीं है, इसके लिए पूरा सत्यकाशी क्षेत्र ही शास्त्रीय आधार के अन्तर्गत है।

आत्मा

सांख्य दर्शन के सिद्धान्त से विश्वमन तीन मन-सत्व, रज और तम में विखण्डित होता है जिससे समस्त विश्व व्यक्त होता है अर्थात् निम्नलिखित मूल प्रकार के मन से युक्त आत्मा व्यक्त होकर अनेक अंश-अंशांस के रूप में मन से युक्त आत्माएँ व्यक्त होती रहती हैं फिर इनका संलयन और संयुग्मन होता है तब व्यक्त होता हैं-"विश्व मन से युक्त आत्मा-एक पूर्ण मानव"

01. रज मन-ये मन सकारात्मक सार्वभौम और व्यक्तिगत विकासशील मन का रूप होता है। इसमें वे सभी मन आते हैं जो समाज व देश का शारीरिक, आर्थिक व मानसिक विकास करते हैं।

02. तम मन-ये मन नकारात्मक सार्वभौम और व्यक्तिगत विकासशील मन का रूप होता है। इसमें वे सभी मन आते हैं जो समाज व देश का शारीरिक, आर्थिक व मानसिक नकारात्मक विकास करते हैं।

03. सत्व मन-ये मन सार्वभौम आत्मा पर केन्द्रित मन होते हैं। इसके निम्नलिखित दो प्रकार होते हैं।

अ. निवृत्ति मार्गी-इस प्रकार के मन समाज व देश के शारीरिक, आर्थिक व मानसिक आदान-प्रदान से उदासीन रहते हैं तथा स्वआनन्द में ही रहते हैं। इसमें साधु-सन्त इत्यादि के मन आते हैं।

ब. प्रवृत्ति मार्गी-इस प्रकार के मन समाज व देश के शारीरिक, आर्थिक व मानसिक आदान-प्रदान में भाग लेते हैं तथा स्वआनन्द के साथ रहते हैं। इसमें गृहस्थ और अवतार इत्यादि के मन आते हैं। प्रवृत्ति मार्गी मन, निवृत्ति मार्गी मन से युक्त होते हैं।

इस प्रकार पूर्ण अवतार (पुरूष) मन के तीनों गुण सत्व, रज और तम का पूर्ण संलयन का साकार रूप होगा परन्तु वह तीनों गुणों से युक्त होते हुये भी उससे मुक्त होगा और अपने पूर्ववर्ती मन के तीनों गुण सत्व, रज और तम के सर्वोच्च अवस्था की अगली कड़ी होगा।

सार्वभौम आत्मा पर केन्द्रित प्रवृत्ति मार्गी अवतारों का कार्य सकारात्मक व नकारात्मक दोनों के मनों को सार्वभौम आत्मीय केन्द्रित करना होता है। सकारात्मक मन बार-बार पुर्नजन्म लेकर सार्वभौम आत्मीय केन्द्र की ओर गति करता है। इस प्रकार जो भी अन्तिम अवतार होगा व सकारात्मक मन से आये सर्वोच्च अन्तिम मन का पुनर्जन्म भी होगा और अवतारों की श्रृंखला की अगली कड़ी भी होगा। साथ ही सर्वोच्च नकारात्मक मन की अगली कड़ी भी होगा। अर्थात्-

सकारात्मक मन की ओर से आये वर्तमान तक के अन्तिम सार्वभौम मन स्वामी विवेकानन्द हैं इसलिए अन्तिम कल्कि अवतार उनका पुनर्जन्म भी होगा। सार्वभौम आत्मा पर केन्द्रित प्रवृत्ति मार्ग की ओर से आये अन्तिम अवतार श्री कृष्ण हैं इसलिए अन्तिम कल्कि अवतार उनकी अगली कड़ी भी होगा। नकारात्मक मन की ओर से आये वर्तमान तक के अन्तिम रावण है इसलिए अन्तिम कल्कि अवतार उनकी अगली कड़ी भी होगा।

इसी प्रकार काल (समय) के दो रूप हैं-अदृश्य काल और दृश्य काल। अदृश्य काल व्यक्तिगत प्रमाणित आध्यात्म विज्ञान पर आधारित है तो दृश्य काल सार्वजनिक प्रमाणित पदार्थ विज्ञान पर आधारित काल है। दूसरे रूप में जब व्यक्ति का मन अन्तः विषयों पर केन्द्रित रहता है तब वह अदृश्य काल में तथा जब बाह्य विषय

पर केन्द्रित रहता है तब वह दृश्य काल में स्थित रहता है। इस प्रकार अन्तिम अवतार का सम्बन्ध काल चक्र और पुनर्जन्म चक्र से निम्न प्रकार होगा-

काल चक्र मार्ग के

01. प्रथम भाग-अदृश्य काल में विश्वात्मा का प्रथम जन्म-योगेश्वर श्री कृष्ण
02. द्वितीय और अन्तिम भाग-दृश्य काल में विश्वात्मा के जन्म का पहला भाग-स्वामी विवेकानन्द
03. द्वितीय और अन्तिम भाग-दृश्य काल में विश्वात्मा के जन्म का अन्तिम भाग-कल्कि अवतार

पुर्नजन्म चक्र मार्ग के

01. सत्व मार्ग से-श्री कृष्ण और कल्कि अवतार
02. रज मार्ग से-स्वामी विवेकानन्द और कल्कि अवतार
03. तम मार्ग से-रावण और कल्कि अवतार

जो भी अपने आप को कल्कि अवतार के रूप में व्यक्त करेगा वह उपरोक्त सार्वभौम सत्य-सिद्धान्त सम्बन्ध से युक्त होना चाहिए। यदि श्री लव कुश सिंह "विश्वमानव" कल्कि अवतार हैं तो उपरोक्त सम्बन्ध अवश्य होंगे और इसका विवरण इस शास्त्र में विस्तार से दिया गया है। सम्पूर्ण "विश्वशास्त्र" का संगठन इस पर ही आधारित है।

विश्वात्मा

भारतीय आध्यात्म दर्शन के मूल विचार "सभी ईश्वर हैं" तथा अद्वैत वेदान्त दर्शन के अनुसार "सभी ईश्वर के ही प्रकाश हैं" के अनुसार सभी में विश्वात्मा ही स्थित हैं। हम उन सभी को ईश्वर का अंश या विश्वात्मा का अंश इसलिए कहते हैं कि वे स्वयं को अपने समय के सर्वोच्च क्षेत्र तक व्यक्त नहीं कर पाते। यह ब्रह्माण्ड ईश्वर से व्यक्त है और उसमें ईश्वर समाहित और व्याप्त है। उसका प्रकाट्य सार्वभौम सत्य-सिद्धान्त का ही प्रकाट्य है। विश्वात्मा का सर्वोच्च प्रकाट्य पूर्ण सार्वभौम सत्य-सिद्धान्त का प्रकटीकरण है जो अन्तिम हो।

आत्मा और विश्वात्मा, अलग-अलग नहीं एक ही है। बस उसके प्रकटीकरण क्षेत्र अर्थात प्रभाव क्षेत्र से उसके नाम अलग हैं। आत्मा जो व्यक्तिगत और सामाजिक क्षेत्र के सीमित भौगोलिक क्षेत्र तक प्रभावी रहता है वहीं विश्वात्मा अपने समय के सर्वोच्च भौगोलिक क्षेत्र तक को प्रभावी करता है।

तात्पर्य यह है कि प्रत्येक मनुष्य ही विश्वात्मा है। उसे सार्वभौम एकात्म के लिए योजना बना कर प्रकट होने के लिए उतना ही भौगोलिक क्षेत्र प्राप्त है जितना कि किसी मनुष्य या अवतार को। जिसका जितना विशाल हृदय होगा, उसका उतना विशाल प्रेम होगा और ठीक उतना ही विशाल उसका कर्मक्षेत्र होगा। यह ब्रह्माण्ड ईश्वर के विशाल हृदय से व्यक्त प्रेम का फल है। और उसके विकास, संरक्षण, विनाश, निर्माण, नव-निर्माण और पुनर्निर्माण के लिए सदैव कर्मशील है। विश्वात्मा को जानने-समझने से वर्तमान और भविष्य के मनुष्य का मस्तिष्क विशालता की ओर प्राप्त करने का अवसर देता है जिससे हृदय की विशालता भी बढ़ती है और कर्म करने के लिए अनन्त दिशाओं और जन्मों के लिए परियोजना भी मिलती है। परियोजना का नाम होता है-"सत्य-शिव-सुन्दर" निर्माण।

सत्य से सार्वभौम सत्य-सिद्धान्त तक का मार्ग अवतारों का मार्ग है। सार्वभौम सत्य-सिद्धान्त की अनुभूति ही अवतरण है। इसके अंश अनुभूति को अंश अवतार तथा पूर्ण अनुभूति को पूर्ण अवतार कहते हैं। अवतार मानव मात्र के लिए ही कर्म करते हैं न कि किसी विशेष मानव समूह या सम्प्रदाय के लिए। अवतार, धर्म, धर्मनिरपेक्ष व सर्वधर्मसमभाव से युक्त अर्थात् एकात्म से युक्त होते हैं। इस प्रकार अवतार से उत्पन्न शास्त्र मानव के लिए होते हैं, न कि किसी विशेष मानव समूह के लिए। उत्प्रेरक, शासक और मार्गदर्शक आत्मा सर्वव्यापी है। इसलिए एकात्म का अर्थ संयुक्त आत्मा या सार्वजनिक आत्मा है। जब एकात्म का अर्थ संयुक्त आत्मा समझा जाता है तब वह समाज कहलाता है। जब एकात्म का अर्थ व्यक्तिगत आत्मा समझा जाता है तब व्यक्ति कहलाता है। अवतार, संयुक्त आत्मा का साकार रुप होता है जबकि व्यक्ति व्यक्तिगत आत्मा का साकार रुप होता है। शासन

प्रणाली में समाज का समर्थक दैवी प्रवृत्ति तथा शासन व्यवस्था प्रजातन्त्र या लोकतन्त्र या स्वतन्त्र या मानवतन्त्र या समाजतन्त्र या जनतन्त्र या बहुतन्त्र या स्वराज कहलाता है और क्षेत्र गणराज्य कहलाता है। ऐसी व्यवस्था सुराज कहलाती है। शासन प्रणाली में व्यक्ति का समर्थक असुरी प्रवृत्ति तथा शासन व्यवस्था राज्यतन्त्र या राजतन्त्र या एकतन्त्र कहलाता है और क्षेत्र राज्य कहलाता है ऐसी व्यवस्था कुराज कहलाती है। सनातन से ही दैवी और असुरी प्रवृत्तियों अर्थात् दोनों तन्त्रों के बीच अपने-अपने अधिपत्य के लिए संघर्ष होता रहा है। जब-जब समाज में एकतन्त्रात्मक या राजतन्त्रात्मक अधिपत्य होता है तब-तब मानवता या समाज समर्थक अवतारों के द्वारा गणराज्य की स्थापना की जाती है। या यूँ कहें गणतन्त्र या गणराज्य की स्थापना ही अवतार का मूल उद्देश्य अर्थात् लक्ष्य होता है शेष सभी साधन अर्थात् मार्ग।

भगवान विष्णु के 24 अवतार (1. श्री सनकादि, 2. वराहावतार, 3. नारद मुनि, 4. नर-नारायण, 5. कपिल, 6. दत्तात्रेय, 7. यज्ञ, 8. ऋषभदेव, 9. पृथु, 10. मत्स्यावतार, 11. कूर्म अवतार, 12. धन्वन्तरि, 13. मोहिनी, 14. हयग्रीव, 15. नृसिंह, 16. वामन, 17. गजेन्द्रोधारावतार, 18. परशुराम, 19. वेदव्यास, 20. हन्सावतार, 21. राम, 22. कृष्ण, 23. बुद्ध, 24. कल्कि) का वर्णन श्री विष्णु पुराण एवं श्री भविष्य पुराण में स्पष्ट उल्लेख है। जिनमें मुख्य 10 अवतार (1. मत्स्य, 2. कूर्म, 3. वाराह, 4. नृसिंह, 5. वामन, 6. परशुराम, 7. राम, 8. कृष्ण, 9. बुद्ध, 10. कल्कि) ही माने जाते हैं।

अवतारों के प्रत्यक्ष और प्रेरक दो कार्य विधि हैं। प्रत्यक्ष अवतार वे होते हैं जो स्वयं अपनी शक्ति का प्रत्यक्ष प्रयोग कर समाज का सत्यीकरण करते हैं। यह कार्य विधि समाज में उस समय प्रयोग होता है जब अधर्म का नेतृत्व एक या कुछ मानवों पर केन्द्रित होता है। प्रेरक अवतार वे होते हैं जो स्वयं अपनी शक्ति का अप्रत्यक्ष प्रयोग कर समाज का सत्यीकरण जनता एवं नेतृत्वकर्ता के माध्यम से करते हैं। यह कार्य विधि समाज में उस समय प्रयोग होता है जब समाज में अधर्म का नेतृत्व अनेक मानवों और नेतृत्वकर्ताओं पर केन्द्रित होता है।

इन विधियों में से कुल मुख्य दस अवतारों में से प्रथम सात (मत्स्य, कूर्म, वाराह, नृसिंह, वामन, परशुराम, राम) अवतारों ने समाज का सत्यीकरण प्रत्यक्ष विधि के प्रयोग द्वारा किया था। आठवें अवतार (श्रीकृष्ण) ने दोनों विधियों प्रत्यक्ष ओर प्रेरक का प्रयोग किया था। नवें (भगवान बुद्ध) और अन्तिम दसवें अवतार की कार्य विधि प्रेरक ही है।

प्रत्येक अवतार का मूल समष्टि धर्म की स्थापना रहा है। इसके लिए वे व्यष्टि धर्म (व्यक्ति-परिवार) केन्द्रित धर्म सदैव अवतारों द्वारा या आत्मीय/प्राकृतिक बल द्वारा अवनति को प्राप्त होते रहते हैं।

मनुष्य "पाने" में अधिक विश्वास करता है इसके लिए वह "दर्शन" , "दान" इत्यादि का कार्य कर सब-कुछ पा लेना चाहता है जबकि जो "हो जाने या बन जाने" में विश्वास करते हैं वही अवतार, महापुरूष इत्यादि के रूप में व्यक्त होते हैं। शरीर प्राप्त कर, उसका पालन और संसाधन प्राप्त करना तथा पीढ़ी बढ़ाना ये सामान्य सी जैविक प्रक्रिया है, मनुष्य का शरीर पाने के कारण यह जीवन का एक अनिवार्य कर्म तो है ही परन्तु लक्ष्य नहीं। किसी अवतार, महापुरूष या कालानुसार प्रसिद्ध व्यक्ति का दर्शन या उनसे मिल लेने से कोई लाभ नहीं होता जब तक कि मनुष्य उन जैसा बनने का प्रयत्न ना करे या उनके द्वारा निर्धारित कार्य न करे।

काल (समय) के दो रूप हैं-अदृश्य काल और दृश्य काल। अदृश्य काल व्यक्तिगत प्रमाणित आध्यात्म विज्ञान पर आधारित है तो दृश्य काल सार्वजनिक प्रमाणित पदार्थ विज्ञान पर आधारित काल है। दूसरे रूप में जब व्यक्ति का मन अन्तः विषयों पर केन्द्रित रहता है तब वह अदृश्य काल में तथा जब बाह्य विषय पर केन्द्रित रहता है तब वह दृश्य काल में स्थित रहता है।

पूर्ण मनुष्य के निर्माण प्रक्रिया में निम्नलिखित दस चरण पूरे हुए हैं अर्थात् पूर्णता के लिए इन दस चरण में व्यक्त मुख्य-गुण सिद्धान्त का संयुक्त व्यक्तित्व ही पूर्ण मनुष्य के रूप में निर्मित होता है-

01. अदृश्य काल

पहलायुग: सत्ययुग

अ. व्यक्तिगत प्रमाणित पूर्ण प्रत्यक्ष अवतार

01. अदृश्य काल के व्यक्तिगत प्रमाणित काल में व्यक्तिगत प्रमाणित अदृश्य प्राकृतिक चेतना से युक्त सत्य आधारित सतयुग में विष्णु के प्रथम अवतार-**मत्स्य अवतार**

मुख्य-गुण सिद्धान्त-मछलियों के स्वभाव जल की धारा के विपरीत दिशा (राधा) में गति करने से ज्ञान (अर्थात् राधा का सिद्धान्त) प्रथम अवतार मत्स्य अवतार का गुण था जो अगले अवतार में संचरित हुई।

02. अदृश्य काल के व्यक्तिगत प्रमाणित काल में व्यक्तिगत प्रमाणित अदृश्य प्राकृतिक चेतना से युक्त सत्य आधारित सतयुग में विष्णु के द्वितीय अवतार-**कूर्म या कच्छपावतार**

मुख्य-गुण सिद्धान्त-एक सहनशील, शांत, धैर्यवान, लगनशील, दोनों पक्षों के बीच मध्यस्थ की भूमिका वाला गुण (समन्वय का सिद्धान्त) सहित प्रथम अवतार के गुण सहित वाला गुण द्वितीय अवतार कूर्म अवतार का गुण था जो अगले अवतार में संचरित हुई।

03. अदृश्य काल के व्यक्तिगत प्रमाणित काल में व्यक्तिगत प्रमाणित अदृश्य प्राकृतिक चेतना से युक्त सत्य आधारित सतयुग में विष्णु के तृतीय अवतार- **वाराह अवतार**

मुख्य-गुण सिद्धान्त-एक मेधावी, सूझ-बुझ, सम्पन्न, पुरूषार्थी, धीर-गम्भीर, निष्कामी, बलिष्ठ, सक्रिय, शाकाहारी, अहिंसक और समूह प्रेमी, लोगों का मनोबल बढ़ाना, उत्साहित और सक्रिय करने वाला गुण (प्रेरणा का सिद्धान्त) सहित द्वितीय अवतार के समस्त गुण से युक्त वाला गुण तृतीय अवतार वाराह अवतार का गुण था जो अगले अवतार में संचरित हुई।

04. अदृश्य काल के व्यक्तिगत प्रमाणित काल में व्यक्तिगत प्रमाणित अदृश्य प्राकृतिक चेतना से युक्त सत्य आधारित सतयुग में विष्णु के चौथे अवतार-**नृसिंह अवतार**

मुख्य-गुण सिद्धान्त-प्रत्यक्ष रूप से एका-एक लक्ष्य को पूर्ण करने वाले (लक्ष्य के लिए त्वरित कार्यवाही का सिद्धान्त) गुण सहित तृतीय अवतार के समस्त गुण से युक्त वाला गुण चतुर्थ अवतार नरसिंह अवतार का गुण था जो अगले अवतार में संचरित हुई।

05. अदृश्य काल के व्यक्तिगत प्रमाणित काल में व्यक्तिगत प्रमाणित अदृश्य प्राकृतिक चेतना से युक्त सत्य आधारित सतयुग में विष्णु के पाचवें अवतार-**वामन अवतार**

मुख्य-गुण सिद्धान्त-भविष्य दृष्टा, राजा के गुण का प्रयोग करना, थोड़ी सी भूमि पर गणराज्य व्यवस्था की स्थापना व व्यवस्था को जिवित करना, उसके सुख से प्रजा को परिचित कराने वाले गुण (समाज का सिद्धान्त) सहित चतुर्थ अवतार के समस्त गुण से युक्त गुण पाँचवें अवतार का गुण था जो अगले अवतार में संचरित हुई।

ब. सार्वजनिक प्रमाणित अंश प्रत्यक्ष अवतार

06. अदृश्य काल के व्यक्तिगत प्रमाणित काल में व्यक्तिगत प्रमाणित अदृश्य प्राकृतिक चेतना से युक्त सत्य आधारित सतयुग में विष्णु के छठवें अवतार-**परशुराम अवतार**

मुख्य-गुण सिद्धान्त-गणराज्य व्यवस्था को ब्रह्माण्ड में व्याप्त व्यवस्था सिद्धान्तों को आधार बनाने वाले गुण और व्यवस्था के प्रसार के लिए योग्य व्यक्ति को नियुक्त करने वाले गुण (लोकतन्त्र का सिद्धान्त और उसके प्रसार के लिए योग्य उत्तराधिकारी नियुक्त करने का सिद्धान्त) सहित पाँचवें अवतार के समस्त गुण से युक्त वाला गुण छठें अवतार परशुराम का गुण था जो अगले अवतार में संचरित हुई।

दूसरायुगः त्रेतायुग

स. सार्वजनिक प्रमाणित पूर्ण प्रत्यक्ष अवतार

07. अदृश्य काल के सार्वजनिक प्रमाणित काल में सार्वजनिक प्रमाणित अदृश्य प्राकृतिक चेतना से युक्त यज्ञ आधारित त्रेता युग में विष्णु के सातवें अवतार-**श्री राम अवतार-रामायण (मानक व्यक्ति चरित्र)**

मुख्य-गुण सिद्धान्त-आदर्श चरित्र के गुण तथा छठें अवतार तक के समस्त गुण को प्रसार करने वाला गुण (व्यक्तिगत आदर्श चरित्र के आधार पर विचार प्रसार का सिद्धान्त) सातवें अवतार श्रीराम का गुण था जो अगले अवतार में संचरित हुई।

तीसरायुगः द्वापरयुग

द. व्यक्तिगत प्रमाणित पूर्ण प्रेरक अवतार

08. दृश्य काल के व्यक्तिगत प्रमाणित काल में व्यक्तिगत प्रमाणित पूर्ण दृश्य सत्य चेतना से युक्त भक्ति और प्रेम आधारित द्वापर युग में विष्णु के आठवें अवतार

-**योगेश्वर श्री कृष्ण अवतार महाभारत (मानक सामाजिक व्यक्ति चरित्र)**

मुख्य-गुण सिद्धान्त-आदर्श सामाजिक व्यक्ति चरित्र के गुण, समाज में व्याप्त अनेक मत-मतान्तर व विचारों के समन्वय और एकीकरण से सत्य-विचार के प्रेरक ज्ञान को निकालने वाले गुण (सामाजिक आदर्श व्यक्ति का सिद्धान्त और व्यक्ति से उठकर विचार आधारित व्यक्ति निर्माण का सिद्धान्त) सहित सातवें अवतार तक के समस्त गुण आठवें अवतार श्रीकृष्ण का गुण था। जिससे व्यक्ति, व्यक्ति पर विश्वास न कर अपने बुद्धि से स्वयं निर्णय करें और प्रेरणा प्राप्त करता रहे। जो अगले अवतार में संचरित हुई।

चौथायुगः कलियुग

य. सार्वजनिक प्रमाणित अंश प्रेरक अवतार

09. दृश्य काल के व्यक्तिगत प्रमाणित काल में सार्वजनिक प्रमाणित अंश दृश्य सत्य चेतना से युक्त संघ और योजना आधारित कलियुग के प्रारम्भ में विष्णु के नवें अवतार-**बुद्ध अवतार**

मुख्य-गुण सिद्धान्त-प्रजा को प्रेरित करने के लिए धर्म, संघ और बुद्धि के शरण में जाने की मूल शिक्षा देना नवें अवतार भगवान बुद्ध का गुण (धर्म, संघ और बुद्धि का सिद्धान्त) था। जो अगले अवतार में संचरित हुई।

01. दृश्य काल

पाँचवाँयुगः सत्ययुग/स्वर्णयुग

र. सार्वजनिक प्रमाणित पूर्ण प्रेरक अवतार

10. दृश्य काल के सार्वजनिक प्रमाणित काल में सार्वजनिक प्रमाणित पूर्ण दृश्य सत्य चेतना से युक्त संघ और योजना आधारित कलियुग के अन्त में विष्णु के दसवाँ और अन्तिम

-भोगेश्वर श्री लव कुश सिंह "विश्वमानव" निष्कलंक कल्कि अवतार-विश्वभारत (मानक वैश्विक व्यक्ति चरित्र)

आदर्श वैश्विक व्यक्ति चरित्र सहित सभी अवतारों का सम्मिलित गुण व मन निर्माण की प्रक्रिया से निर्मित अन्तिम मन स्वामी विवेकानन्द के मन के गुण मिलकर दसवें अन्तिम अवतार श्री लव कुश सिंह "विश्वमानव" में व्यक्त हुआ।

मुख्य-गुण सिद्धान्त-विश्व धर्म/वेदान्त धर्म/अद्वैत धर्म/एकता धर्म/लोकतन्त्र धर्म/समष्टि धर्म/प्राकृतिक धर्म/सत्य धर्म/ संयुकतमन धर्म/ईश्वर धर्म/हिन्दू धर्म/सार्वजनिक धर्म/दृश्य धर्म/मानव धर्म/धर्मनिरपेक्ष धर्म-लव कुश सिंह "विश्वमानव" -सन् 2012 ई0-पूर्ववर्ती सभी धर्मों व मतों का समन्वय व एकीकरण करते हुये निराकार आधारित

लोकतंत्र व्यवस्था का वृक्ष शास्त्र विश्व-नागरिक धर्म का धर्मयुक्त धर्मशास्त्र-कर्मवेदः प्रथम, अन्तिम तथा पंचम वेदीय श्रृंखला विश्व-राज्य धर्म का धर्मनिपेक्ष धर्मशास्त्र-विश्वमानक शून्य-मन की गुणवत्ता का विश्वमानक श्रृंखला, आदर्श मानक सामाजिक व्यक्ति चरित्र समाहित आदर्श मानक वैश्विक व्यक्ति चरित्र अर्थात् सार्वजनिक प्रमाणित आदर्श मानक वैश्विक व्यक्ति चरित्र का प्रस्तुतीकरण।

सामान्य व्यावहारिक रूप में भविष्य में जन्म लेने वाले किसी भी व्यक्ति का नाम निश्चित करना असम्भव है। अगर अवतार के उदाहरण में देखें तो सिर्फ उस समय की सामाजिक आवश्यकताओं के अनुसार उसके गुण की ही कल्पना की जा सकती है या उसके हो जाने के उपरान्त उसके नाम को सिद्ध करने की कोशिश की जा सकती है। इसलिए उस अवतार का जो भी नाम कल्पित है वह केवल गुण को ही निर्देश कर सकता है। इस प्रकार "कल्कि" जो "कल की" अर्थात् "भविष्य की" के अर्थों में रखा गया है। "मैं" , उसके "सार्वभौम मैं" का गुण है। "अहमद" , उसके अपने सार्वभौम सत्य-सिद्धान्त पर अतिविश्वास होने के कारण अंहकार का नशा अर्थात् अहंकार के मद से युक्त अहंकारी जैसा अनुभव करायेगा। उसका कोई गुरू नहीं होगा, वह स्वयं से प्रकाशित स्वयंभू होगा जिसके बारे में अथर्ववेद, काण्ड 20, सूक्त 115, मंत्र 1 में कहा गया है कि-

"ऋषि-वत्स, देवता इन्द्र, छन्द गायत्री।
अहमिद्धि पितुष्परि मेधा मृतस्य जग्रभ। अहं सूर्य इवाजिनि।"

अर्थात् "मैं परम पिता परमात्मा से सत्य ज्ञान की विधि को धारण करता हूँ और मैं तेजस्वी सूर्य के समान प्रकट हुआ हूँ।"

08. विश्वधर्म मन्दिर-धर्म के व्यावहारिक अनुभव का मन्दिर

धर्म के व्यावहारिक अनुभव का मन्दिर-विश्वधर्म मन्दिर, की स्थापना जीवनदायिनी सत्यकाशी क्षेत्र में उचित स्थान देखकर की जायेगी क्योंकि इसकी स्थापना के पीछे स्थान का कोई विशेष कारण और स्थान के लिए शास्त्रीय आधार नहीं है, इसके लिए पूरा सत्यकाशी क्षेत्र ही शास्त्रीय आधार के अन्तर्गत है।

यह एक विशाल कैम्पस होगा जिसमें एक प्रवेश द्वार (जन्म का प्रतीक) और एक ही निकास द्वार (मृत्यु का प्रतीक) होगा। प्रवेश द्वार से प्रवेश करते ही विश्व के प्रमुख धर्मों के अलग-अलग द्वार (जीवन संस्कृति का प्रतीक) होंगे। जिन्हें जिस धर्म का अनुभव प्राप्त करना हो वे उस द्वार से प्रवेश करेंगे और उस धर्म के अनुसार वस्त्र, पूजा पद्धति, धर्म शास्त्र, खान-पान इत्यादि का पूरा अनुभव पूरे दिन प्राप्त करेंगे और अन्त में निकास द्वार से अपने पुराने वस्त्र को धारण कर बाहर आयेंगे। इसका तात्पर्य यह है कि जन्म (प्रवेश द्वार) की एक ही विधि है और मृत्यु (निकास द्वार) की भी एक ही विधि है जो किसी धर्म से सम्बन्धित नहीं है। बीच का जीवन ही उस धर्म का अनुभव है। धर्म में प्रवेश के उपरान्त धर्म (जीवन संस्कृति) परिवर्तन का कोई मार्ग नहीं है। उसके लिए आपको निकास द्वार (मृत्यु) से बाहर आकर फिर जन्म (पुर्नजन्म) लेना पड़ेगा फिर किसी दूसरे धर्म का अनुभव आप प्राप्त कर सकते हैं। यह धर्म के व्यावहारिक अनुभव का मन्दिर-विश्वधर्म मन्दिर, पूर्णतः व्यापारिक ढंग से संचालित होगा।

09. नाग मन्दिर

नागवंश पर आधारित होकर नाग मन्दिर का निर्माण होगा। जिसकी स्थापना जीवनदायिनी सत्यकाशी क्षेत्र में उचित स्थान देखकर की जायेगी क्योंकि इसकी स्थापना के पीछे स्थान का कोई विशेष कारण और स्थान के लिए शास्त्रीय आधार नहीं है, इसके लिए पूरा सत्यकाशी क्षेत्र ही शास्त्रीय आधार के अन्तर्गत है।

सूर्यवंश या कूर्मवंश ही प्रमुख क्षत्रिय वंश है। समूचे भारत में इसके अनेक कुल और वंश आज कूर्मि जाति के कुलों और वंशों के रूप में मिलते हैं। कालान्तर में किसी प्रसिद्ध राजा या ऋषि आदि के नाम पर भी कुछ

कूर्मि लोग अपनी वंश परम्परा मानते हैं किन्तु समस्त कूर्मि जाति का उद्भव मुख्य रूप से कूर्मवंश या सूर्यवंश से होने के कारण कूर्मि जाति अपने को कूर्मवंशी कहती है। जिस प्रकार कुरू के वंशज कौरव, पाण्डु के वंशज पाण्डव तथा यदु के वंशज यादव कहलाये, उसी प्रकार महर्षि कूर्म के वंशज कौर्मि के नाम से विख्यात हुए। वर्तमान समय में कूर्मि, कुटुम्बी, कुनबी, कुलंबी आदि उसी के ही अपभ्रंस रूप हैं। महर्षि कूर्म के वंशज कूर्मवंशीय क्षत्रिय के नाम से जाने जाते हैं। बाम्बे गजेटियर बेलगाम जिल्द-21 के अनुसार कुनबी (कुर्मी) लोगों के कुल सम्बन्धी नाम 292 हैं। सम्पूर्ण संख्या में से 102 की उत्पत्ति चन्द्र वंश से, 78 की उत्पत्ति सूर्य वंश से तथा 81 की उत्पत्ति ब्रह्म वंश से मानी जाती है। शेष 31 कुलों के सम्बन्ध में कहा जाता है कि उनका सम्बन्ध विविध वंशों से है।

त्रेता युग के प्रारम्भ में ब्रह्मा के मारीचि नामक पुत्र के प्रथम पुत्र कश्यप (द्वितीय पुत्र अत्रि) हुए (वायु पुराण, 6. 43)। दक्ष वंश की 60 कन्याओं में से 10 कन्याओं का विवाह धर्म के साथ, 13 कन्याओं का विवाह महर्षि कश्यप के साथ, 27 कन्याओं का विवाह चन्द्रमा के साथ, 2 कन्याओं का विवाह भूत के साथ, 2 कन्याओं का विवाह अंगीरा के साथ, 2 कन्याओं (पुलोमा और कालका, इनसे पौलोम और कालकेय नाम के साठ हजार रणवीर दानवों का जन्म हुआ जो कि कालान्तर में निवातकवच के नाम से विख्यात हुए।) का विवाह कश्यप के साथ और शेष 4 कन्याओं (विनता, कद्रु, पतंगी व यामिनी) का विवाह भी तार्कष्यधारी कश्यप के साथ ही कर दिया। महर्षि कश्यप की पत्नी विनता के गर्भ से गरूड़ (भगवान विष्णु का वाहन) और वरूण (सूर्य का सारथि) पैदा किए। कद्रू की कोख से अनेक नागों का जन्म हुआ। रानी पतंगी से पक्षियों का जन्म हुआ। यामिनी के गर्भ से शलभों (पतिंगों) का जन्म हुआ।

कश्यप की 1. दिति नामक स्त्री के दूसरे पुत्र दैत्य से दैत्य जाति की स्थापना हुई।

कश्यप की 2. दनु नामक स्त्री से उत्पन्न वंश दानव वंश कहा गया।

कश्यप की 3. क्रोधवसा नामक स्त्री से उत्पन्न पुत्र का नाम नाग था और इनके वंशज नागवंशी कहलाये। इनका साम्राज्य वर्तमान तुर्किस्तान में था जिसे प्राचीन समय में नागलोक कहा जाता था। इनके राज्य की उत्तरी सीमा अराल सागर थी जहाँ का प्रतापी राजा शेष नाग था। नागवंशीयों की मूलतः 7 शाखाएँ हुयीं जिनमें मुख्यतः कारकोटक, नाग, वासुकि, कश्यपनाग, कन्दर्प महानाग तथा शेषनाग हैं। पत्नी से साँप, बिच्छु आदि विषैले जन्तु पैदा किए। नागवंशीयों के आसपास गरूण वंश का राज्य था। कारकोटक नाग वंश की कन्या उलूपी की शादी, चन्द्रवंशी-पाण्डुवंशी अर्जुन से हुई थी। इन्हीं नागवंशियों की एक शाखा भारशिव नागों की थी। ये कुषाण वंश के पतन के बाद मथुरा, कान्तिपुरी (मिर्जापुर) राज्यों के शासक रहे। इन भारशिव नागों ने वाराणसी पर भी अधिकार करके अपना राज्य स्थापित किया था। महाकवि भारशिव, नागवंशियों के महान लेखक व कवि हुए थे। इन्होंने भारशिव नागों को "भर" शब्द से प्रयुक्त किया। भारशिव का समय 592 से 661 ई0 के आस-पास था। भार जाति के लोग राज्य शासन में होने के कारण "राजभर" कहलाये। जिनमें राजा बिहारीमल, राजा सुहेलदेव जिन्होंने गोण्डा (उत्तर प्रदेश) में देवी पाटन का निर्माण कराया। राजा सुहेलदेव की 5वीं पीढ़ी में राजा सूर्यमल हुये, इनके पुत्र कुमार नागुल गुरू गोरखनाथ के शिष्य गुरू रत्ननाथ के शरण में चले गये और 1354 ई0 में गुरू रत्ननाथ की मदद से कुमार नागुल ने देवी पाटन पर पुनः अधिकार कर लिया। राजा सूर्यमल की 6 पुत्रीयों का विवाह गुरू रत्ननाथ की मदद से क्षत्रिय कुलों में की गई। राजा मानिक 1092 से 1134 ई0 तक श्रावस्ती के राजा रहे। राजा कर्ण मिर्जापुर जिले में कर्ण (कान्तित) क्षेत्र के राजा थे और यहीं से भदोही क्षेत्र भी इनके शासन में था। सन् 1751 ई0 में वाराणसी के राजा बलवन्त सिंह ने कान्तित और भदोही को अपने अधिकार में कर लिये। राजा हरदेव 1168 ई0 से 1213 ई0 तक शासन में रहे और इन्होने अपने नाम से हरदोई नामक नगर बसाया। राजा डलदेव ने अपनी राजधानी गंगा किनारे डलमऊ नाम से बसाये। इनके सगे भाई राजा बलदेव ने अपनी राजधानी राजबरेली वर्तमान रायबरेली नाम से बसाया। इन दोनों भाईयों का शासन काल 1400 से 1413 ई0 तक रहा।

कश्यप की 4. ताम्रा नामक स्त्री से उत्पन्न् वंश का नाम जटायुवंश और गरूणवंश था।

कश्यप की 5. काष्ठा नामक स्त्री से घोड़े आदि एक खुर वाले पशु उत्पन्न हुए।

कश्यप की 6. अरिष्ठा नामक स्त्री से से गन्धर्व का जन्म हुआ।

कश्यप की 7. सुरसा नामक स्त्री से यातुधान (राक्षस) उत्पन्न हुए।
कश्यप की 8. इला नामक स्त्री से वृक्ष, लता आदि पृथ्वी में उत्पन्न होने वाली वनस्पतियों का जन्म हुआ।
कश्यप की 9. मुनी नामक स्त्री से अप्सरागण का जन्म हुआ।
कश्यप की 10. सुरभि नामक स्त्री से भैंस, गाय तथा दो खुर वाले पशुओं की उत्पति की।
कश्यप की 11. शरमा नामक स्त्री से बाघ आदि हिंसक जीवों को पैदा किया।
कश्यप की 12. तिमिय नामक स्त्री से जलचर जन्तुओं को अपनी संतान के रूप में उत्पन्न किया।
कश्यप की 13. अदिति नामक स्त्री से आदित्य (सूर्य) उत्पन्न हुए। अदिति, मनुर्भरतवंश के 45वीं पीढ़ी में उत्तानपाद शाखा के प्रजापति दक्ष की पुत्री थी (बृहद्वेता, 3. 57)। प्राचीन विश्व में प्रमुख 2 वंश 1. सूर्य वंश और 2. चन्द्र वंश इन्हीं की सन्तानों से विकसित हुए।

10. विश्वशास्त्र मन्दिर (Vishwshastra Temple)

विश्वशास्त्र मन्दिर, एक शिवलिंग के आकार का मन्दिर है जिसमें शिवज्योति (शिव-प्रकाश) के रूप में विश्वशास्त्र रखा रहेगा। जो यह सिद्ध करेगा कि निराकार ग्रन्थ-विश्वशास्त्र ही गुरू है, प्रकाश है। मुख्य मन्दिर सत्यकाशी क्षेत्र में स्थापित होगा क्योंकि यह इसी सत्यकाशी क्षेत्र से ही व्यक्त हुआ है। साथ ही भारत के प्रत्येक जनपद (जिला) में भी एक मन्दिर स्थापित होगा। मन्दिर का प्रबन्ध व रखरखाव जन्म आधारित ब्राह्मण के हाथों में होगा।

8वें सावर्णि मनु और अनिर्वचनीय कल्कि महाअवतार भोगेश्वर श्री लव कुश सिंह "विश्वमानव" द्वारा सत्यकाशी क्षेत्र से व्यक्त विश्वशास्त्र, सार्वभौम सत्य का शास्त्र नहीं बल्कि सार्वभौम सत्य समाहित सार्वभौम सिद्धान्त का शास्त्र है इसलिए यह शिव-तन्त्र का शास्त्र है। इसलिए इसके धर्म और धर्मनिरपेक्ष-सर्वधर्मसमभाव क्षेत्र से अनेक नाम हैं क्योंकि यह सभी विषयों से सम्बन्धित है। "विश्वशास्त्र" सभी प्रश्नों का आध्यात्मिक, सामाजिक, राजनैतिक और प्रबन्धकीय आधार सहित व्याख्या करता है जिसकी स्थापना विश्व शान्ति, एकता, स्थिरता, विकास, सुरक्षा, प्रबन्ध इत्यादि का अन्तिम, विवशता व मानवतापूर्ण मार्ग है। सम्पूर्ण शास्त्र का संगठन एक सिनेमा की तरह प्रारम्भ होता है जो ब्लैक होल से ब्रह्माण्ड की उत्पत्ति, सौर मण्डल, पृथ्वी ग्रह से होते हुए पृथ्वी पर होने वाले व्यापार, मानवता के लिए कर्म करने वाले अवतार, धर्म की उत्पत्ति से होते हुए धर्म ज्ञान के अन्त तक का चित्रण प्रस्तुत करता है। पूर्ण ज्ञान के लिए इस पूरे सिनेमा रूपी "विश्वशास्त्र" को देखना पड़ेगा। जिस प्रकार सिनेमा के किसी एक अंश को देखने पर पूरी कहानी नहीं समझी जा सकती उसी प्रकार इसके किसी एक अंश से पूर्ण ज्ञान नहीं हो सकता।

"हम गुरु बिना कोई ज्ञान प्राप्त नहीं कर सकते। अब बात यह है कि यदि मनुष्य, देवता अथवा कोई स्वर्गदूत हमारे गुरु हों, तो वे भी तो ससीम है; फिर उनसे पहले उनके गुरु कौन थे? हमें मजबूर होकर यह चरम सिद्धान्त स्थिर करना ही होगा कि एक ऐसे गुरु हैं, जो काल के द्वारा सीमाबद्ध या अविच्छिन्न नहीं है। उन्हीं अनन्तज्ञान सम्पन्न गुरु को जिनका आदि भी नहीं और अन्त भी नहीं, ईश्वर कहते हैं। साधारण गुरुओं से श्रेष्ठ एक और श्रेणी के गुरु होते हैं, और वे हैं-इस संसार में ईश्वर के अवतार। वे केवल स्पर्श से, यहाँ तक कि इच्छा मात्र से ही आध्यात्मिकता प्रदान कर सकते हैं। उनकी इच्छा मात्र से पतित से पतित व्यक्ति क्षण मात्र में साधु हो जाता है। वे गुरुओं के भी गुरु हैं-नरदेहधारी भगवान हैं। मुझे इस बात का खेद है कि वर्तमान काल में जातियों के बीच इतना विवाद (विरोध) है। यह तो अवश्य बन्द होना चाहिए। यह दोनों ओर से निरर्थक है, विशेषकर उच्च जाति-वालों (ब्राह्मणों) की ओर से, क्योंकि अब इन अधिकारों और विशेष हकों के दिन बीत गये। समाज के प्रत्येक उच्च पदाधिकारों का कर्तव्य है कि वह अपने विशेषाधिकारों की कब्र आप ही खोंदे और जितना शीघ्र हो, उतना ही सब के लिए बेहतर होगा। जितनी देर होगी, उतना ही वह सड़ेगा और उतनी ही बुरी मौत वह मरेगा। इसीलिए भारतवर्ष

में ब्राह्मण का यह कर्तव्य है कि वह शेष मानव जाति की मुक्ति के लिए कर्मशील बने। यदि वह ऐसा करता है और जब तक वह ऐसा करता है तभी तक वह ब्राह्मण है; पर जब वह केवल पैसा कमाने में लग जाता है तब वह ब्राह्मण नहीं है। कोई भी व्यक्ति, चाहे वह शूद्र हो या चाण्डाल, ब्राह्मण को भी तत्वज्ञान की शिक्षा दे सकता है। सत्य की शिक्षा अत्यन्त नीच व्यक्ति से भी ली जा सकती है-वह व्यक्ति किसी भी जाति या पन्थ का क्यों न हो। हमारे अधिकांश उपनिषद् क्षत्रियों के लिखे हुए हैं। भारतवर्ष में हमारे मध्य आचार्य अधिकतर क्षत्रिय ही थे और उनके उपदेश सदा सार्वभौमिक रहे हैं।. . . राम, कृष्ण, बुद्ध-जिनकी पूजा अवतार मानकर की जाती है-ये सब क्षत्रिय ही थे। जाति प्रथा तो वेदान्त धर्म के विरूद्ध है। जाति एक सामाजिक रूढ़ी है और हमारे सभी महान आचार्य उसे तोड़ने का प्रयत्न करते आये हैं। बौद्ध धर्म से लगाकर सभी पंथों ने जाति के विरूद्ध प्रचार किया है, किन्तु प्रत्येक समय वह श्रृंखला दृढ़ ही होती गयी। जाति तो केवल भारत वर्ष की राजनीतिक संस्थाओं से निकली हुई है; वह एक परम्परागत व्यावसायिक संस्था है। धर्म में कोई जाति नहीं होती, जाति तो केवल एक सामाजिक रूढ़ी है। तुमने मांस खाने वाले क्षत्रियों की बात उठाई है। क्षत्रिय लोग चाहे मांस खाये या ना खाये, वे ही हिन्दू धर्म की उन सब वस्तुओं के जन्मदाता हैं जिनको तुम महत और सुन्दर देखते हो। उपनिषद् किसने लिखे थे? राम कौन थे? कृष्ण कौन थे? बुद्ध कौन थे? जैनों के तिर्थंकर कौन थे? जब कभी क्षत्रियों ने धर्म का उपदेश दिया, उन्होंने सभी को धर्म पर अधिकार दिया। और जब कभी ब्राह्मणों ने कुछ लिखा उन्होंने औरों को सब प्रकार के अधिकारों से वंचित करने की चेष्टा की। गीता और व्यास सूत्र पढ़ो या किसी से सुन लो। गीता में मुक्ति की राह पर सभी नर-नारियों, सभी जातियों और सभी वर्णों को अधिकार दिया गया है, परन्तु व्यास गरीब शूद्रों को वंचित करने के लिए वेद की मनमानी व्याख्या कर रहे हैं। क्या ईश्वर तुम जैसा मूर्ख है कि एक टुकड़े मांस से उसकी दया रुपी नदी में बाधा खड़ी हो जायेगी? अगर वह ऐसा ही है तो उसका मोल एक फूटी कौड़ी भी नहीं।"

-स्वामी विवेकानन्द

11. एक दिव्य नगर-सत्यकाशी नगर

जरगो बाँध

जरगो बाँध मीरजापुर-वाराणसी (काशी)-सोनभद्र (राबर्ट्सगंज) के त्रिभुज के केन्द्र में पहाड़ियों के बीच में स्थित है जो तीनों शहर से लगभग 50 किमी की दूरी पर है। जरगो बाँध सन् 1950 से 1958 के दौरान रु0 1,21,36,700.00 की लागत से निर्मित हुआ है। जिसका मुख्य लाभ सिचाई व मत्स्य पालन के क्षेत्र में है। जरगो बाँध द्वारा मीरजापुर के 3150 एकड़, चन्दौली के 33744 एकड़ तथा गाजीपुर के 17691 एकड़ अर्थात् कुल 64585 एकड़ की सिचाई होती है। जरगो बाँध में 143.0 वर्ग किलोमीटर (55 वर्ग मील) से वर्षा का जल एकत्रित होता है। तथा स्थिर जल का झील क्षेत्र 31.2 वर्ग किमी (12 वर्ग मील) है। सिंचाई के लिए उपयोगी जल 5005 लाख क्यूबिक फीट तथा अनुपयोगी जल 320 लाख क्यूबिक फीट है। मिट्टी द्वारा बने बाँध की कुल लम्बाई 8 किमी 240 मीटर (5 मील 800 फीट) है। जिसकी अधिकतम ऊँचाई लगभग 30 मीटर (100 फीट) है। जल निकासी के लिए 30 फीट की ऊँचाई और 15 फीट की चौड़ाई के 12 गेट है। जो दो स्थानों पर 8 और 4 की संख्या में बनाये गये हैं। जिससे 70400 क्यूबिक फीट प्रति सेकेण्ड की गति से जल निकल सकता है। जल का अधिकतम स्तर 323 फीट समुद्रतल, झील का अधिकतम स्तर 322 फुट समुद्र तल (गेट से) है। अनुपयोगी जल का स्तर 282 फीट समुद्रतल है। जरगो बाँध का पूर्ण क्षेत्र 1,97,000 एकड़ है तथा कृषि योग्य क्षेत्र 1,28,050 एकड़ है। जरगो बाँध के नहरों की लम्बाई लगभग 244.8 किमी (153 मील) है। जरगो बाँध को मध्य प्रदेश से आने वाली बाण सागर परियोजना के नहरों से जोड़ा जा रहा है। इस प्रकार वर्षा जल पर आधारित इस बाँध में जल की स्थिरता सुनिश्चित हो जायेगी।

जरगो बाँध क्षेत्र में ईंट, जल, बालू, श्रमिक, लकड़ी, बाँस, गिट्टी, बोल्डर, बिजली, दूरसंचार और अनुपयोगी कृषि के अयोग्य पथरीली भूमि आसानी से सस्ते दर पर उपलब्ध है। यह क्षेत्र कम उँचाई के पहाड़ियों से घिरा प्रदूषण मुक्त, प्राकृतिक सौन्दर्य से घिरा छोटे समुद्र और समुद्र के किनारे की भाँति है। इस क्षेत्र से सड़क मार्ग

से सीधे परिवहन की सुविधा वाराणसी, चन्दौली, मीरजापुर और सोनभद्र (राबर्ट्सगंज) से जुड़ी हुई हैं। यहाँ से 3 किमी की दूरी पर विश्वनाथपुरी रेलवे स्टेशन (चुनार-गढ़वा रेल पथ पर स्थित) है तथा 8-16 किमी पर चुनार जंक्शन रेलवे स्टेशन (दिल्ली-हावड़ा रेल मुख्य पथ पर स्थित) है। जरगो बाँध क्षेत्र में प्रस्तावित थ्री-इन-वन सत्यकाशी नगर जो कि आध्यात्मिक-तीर्थ पर्यटक स्थल, वाटर स्पोर्ट स्टेडियम तथा सत्यम्-शिवम्-सुन्दरम् का साकार रुप सत्यकाशी नगर का संयुक्त रुप है।

समुचित रखरखाव नहीं हो पाने के कारण जरगो जलाशय पर संकट के बादल मंडराने लगे हैं। जगह-जगह दरार पड़ने के कारण पानी का रिसाव हो रहा है। साथ ही तलहटी में सिल्ट जमा हो गया है। इससे जलाशय की पानी संग्रह की क्षमता भी कम हो गई है। अचानक होने वाली बरसात में बांध कम पानी से ही भर जाता है। जगह-जगह रिसाव को लेकर आसपास के ग्रामीण भयभीत रहते हैं। द्वितीय पंचवर्षीय योजना में हुआ निर्माण जरगो जलाशय के निर्माण की परिकल्पना 1950 में तत्कालीन सिंचाई मंत्री कमलापति त्रिपाठी ने की थी। इसे द्वितीय पंचवर्षीय योजना (1956-59) में मूर्त रूप दिया गया।

अ. आध्यात्मिक तीर्थ पर्यटक स्थल हेतु निर्माण कार्य:-नगर का मुख्य द्वार, सुन्दर पार्क एवं वाहन स्टैण्ड, डब्ल्यू0 एस0-00000: उपासना और उपासना स्थल का विश्वमानक अर्थात् सत्य-धर्म-ज्ञान केन्द्र का निर्माण, जो तारामण्डल (प्लेन्टोरियम) की भाँति धर्म की उत्पत्ति, विकास और अन्त को प्रस्तुत करने का केन्द्र, स्थिर जल से घिरा नौकायन द्वारा पर्यटकों के लिए रुकने का स्थान, नौकायन के लिए पैर और मोटर चालित नौका (वोट), लक्ष्मण झूला (ऋषिकेश) की भाँति झूलता हुआ पुल, सम्पूर्ण क्षेत्र में सत्य धर्म ज्ञान पर ध्वनि प्रकाश (लाइट एण्ड साउण्ड) कार्यक्रम की व्यवस्था दिल्ली के लालकिले के लाइट एण्ड साउण्ड कार्यक्रम की भाँति, साथ ही सम्पूर्ण क्षेत्र में प्रकृति व महापुरुषों के आध्यात्मिक वाणियों के बोर्ड इत्यादि लगाकर बनाया जा सकता है।

ब. वाटर स्पोर्ट (जलक्रीड़ा) स्टेडियम हेतु निर्माण कार्य:-कूदने व तैरने के लिए तरण ताल व स्टेडियम, कम दूरी व लम्बी दूरी का तरणताल व स्टेडियम, नौकायन, बाँध के नीचे से आवासीय मल्टी स्टोरी (बहुमंजिली) इमारत बनाते हुए सबसे उपरी तल पर ऐस्बेस्टस चादर से छाया हुआ स्टेडियम का निर्माण हो सकता है।

स. सत्यम्-शिवम्-सुन्दरम् सत्यकाशी नगर हेतु निर्माण कार्य: जरगो बाँध के सम्पूर्ण क्षेत्र में जहाँ भी उसे सुन्दरतम रुप देने की सम्भावना हो उसका निर्माण, आवासीय निर्माण टाउनशिप, आवासीय व अआवासीय विद्यालय, महाविद्यालय, तकनीकी, चिकित्सा व प्रबन्ध संस्थानों का निर्माण, खेल से सम्बन्धित अन्य सुविधा जैसे-जिम्नास्टिक, मैदान, दौड़ने के लिए बाँध का सड़क, क्षेत्र में अस्पताल, बाजार, होटल, रेस्टूरेन्ट, धर्मशाला, पार्क, वाहन स्टैण्ड, कान्फरेन्स हाल इत्यादि को भी बनाया जा सकता है।

निर्माण का मूल उद्देश्य

मिट्टी से बने बाँध को सुरक्षात्मक निर्माण देकर क्षेत्र की जनता को बाँध टूटने के डर से स्थायी मुक्ति देना। एक ही स्थान पर एक ही निर्माण से पर्यटन स्थल, तीर्थस्थल, आवासीय स्थल, शिक्षा स्थल, सिंचाई साधन में बढ़ोत्तरी, प्रदेश का सबसे बड़ा वाटर स्पोर्ट स्टेडियम, मत्स्य पालन इत्यादि मूल उद्देश्य को पूर्ण करना जो प्रदूषण मुक्त एवं स्वच्छ सुनियोजित हो। साथ ही काशी के प्रसार के साथ पौराणिक क्षेत्र चुनार क्षेत्र को विश्व पटल पर स्थापित करना। इन सबके परिणामस्वरुप पर्यटन से आवागमन बढ़ाने से क्षेत्रीय विकास व स्वरोजगार के व्यापक अवसर का विकास करना ही इस निर्माण का मूल उद्देश्य है।

निर्माण से चुनार व मड़िहान विधान सभा क्षेत्र को लाभ

मुगलसराय-रामनगर-वाराणसी बाईपास रोड के कारण विकास की दिशा चुनार क्षेत्र की ओर तेजी से होगा। सवोच्च तीर्थ स्थल के रुप में स्थापित होने से विश्व ऐतिहासिक गर्व का विषय होगा। पर्यटक, तीर्थ व आवासीय स्थल होने से व्यक्तियों का आवागमन बढ़ेगा परिणामस्वरुप स्वरोजगार बढ़ेगा। भूमि से प्राप्त दो प्रकार के लाभ-भूमि मूल्य और उपज में से भूमि मूल्य का तेजी से विकास होगा। प्रत्येक पर्यटक एवं तीर्थयात्री जो काशी आयेंगे वे

सत्यकाशी जरुर आयेंगे। जिससे सड़क के किनारे बाजार का तेजी से विकास होगा। हजारों व्यक्तियों को स्वरोजगार प्राप्त होने के साथ ही नगर निर्माण इत्यादि से ईट भट्ठा उद्योग के विकास सहित नये व्यापारिक क्षेत्र का भी विकास होगा। अनेक विषयों का आदान-प्रदान बढ़ने से क्षेत्र का चहुँमुखी विकास होगा।

निर्माण से क्षेत्र व सरकार को लाभ

सम्पूर्ण निर्माण कार्य को एक साथ देखने पर यह दृश्य सामने आता है कि एक ऐसा सुन्दर स्थल चुनार क्षेत्र को उपलब्ध हो जायेगा जिसके जैसा शहर पूरे पूर्वांचल में नहीं होगा। इस निर्माण से चुनार क्षेत्र वासियों के लिए स्थाई रुप से अनेकों रोजगार की सम्भावना बनेगी साथ ही सामाजिक-सांस्कृतिक विकास होगा। प्रतिदिन हजारों देशी-विदेशी पर्यटक इस स्थल पर पर्यटन के उद्देश्य से आयेंगे। बाँध की सुरक्षा स्थायी रुप से हो जायेगी। जिससे टूटने का भय सदा के लिए समाप्त हो जायेगा। क्षेत्रीय जनता को इस निर्माण से लाभ को वर्तमान तथा आने वाली पीढ़ियों के विकास व रोजगार के साथ देखना चाहिए।

इस निर्माण से सरकार को पर्यटन, आवास, खेल, सिंचाई, बिजली, मछली इत्यादि के विकास के कारण राजस्व की प्राप्ति में बृद्धि होगी। बाण सागर परियोजना से जुड़ने के बाद जल विद्युत निर्माण की सम्भावना यहाँ बन जायेगी। साथ ही सिंचाई के लिए अत्यधिक जल उपलब्ध हो जाने से नरायनपुर नहर पर आने वाले सरकारी खर्चों में अधिकतम कमी आ जायेगी। क्योंकि नरायनपुर में पानी बिजली के खर्च द्वारा आता है जबकि जरगो बाँध में पानी वर्षा का होता है। महत्वपूर्ण ऐतिहासिक शहरों से घिरा होने के कारण विदेशी मुद्रा भी सरकार को पर्यटकों द्वारा प्राप्त होगी उ0 प्र0 सरकार के फिल्म नीति की घोषणा में यह क्षेत्र फिल्म निर्माताओं की दृष्टि में महत्वपूर्ण बन जायेगा।

सम्पूर्ण रुप से चुनार क्षेत्र के विकास व विश्वव्यापी पहचान का यह योजना है। जो विकास की व्यापकता अपने साथ लिये हुए है। चाहे वह व्यक्ति व क्षेत्र की विकास की दृष्टि में हो या सरकार की दृष्टि में हो। क्षेत्र के व्यक्तियों को इस कार्य को पूर्ण करने में अपना योगदान देना चाहिए जिसका शत-प्रतिशत लाभ क्षेत्र के परिवार को तथा उनके भावी पीढ़ियों को ही प्राप्त होना है।

निर्माण की सम्भावना

यह वैज्ञानिक रुप से प्रमाणित है कि जो भी आवाज वातावरण में छोड़ दी जाती है वह अनन्त काल तक ब्रह्माण्ड में रहती है और पुनः किसी के मस्तिष्क को पकड़कर साकार रुप ग्रहण करती है। इसलिए अब जबकि सत्यकाशी नगर की निर्माण योजना क्षेत्र में फैल चुकी है और एक व्यापक जनसमुदाय के समक्ष लाभ-हानि के साथ प्रस्तुत हो चुकी है इसलिए इस निर्माण की सुनिश्चितता निर्धारित हो जाती है। निर्माण प्रारम्भ का समय क्षेत्र की जनता की एकता शक्ति और व्यापारिक समझ पर निर्भर है।

कुल मिलाकर जरगो बाँध क्षेत्र उसी प्रकार का है जिस प्रकार से भोपाल (मध्य प्रदेश, भारत) बसा हुआ है। यहाँ अभी भी पिकनिक की दृष्टि से वाराणसी और आस-पास क्षेत्र से हजारो लोग आते रहते हैं। स्वामी अड़गड़ानन्द के कारण गुरू पूर्णिमा को लाखों लोगों का आगमन एक साथ होता है, वैसे तो सालोंभर लोग आते रहते हैं। दिपावली के बाद आने वाले एकादशी को बेचुबीर मेला के कारण लाखों लोग कई प्रदेशों से आकर तीन दिन रूकते हैं। इसलिए यह क्षेत्र लोगों से परिचित है आवश्यकता है इस प्रकाशित क्षेत्र के सही उपयोग का।

12. होटल शिवलिंगम्-शिवत्व का एहसास

जरगो बाँध के किनारे से लगा हुआ यह होटल एक अलग प्रकार की सोच का प्रतीक होगा। इस बहुमंजिला आधुनिक सुविधाओं वाला तारांकित होटल का आकर शिवलिंग के आकार का होगा। इस होटल के बाहरी दिवार काले काँच के होंगे और उसके अन्दर बरामदा होगा। रात में जब बरामदे से रोशनी होगी तब पूरा होटल प्रकाशित शिवलिंग के रूप में दिखेगा। इस होटल में रूकने मात्र से ही शिवत्व का एहसास होगा और यह अनुभव होगा कि हम शिव में ही आये हैं और निवास कर रहे हैं।

13. इन्द्रलोक-ओपेन एयर थियेटर

जरगो बाँध के किनारे से लगा हुआ यह ओपेन एयर थियेटर एक अलग प्रकार की सोच का ओपेन एयर थियेटर होगा। जहाँ सांस्कृतिक कार्यक्रम का अनुभव इन्द्रलोक में होते हुये कायक्रम का अनुभव करायेगा।

14. हस्तिनापुर-महाभारत का लाइट एण्ड साउण्ड प्रोग्राम

जरगो बाँध के किनारे से लगा हुआ यह हस्तिनापुर-महाभारत का लाइट एण्ड साउण्ड प्रोग्राम महाभारत के मुख्य-मुख्य कथाओं का जीवन्त प्रस्तुतिकरण का कार्यक्रम होगा जिससे मनुष्य के ज्ञान-बुद्धि का कम समय में ही विकास हो सके और उसका व्यावहारीकरण हो सके।

15. सत्य-धर्म-ज्ञान केन्द्र-तारामण्डल की भाँति शो द्वारा कम समय में पूर्ण ज्ञान

तारामण्डल की भाँति शो द्वारा कम समय में पूर्ण ज्ञान के लिए सत्य-धर्म-ज्ञान केन्द्र, जिसकी स्थापना जीवनदायिनी सत्यकाशी क्षेत्र में उचित स्थान देखकर की जायेगी क्योंकि इसकी स्थापना के पीछे स्थान का कोई विशेष कारण और स्थान के लिए शास्त्रीय आधार नहीं है, इसके लिए पूरा सत्यकाशी क्षेत्र ही शास्त्रीय आधार के अन्तर्गत है। जिस प्रकार तारामण्डल में बैठकर कम समय में ही आकाशीय ग्रह-नक्षत्र और ब्रह्माण्ड के विषय में जानकारी प्राप्त की जाती है उसी प्रकार सत्य-धर्म-ज्ञान केन्द्र में बैठकर कम समय में ही धर्म की उत्पत्ति से लेकर उसके अन्त और व्यवहारीकरण तक का ज्ञान प्राप्त कर सकते हैं।

16. सत्यकाशी आध्यात्म पार्क

सत्यकाशी आध्यात्म पार्क, जिसकी स्थापना जीवनदायिनी सत्यकाशी क्षेत्र में उचित स्थान देखकर की जायेगी क्योंकि इसकी स्थापना के पीछे स्थान का कोई विशेष कारण और स्थान के लिए शास्त्रीय आधार नहीं है, इसके लिए पूरा सत्यकाशी क्षेत्र ही शास्त्रीय आधार के अन्तर्गत है। सत्यकाशी आध्यात्म पार्क, स्कूली बच्चों से लेकर बड़ों के लिए एक ऐसा पार्क होगा जहाँ मनोरजंन के साथ-साथ बौद्धिक विकास की सम्पूर्ण व्यवस्था स्वाभाविक रूप से आपके अंगों से प्रवेश करेगी।

17. वंश नगर-मनु से मानव तक के वंश पर आधारित नगर

मनु से मानव तक के वंश पर आधारित नगर-वंश नगर, जिसकी स्थापना जीवनदायिनी सत्यकाशी क्षेत्र में उचित स्थान देखकर की जायेगी क्योंकि इसकी स्थापना के पीछे स्थान का कोई विशेष कारण और स्थान के लिए शास्त्रीय आधार नहीं है, इसके लिए पूरा सत्यकाशी क्षेत्र ही शास्त्रीय आधार के अन्तर्गत है। वंश नगर, मानव के वशांवली पर आधारित अर्थात् वंश वृक्ष के आधार पर आधुनीक सुविधाओं वाला आवासीय क्षेत्र होगा। अर्थात् उसके सड़कों का नामकरण वंश वृक्ष के अनुसार होगा।

18. 8वें सावर्णि मनु-सम्पूर्ण एकता की मूर्ति
(Statue of Complete Unity)

एकता की मूर्ति (Statue of Unity)

स्टैच्यू ऑफ यूनिटी 182 मीटर (597 फीट) ऊँचा गुजरात सरकार द्वारा प्रस्तावित भारत के प्रथम उप प्रधानमन्त्री तथा प्रथम गृहमन्त्री सरदार पटेल का स्मारक है। गुजरात के मुख्यमन्त्री नरेन्द्र मोदी ने 31 अक्टूबर 2013 को सरदार पटेल के जन्मदिवस के मौके पर इस विशालकाय मूर्ति के निर्माण का शिलान्यास किया। यह स्मारक सरदार सरोवर बांध से 3. 2 किमी की दूरी पर साधू बेट नामक स्थान पर है जो कि नर्मदा नदी पर एक टापू है। यह स्थान भारतीय राज्य गुजरात के भरूच के निकट नर्मदा जिले में है।

अभी तक की सबसे ऊँची स्टैच्यू 128 मीटर की चीन में स्प्रिंग टैम्पल बुद्ध की है। उससे कम ऊँची मूर्ति भी भगवान बुद्ध की ही है जिसकी उँचाई 116 मीटर है। बुद्ध की यह मूर्ति सन् 2008 में म्याँमार सरकार ने बनवायी थी। लौह पुरुष सरदार पटेल, जिनकी स्मृति में यह विशाल स्मारक लोहे से ही बनाया जायेगा। गुजरात सरकार द्वारा 7 अक्टूबर 2010 को इस परियोजना की घोषणा की गयी थी। घोषणा में यह बताया गया कि प्रस्तावित स्मारक की कुल ऊँचाई आधार से लेकर शीर्ष तक 240 मीटर होगी जिसमें आधार तल की ऊँचाई 58 मीटर रहेगी और प्रतिमा 182 मीटर (597 फुट) आधार को जोड़कर-240 मीटर (790 फुट) ऊँची होगी। प्रतिमा का निर्माण इस्पात के फ्रेम, प्रबलित सीमेण्ट कंक्रीट और काँसे की पर्त चढ़ाकर किया जायेगा। टर्नर कन्स्ट्रक्शन, जो बुर्ज खलीफा के सलाहकार थे, उन्हीं के सहयोगी संगठन-माइकल ग्रेव्स एण्ड एसोशिएट्स एवं मीनहार्ड ग्रुप दोनों मिलकर पूरी परियोजना की निगरानी करेंगे परियोजना को पूरा होने में 56 सप्ताह का समय लगेगा जिसमें लगभग 15 महीने योजना, 40 महीने निर्माण तथा 2 महीने सहयोगी संगठनों द्वारा इसके हस्तान्तरण की प्रक्रिया में लगेंगे। पूरी परियोजना में प्रतिमा और अन्य भवन, जिनमें स्मारक, आगन्तुक केन्द्र, बाग, होटल, सभागार, मनोरंजन-उद्यान तथा शोध संस्थान आदि सभी शामिल हैं, की कुल लागत 2500 करोड़ रुपये होगी।

भरूच में भाजपा के वरिष्ठ नेता लालकृष्ण आडवाणी के साथ नरेन्द्र मोदी ने परियोजना की आधार शिला रखने के बाद जनता को बताया कि इस स्मारक के निर्माण हेतु राशि जनता व सार्वजनिक प्रतिष्ठानों से दान प्राप्त करके जुटायी जायेगी। उन्होंने यह भी बताया कि पूरी तरह से बन जाने के बाद यह विश्व का सबसे ऊँचा स्मारक होगा। सरदार पटेल की प्रतिमा बनाने के लिये लोहा पूरे भारत के गाँव में रहने वाले किसानों से खेती के काम में आने वाले पुराने और बेकार हो चुके औजारों का संग्रह करके जुटाया जायेगा। सरदार बल्लभभाई पटेल राष्ट्रीय एकता ट्रस्ट ने इस कार्य हेतु पूरे भारतवर्ष में 36 कार्यालय खोले हैं। लोहा एकत्र करने का काम निर्माण प्रारम्भ होने की तारीख (26 जनवरी 2014) से पहले ही पूरा कर लिया जायेगा।

सम्पूर्ण एकता की मूर्ति (Statue of Complete Unity)

हिन्दू पुराण के अनुसार ब्रह्माण्ड का सृजन क्रमिक रूप से सृष्टि के ईश्वर ब्रह्मा द्वारा होता है जिनकी जीवन 100 ब्राह्म वर्ष होता है। ब्रह्मा के 1 दिन को 1 कल्प (1. हेमत् कल्प, 2. हिरण्यगर्भ कल्प, 3. ब्राह्म कल्प, 4. पाद्‌य्म कल्प, 5. श्वेत बाराह कल्प-वर्तमान) कहते हैं। 1 कल्प, 14 मनु (पीढ़ी) के बराबर होता है। 1 मनु का जीवन मनवन्तर कहलाता है और 1 मनवन्तर में 71 चतुर्युग (अर्थात् 71 बार चार युगों का आना-जाना) के बराबर होता है। ब्रह्मा का एक कल्प (अर्थात् 14 मनु अर्थात् 71 चतुर्युग) समाप्त होने के बाद ब्रह्माण्ड का एक क्रम) समाप्त हो जाता है और ब्रह्मा की रात आती है। फिर सुबह होती है और फिर एक नया कल्प शुरू होता है। इस प्रकार ब्रह्मा 100 वर्ष व्यतीत कर स्वयं विलिन हो जाते हैं। और पुनः ब्रह्मा की उत्पत्ति होकर उपरोक्त क्रम का प्रारम्भ होता है। गिनीज बुक आफ वर्ल्ड रिकार्ड्स ने कल्प को समय का सर्वाधिक लम्बा मापन घोषित किया है।

हिन्दू धर्म अनुसार, मानवता के प्रजनक की आयु होती है। यह समय मापन की खगोलीय अवधि है। मन्वन्तर एक संस्कृत शब्द है, जिसका संधि-विच्छेद करने पर मनु अन्तर मिलता है। इसका अर्थ है मनु की आयु।

प्रत्येक मन्वन्तर एक विशेष मनु द्वारा रचित एवं शासित होता है, जिन्हें ब्रह्मा द्वारा सृजित किया जाता है। मनु विश्व की और सभी प्राणियों की उत्पत्ति करते हैं, जो कि उनकी आयु की अवधि तक बनती और चलती रहती हैं, (जातियां चलती हैं, ना कि उस जाति के प्राणियों की आयु मनु के बराबर होगी)। उन मनु की मृत्यु के उपरांत ब्रह्मा फिर एक नये मनु की सृष्टि करते हैं, जो कि फिर से सभी सृष्टि करते हैं। इसके साथ साथ विष्णु भी आवश्यकता अनुसार, समय समय पर अवतार लेकर इसकी संरचना और पालन करते हैं। इनके साथ ही एक नये इंद्र और सप्तर्षि भी नियुक्त होते हैं।

चौदह मनु और उनके मन्वन्तर को मिलाकर एक कल्प बनता है। यह ब्रह्मा का एक दिवस होता है। यह हिन्दू समय चक्र और वैदिक समय रेखा के अनुसार होता है। प्रत्येक कल्प के अन्त में प्रलय आती है, जिसमें ब्रह्माण्ड का संहार होता है और वह विराम की स्थिति में आ जाता है, जिस काल को ब्रह्मा की रात्रि कहते हैं।

इसके उपरांत सृष्टिकर्ता ब्रह्मा फिर से सृष्टि रचना आरम्भ करते हैं, जिसके बाद फिर संहारकर्ता भगवान शिव इसका संहार करते हैं। और यह सब एक अंतहीन प्रक्रिया या चक्र में होता रहता है।

वंश-स. भविष्य के वंश

श्री विष्णु पुराण (तृतीय अंश, अध्याय-तीन) में लिखा है कि-वेद रूप वृक्ष के सहस्त्रों शाखा-भेद हैं, उनका विस्तार से वर्णन करने में तो कोई भी समर्थ नहीं है अतः संक्षेप यह है कि प्रत्येक द्वापरयुग में भगवान विष्णु व्यासरूप से अवतीर्ण होते हैं और संसार के कल्याण के लिए एक वेद के अनेक भेद कर देते हैं। मनुष्यों के बल, वीर्य और तेज को अलग जानकर वे समस्त प्राणियों के हित के लिए वेदों का विभाग करते हैं। जिस शरीर के द्वारा एक वेद के अनेक विभाग करते हैं भगवान मधुसूदन की उस मूर्ति का नाम "वेदव्यास" है।

इस वैवस्वत मनवन्तर (सातवाँ मनु) के प्रत्येक द्वापरयुग में व्यास महर्षियों ने अब तक पुनः-पुनः 28 बार वेदों के विभाग किये हैं। पहले द्वापरयुग में ब्रह्मा जी ने वेदों का विभाग किया। दूसरे द्वापरयुग के वेदव्यास प्रजापति हुए। तीसरे द्वापरयुग में शुक्राचार्य जी, चौथे द्वापरयुग में बृहस्पति जी व्यास हुए, पाँचवें में सूर्य और छठें में भगवान मृत्यु व्यास कहलायें। सातवें द्वापरयुग के वेदव्यास इन्द्र, आठवें के वसिष्ठ, नवें के सारस्वत और दसवें के त्रिधामा कहे जाते हैं। ग्यारहवें में त्रिशिख, बारहवें में भरद्वाज, तेरहवें में अन्तरिक्ष और चौदहवें में वर्णी नामक व्यास हुए। पन्द्रहवें में त्रव्यारूण, सोलहवें में धनंजय, सत्रहवे में क्रतुन्जय और अठ्ठारवें में जय नामक व्यास हुए। फिर उन्नीसवें व्यास भरद्वाज हुए, बीसवें गौतम, इक्कीसवें हर्यात्मा, बाइसवें वाजश्रवा मुनि, तेइसवें सोमशुष्पवंशी तृणाबिन्दु, चौबीसवें भृगुवंशी ऋक्ष (वाल्मीकि) पच्चीसवें मेरे (पराशर) पिता शक्ति, छब्बीसवें मैं पराशर, सत्ताइसवें जातुकर्ण और अठ्ठाइसवें कृष्णद्वैपायन। अगामी द्वापरयुग में द्रोणपुत्र अश्वत्थामा वेदव्यास होंगे।

सूर्य की पत्नी 4. छाया से दो पुत्र 1. शनिश्चर 2. 8वें मनु-सावर्णि मनु व हुये। सबसे प्राचीन वंश स्वायंभुव मनु के पुत्र उत्तानपाद शाखा में ब्रह्मा के 10 मानस पुत्रों में से मन से मरीचि व पत्नी कला के पुत्र कश्यप व पत्नी अदिति के पुत्र आदित्य (सूर्य) की चौथी पत्नी छाया से दो पुत्रों में से एक 8वें मनु-सावर्णि मनु होंगे जिनसे ही वर्तमान

मनवन्तर 7वें वैवस्वत मनु की समाप्ति होगी ध्यान रहे कि 8वें मनु-सावर्णि मनु, सूर्य पुत्र हैं। सावर्णि मनु के गुण अवतार "सार्वभौम" हैं ऐसा शास्त्र में दिया गया है।

महाविष्णु के 24 अवतारों (1. सनकादि ऋषि (ब्रह्मा के चार पुत्र), 2. नारद, 3. वाराह, 4. मत्स्य, 5. यज्ञ (विष्णु कुछ काल के लिये इंद्र रूप में), 6. नर-नारायण, 7. कपिल, 8. दत्तात्रेय, 9. हयग्रीव, 10. हंस पुराण, 11. पृष्णिगर्भ, 12. ऋषभदेव, 13. पृथु, 14. नृसिंह, 15. कूर्म, 16. धनवंतरी, 17. मोहिनी, 18. वामन, 19. परशुराम, 20. राम, 21. व्यास, 22. कृष्ण, बलराम, 23. गौतम बुद्ध (कई लोग बुद्ध के स्थान पर बलराम को कहते है, अन्यथा बलराम शेषनाग के अवतार कहलाते हैं), 24. कल्कि) में एक मात्र शेष 24वाँ तथा प्रमुख 10 अवतारों (1. मत्स्य, 2. कूर्म, 3. वाराह, 4. नृसिंह, 5. वामन, 6. परशुराम, 7. राम, 8. श्रीकृष्ण, 9. बुद्ध और 10. कल्कि) में एक मात्र शेष दसवाँ और अन्तिम कल्कि अवतार, महाअवतार क्यों कहलायेगें इसे समझने के लिए निम्नलिखित को समझना आवश्यक है।

सत्य से सार्वभौम सत्य-सिद्धान्त तक का र्माग अवतारों का मार्ग है। सार्वभौम सत्य-सिद्धान्त की अनुभूति ही अवतरण है। इसके अंश अनुभूति को अंश अवतार तथा पूर्ण अनुभूति को पूर्ण अवतार कहते है। अवतार मानव मात्र के लिए ही कर्म करते हैं न कि किसी विशेष मानव समूह या सम्प्रदाय के लिए। ग्रन्थों में अवतारों की कई कोटि बतायी गई है जैसे अंशाशावतार, अंशावतार, आवेशावतार, कलावतार, नित्यावतार, युगावतार इत्यादि, जो भी सार्वभौम सत्य-सिद्धान्त को व्यक्त करता है वे सभी अवतार कहलाते हैं। व्यक्ति से लेकर समाज के सर्वोच्च स्तर तक सार्वभौम सत्य-सिद्धान्त को व्यक्त करने के क्रम में ही विभिन्न कोटि के अवतार स्तरबद्ध होते है। अन्तिम सार्वभौम सत्य-सिद्धान्त को व्यक्त करने वाला ही अन्तिम अवतार के रूप में व्यक्त होगा। अब तक हुये अवतार, पैगम्बर, ईशदूत इत्यादि को हम सभी उनके होने के बाद, उनके जीवन काल की अवधि में या उनके शरीर त्याग के बाद से ही जानते हैं। परन्तु भविष्य अर्थात् आने वाले कल के लिए कल्पित एक मात्र महाविष्णु के अवतार के आने से पूर्व ही जानने लगे हैं।

हम सभी के मोटर वाहनों में, वाहन कितने किलोमीटर चला उसे दिखाने के लिए एक यंत्र होता है। यदि इस यंत्र की अधिकतम 6 अंकों तक किलोमीटर दिखाने की क्षमता हो तब उसमें 6 अंक दिखते है। जो प्रारम्भ में 000000 के रूप में होता है। वाहन के चलते अर्थात् विकास करते रहने से 000001 फिर 000002 इस क्रम से बढ़ते हुए पहले इकाई में, फिर दहाई में, फिर सैकड़ा में, फिर हजार में, फिर दस हजार में, फिर लाख में, के क्रम में यह आगे बढ़ते हुये बदलता रहता है। एक समय ऐसा आता है जब सभी अंक 999999 हो जाते हें फिर क्या होगा? फिर सभी 000000 के अपने प्रारम्भ वाली स्थिति में आ जायेंगे। इन 6 अंक के प्रत्येक अंक के चक्र में 0 से 9 अंक के चक्र होते हैं। जो वाहन के चलने से बदलकर चले हुये किलोमीटर को दिखाते हैं। यही स्थिति भी इस सृष्टि के काल चक्र की है। सृष्टि चक्र में पहले काल है जिसके दो रूप अदृश्य और दृश्य हैं। फिर इन दोनों काल में 5 युग हैं। 4 अदृश्य काल के 1 दृश्य काल के, और इन दोनों काल में 14 मनवन्तर और मनु हैं। 7 अदृश्य काल के 7 दृश्य काल के। फिर इन युगों में युगावतार-अवतार होते हैं। फिर व्यास व शास्त्र होते हैं। ये सब वैसे ही है जैसे अंक गणित में इकाई, दहाई, सैकड़ा, हजार, दस हजार, लाख इत्यादि होते हैं। उपर उदाहरण दिये गये यंत्र में जब सभी अंक 999999 हो जाते हैं तब विकास के अगले एक बदलाव से इकाई, दहाई, सैकड़ा, हजार, दस हजार, लाख सभी बदलते हैं।

कल्कि पुराण हिन्दुओं के विभिन्न धार्मिक एवं पौराणिक ग्रन्थों में से एक है। इस पुराण में भगवान विष्णु के दसवें तथा अन्तिम अवतार की भविष्यवाणी की गयी है और कहा गया है कि विष्णु का अगला अवतार (महाअवतार)-"कल्कि" होगा। जबकि खुर्शीद अहमद प्रभाकर, दर्वेश, कादियान, जिला-गुरदासपुर, पंजाब, भारत द्वारा लिखित पुस्तक "कल्कि अवतार-हिन्दुओं के धार्मिक ग्रन्थों में" (पुस्तक मिलने का पता-नजारत नश्रो इशाअत, सदर अन्जुमन अहमदिया, कादियान, जि. गुरदासपुर, पंजाब, भारत, पिन-143516 और इन्टरनेट द्वारा) के अनुसार-"संसार भर के विभिन्न धर्मों के आधारभूत ग्रन्थों में कलियुग में प्रकट होने वाले कल्कि अवतार का उल्लेख मिलता है। साथ ही उसके सुन्दर, सुनहरे, श्रेष्ठ और महत्वपूर्ण कारनामों और कामों का उल्लेख मिलता है। उसके

"अहमद" नाम होने में हिन्दुओं तथा मुसलमानों के पुस्तकों में सहमति पायी जाती है।" पुस्तक के अनुसार-"चारो वेदो में "अहमद" शब्द 31 बार आया है।" वेदों में आये इस "अहमद" शब्द को हिन्दू भाष्यकारों ने "मैं" के अर्थ में तथा मुस्लिम भाष्यकारों ने उसी अर्थ "अहमद" के अर्थों में लिया है।

सामान्य व्यावहारिक रूप में भविष्य में जन्म लेने वाले किसी भी व्यक्ति का नाम निश्चित करना असम्भव है। अगर अवतार के उदाहरण में देखें तो सिर्फ उस समय की सामाजिक आवश्यकताओं के अनुसार उसके गुण की ही कल्पना की जा सकती है या उसके हो जाने के उपरान्त उसके नाम को सिद्ध करने की कोशिश की जा सकती है। इसलिए उस अवतार का जो भी नाम कल्पित है वह केवल गुण को ही निर्देश कर सकता है। इस प्रकार "कल्कि" जो "कल की" अर्थात् "भविष्य की" के अर्थों में रखा गया है। "मैं" , उसके "सार्वभौम मैं" का गुण है। "अहमद" , उसके अपने सार्वभौम सत्य-सिद्धान्त पर अतिविश्वास होने के कारण अंहकार का नशा अर्थात् अहंकार के मद से युक्त अहंकारी जैसा अनुभव करायेगा। उसका कोई गुरू नहीं होगा, वह स्वयं से प्रकाशित स्वयंभू होगा जिसके बारे में अथर्ववेद, काण्ड 20, सूक्त 115, मंत्र 1 में कहा गया है कि "ऋषि-वत्स, देवता इन्द्र, छन्द गायत्री। अहमिद्धि पितुश्परि मेधा मृतस्य जग्रभ। अहं सूर्य इवाजिनि।।" अर्थात् "मैं परम पिता परमात्मा से सत्य ज्ञान की विधि को धारण करता हूँ और मैं तेजस्वी सूर्य के समान प्रकट हुआ हूँ।" जबकि सबसे प्राचीन वंश स्वायंभुव मनु के पुत्र उत्तानपाद शाखा में ब्रह्मा के 10 मानस पुत्रों में से मन से मरीचि व पत्नी कला के पुत्र कश्यप व पत्नी अदिति के पुत्र आदित्य (सूर्य) की चौथी पत्नी छाया से दो पुत्रों में से एक 8वें मनु-सावर्णि मनु होंगे जिनसे ही वर्तमान मनवन्तर 7वें वैवस्वत मनु की समाप्ति होगी, ध्यान रहे कि 8वें मनु-सावर्णि मनु, सूर्य पुत्र हैं। अर्थात् कल्कि अवतार और 8वें मनु-सावर्णि मनु दोनों, दो नहीं बल्कि एक ही हैं और सूर्य पुत्र हैं।

"सार्वभौम" गुण 8वें सावर्णि मनु का गुण है। अवतारी श्रृंखला अन्तिम होकर अब मनु और मनवन्तर श्रृंखला के भी बढ़ने का क्रम है क्योंकि यही क्रम है।

श्री विष्णु पुराण (तृतीय अंश, अध्याय-दो) में लिखा है कि-यह सम्पूर्ण विश्व उन परमात्मा की ही शक्ति से व्याप्त है, अतः वे "विष्णु" कहलाते हैं। समस्त देवता, मनु, सप्तर्षि तथा मनुपुत्र और देवताओं के अधिपति इन्द्रगण, ये सब भगवान विष्णु की ही विभूतियाँ हैं।

सूर्य अपनी पत्नी छाया से शनैश्वर, एक और मनु तथा तपती, तीन सन्तानें उत्पन्न कीं। सूर्य-छाया का दूसरा पुत्र आठवाँ मनु, अपने अग्रज मनु का सवर्ण होने से सावर्णि कहलाया। नवें मनु दक्ष सावर्णि होंगे दसवें मनु ब्रह्मसावर्णि होंगे, ग्यारहवाँ मनु धर्म सावर्णि बारहवा मनु रूद्रपुत्र सावर्णि तेरहवा रूचि रूद्रपुत्र सावर्णि चैदहवा मनु भीम सावर्णि।

प्रत्येक चतुर्युग के अन्त में वेदों का लोप हो जाता है, उस समय सप्तर्षिगण ही स्वर्गलोक से पृथ्वी में अवतीर्ण होकर उनका प्रचार करते हैं। प्रत्येक सत्ययुग के आदि में (मनुष्यों की धर्म-मर्यादा स्थापित करने के लिए) स्मृति-शास्त्र के रचयिता मनु का प्रादुर्भाव होता है।

इन चौदह मनवन्तरों के बीत जाने पर एक सहस्त्र युग रहने वाला कल्प समाप्त हुआ कहा जाता है। फिर इतने समय की रात्रि होती है।

स्थितिकारक भगवान विष्णु चारों युगों में इस प्रकार व्यवस्था करते हैं-समस्त प्राणियों के कल्याण में तत्पर वे सर्वभूतात्मा सत्ययुग में कपिल आदिरूप धारणकर परम ज्ञान का उपदेश करते हैं। त्रेतायुग में वे सर्वसमर्थ प्रभु चक्रवर्ती भूपाल होकर दुष्टों का दमन करके त्रिलोक की रक्षा करते हैं। तदन्तर द्वापरयुग में वे वेदव्यास रूप धारण कर एक वेद के चार विभाग करते हैं और सैकड़ों शाखाओं में बाँटकर बहुत विस्तार कर देते हैं। इस प्रकार द्वापर में वेदों का विस्तार कर कलियुग के अन्त में भगवान कल्किरूप धारणकर दुराचारी लोगों को सन्मार्ग में प्रवृत्त करते हैं। इसी प्रकार, अनन्तात्मा प्रभु निरन्तर इस सम्पूर्ण जगत् के उत्पत्ति, पालन और नाश करते रहते हैं। इस संसार में ऐसी कोई वस्तु नहीं है जो उनसे भिन्न हो।

एकात्म मन के विचार से निर्मित करना ही ईश्वरीय कार्य है। कालक्रम में यह अन्तर बढ़ जाता है। मनुष्य अपने आवश्यकताओं-संसाधनों में फँस कर मूल सिद्धान्त-विचार से दूर हो जाता है। इस अन्तर को समाप्त

करने के लिए मनु का आगमन होता है। मनु, भी मनुष्य ही होते हैं बस वे एकात्म मन के विचार से निर्मित करने के लिए मनुष्यों को उस काल के अनुसार नयी व्यवस्था देते हैं। एक मनवन्तर के अन्तर्गत समय-समय पर इस कार्य को छोटे रूप में अवतारों द्वारा स्थापित किया जाता है। एक मनवन्तर के अन्तर्गत चार युग की व्यवस्था है जो एकात्म मन के विचार में अन्तर आने के समय के कालक्रम का विभाजन है।

सबसे प्राचीन वंश स्वायंभुव मनु के पुत्र उत्तानपाद शाखा में ब्रह्मा के 10 मानस पुत्रों में से मन से मरीचि व पत्नी कला के पुत्र कश्यप व पत्नी अदिति के पुत्र आदित्य (सूर्य) की चौथी पत्नी छाया से दो पुत्रों में से एक 8वें मनु-सावर्णि मनु होंगे जिनसे ही वर्तमान मनवन्तर 7वें वैवस्वत मनु की समाप्ति होगी ध्यान रहे कि 8वें मनु-सावर्णि मनु, सूर्य पुत्र हैं। "मैं" , उसके "सार्वभौम मैं" का गुण है। "अहमद", उसके अपने सार्वभौम सत्य-सिद्धान्त पर अतिविश्वास होने के कारण अंहकार का नशा अर्थात् अहंकार के मद से युक्त अहंकारी जैसा अनुभव करायेगा। उसका कोई गुरू नहीं होगा, वह स्वयं से प्रकाशित स्वयंभू होगा जिसके बारे में अथर्ववेद, काण्ड 20, सूक्त 115, मंत्र 1 में कहा गया है कि

"ऋषि-वत्स, देवता इन्द्र, छन्द गायत्री।
अहमिद्धि पितुष्परि मेधा मृतस्य जग्रभ। अहं सूर्य इवाजिनि।"

अर्थात् "मैं परम पिता परमात्मा से सत्य ज्ञान की विधि को धारण करता हूँ और मैं तेजस्वी सूर्य के समान प्रकट हुआ हूँ।"

पहले मनु-स्वायंभुव मनु से 7वें मनु-वैवस्वत मनु तक शारीरिक प्राथमिकता के मनु का कालक्रम हैं। 8वें मनु-सावर्णि मनु से 14वें और अन्तिम-इन्द्र सावर्णि मनु तक बौद्धिक प्राथमिकता के मनु का कालक्रम है इसलिए ही 9वें मनु से 14वें मनु तक के नाम के साथ में "सावर्णि मनु" उपनाम की भाँति लगा हुआ है। अर्थात् 9वें मनु से 14वें मनु में सार्वभौम गुण विद्यमान रहेगा और बिना "विश्वशास्त्र" के उनका प्रकट होना मुश्किल होगा।

मेरा यह जीवन और कार्य 8वें सावर्णि मनु का ही कार्य है जो "सार्वभौम" अवतार-गुण से युक्त है। जो पूर्णतः शास्त्र प्रमाणित है। और इस कार्य से श्वेतबाराह कल्प के आठवें मनवन्तर और 29वें चतुर्युगी के प्रथम युग सत्ययुग/स्वर्णयुग का प्रारम्भ होता है।

भविष्य के शेष मनु निम्न होंगे-

मनु	**अवतार**	**काल**
09. दत्त सावर्णि मनु	रिषभ	भविष्य
10. ब्रह्म सावर्णि मनु	विश्वकसेन	भविष्य
11. धर्म सावर्णि मनु	धर्मसेतू	भविष्य
12, रूद्र सावर्णि मनु	सुदामा	भविष्य
13. दैव सावर्णि मनु	योगेश्वर	भविष्य
14. इन्द्र सावर्णि मनु	वृहद्भानु	भविष्य

मात्र एक विचार-"ईश्वर ने इच्छा व्यक्त की कि मैं एक हूँ, अनेक हो जाऊँ" और "सभी ईश्वर हैं" , यह प्रारम्भ और अन्तिम लक्ष्य है। मनुष्य की रचना "पावर और प्राफिट (शक्ति और लाभ)" के लिए नहीं बल्कि असीम मस्तिष्क क्षमता के विकास के लिए हुआ है। फलस्वरूप वह स्वयं को ईश्वर रूप में अनुभव कर सके, जहाँ उसे किसी गुरू की आवश्यकता न पड़ें, वह स्वंयभू हो जाये, उसका प्रकाश वह स्वयं हो। एक गुरू का लक्ष्य भी यही होता है कि शिष्य मार्गदर्शन प्राप्त कर गुरू से आगे निकलकर, गुरू तथा स्वयं अपना नाम और कृति इस संसार में फैलाये, ना कि जीवनभर एक ही कक्षा में (गुरू में) पढ़ता रह जाये। एक ही कक्षा में जीवनभर पढ़ने वाले को समाज क्या नाम देता है, समाज अच्छी प्रकार जानता है। "विश्वशास्त्र" से कालक्रम को उसी मुख्यधारा में मोड़ दिया गया है। एक शास्त्राकार, अपने द्वारा व्यक्त किये गये पूर्व के शास्त्र का उद्देश्य और उसकी सीमा तो बता ही सकता है परन्तु व्याख्याकार ऐसा नहीं कर सकता। स्वयं द्वारा व्यक्त शास्त्र के प्रमाण से ही स्वयं को व्यक्त और प्रमाणित करूँगा-शास्त्राकार महर्षि व्यास (वर्तमान में लव कुश सिंह "विश्वमानव")

शब्द से सृष्टि की ओर. . .
सृष्टि से शास्त्र की ओर. . .
शास्त्र से काशी की ओर. . .
काशी से सत्यकाशी की ओर. . .
और सत्यकाशी से अनन्त की ओर. . .
एक अन्तहीन यात्रा. . . . .

वर्तमान सृष्टि चक्र की स्थिति भी यही हो गयी है कि अब अगले अवतार के मात्र एक विकास के लिए सत्यीकरण से काल, मनवन्तर व मनु, अवतार, व्यास व शास्त्र सभी बदलेंगे। इसलिए देश व विश्व के धर्माचार्यें, विद्वानों, ज्योतिषाचार्यों इत्यादि को अपने-अपने शास्त्रों को देखने व समझने की आवश्यकता आ गयी है क्योंकि कहीं श्री लव कुश सिंह "विश्वमानव" और "आध्यात्मिक सत्य" आधारित कार्य "विश्वशास्त्र" वही तो नहीं है? और यदि नहीं तो वह कौन सा कार्य होगा जो इन सबको बदलने वाली घटना को घटित करेगा?

शनिवार, 22 दिसम्बर, 2012 से प्रारम्भ हो चुका है-

1. काल के प्रथम रूप अदृश्य काल से दूसरे और अन्तिम दृश्य काल का प्रारम्भ।
-इसलिए कि अधिकतम व्यक्ति व समाज का मन दृश्य विषयों पर केन्द्रित है।
2. मनवन्तर के वर्तमान 7वें मनवन्तर वैवस्वत मनु से 8वें मनवन्तर सावर्णि मनु का प्रारम्भ।
-इसलिए कि सावर्णि मनु के "सार्वभौम" गुण का प्रयोग कर श्री लव कुश सिंह "विश्वमानव" व्यक्त हैं।
3. अवतार के नवें बुद्ध से दसवें और अन्तिम अवतार-कल्कि महावतार का प्रारम्भ।
-इसलिए कि आधुनिक युग के लिए एकीकरण व मानकीकरण के सभी प्रणाली व्यष्टि व समष्टि के लिए संयुक्त एवं अन्तिम रूप से कल्कि अवतार द्वारार व्यक्त है।
4. युग के चौथे कलियुग से पाँचवें युग स्वर्ण युग का प्रारम्भ।
-इसलिए कि युग परिवर्तन के लिए कल्कि अवतार का आगमन हो चुका है।
5. व्यास और द्वापर युग में आठवें अवतार श्रीकृष्ण द्वारा प्रारम्भ किया गया कार्य "नवसृजन" के प्रथम भाग "सार्वभौम ज्ञान" के शास्त्र "गीता" से द्वितीय अन्तिम भाग "सार्वभौम कर्मज्ञान", पूर्णज्ञान का पूरक शास्त्र" , लोकतन्त्र का "धर्मनिरपेक्ष धर्मशास्त्र" और आम आदमी का "समाजवादी शास्त्र" द्वारा व्यवस्था सत्यीकरण और मन के ब्रह्माण्डीयकरण और नये व्यास का प्रारम्भ।
-इसलिए कि नया और अन्तिम शास्त्र "विश्वशास्त्र" प्रकाशित हो चुका है।

सम्पूर्ण एकता और स्वच्छ मन के प्रतीक 8वें मनवन्तर सावर्णि मनु की मूर्ति ही "सम्पूर्ण एकता की मूर्ति" के रूप में सत्यकाशी क्षेत्र में स्थापित होगी इस मूर्ति की विशेषता यह होगी कि यह पूर्ण पारदर्शी अर्थात् मूर्ति के आर-पार देखा जा सकेगा जो स्वच्छ मन का प्रतीक होगा। मनवन्तर परिवर्तन के प्रतीक के रूप में यह स्मारक शराब की विभिन्न खाली बोतलों से निर्मित होगा। जिसके लिए खाली बोतलों को दान में माँगा जायेगा।

19. विस्मृत भारत रत्न स्मारक
(Forgotten Bharat Ratna Memorial)

भारत रत्न स्मारक (Bharat Ratna Memorial)

भारत सरकार ने अभी तक अपने सर्वोच्च नागरिक पुरस्कार "भारत रत्न" प्राप्त सम्मानित के लिए कोई भी स्मारक की योजना नहीं बना पायी है।

विस्मृत भारत रत्न स्मारक (Forgotten Bharat Ratna Memorial)

भारत रत्न पुरस्कार 2 जनवरी 1954 को प्रारम्भ किया गया था। सामान्यतः कोई कानून या व्यवस्था बनने के बाद उस दिन से ही लागू होता है जिस दिन से प्रारम्भ होता है। और उन सब पर प्रभावी होता है जो जिवित हैं और कर्तव्यरत हैं। परन्तु भारत रत्न पुरस्कार व्यवस्था बनने के बाद 3 (सरदार वल्लभ भाई पटेल, गोपीनाथ बोरदोलोई, मदन मोहन मालवीय) ऐसे व्यक्तित्व को यह पुरस्कार दिया गया जो भारत रत्न व्यवस्था बनने के पहले ही जन्मे और उनकी मृत्यु भी हो गयी। इसमें कोई शक नहीं कि वे इसके योग्य नहीं थे। परन्तु इस अनुसार तो भारत के निर्माण में योगदान देने वाले अनेकों प्रतिभाशाली व्यक्तित्व हो चुके हैं। इसका प्रायश्चित मात्र इससे ही हो सकता है कि हम "विस्मृत भारत रत्न स्मारक (Forgotten Bharat Ratna Memorial)" का निर्माण कर संयुक्त रूप से ऐसे व्यक्तित्व को याद करें जिन्हें हम वर्तमान में भारत रत्न पुरस्कार से सम्मानित नहीं कर सकते।

सम्पूर्ण भारत की बुद्धि भूतकाल में चल रही है जिसका सबसे बड़ा प्रमाण प्रतिभा की पहचान मृत्युपरान्त करना और पुरस्कृत करना है। "भारत रत्न" पुरस्कार कोई फैशन शो और धन कुबेर का मेरिट लिस्ट नहीं जो वस्त्र, शरीर और धन से प्राप्त किया जाता है। यह भारत और इस पृथ्वी के कल्याण के लिए किये गये कार्य का पुरस्कार है, कार्य करो और पा लो, यह सबके लिए अवसर है"

"विस्मृत भारत रत्न स्मारक (Forgotten Bharat Ratna Memorial)" , सत्यकाशी क्षेत्र में स्थापित होने वाला वह स्मारक है जिसमें धर्म-सम्प्रदाय को भूलकर ऐसे व्यक्तित्व को स्थान दिया जायेगा जिनका भारत के निर्माण में महत्वपूर्ण योगदान था परन्तु उस समय ऐसी कोई व्यवस्था-कानून नहीं था जिससे उन्हें सम्मानित किया जा सके और हम सभी उनके इस सृष्टि के निर्माण-विकास में दिये योगदान कों भूलना नहीं चाहते।

20. विश्वधर्म उपासना स्थल-उपासना और उपासना स्थल के विश्वमानक (WS-00000) पर आधारित

उपासना और उपासना स्थल के विश्वमानक (WS-00000) पर आधारित विश्वधर्म उपासना स्थल, जिसकी स्थापना जीवनदायिनी सत्यकाशी क्षेत्र में उचित स्थान देखकर की जायेगी क्योंकि इसकी स्थापना के पीछे स्थान का कोई विशेष कारण और स्थान के लिए शास्त्रीय आधार नहीं है, इसके लिए पूरा सत्यकाशी क्षेत्र ही शास्त्रीय आधार के अन्तर्गत है। विश्वधर्म उपासना स्थल, उपासना के सत्य अर्थ को व्यक्त करता हुआ ऐसा ज्ञान आधारित उपासना स्थल होगा जिसमें प्रवेश मात्र से ही आप विश्वव्यापकता का अनुभव करने लगेंगे। साथ ही दृश्य ध्यान और दृश्य योग से भी युक्त हो जायेंगे।

"समस्त जगत का एकत्व-यही श्रेष्ठ धर्ममत हैं। मैं अमुक हूँ व्यक्ति विशेष-यह बहुत ही संकीर्ण भाव है। यथार्थ "अहम्" लिए, यह सत्य नहीं है। मैं विश्व व्यापक हूँ-इस धारणा पर प्रतिष्ठित हो जाओ और श्रेष्ठ की उपासना सदा श्रेष्ठ रूप में करो, कारण ईश्वर चैतन्य स्वरूप है, आत्म स्वरूप है, चैतन्य एवम् सत्य में ही उसकी उपासना करनी होगी मानव चैतन्य स्वरूप है, और इसलिए मानव भी अनन्त है। और केवल अनन्त ही अनन्त की उपासना में समर्थ है। हम अनन्त की उपासना करेंगे, वही सर्वोच्च आध्यात्मिक उपासना है।"

-स्वामी विवेकानन्द

21. सत्यकाशी ब्रह्माण्डीय एकात्म विज्ञान विश्वविद्यालय (Satyakashi Universal Integration Science University-SUISU)

सत्यकाशी ब्रह्माण्डीय एकात्म विज्ञान विश्वविद्यालय, जिसकी स्थापना जीवनदायिनी सत्यकाशी क्षेत्र में उचित स्थान देखकर की जायेगी क्योंकि इसकी स्थापना के पीछे स्थान का कोई विशेष कारण और स्थान के लिए शास्त्रीय आधार नहीं है, इसके लिए पूरा सत्यकाशी क्षेत्र ही शास्त्रीय आधार के अन्तर्गत है।

विभिन्न सम्प्रदाय (धर्म), जाति, मत, दर्शन इत्यादि में विभाजित इस मानव समाज में वर्तमान तथा आने वाले भविष्य के समय की मूल आवश्यकता है-मानव के मनों का एकीकरण अर्थात् मानव मन का भूमण्डलीकरण एवं ब्रह्माण्डीयकरण। इसकी आवश्यकता इसलिए भी है क्योंकि मानव अपने विज्ञान व तकनीकी ज्ञान से प्राप्त संसाधनों का प्रयोग करते हुये, एक तरफ तो ब्रह्माण्ड की ओर चल पड़ा है तो दूसरी तरफ विध्वंस के लिए अनेक हथियारों का भी निर्माण कर चुका है। ऐसी स्थिति में हमें निश्चित रूप से ऐसे एकीकरण की आवश्यकता है जिससे हम इस पृथ्वी से मानसिक स्तर के विवादों को समाप्त कर सकें।

माया सभ्यता के अनुसार विश्व के मानव समाज यह भी मान रहें हैं कि 21 दिसम्बर, 2012 को दुनिया का अन्त हो जायेगा। जबकि हिन्दू धर्म शास्त्र विष्णु पुराण, भागवत पुराण, अग्नि पुराण, गरूड़ पुराण, पद्म पुराण इत्यादि में भगवान के दसवें और महाअवतार "कल्कि" का होना अभी शेष है। जिनसे कलियुग के अंधकार व विनाश को समाप्त करने का कार्य सम्पन्न होगा, साथ ही सत्ययुग का आरम्भ होगा। सिक्ख धर्म के पवित्र ग्रन्थ "दशम् ग्रन्थ" में भी "कल्कि अवतार" का वर्णन मिलता है।

सृजन और विनाश, का स्तर शारीरिक, आर्थिक व मानसिक होता है। जो एक व्यक्ति, समाज, देश और विश्व राष्ट्र के लिए होता है। व्यक्ति पर हुये शारीरिक, आर्थिक व मानसिक सृजन और विनाश को व्यक्ति ही अनुभव करता है परन्तु समाज, देश और विश्व राष्ट्र पर हुये शारीरिक, आर्थिक व मानसिक सृजन व विनाश को सार्वजनिक रूप से सभी देखते है। समाज, देश और विश्व राष्ट्र पर शारीरिक व आर्थिक सृजन और विनाश वर्तमान में तो चल ही रहा है जिसे सार्वजनिक रूप से मानव समाज देख रहा है।

भौतिकवादी पश्चिमी संस्कृति किसी भी सृजन व विनाश को मानसिक स्तर पर सोच ही नहीं सकता क्योंकि वह समस्त क्रियाकलाप को बाह्य जगत में ही घटित होता समझाता है जबकि वर्तमान समय मानसिक स्तर पर विनाश व सृजन का है। इस आधार पर यह कहा जा सकता है कि माया सभ्यता के अनुसार 21 दिसम्बर, 2012 को जो विनाश व सृजन होगा, वह मानसिक स्तर का ही होगा। जिसके परिणामस्वरूप सभी सम्प्रदाय, मत, दर्शन एक उच्च स्तर के विचार या सत्य में विलीन अर्थात् विनाश को प्राप्त करेगा। फलस्वरूप उच्च स्तर के विचार या सत्य में स्थापित होने से सृजन होगा। कुल मिलाकर माया सभ्यता के कैलेण्डर का अन्त तिथि 21 दिसम्बर, 2012, दुनिया के अन्त की तिथि नहीं बल्कि वह वर्तमान युग के अन्त की अन्तिम तिथि का अनुमान है जिसके बाद नये युग का आरम्भ होगा।

ईश्वर भी इतना मूर्ख व अज्ञानी नहीं है कि वह स्वयं को इस मानव शरीर में पूर्ण व्यक्त किये बिना ही दुनिया को नष्ट कर दे। इसके सम्बन्ध में हिन्दू धर्म शास्त्रों में सृष्टि के प्रारम्भ के सम्बन्ध में कहा गया है कि-"ईश्वर ने इच्छा व्यक्त की कि मैं एक हूँ, अनेक हो जाऊँ"। इस प्रकार जब वही ईश्वर सभी में है तब निश्चित रूप से जब तक सभी मानव ईश्वर नहीं हो जाते तब तक दुनिया के अन्त होने का कोई प्रश्न ही नहीं उठता और विकास क्रम चलता रहेगा।

21 दिसम्बर, 2012 के बाद का समय नये युग के प्रारम्भ का समय है जिसमें ज्ञान, ध्यान, चेतना, भाव, जन, देश, विश्व राष्ट्र, आध्यात्मिक जागरण, मानवता इत्यादि का विश्वव्यापी विकास होगा। परिणामस्वरूप सभी मानव को ईश्वर रूप में स्थापित होने का अवसर प्राप्त होगा। और यही विश्व मानव समाज की मूल आवश्यकता है। प्राचीन वैदिक काल में समाज को नियंत्रित करने के लिए ज्ञानार्जन सबके लिए खुला नहीं था परन्तु वर्तमान और

भविष्य की आवश्यकता यह है कि समाज को नियंत्रित करने के लिए सभी को पूर्ण ज्ञान से युक्त कर सभी के लिए ज्ञान को खोल दिया जाय। यही कारण था कि वेद को प्रतीकात्मक रूप में लिख कर गुरू-शिष्य परम्परा द्वारा उसकी व्याख्या की जाती रही थी जिससे राजा और समाज को नियंत्रण में रखा जा सके।

सभी मानव को ईश्वर रूप में स्थापित होने के लिए जो माध्यम चाहिए वह है-"एकात्म विज्ञान" व "ईश्वर शास्त्र" विषय से मानव को शिक्षित करना। इस आवश्यकता हेतु ही इस ट्रस्ट का गठन किया जा रहा है जिससे इस विषय पर शैक्षणिक पाठ्यक्रम के लिए पाठ्य पुस्तकों का सृजन किया जा सके। और शिक्षा पाठ्यक्रम में अनिवार्य रूप से अध्ययन के लिए शामिल कराया जा सके।

उद्देश्य एवं कार्यक्रम:-

01. मानव मन का एकीकरण अर्थात् मानव मन का भूमण्डलीकरण एवं ब्रह्माण्डीयकरण पर आधारित "एकात्म विज्ञान (Integration Science)" व "ईश्वर शास्त्र (Godics)" विषय के लिए विद्यालयों के विद्यार्थीयों के योग्य पाठ्य पुस्तक तैयार करना तथा शिक्षा पाठ्यक्रम में अनिवार्य रूप से शामिल कराने हेतु प्रयत्न करना।
02. मानव मन का एकीकरण अर्थात् मानव मन का भूमण्डलीकरण एवं ब्रह्माण्डीयकरण पर आधारित पूर्ण मानव निर्माण की तकनीकी डब्ल्यू. सी. एम-टी. एल. एम-श्याम डाट सी (WCM- TLM- SHYAM.C) के शिक्षा द्वारा विश्वस्तरीय मानव संसाधन का निर्माण करना तथा अध्यापकों को प्रशिक्षित करना और उन्हें जन समूहों, औद्योगिक संस्थानों, गुणवत्ता संस्थानों, प्रबन्ध संस्थानों, शिक्षा संस्थानों इत्यादि तक इसकी शिक्षा पहुँचाने के योग्य बनाना।
03. मानव मन का एकीकरण अर्थात् मानव मन का भूमण्डलीकरण एवं ब्रह्माण्डीयकरण पर आधारित विस्तारित एवं आविष्कृत विचार एवम् साहित्य, विषय एवम् विशेषज्ञ, ब्रह्माण्ड (अदृश्य एवम् दृश्य) के प्रबन्धक और क्रियाकलाप, मानव (अदृश्य एवम् दृश्य) के प्रबन्ध और क्रियाकलाप तथा उपासना स्थल का विश्वमानक द्वारा भारत सहित विश्व में वैज्ञानिक दृष्टिकोण, मानवतावाद, ज्ञानार्जन तथा सुधार की भावना का विकास करना।
04. मानव मन का एकीकरण अर्थात् मानव मन का भूमण्डलीकरण एवं ब्रह्माण्डीयकरण पर आधारित भारत के संविधान तथा संयुक्त राष्ट्र संघ के चार्टर अर्थात् संविधान को सत्य स्वरूप में स्थापित करने तथा भारत गणराज्य तथा संयुक्त राष्ट्र संघ के पुनर्गठन के लिए मार्गदर्शन देना साथ ही मन की गुणवत्ता के विश्वमानक की स्थापना के लिए उनके सम्बन्धित संगठनों / संस्थाओं को प्रेरित करना।
05. मानव मन का एकीकरण अर्थात् मानव मन का भूमण्डलीकरण एवं ब्रह्माण्डीयकरण पर आधारित संविधान की महत्ता, आवश्यकता, उपयोगिता तथा स्वतंत्रता, संस्कृति सामाजिक, आचार संहिता, एकता, रक्षा, अखण्डता, प्राकृतिक, पर्यावरण, स्वास्थ्य, राष्ट्रीयता, आर्थिक, मानक, मानदेय इत्यादि के प्रति जागरूक करना, नागरिकों को सविंधान में लिखित मूल कर्तव्य को परिभाषित करना एवं उसके प्रति जागृत करना तथा अन्तर्राष्ट्रीय सहयोग को विकसित करना।
06. मानव मन का एकीकरण अर्थात् मानव मन का भूमण्डलीकरण एवं ब्रह्माण्डीयकरण पर आधारित सर्वेभवन्तु-सुखिनः, बसुधैव-कुदुम्बकम्, बहुजन हिताय-बहुजन सुखाय, विश्व-बन्धुत्व, एकात्ममानवतावाद, धर्मनिरपेक्षता, सर्वधर्मसममाव, एकात्मकर्मवाद, संपूर्ण एकता, स्वराज, सुराज, नीतिक, नैतिक व दार्शनिक परम्परा का पुर्नस्थापना करना और उन्हें नवीन तथा अन्तिम रुप से परिभाषित करना।
07. मानव मन का एकीकरण अर्थात् मानव मन का भूमण्डलीकरण एवं ब्रह्माण्डीयकरण पर आधारित दार्शनिक-सार्वमौम-सिद्धान्त तथा भौतिक-सार्वमौम-सिद्धान्त में समन्वय स्थापित करने हेतु व्यक्ति से ब्रह्माण्ड स्तर तक के विवादमुक्त स्वरूप को व्यक्त करना।

08. मानव मन का एकीकरण अर्थात् मानव मन का भूमण्डलीकरण एवं ब्रह्माण्डीयकरण पर आधारित शोध संस्थाओं, अध्यात्मिक पर्यटन स्थलों, उद्देश्यों की पूर्ति हेतु विश्वमानक आधारित उपासना स्थलों, विद्यालयों, महाविद्यालयों, विश्वविद्यालयों या अन्य प्रकार के शैक्षिक-तकनीकी संस्थानों की प्रतिष्ठा करना, उनका निर्वाह और परिचालन करना तथा उनकी सहायता करना।

09. मानव मन का एकीकरण अर्थात् मानव मन का भूमण्डलीकरण एवं ब्रह्माण्डीयकरण पर आधारित स्वस्थ एवं पूर्ण लोकतंत्र की प्राप्ति के लिए संविधान, शिक्षा प्रणाली एवं अन्य सभी प्रणालियों के सत्य स्वरुप को परिभाषित कर उसकी स्थापना हेतु जनसाधारण, शासन, अन्य समितियों व सामाजिक-धार्मिक संगठन को प्रेरित करना व उनकी सहायता करना।

10. मानव मन का एकीकरण अर्थात् मानव मन का भूमण्डलीकरण एवं ब्रह्माण्डीयकरण पर आधारित स्वस्थ लोकतंत्र के धर्म एवं सभी धर्मों तथा उनके सभी धर्म ग्रन्थों के सत्य और धर्म निरपेक्ष-सर्वधर्मसमभाव स्वरुप को व्यक्त करते हुये उनमें समभाव-समदृष्टि द्वारा समन्वय स्थापित करना।

11. मानव मन का एकीकरण अर्थात् मानव मन का भूमण्डलीकरण एवं ब्रह्माण्डीयकरण पर आधारित शारीरिक, आर्थिक, मानसिक व्याधियों की मुक्ति हेतु विभिन्न प्रकार के प्राकृतिक चिकित्सा प्रणालियों को संचालित करना तथा नवीन प्रणालियों के विकास हेतु शोध व शिक्षण संस्थाओं की स्थापना करना।

12. मानव मन का एकीकरण अर्थात् मानव मन का भूमण्डलीकरण एवं ब्रह्माण्डीयकरण पर आधारित साहित्य, संगीत, कला, दृश्य-श्रव्य माध्यम जैसे वृतचित्र, चलचित्र, विज्ञान, शास्त्र, मानवीय मूल्यों इत्यादि को विकसित करने वाले विषयों से सम्बन्धित गोष्ठी, सेमिनार, प्रदर्शनी व कार्यक्रम आयोजित कर ऐसी गतिविधियों को बढ़ावा देना तथा उस पर आधारित साहित्यों-शास्त्रों का प्रकाशन कर जन साधरण तक पहुँचाकर शिक्षित समाज की परिकल्पना को साकार करना।

13. मानव मन का एकीकरण अर्थात् मानव मन का भूमण्डलीकरण एवं ब्रह्माण्डीयकरण पर आधारित मानवीय मूल्यों इत्यादि को विकसित करने वाले विषयों को बौद्धिक सम्पदा अधिनियम, कापीराइट अधिनियम, पेटेण्ट अधिनियम इत्यादि के अन्तर्गत पंजीकृत कराते हुये उस पर एकाधिकार रखना और उसे प्रसारित करने के योग्य बनाकर समान विचारधारा वाले ट्रस्ट/समिति को विक्रय या वितरण के लिए तय किये गये नियमानुसार उपलब्ध कराना।

14. समाजोत्थान व कल्याणार्थ वृद्ध गृह, वृद्धा आश्रम, विकलांग विद्यालय, स्वास्थ्य मेला, सामूहिक विवाह, गौशाला, हैण्डीक्राफ्ट प्रशिक्षण इत्यादि संचालित करना।

15. पिछड़े, अनुसूचित, अनुसूचित जन जाति व अल्पसंख्यक वर्ग के महिला एवं पुरूष को तकनीकी शिक्षण-प्रशिक्षण प्रदान करना।

16. निराश्रित/बेसहारा महिला व अनाथ बच्चों के लिए शिक्षा, आश्रम एवं स्वरोजगार की व्यवस्था करना।

17. उद्देश्य की प्राप्ति हेतु समान विचारधारा वाले ट्रस्ट/समिति का गठन कराना व उन्हें स्वायत्तता के साथ अधीनस्त करना।

18. प्रादेशिक सरकार, भारत सरकार, अन्य देशों तथा संयुक्त राष्ट्र संघ द्वारा चलाये जा रहे समाजोपयोगी कार्यक्रम व उद्योगों से सम्बन्धित क्रार्यक्रम में भाग लेना तथा उनके द्वारा आयोजित प्रशिक्षणों को संचालित करना जो विशेष रुप से मानव संसाधन विकास से सम्बन्धित हों।

19. उद्देश्यों की पूर्ति में सहायक होने वाले वृत-पत्रों और नियतकालीन पत्र-पत्रिकाओं तथा पुस्तकों और पत्रकों का मुद्रण और प्रकाशन करना, दृश्य-श्रव्य माध्यमों का निर्माण करना एवम् उनका निःशुल्क अथवा अन्य प्रकार से वितरण या विक्रय करना।

20. ऐसे अन्य किसी कार्य का परिचालन करना जो उपरोक्त किसी भी उद्देश्य से सम्बन्धित हो तथा अपरोक्ष या परोक्ष रुप से उसकी पूर्ति में सहायक हो सकता हो उसे करना।

ट्रस्ट के प्रतीक चिन्ह का अर्थः-

ट्रस्ट के प्रतीक चिन्ह का अर्थ "दर्शन शास्त्र" तथा "पदार्थ / भौतिक विज्ञान" के सर्वोच्च और अन्तिम सिद्धान्त में एकीकरण तथा ईश्वर के मस्तिष्क को व्यक्त करता है।

भौतिक विज्ञान के अनुसार-भौतिक विज्ञान के नवीनतम आविष्कार के आविष्कारक महान वैज्ञानिक एवम् ब्रह्माण्ड वैज्ञानिक ब्रिटिश स्टीफेन विलियम हाकिंग (जिन्हें दूसरा आईन्सटाइन कहा जाता है) के अनुसार-"ब्लैक होल (सर्वोच्च गुरूत्वाकर्षण की ब्रह्माण्डीय अति सघन वस्तु) के पी-ब्रेन्स मॉडल में पी-ब्रेन स्थान के तीन आयामों और अन्य सात आयामों में चलती है जिनके बारे में हमें कुछ पता नहीं चलता। यदि हम सभी बलों के एकीकरण का एक सार्वभौम समीकरण विकसित करें तो हम ईश्वर के मस्तिष्क को जान जायेंगे क्योंकि हम भविष्य के कार्य का निर्धारण कर सकेंगे, और यह मनुष्य के मस्तिष्क के द्वारा सर्वोच्च अविष्कार होगी (साभार-प्रो0 स्टीफेन हाकिंग के भारत यात्रा पर राष्ट्रीय सहारा समाचार पत्र के 27 जनवरी "2001 को प्रकाशित "हस्तक्षेप" अंक से)"। भौतिक विज्ञान के वर्तमान ब्रह्माण्ड व्याख्या के अनुसार ब्लैक होल एक तन्त्र या ब्रह्माण्ड के अन्त का प्रतीक है अर्थात् वह एक तन्त्र या ब्रह्माण्ड के प्रारम्भ का भी प्रतीक होगा। इस प्रकार बाह्य अनुभूति से हम पाते है कि एक सिंगुलारिटी (एकलता) है तथा तीन और सात आयाम है।

दर्शन शास्त्र के व्यक्तिगत प्रमाणित मार्गदर्शक दर्शन के अनुसार-दर्शन शास्त्र से व्यक्त भारत के सर्वप्राचीन दर्शनों (बल्कि विश्व के) में से एक और वर्तमान तक अभेद्य सांख्य दर्शन में ब्रह्माण्ड विज्ञान की विस्तृत व्याख्या उपलब्ध है। स्वामी विवेकानन्द जी के व्याख्या के अनुसार-"प्रथमतः अव्यक्त प्रकृति (अर्थात् तीन आयाम-सत, रज, और तम), यह सर्वव्यापी बुद्धितत्व (1. महत्) में परिणत होती है, यह फिर सर्वव्यापी अंहतत्व (2. अहंकार) में और यह परिणाम प्राप्त करके फिर सर्वव्यापी इंद्रियग्राह्य भूत (3. तन्मात्रा-सूक्ष्मभूतः गंध, स्वाद, स्पर्श, दृष्टि, ध्वनि 4. इन्द्रिय ज्ञानः श्रोत, त्वचा, नेत्र, जिह्वा, घ्राण) में परिणत होता है। यही भूत समष्टि इन्द्रिय अथवा केन्द्र समूह (5. मन) और समष्टि सूक्ष्म परमाणु समूह (6. इन्द्रिय-कर्मः वाक, हस्त, पाद, उपस्थ, गुदा) में परिणत होता है। फिर इन सबके मिलने से इस स्थूल जगत प्रपंच (7. स्थूल भूतः आकाश, वायु, अग्नि, जल, पृथ्वी) की उत्पत्ति होती है। सांख्य मत के अनुसार यही सृष्टि का क्रम है और बृहत् ब्रह्माण्ड में जो है-वह व्यष्टि अथवा क्षुद्र ब्रह्माण्ड में भी अवश्य रहेगा। जब साम्यावस्था भंग होती है, तब ये विभिन्न शक्ति समूह विभिन्न रूपों में सम्मिलित होने लगते हैं और तभी यह ब्रह्माण्ड बहिर्गत होता है। और समय आता है जब वस्तुओं का उसी आदिम साम्यावस्था में फिर से लौटने का उपक्रम चलता है। (अर्थात् एक तन्त्र का अन्त) और ऐसा भी समय आता है कि सब जो कुछ भावापन्न है, उस सब का सम्पूर्ण अभाव हो जाता है। (अर्थात् सम्पूर्ण ब्रह्माण्ड का अन्त)। फिर कुछ समय पश्चात् यह अवस्था नष्ट हो जाती है तथा शक्तियों के बाहर की ओर प्रसारित होने का उपक्रम आरम्भ होता है। तथा ब्रह्माण्ड धीरे-धीरे तंरगाकार में बहिर्गत होता है। जगत् की सब गति तरंग के आकार में ही होता है-एक बार उत्थान, फिर पतन। प्रलय और सृष्टि अथवा क्रम संकोच और क्रम विकास (अर्थात् एक तन्त्र या सम्पूर्ण ब्रह्माण्ड का अन्त और आरम्भ) अनन्त काल से चल रहे

है। अतएव हम जब आदि अथवा आरम्भ की बात करते हैं तब हम एक कल्प (अर्थात् चक्र) आरम्भ की ओर ही लक्ष्य रखते हैं ।"

उपरोक्त दोनों में एकीकरण करते हुये दर्शन शास्त्र के सार्वजनिक प्रमाणित विकास / विनाश दर्शन के अनुसार-सृष्टि में, सृष्टि का कारण मानक अर्थात् आत्मा अर्थात् ब्लैक होल से सत्व गुण युक्त मार्गदर्शक दर्शन (Guider Philosophy) से प्रारम्भ होकर स्थिति में रज गुण युक्त क्रियान्वयन दर्शन (Operating Philosophy) से होते हुये प्रलय में तम गुण युक्त विकास / विनाश दर्शन (Destroyer / Development Philosophy) को व्यक्त करता है। जिससे आदान-प्रदान (Transaction), ग्रामीण (Rural), आधुनिकता / अनुकलनता (Advancement / Adaptability), विकास (Development), शिक्षा (Education), प्राकृतिक सत्य (Natural Truth) व धर्म (Religion) या एकत्व या केन्द्र व्यक्त होता है। ट्रस्ट के प्रतीक चिन्ह में यही दर्शाया गया है। साथ ही ट्रस्ट के अंग्रेजी नाम का संक्षिप्त नाम SUISU प्रतीक चिन्ह के नीचे लिखा है और उपर संक्षिप्त नाम का उच्चारण YES YOU I YES YOU लिखा है। जिसका हिन्दी अर्थ "हाँ तुम मैं हाँ तुम" है। अर्थात् तुम तभी हो जब मैं तुम्हारे साथ है। इस मैं का सार्वभौम रूप ही मनुष्य का सत्य रूप है।

कोई भी विकास दर्शन अपने अन्दर पुराने सभी दर्शनों को समाहित कर लेता है अर्थात् उसका विनाश कर देता है और स्वयं मार्गदर्शक दर्शन का स्थान ले लेता है। अर्थात् सृष्टि-स्थिति-प्रलय फिर सृष्टि। चक्रीय रूप में ऐसा सोचने वाला ही नये परिभाषा में आस्तिक और सिर्फ सीधी रेखा में सृष्टि-स्थिति-प्रलय सोचने वाला नास्तिक कहलाता है।

श्री लव कुश सिंह "विश्वमानव" द्वारा स्पष्टीकरण

पौराणिक कथाओं में एवं आधारित फिल्म या दूरदर्शन के धारावाहिकों में दिखाया जाता है कि नारद जी देव लोक जाते हैं और पृथ्वी की समस्याओं को देवताओं के समक्ष रखते हैं और उस अनुसार देवतागण अपने कार्य क्षेत्रानुसार समस्या पर चिन्तन करते हैं एवं हल निकालकर पृथ्वीवासियों को उपलब्ध कराते हैं।

शिक्षा में सुधार, सामाजिक परिवर्तन या कोई अन्य समस्या पर सम्मेलन, सेमिनार, संवाद इत्यादि केवल समस्या विषय पर चिन्तन हैं। जैसे पौराणिक कथाओं में देवताओं का समस्या पर चिन्तन होता है लेकिन समस्या का हल ही ना निकले तो चिन्तन केवल एक आयोजन मात्र बनकर रह जाता है। हाँ, देश-विदेश में इस प्रकार के होने वाले आयोजन से निकले विचार उनके लिए महत्वपूर्ण जरूर बन जाता है जो कहीं दूर से इसे आकड़े के रूप में देखते हुये मनुष्यों के लिए आवश्यकता समझते हुये हल पर कार्य करने वाले होते हैं। इसलिए ही तो कहा गया है-

भक्त वही, जो भगवान को बेच सके,
चेला वही, जो गुरू से कुछ ले सके,
संत वही, जो समाज को कुछ दे सके,
और
अवतार वही, जो पृथ्वी की आवाज सुन सके।

वो आवाज सुनी गयी और उसका हल तैयार किया गया। जो निम्न मूल सिद्धान्त पर आधारित है। यदि यह सार्वजनिक रूप से सत्य है, स्वीकार है तो यह समझना चाहिए कि "सत्य मानक शिक्षा" का विवादमुक्त पाठ्यक्रम प्राप्त किया जा चुका है और वह मैकाले शिक्षा पाठ्यक्रम को बदले बिना "पूरक शिक्षा पाठ्यक्रम" के रूप में उपलब्ध है।

ये सिद्धान्त हैं-

1. सम्पूर्ण ब्रह्माण्ड में कुछ भी स्थिर नहीं है।
2. सभी स्वयं की स्थिरता और शान्ति के लिए गतिशील हैं।

3. उस सार्वभौम एकात्म (सार्वभौम आत्मा) का कोई नाम नहीं हैं, उसका नाम मानवीय भाषा के केवल शब्द हैं।

इस आाधार पर "सत्य मानक शिक्षा" का पाठ्यक्रम और उसे जन-जन तक पहुँचाने के लिए योजना बनाया गया है जिसका विस्तृत विवरण "विश्वशास्त्र" के अध्याय-4 में उपलब्ध है। संक्षिप्त में यहाँ प्रस्तुत किया जा रहा है।

स्पष्ट दिशा प्राप्त करने के पूर्व शिक्षा के सम्बन्ध में और उसे जन-जन तक पहुँचाने की योजना पर कुछ महापुरूषों के विचार-वाणियों को भी देख लिया जाये, जो निम्नखित हैं-

शिक्षा से सम्बन्धित विचार

"मैं भारत में काफी घूमा हूँ। दाएं-बाएं, इधर-उधर मैंने यह देश छान मारा। और यहाँ मुझे एक भी भिखारी, एक भी चोर देखने को नहीं मिला। यह देश इतना समृद्ध है और इसके नैतिक मूल्य इतने उच्च हैं और यहाँ के लोग इतनी सक्षमता और योग्यता लिए हुए हैं कि हम यह देश कभी जीत सकते हैं यह मुझे नहीं लगा। इस देश की आध्यात्मिक और सांस्कृतिक परम्परा इस देश की रीढ़ है। और हमें यदि यह देश जीतना है तो इसे तोड़ना ही पड़ेगा। उसके लिए इस देश की प्राचीन शिक्षण पद्धति और संस्कृति बदलनी ही पड़ेगी। भारतीय लोग यदि यह मानने लगे कि विदेशी (विशेषतः) जो है श्रेष्ठ हैं, अपनी स्वयं की संस्कृति से भी ऊँची हैं तो वे अपना आत्म सम्मान गवाँ बैठेंगे। और फिर वे वही बनेंगे जो हम चाहते हैं-एक गुलाम देश"

- लार्ड मैंकाले, वर्तमान भारत की शिक्षा प्रणाली इनकी कही जाती है।
(2 फरवरी, 1835 को ब्रिटेन की पार्लियामेन्ट में दिये गए लार्ड मैकाले के भाषण के कुछ अंश)

"जीवन में मेरी सर्वोच्च अभिलाषा यह है कि ऐसा चक्र प्रर्वतन कर दूँ जो कि उच्च एवम् श्रेष्ठ विचारों को सब के द्वार-द्वार पर पहुँचा दे। फिर स्त्री-पुरूष को अपने भाग्य का निर्माण स्वंय करने दो। हमारे पूर्वजों ने तथा अन्य देशों ने जीवन के महत्वपूर्ण प्रश्नों पर क्या विचार किया है यह सर्वसाधारण को जानने दो। विशेषकर उन्हें देखने दो कि और लोग क्या कर रहे हैं। फिर उन्हें अपना निर्णय करने दो। रासायनिक द्रव्य इकट्ठे कर दो और प्रकृति के नियमानुसार वे किसी विशेष आकार धारण कर लेंगे-परिश्रम करो, अटल रहो। 'धर्म को बिना हानि पहुँचाये जनता की उन्नति'-इसे अपना आदर्श वाक्य बना लो।"

- स्वामी विवेकानन्द

"शिक्षा का मतलब यह नहीं है कि तुम्हारे दिमाग में ऐसी बहुत सी बातें इस तरह से ठूंस दी जाये, जो आपस में लड़ने लगे और तुम्हारा दिमाग उन्हें जीवन भर हजम न कर सकें। जिस शिक्षा से हम अपना जीवन निर्माण कर सकें, मनुष्य बन सके, चरित्र गठन कर सकें और विचारों का सामंजस्य कर सके, वही वास्तव में शिक्षा कहलाने योग्य है। यदि तुम पाँच ही भावों को हजम कर तद्नुसार जीवन और चरित्र गठन कर सके तो तुम्हारी शिक्षा उस आदमी की अपेक्षा बहुत अधिक है जिसने एक पूरी की पूरी लाइब्रेरी ही कठंस्थ कर ली है।"

- स्वामी विवेकानन्द

"उसी मूल सत्य की फिर से शिक्षा ग्रहण करनी होगी, जो केवल यहीं से, हमारी इसी मातृभूमि से प्रचारित हुआ था। फिर एक बार भारत को संसार में इसी मूल तत्व का-इसी सत्य का प्रचार करना होगा। ऐसा क्यों है? इसलिए नहीं कि यह सत्य हमारे शास्त्रों में लिखा है वरन् हमारे राष्ट्रीय साहित्य का प्रत्येक विभाग और हमारा राष्ट्रीय जीवन उससे पूर्णतः ओत-प्रोत है। इस धार्मिक सहिष्णुता की तथा इस सहानुभूति की, मातृभाव की महान शिक्षा प्रत्येक बालक, स्त्री, पुरुष, शिक्षित, अशिक्षित सब जाति और वर्ण वाले सीख सकते हैं। तुमको अनेक नामों से

पुकारा जाता है, पर तुम एक हो। तथाकथित समाज-सुधार के विषय में हस्तक्षेप न करना क्योंकि पहले आध्यात्मिक सुधार हुये बिना अन्य किसी भी प्रकार का सुधार हो नहीं सकता, भारत के शिक्षित समाज से मैं इस बात पर सहमत हूँ कि समाज का आमूल परिवर्तन करना आवश्यक है। पर यह किया किस तरह जाये? सुधारकों की सब कुछ नष्ट कर डालने की रीति व्यर्थ सिद्ध हो चुकी है। मेरी योजना यह है, हमने अतीत में कुछ बुरा नहीं किया। निश्चय ही नहीं किया। हमारा समाज खराब नहीं, बल्कि अच्छा है। मैं केवल चाहता हूँ कि वह और भी अच्छा हो। हमें असत्य से सत्य तक अथवा बुरे से अच्छे तक पहुँचना नहीं है। वरन् सत्य से उच्चतर सत्य तक, श्रेष्ठ से श्रेष्ठतर और श्रेष्ठतम तक पहुँचना है। मैं अपने देशवासियों से कहता हूँ कि अब तक जो तुमने किया, सो अच्छा ही किया है, अब इस समय और भी अच्छा करने का मौका आ गया है।" - **स्वामी विवेकानन्द**

"एक बात पर विचार करके देखिए, मनुष्य नियमों को बनाता है या नियम मनुष्य को बनाते हैं? मनुष्य रुपया पैदा करता है या रुपया मनुष्य पैदा करता है? मनुष्य कीर्ति और नाम पैदा करता है या कीर्ति और नाम मनुष्य को पैदा करते हैं? मेरे मित्रों, पहले मनुष्य बनिये, तब आप देखेंगे कि वे सब बाकी चीजें स्वयं आपका अनुसरण करेंगी परस्पर के घृणित द्वेषभाव को छोड़िये और सदुद्देश्य, सदुपाय, सत्साहस एवं सदीर्घ का अवलम्बन किजिए। आपने मनुष्य योनि में जन्म लिया है तो अपनी कीर्ति यहीं छोड़ जाइये।"

-स्वामी विवेकानन्द

"निष्क्रियता, हीनबुद्धि और कपट से देश छा गया है। क्या बुद्धिमान लोग यह देखकर स्थिर रह सकते हैं? रोना नहीं आता? मद्रास, बम्बई, पंजाब, बंगाल-कहीं भी तो जीवनी शक्ति का चिन्ह दिखाई नहीं देता। तुम लोग सोच रहे हो, 'हम शिक्षित हैं' क्या खाक सीखा है? दूसरों की कुछ बातों को दूसरी भाषा में रटकर मस्तिष्क में भरकर, परीक्षा में उत्तीर्ण होकर सोच रहे हो कि हम शिक्षित हो गये हैं। धिक्धिक्, इसका नाम कहीं शिक्षा है? तुम्हारी शिक्षा का उद्देश्य क्या है? या तो ? क्लर्क बनना या एक वकील बनना, और बहुत हुआ तो क्लर्की का ही दूसरा रूप एक डिप्टी मजिस्ट्रेट की नौकरी यही न? इससे तुम्हें या देश को क्या लाभ हुआ? "

- स्वामी विवेकानन्द

"सिर्फ पुस्तकों पर निर्भर रहने से मानव-मन केवल अवनति की ओर जाता है। यह कहने से और घोर नास्तिकता क्या हो सकती है कि ईश्वरीय ज्ञान केवल इस पुस्तक में या उस शास्त्र में आबद्ध है।"

- स्वामी विवेकानन्द

"सामाजिक व्याधि का प्रतिकार बाहरी उपायों द्वारा नहीं होगा; हमें उसके लिए भीतरी उपायों का अवलम्बन करना होगा-मन पर कार्य करने की चेष्टा करनी होगी। चाहे हम कितनी ही लम्बी चौड़ी बातें क्यों न करें, हमें जान लेना होगा कि समाज के दोषों को दूर करने के लिए प्रत्यक्ष रूप से नहीं वरन् शिक्षादान द्वारा परोक्ष रूप से उसकी चेष्टा करनी होगी।"

- स्वामी विवेकानन्द

"बहुत दिनों तक मास्टरी करने से बुद्धि बिगड़ जाती है। ज्ञान का विकास नहीं होता। दिन रात लड़कों के बीच रहने से धीरे-धीरे जड़ता आ जाती है; इसलिए आगे अब मास्टरी न कर। मेरे पिताजी यद्यपि वकील थे, फिर भी मेरी यह इच्छा नहीं कि मेरे परिवार में कोई वकील बने। मेरे गुरुदेव इसके विरोधी थे एवं मेरा भी यह विश्वास है कि जिस परिवार के कुछ लोग वकील हो उस परिवार में अवश्य ही कुछ न कुछ गड़बड़ी होगी। हमारा देश वकीलों से छा गया है-प्रतिवर्ष विश्वविद्यालयों से सैकड़ों वकील निकल रहे हैं। हमारी जाति के लिए इस समय कर्मतत्परता तथा वैज्ञानिक प्रतिभा की आवश्यकता है।"

- स्वामी विवेकानन्द

"लोगों को यदि आत्मनिर्भरशील बनने की शिक्षा नहीं दी जाय तो जगत के सम्पूर्ण ऐश्वर्य पूर्ण रुप से प्रदान करने पर भी भारत के एक छोटे से छोटे गाँव की भी सहायता नहीं की जा सकती। शिक्षा प्रदान हमारा पहला काम होना चाहिए, चरित्र एवं बुद्धि दोनों के ही उत्कर्ष साधन के लिए शिक्षा विस्तार आवश्यक है।"

- स्वामी विवेकानन्द

"अनुभव ही ज्ञान का एक मात्र स्रोत है। विश्व में केवल धर्म ही ऐसा विज्ञान है जिसमें निश्चयत्व का अभाव है, क्योंकि अनुभव पर आश्रित विज्ञान के रूप में उसकी शिक्षा नहीं दी जाती। ऐसा नहीं होना चाहिए। परन्तु कुछ ऐसे लोगों का एक छोटा समूह भी सर्वदा विद्यमान रहता है, जो धर्म की शिक्षा अनुभव के माध्यम से देते हैं। ये लोग रहस्यवादी कहलाते हैं। और वे हरेक धर्म में, एक ही वाणी बोलते हैं। और एक ही सत्य की शिक्षा देते हैं। यह धर्म का यथार्थ विज्ञान है। जैसे गणित शास्त्र विश्व के किसी भी भाग में भिन्न-भिन्न नहीं होते। वे सभी एक ही प्रकार के होते है तथा उनकी स्थिति भी एक ही होती है। उन लोगों का अनुभव एक ही है और यही अनुभव धर्म का रूप धारण कर लेता है।"

- स्वामी विवेकानन्द

"आखिर इस उच्च शिक्षा के रहने या न रहने से क्या बनता बिगड़ता है? यह कहीं ज्यादा अच्छा होगा कि यह उच्च शिक्षा प्राप्त कर नौकरी के दफ्तरों को खाक छानने के बजाय लोग थोड़ी सी यान्त्रिक शिक्षा प्राप्त करें जिससे काम-धन्धें में लगकर अपना पेट तो भर सकेंगे।"

- स्वामी विवेकानन्द

"राष्ट्र निर्माण...इस महान कार्य में राजनीति तो केवल एक अंग है। हम केवल राजनीति को ही अर्पित नहीं होंगे, न केवल सामाजिक समस्याओं, न ईश्वर-मीमांसा या दर्शन या साहित्य या विज्ञान को बल्कि हम इन सबको एक "सत्व" में एक अस्तित्व में शामिल करेंगे और हमें विश्वास है कि यह सर्वाधिक महत्वपूर्ण है। यही हमारा राष्ट्रीय धर्म है। जिसके सार्वभौम होने का विश्वास भी हमें है। एक चीज जिसे हमें सबसे पहले प्राप्त करना है वह है शक्ति-शारीरिक, मानसिक और नैतिक शक्ति और सर्वोपरि रूप से आध्यात्मिक शक्ति, जो दूसरी सारी शक्तियों का अक्षय स्रोत है। अगर हममें शक्ति है तो दूसरी हर चीज बहुत आसानी और स्वाभाविकता के साथ हमसे जुड़ जायेगी।"

-महर्षि अरविन्द

"इस देश को कुछ बाते समझनी होगी। एक तो इस देश को यह बात समझनी होगी कि तुम्हारी परेशानियों, तुम्हारी गरीबी, तुम्हारी मुसीबतों, तुम्हारी दीनता के बहुत कुछ कारण तुम्हारे अंधविश्वासों में है, कम से कम डेढ़ हजार साल पिछे घिसट रहा है। ये डेढ़ हजार साल पूरे होने जरूरी है। भारत को खिंचकर आधुनिक बनाना जरूरी है। मेरी उत्सुकता है कि इस देश का सौभाग्य खुले, यह देश भी खुशहाल हो, यह देश भी समृद्ध हो। क्योंकि समृद्ध हो यह देश तो फिर राम की धुन गुंजे, समृद्ध हो यह देश तो फिर लोग गीत गाँये, प्रभु की प्रार्थना करें। समृद्ध हो यह देश तो मंदिर की घंटिया फिर बजे, पूजा के थाल फिर सजे। समृद्ध हो यह देश तो फिर बाँसुरी बजे कृष्ण की, फिर रास रचे! यह दीन दरिद्र देश, अभी तुम इसमें कृष्ण को भी ले आओगे तो राधा कहाँ पाओगे नाचनेवाली? अभी तुम कृष्ण को भी ले आओगे, तो कृष्ण बड़ी मुश्किल में पड़ जायेंगे, माखन कहाँ चुरायेंगे? माखन है कहाँ? दूध दही की मटकिया कैसे तोड़ेंगे? दूध दही की कहाँ, पानी तक की मटकिया मुश्किल है। नलों पर इतनी भीड़ है! और एक आध गोपी की मटकी फोड़ दी, जो नल से पानी भरकर लौट रही थी, तो पुलिस में रिपोर्ट दर्ज करा देगी कृष्ण की, तीन बजे रात से पानी भरने खड़ी थी नौ बजते-बजते पानी भर पायी और इन सज्जन ने कंकड़ी मार दी। धर्म का जन्म होता है जब देश समृद्ध होता है। धर्म समृद्ध की सुवास है। तो मैं जरूर चाहता हूँ यह देश सौभाग्यशाली हो लेकिन सबसे बड़ी अड़चन इसी देश की मान्यताएं हैं। इसलिए मैं तुमसे लड़ रहा हूँ। तुम्हारे लिए।

आज भारत गरीब है। भारत अपनी ही चेष्टा से इस गरीबी से बाहर नहीं निकल सकेगा, कोई उपाय नहीं है। भारत गरीबी के बाहर निकल सकता हैं, अगर सारी मनुष्यता का सहयोग मिले। क्योंकि मनुष्यता के पास इस तरह के तकनीक, इस तरह का विज्ञान मौजूद है कि इस देश की गरीबी मिट जाये। लेकिन तुम अकड़े रहे कि हम अपनी गरीबी खुद ही मिटायेंगे, तो तुम ही तो गरीबी बनाने वाले हो, तुम मिटाओगे कैसे? तुम्हारी बुद्धि इसकी भीतर आधार है, तुम इसे मिटाओगे कैसे? तुम्हें अपने द्वार-दरवाजे खोलने होंगे। तुम्हें अपना मस्तिष्क थोड़ा विस्तार करना होगा। तुम्हें मनुष्यता का सहयोग लेना होगा। और ऐसा नहीं कि तुम्हारे पास कुछ देने को नहीं है। तुम्हारे पास कुछ देने को है दुनिया को। तुम दुनिया को ध्यान दे सकते हो। अगर अमेरिका को ध्यान खोजना है तो अपने बलबूते नहीं खोज सकेगा अमेरिका। उसे भारत की तरफ नजर उठानी पड़ेगी। मगर वे समझदार लोग हैं। ध्यान सीखने पूरब चले आते हैं। कोई अड़चन नहीं है उन्हें बाधा नहीं है। बुद्धिमानी का लक्षण यही है कि जो जहाँ से मिल सकता हो ले लिया जाये। यह सारी पृथ्वी हमारी हैं। सारी मनुष्यता इकट्ठी होकर अगर उपाय करे तो कोई भी समस्या पृथ्वी पर बचने का कोई भी कारण नहीं है। दुनिया में दो तरह की शिक्षायें होनी चाहिए, अभी एक ही तरह की शिक्षा है। और इसलिए दुनिया में बड़ा अधुरापन है। बच्चों को हम स्कूल भेजते है, कालेज भेजते है, युनिवर्सिटी भेजते है, मगर एक ही तरह की शिक्षा वहाँ- कैसे जियो? कैसे आजिविका अर्जन करें? कैसे धन कमाओं? कैसे पद प्रतिष्ठा पाओं। जीवन के आयोजन सिखाते हैं जीवन की कुशलता सिखाते हैं। दूसरी इससे भी महत्वपूर्ण शिक्षा वह है- कैसे मरो? कैसे मृत्यु के साथ आलिंगन करो? कैसे मृत्यु में प्रवेश करो? यह शिक्षा पृथ्वी से बिल्कुल खो गयी। ऐसा अतीत में नहीं था। अतीत में दोनों शिक्षाएं उपलब्ध थीं। इसलिए जीवन को हमने चार हिस्सों में बाटा था। पच्चीस वर्ष तक विद्यार्थी का जीवन, ब्रह्मचर्य का जीवन। गुरू के पास बैठना। जीवन कैसे जीना है, इसकी तैयारी करनी है। जीवन की शैली सीखनी है। फिर पच्चीस वर्ष तक गृहस्थ का जीवन जो गुरू के चरणों में बैठकर सिखा है उसका प्रयोग, उसका व्यावहारिक प्रयोग। फिर जब तुम पचास वर्ष के होने लगो तो तुम्हारे बच्चे पच्चीस वर्ष के करीब होने लगेंगे। उनके गुरू के गृह से लौटने के दिन करीब होने लगेंगे। अब उनके दिन आ गये कि वे जीवन को जिये। फिर भी पिता और बच्चे पैदा करते चला जाये तो यह अशोभन समझा जाता था। यह अशोभन है। अब बच्चे, बच्चे पैदा करेंगे। अब तुम इन खिलौनों से उपर उठो। तो पच्चीस वर्ष वानप्रस्थ। जंगल की तरफ मुँह- इसका अर्थ होता है कि अभी जंगल गये नहीं, अभी घर छोड़ा नहीं लेकिन घर की तरफ पीठ जंगल की तरफ मुँह। ताकि तुम्हारे बेटों को तुम्हारी सलाह की जरूरत पड़े तो पूछ लें। अपनी तरफ से सलाह मत देना। वानप्रस्थी स्वयं सलाह नहीं देता। फिर पचहत्तर वर्ष के जब तुम हो जाओगे, तो सब छोड़कर जंगल चले जाना। वे शेष अंतिम पचीस वर्ष मृत्यु की तैयारी थे। उसी का नाम सन्यास था। पचीस वर्ष जीवन के प्रारम्भ में जीवन की तैयारी, और जीवन के अंत में पच्चीस वर्ष मृत्यु की तैयारी। उपाधियाँ मिलती है- पी0 एच0 डी0, डी0 लिट0 और डी0 फिल0। और उनका बड़ा सम्मान होता है। उनका काम क्या है? उनका काम यह है कि वे तय करते हैं कि गोरखनाथ कब पैदा हुए थे। कोई कहता है दसवीं सदी के अंत में, कोई कहता है ग्यारहवीं सदी के प्रारम्भ में। इस पर बड़ा विवाद चलता है। बड़े-बड़े विश्वविद्यालयों के ज्ञानी सिर खपा कर खोज में लगे रहते है। शास्त्रों की, प्रमाणों की, इसकी, उसकी। उनकी पूरी जिन्दगी इसी में जाती है। इससे बड़ा अज्ञान और क्या होगा? गोरख कब पैदा हुए, इसे जानकर करोगे क्या? इसे जान भी लिया तो पाओगे क्या? गोरख न भी पैदा हुए, यह भी सिद्ध हो जाये, तो भी क्या फायदा? हुए हों या न हुए हों, अर्थहीन है। गोरख ने क्या जिया उसका स्वाद लो। इसलिए तुम्हारे विश्वविद्यालय ऐसी व्यर्थता के कामों में संलग्न है कि बड़ा आश्चर्य होता है कि इन्हें विश्वविद्यालय कहो या न कहो। इनका काम ही........तुम्हारे विश्वविद्यालय में चलने वाली जितनी शोध है, सब कूड़ा-करकट है।"

- आचार्य रजनीश "ओशो"

"सुधर्मा, जरूरत है इस युग में अनगढ़ मानव को गढ़ने की। मनुष्य स्वार्थी, संकीर्णता से ग्रसित हो गया है। इन दुर्बलताओं के आक्रान्त मनमानी शक्ल दिखने में अक्सर आते हैं। पेट और परिवार को आदर्श मान बैठे हैं।"

-अवधूत भगवान राम

"मनुष्य अपने भाग्य का निर्माता आप है, इस विश्वास के आधार पर हमारी मान्यता है कि हम उत्कृष्ट बनेंगे और दूसरों को श्रेष्ठ बनायेंगे, तो युग अवश्य बदलेगा। हम बदलेंगे- युग बदलेगा, हम सुधरेंगे-युग सुधरेगा। इस तथ्य पर हमारा परिपूर्ण विश्वास है।"

- पं0 श्रीराम शर्मा आचार्य, संस्थापक, अखिल विश्व गायत्री परिवार

"यदि हम संसार का मार्ग ग्रहण करेंगे और संसार को और अधिक विभाजित करेंगे तो शान्ति, सहिष्णुता और स्वतन्त्रता के अपने उद्देश्य में सफल नहीं हो सकते। यदि हम इस युद्ध-विक्षिप्त दुनियाँ को शान्ति और सत्य का प्रकाश दिखाएं तो सम्भव है कि हम संसार में कोई अच्छा परिवर्तन कर सकें। लोकतन्त्र से मेरा मतलब समस्याओं को शान्तिपूर्वक हल करने से है। अगर हम समस्याओं को शान्तिपूर्वक हल नहीं कर पाते तो इसका मतलब है कि लोकतन्त्र को अपनाने में हम असफल रहें हैं।"

- पं0 जवाहर लाल नेहरू

"हमारे युग की दो प्रमुख विषेशताएँ विज्ञान और लोकतंत्र है। ये दोनों टिकाऊ हैं। हम शिक्षित लोगों को यह नहीं कह सकते कि वे तार्किक प्रमाण के बिना धर्म की मान्यताओं को स्वीकार कर लें। जो कुछ भी हमें मानने के लिए कहा जाए, उसे उचित और तर्क के बल से पुष्ट होना चाहिए। अन्यथा हमारे धार्मिक विश्वास इच्छापूरक विचार मात्र रह जाएंगे। आधुनिक मानव को ऐसे धर्म के अनुसार जीवन बिताने की शिक्षा देनी चाहिए, जो उसकी विवेक-बुद्धि को जँचे, विज्ञान की परम्परा के अनुकूल हो। इसके अतिरिक्त धर्म को लोकतन्त्र का पोशक होना चाहिए, जो कि वर्ण, मान्यता, सम्प्रदाय या जाति का विचार न करते हुए प्रत्येक मनुष्य के बौद्धिक और आध्यात्मिक विकास पर जोर देता हो। कोई भी ऐसा धर्म, जो मनुष्य-मनुष्य में भेद करता है अथवा विशेषाधिकार, शोषण या युद्ध का समर्थन करता है, आज के मानव को रूच नहीं सकता। स्वामी विवेकानन्द ने यह सिद्ध किया कि हिन्दू धर्म विज्ञान सम्मत भी है और लोकतन्त्र का समर्थक भी। वह हिन्दू धर्म नहीं, जो दोषों से भरपूर है, बल्कि वह हिन्दू धर्म, जो हमारे महान प्रचारकों का अभिप्रेत था। मात्र जानकारियाँ देना शिक्षा नहीं है। यद्यपि जानकारी का अपना महत्व है और आधुनिक युग में तकनीकी की जानकारी महत्वपूर्ण भी है तथापि व्यक्ति के बौद्धिक झुकाव और उसकी लोकतान्त्रिक भावना का भी बड़ा महत्व है। ये बातें व्यक्ति को एक उत्तरदायी नागरिक बनाती है। शिक्षा का लक्ष्य है ज्ञान के प्रति समर्पण की भावना और निरन्तर सीखते रहने की प्रवृति। वह एक ऐसी प्रक्रिया है जो व्यक्ति को ज्ञान व कौशल दोनों प्रदान करती है तथा इनका जीवन में उपयोग करने का मार्ग प्रशस्त करती है। करूणा, प्रेम और श्रेष्ठ परम्पराओं का विकास भी शिक्षा के उद्देश्य हैं। जब तक शिक्षक शिक्षा के प्रति समर्पित और प्रतिबद्ध नहीं होता और शिक्षा को एक मिशन नहीं मानता तब तक अच्छी शिक्षा की कल्पना नहीं की जा सकती। शिक्षक उन्हीं लोगों को बनाया जाना चाहिए जो सबसे अधिक बुद्धिमान हों। शिक्षक को मात्र अच्छी तरह अध्यापन करके संतुष्ट नहीं हो जाना चाहिए। उसे अपने छात्रों का स्नेह और आदर अर्जित करना चाहिए। सम्मान शिक्षक होने भर से नहीं मिलता, उसे अर्जित करना पड़ता है।" **- डा0 सर्वपल्ली राधाकृष्णन**

(5 सितम्बर को भारत देश में शिक्षक दिवस इनके जन्म दिवस को ही मनाया जा जाता है)

"समाजिकता और संस्कृति का मापदण्ड समाज में कमाने वाला द्वारा अपने कर्तव्य के निर्वाह की तत्परता है। अर्थव्यवस्था का कार्य इस कर्तव्य के निर्वाह की क्षमता पैदा करना है। मात्र धन कमाने के साधन तथा तरीके बताना-पढ़ाना ही अर्थव्यवस्था का कार्य नहीं है। यह मानवता बढ़ाना भी उसका काम है। कि कर्तव्य भावना के साथ कमाने वाला खिलाये भी। यहाँ यह स्पष्ट समझ लिया जाना चाहिए कि वह कार्य और दायित्व की भावना से करें न कि दान देने या चंदा देने की भावना से।"

- पं0 दीन दयाल उपाध्याय

"शोषित वर्ग की सुरक्षा उसके सरकार और कांग्रेस दोनों से स्वतन्त्र होने में है। हमें अपना रास्ता स्वयं बनाना होगा और स्वयं। राजनीतिक शक्ति शोषितों की समस्याओं का निवारण नहीं हो सकती, उनका उद्धार समाज में उनका उचित स्थान पाने में निहित है। उनको अपना रहने का बुरा तरीका बदलना होगा। उनको शिक्षित होना चाहिए। एक बड़ी आवश्यकता उनकी हीनता की भावना को झकझोरने, और उनके अन्दर उस दैवीय असंतोष की स्थापना करने की है जो सभी ऊँचाइयों का स्रोत है। शिक्षित बनो!!!, संगठित रहो!!!, संघर्ष करो!!! सामाजिक क्रान्ति साकार बनाने के लिए किसी महान विभूति की आवश्यकता है या नहीं यह प्रश्न यदि एक तरफ रख दिया जाय, तो भी सामाजिक क्रान्ति की जिम्मेदारी मूलतः समाज के बुद्धिमान वर्ग पर ही रहती है, इसे वास्तव में कोई भी अस्वीकार नहीं कर सकता। भविष्य काल की ओर दृष्टि रखकर वर्तमान समय में समाज को योग्य मार्ग दिखलाना यह बुद्धिमान वर्ग का पवित्र कर्तव्य है। यह कर्तव्य निभाने की कुशलता जिस समाज के बुद्धिमान लोग दिखलाते हैं। वही जीवन कलह में टिक सकता है। सही राष्ट्रवाद है, जाति भावना का परित्याग। सामाजिक तथा आर्थिक पुनर्निर्माण के आमूल परिवर्तनवादी कार्यक्रम के बिना अस्पृश्य कभी भी अपनी दशा में सुधार नहीं कर सकते। राष्ट्रवाद तभी औचित्य ग्रहण कर सकता है जब लोगों के बीच जाति, नस्ल या रंग का अन्तर भुलाकर उसमें सामाजिक समरसता व मातत्व को सर्वोच्च स्थान दिया जाय। राष्ट्र का सन्दर्भ में राष्ट्रीयता का अर्थ होना चाहिए- सामाजिक एकता की दृढ़ भावना, अन्तर्राष्ट्रीय सन्दर्भ में इसका अर्थ है-भाईचारा। शिक्षा प्रत्येक व्यक्ति का जन्मसिद्ध अधिकार है अतः शिक्षा के दरवाजे प्रत्येक भारतीय नागरिक के लिए खुले होने चाहिए। एक व्यक्ति के शिक्षित होने का अर्थ है- एक व्यक्ति का शिक्षित होना लेकिन एक स्त्री के शिक्षित होने का अर्थ है कि एक परिवार का शिक्षित होना।"

- बाबा साहेब भीम राव अम्बेडकर

"आम आदमी से दूर हटकर साहित्य तो रचा जा सकता है, लेकिन वह निश्चित तौर पर भारतीय जन जीवन का साहित्य नहीं हो सकता। आम आदमी से जुड़ा साहित्य ही समाज के लिए कल्याकाणकारी हो सकता हैं।"

-श्री शंकर दयाल शर्मा, पूर्व राष्ट्रपति

"विश्व का रूपान्तरण तभी सम्भव है जब सभी राष्ट्र मान ले कि मानवता के सामने एक मात्र विकल्प शान्ति, परस्पर समभाव, प्रेम और एकजुटता है। भारतीय धर्मो के प्रतिनिधियों से मित्रवत् सूत्रपात होगा। तीसरी सहस्त्राब्दि में एशियाई भूमि पर ईसाइयत की जड़े मजबूत होंगी। इस सहस्त्राब्दि को मनाने का अच्छा तरीका वही होगा। कि हम धर्म के प्रकाश की ओर अग्रसर हो और समाज के प्रत्येक स्तर पर न्याय और समानता के बहाल के लिए प्रयासरत हो। हम सबको विश्व का भविष्य सुरक्षित रखने और उसे समृद्ध करने के लिए एकजुट होना चाहिए। विज्ञान और तकनीकी के क्षेत्र में प्रगति के साथ-साथ आध्यात्मिक उन्नति भी उतनी ही आवश्यक है। धर्म को कदापि टकराव का बहाना नहीं बनाना चाहिए-भारत को आशीर्वाद" (भारत यात्रा पर)

-पोप जान पाल, द्वितीय

"शिक्षा प्रक्रिया मे व्यापक सुधारों की जरूरत है। 'यह रास्ता दिल्ली की ओर जाता है' लिखा साइन बोर्ड पढ़ लेना मात्र शिक्षा नहीं है। इसके बारे में चिन्तन करना पड़ेगा और कोई लक्ष्य निर्धारित करना पड़ेगा। सामाजिक परिवर्तन किस तरह से, इसकी प्राथमिकताये क्या होगीं? यह तय करना पड़ेगा। 21वीं शताब्दी के लिए हमें कार्यक्रम तय करने पड़ेंगे, मौजूदा लोकतन्त्र खराब नहीं है परन्तु इसको और बेहतर बनाने की आवश्यकता है।"

- श्री रोमेश भण्डारी, पूर्व राज्यपाल, उ0प्र0, भारत

"अच्छी शिक्षा व्यवस्था ही प्रबुद्ध नागरिक पैदा करती है, बच्चों को नैतिक शिक्षा प्रदान की जाय और रोजगार के नये अवसर पैदा किये जायें, राष्ट्रीय शान्ति व सार्वभौमिक सद्भाव के लिए सभी धर्म आध्यात्मिक आन्दोलन में शामिल हो जायें।"

-श्री ए.पी.जे, अब्दुल कलाम, पूर्व राष्ट्रपति, भारत

सत्य मानक शिक्षा का व्यापार-पुनर्निर्माण
(RENEW - Real Education National Express Way)

"व्यापार" " और "शिक्षा का व्यापार"

जहाँ भी, कुछ भी आदान-प्रदान हो रहा हो, वह सब व्यापार के ही अधीन है। व्यक्ति का जितना बड़ा ज्ञान क्षेत्र होता है ठीक उतना ही बड़ा उसका संसार होता है। फलस्वरूप उस ज्ञान क्षेत्र पर आधारित व्यापार का संचालन करता है इसलिए ही ज्ञान क्षेत्र के विस्तार के लिए सदैव प्रयत्नशील रहना चाहिए। प्रत्येक व्यक्ति ही व्यापारी है और वही दूसरे के लिए ग्राहक भी है। यदि व्यक्ति आपस में आदान-प्रदान कर व्यापार कर रहें हैं तो इस संसार-ब्रह्माण्ड में ईश्वर का व्यापार चल रहा है और सभी वस्तुएँ उनके उत्पाद है। उन सब वस्तुओं का आदान-प्रदान हो रहा है जिसके व्यापारी स्वयं ईश्वर है, ये सार्वभौम सत्य-सिद्धान्त है।

शिक्षा क्षेत्र का यह दुर्भाग्य है कि जीवन से जुड़ा इतना महत्वपूर्ण विषय "व्यापार", को हम एक अनिवार्य विषय के रूप में पाठ्यक्रम में शामिल नहीं कर सकें। इसकी कमी का अनुभव उस समय होता है जब कोई विद्यार्थी 10वीं या 12वीं तक की शिक्षा के उपरान्त किसी कारणवश, आगे की शिक्षा ग्रहण नहीं कर पाता। फिर उस विद्यार्थी द्वारा पढ़े गये विज्ञान व गणित के वे कठिन सूत्र उसके जीवन में अनुपयोगी लगने लगते हैं। यदि वहीं वह व्यापार के ज्ञान से युक्त होता तो शायद वह जीवकोपार्जन का कोई मार्ग सुगमता से खोजने में सक्षम होता।

प्रत्येक व्यापार के जन्म होने का कारण एक विचार होता है। पहले विचार की उत्पत्ति होती है फिर उस पर आधारित व्यापार का विकास होता है। किसी विचार पर आधारित होकर आदान-प्रदान का नेतृत्वकर्ता व्यापारी और आदान-प्रदान में शामिल होने वाला ग्राहक होता है। "रामायण" ,"महाभारत" ,"रामचरितमानस" इत्यादि किसी विचार पर आधारित होकर ही लिखी गई है। यह वाल्मीकि, महर्षि व्यास और गोस्वामी तुलसीदास का त्याग है तो अन्य के लिए यह व्यापार का अवसर बना।

ज्ञान के वर्तमान और उसी ओर बढ़ते युग में व्यापार के तरीके भी बदल रहें हैं। ऐसी स्थिति में स्वयं को भी बदलते हुये अपने ज्ञान को बढ़ाना होगा अन्यथा प्रतियोगिता भरे जीवन के संघर्ष में पिछे रह जाने के सिवा कोई रास्ता नहीं होगा। वर्तमान समय में गाँवों तक भी कम्प्यूटर व इन्टरनेट की पहुँच तेजी से बढ़ रही है। कम्प्यूटर व इन्टरनेट केवल चला लेना ही ज्ञान नहीं है। चलाना तो कला है। कला को व्यापार में बदल देना ही सत्य में ज्ञान-बुद्धि है। हम कम्प्यूटर व इन्टरनेट से किस प्रकार व्यापार कर सकते हैं, इस पर अध्ययन-चिंतन-मनन करना आवश्यक है। इस सम्बन्ध में भारत रत्न एवं पूर्व राष्ट्रपति श्री ए.पी.जे.अब्दुल कलाम का कथन पूर्ण सत्य है कि- "नवीनता के द्वारा ही ज्ञान को धन में बदला जा सकता है।"

प्रत्येक मनुष्य के लिए 24 घंटे का दिन और उस पर आधारित समय का निर्धारण है और यह पूर्णतः मनुष्य पर ही निर्भर है कि वह इस समय का उपयोग किस गति से करता है। उसके समक्ष तीन बढ़ते महत्व के व्यापार के स्तर हैं- 1.शरीर आधारित व्यापार, 2.धन/अर्थ आधारित व्यापार और 3.ज्ञान आधारित व्यापार। इन तीनों के विकास की अपनी सीमा, शक्ति, गति व लाभ है। शरीर के विकास के उपरान्त मनुष्य को धन के विकास की

ओर, धन के विकास के उपरान्त मनुष्य को ज्ञान के विकास की ओर बढ़ना चाहिए अन्यथा वह अपने से उच्च स्तर वाले का गुलाम हो जाता है।

दुनिया बहुत तेज (फास्ट) हो गई है। मनुष्य की व्यस्तता बढ़ती जा रही है। सभी को कम समय में बहुत कुछ चाहिए। तो ऐसी शिक्षा की भी जरूरत है जो कम समय में पूर्ण शिक्षित बना दे। एक व्यक्ति सामान्यतः यदि स्नातक (ग्रेजुएशन) तक पढ़ता है तो वह कितने पृष्ठ पढ़ता होगा और क्या पाता है? विचारणीय है। एक व्यक्ति इंजिनियर व डाक्टर बनने तक कितना पृष्ठ पढ़ता है? यह तो होती है कैरियर की पढ़ाई इसके अलावा कहानी, कविता, उपन्यास, फिल्म इत्यादि के पीछे भी मनुष्य अपना समय मनोरंजन के लिए व्यतीत करता है। और सभी एक चमत्कार के आगे नतमस्तक हो जाते हैं तो पूर्ण मानसिक स्वतन्त्रता और पूर्णता कहाँ है? विचारणीय विषय है। ऐसे व्यक्ति जिनका धनोपार्जन व्यवस्थित चल रहा है वे ज्ञान की आवश्यकता या उसके प्राप्ति की आवश्यकता के प्रति रूचि नहीं लेते परन्तु वे भूल जाते हैं कि ज्ञान की आवश्यकता तो उन्हें ज्यादा है जिनके सामने भविष्य पड़ा है और उन्हें आवश्यकता है जो देश-समाज-विश्व के नीति का निर्माण करते हैं। ऐसे आधार की आवश्यकता है जिससे आने वाली पीढ़ी और विश्व निर्माण के चिन्तक दोनों को एक दिशा प्राप्त हो सके। वे जो मशीनवत् लग गये हैं वे जहाँ लगे हैं सिर्फ वहीं लगे रहें, आखिर में वे भी तो संसार के विकास में ही लगे है उन्हें न सही उनके बच्चों को तो ज्ञान की जरूरत होगी। जिसके लिए वे एक लम्बा समय और धन उनपर खर्च करते हैं। गरीबी, बेरोजगारी इत्यादि का बहुत कुछ कारण ज्ञान, ध्यान, चेतना जैसे विषयों का मनुष्य के अन्दर अभाव होने से ही होता है। मनुष्य जीवन पर्यन्त रोजी-रोटी, धनार्जन इत्यादि के लिए भागता रहता है परन्तु यदि मात्र 6 महीने वह ज्ञान, ध्यान, चेतना जैसे विषयों पर पहले ही प्रयत्न कर ले तो उसके सामने विकास के अनन्त मार्ग खुल जाते हैं। ज्ञान, ध्यान, चेतना की यही उपयोगीता है जिसे लोग निरर्थक समझते हैं। बचपन से अनेक वर्षों तक माता-पिता-अभिभावक अपने बच्चों के विद्यालय में धन भेजते हैं, बच्चा वहाँ से कौन सा सामान लाता है, विचारणीय विषय है? बच्चा वहाँ से जो लाता है उस सामान का नाम है-"शिक्षा" और वह जहाँ से लाता है, वह है-"शिक्षा का व्यापार केन्द्र"। इस प्रकार अलग-अलग शिक्षा और विद्या के व्यापार केन्द्र, आज के और आने वाले समय में विकास की ओर अग्रसर ज्ञानयुग में चल और खुल रहे हैं। बहुत से विद्यार्थी अलग-अलग व्यापार के साथ "पढ़ो और पढ़ाओ" वाले व्यापार में भी जाते हैं जो मनुष्य के धरती पर रहने तक चलता रहेगा। इस क्रम में जब तक परीक्षा में नकल होते रहेंगे तब तक शिक्षा व्यापार तेजी से विकास करता रहेगा और साथ ही जब तक सेवानिवृत्ति की उम्र बढ़ाते रहेंगे, सरकार पर बेरोजगारी का बोझ बढ़ता रहेगा। और सरकार रिक्त पदों की भर्ती वाला व्यापार करती रहेगी।

"सत्य मानक शिक्षा का व्यापार" -एक अन्तहीन व्यापार

एक नदी पर पुल था जिसे कोई व्यक्ति पैदल दो घण्टे में पार करता था। यह पुल पैदल यात्रीयों के लिए रोक दिया गया था जिसके लिए पुल के ठीक मध्य (एक घण्टे की यात्रा) पर एक गार्ड नियुक्त था। गार्ड एक घण्टे सोता था और एक घण्टे जागता था। एक चालाक व्यक्ति को पुल से नदी पार करना अतिआवश्यक था। इसलिए गार्ड जब सोया तब वह यात्रा प्रारम्भ किया जैसे ही गार्ड के जागने का समय आया, वह वापस लौटने लगा। गार्ड समझा कि वह दूसरे किनारे से आ रहा है इसलिए उसने उस यात्री को पकड़ा और दूसरी ओर भेज दिया। इस प्रकार यात्री नदी पार हो गया।

यदि हम में से किसी को तैरकर नदी पार करना हो और आधे से पहले ही हमारा हिम्मत टूटने लगे तो हम वापस ही आना चाहेंगे। यदि आधे से अधिक तैरने के बाद हिम्मत टूटने लगेगा तो हौसला बढ़ाकर आगे ही बढकर पार करना चाहेंगे।

इसी प्रकार मनुष्य के विकास क्रम में हम सब अदृश्य विज्ञान (आध्यात्म) से दृश्य विज्ञान (भौतिक) की ओर बढ़ गये हैं। नदी या पुल का एक किनारा अदृश्य विज्ञान है तो दूसरा किनारा दृश्य विज्ञान। वर्तमान का हमारा अधिकतम जीवन नदी के दूसरे किनारे दृश्य विज्ञान की ओर है, हर पल। जन्म से ही हम अधिकतम वे सब वस्तुएँ

प्रयोग कर रहे हैं जिसका कच्चा माल भले ही ईश्वरकृत हो परन्तु उपयोग का रूप मनुष्यकृत है और विज्ञान द्वारा निर्मित है। इस प्रकार मनुष्य निर्माता के रूप में अपना रूप व्यक्त कर ईश्वर की ओर ही बढ़ रहा है।

नदी के पुल पर बैठे उस गार्ड का काम और तैरने वाले का निर्णय "सत्य शिक्षा" है। वर्तमान में मनुष्य समाज अदृश्य काल से चलकर दृश्य काल में आ चुका है। आधे से वापस किनारे जाना "सत्य" को पाना है। और आधे से दूसरे किनारे पार हो जाना "सिद्धान्त" को पाना है। इन्हीं सिद्धान्त को पाने के बाद संविधान-नियम-कानून का जन्म होता है जिससे आज हम सभी संचालित व प्रभावित है। इस "सत्य-सिद्धान्त" की शिक्षा ही "सत्य मानक शिक्षा" है।

विज्ञान व तकनीकी का उपयोग कर जीवन की गति और सघनता (काम्पैक्ट) में तेजी से विकास हो रहा है। इसलिए ऐसी शिक्षा और पाठ्य पुस्तक की भी आवश्यकता आ चुकी थी जिससे कम समय में बहुत कुछ क्रमिक रूप से जाना व समझा जा सके अर्थात् शास्त्र-साहित्य से भरे इस संसार में कोई भी एक ऐसा मानक शास्त्र उपलब्ध नहीं था जिससे "पूर्णज्ञान-कर्मज्ञान" की उपलब्धि हो सके साथ ही मानव और उसके शासन प्रणाली के सत्यीकरण के लिए अनन्त काल तक के लिए मार्गदर्शन प्राप्त हो सके अर्थात् भोजन के अलावा जिस प्रकार पूरक दवा ली जाती है उसी प्रकार "पूर्णज्ञान-कर्मज्ञान" के लिए पूरक शास्त्र उपलब्ध नहीं था जिससे व्यक्ति की आजिविका तो उसके संसाधन के अनुसार रहे परन्तु उसका "पूर्णज्ञान-कर्मज्ञान" अन्य के बराबर हो जाये। ईश्वर से साक्षात्कार करने के "ज्ञान" के अनेक शास्त्र उपल्ब्ध हो चुके थे परन्तु साक्षात्कार के उपरान्त कर्म करने के ज्ञान अर्थात् ईश्वर के मस्तिष्क का "कर्मज्ञान" का शास्त्र उपलब्ध नहीं हुआ था अर्थात् ईश्वर के साक्षात्कार का शास्त्र तो उपलब्ध था परन्तु ईश्वर के कर्म करने की विधि का शास्त्र उपलब्ध नहीं था। मानव को ईश्वर से ज्यादा उसके मस्तिष्क की आवश्यकता है। शिक्षा में शिक्षा पाठ्यक्रम को बदले बिना एक पूरक शास्त्र मनुष्य को चाहिए जिससे वह अपने कर्मों के विश्लेषण व तुलना से जान सके कि वह पूर्ण ईश्वरीय कार्य के अंश जीवन यात्रा में कितनी यात्रा तय कर चुका है और वह यात्रा इस जीवन में पूर्ण करना चाहता है या यात्रा जारी रखना चाहता है। पृथ्वी के मानसिक विवादों को समाप्त कर मनुष्य, समाज व शासन को एक संतुलित कर्मज्ञान चाहिए जिससे एकात्मकर्मवाद का जन्म हो सके। जिससे ब्रह्माण्डीय विकास के लिए सम्पूर्ण कर्म और मनुष्यता की सम्पूर्ण शक्ति एक दिशा की ओर हो। व्यक्ति आधारित समाज व शासन से उठकर मानक आधारित समाज व शासन अर्थात् जिस प्रकार हम सभी व्यक्ति आधारित राजतन्त्र में राजा से उठकर व्यक्ति आधारित लोकतन्त्र में आये, फिर संविधान आधारित लोकतन्त्र में आ गये उसी प्रकार पूर्ण लोकतन्त्र के लिए मानक व संविधान आधारित लोकतन्त्र में हम सभी को पहुँचना है।

वर्तमान में जीने का अर्थ होता है-विश्व ज्ञान जहाँ तक बढ़ चुका है वहाँ तक के ज्ञान से अपने मस्तिष्क को युक्त करना। तभी डेढ़ हजार वर्ष पुराने हमारे मस्तिष्क का आधुनिकीकरण हो पायेगा। सिर्फ वर्तमान में तो पशु रहकर कर्म करते हैं। "सत्य मानक शिक्षा" मनुष्य के मस्तिष्क के आधुनिकीकरण की शिक्षा है या विज्ञान की भाषा में कहें तो मस्तिष्क के आधुनिकीकरण का साफ्टवेयर या माइक्रोचिप्स (Integrated Circuit-I.C) है। वर्तमान की अब नवीनतम परिभाषा है-"पूर्ण ज्ञान से युक्त होना" और कार्यशैली की परिभाषा है-"भूतकाल का अनुभव, भविष्य की आवश्यकतानुसार पूर्णज्ञान और परिणाम ज्ञान से युक्त होकर वर्तमान समय में कार्य करना।"

"सत्य मानक शिक्षा", विकास क्रम के उत्तरोत्तर विकास के क्रमिक चरणों के अनुसार लिखित है जिससे पृथ्वी पर हुए सभी व्यापार को समझा जा सके। फलस्वरूप मनुष्य के समक्ष व्यापार के अनन्त मार्ग खुल जाते हैं। किसी भी सिनेमा अर्थात् फिल्म को बीच-बीच में से देखकर डायलाग की भावना व कहानी को पूर्णतया नहीं समझा जा सकता। मनुष्य समाज में यही सबसे बड़ी समस्या है कि व्यक्ति कहीं से कोई भी विचार या वक्तव्य या कथा उठा लेता है और उस पर बहस शुरू कर देता है। जबकि उसके प्रारम्भ और क्रमिक विकास को जाने बिना समझ को विकसित करना असम्भव होता है। सामाजिक विकास के क्षेत्र में परिवर्तन, देश-काल के परिस्थितियों के अनुसार किया जाता रहा है जबकि सत्यीकरण मूल सार्वभौम सत्य-सिद्धान्त से जोड़कर किया जाने वाला कार्य है।

"पुर्ननिर्माण-सत्य शिक्षा का राष्ट्रीय तीव्र मार्ग" एक ऐसी ही प्रणाली है जिसकी आवश्यकता धरती पर मनुष्य के रहने तक है और इसका व्यापार भी वहीं तक अन्तहीन है। इस शिक्षा प्रणाली में छात्रवृत्ति, व्यापार, सुविधा, समाजसेवा, अन्दर के नवोन्मेष को बाहर लाने की सुविधा इत्यादि का समावेश है।

ज्ञान के इस युग में शिक्षा-विद्या-कला का व्यापार मनुष्य के धरती पर रहने तक रहेगा। ऐसी स्थिति में हमारा यह व्यापार भी उस समय तक के लिए स्थायित्व में है। शिक्षा-विद्या-कला कोई प्रापर्टी नहीं है कि पिता जी ग्रहण कर चुके हैं तो पुत्र को हिस्सा प्राप्त हो जायेगा। पुत्र को भी वहीं से अर्थात् अक्षर ज्ञान से शुरू होना पड़ेगा जहाँ से पिता ने शुरू किया था। इस प्रकार "सत्य मानक शिक्षा" के व्यापार की योजना-"पुर्ननिर्माण-सत्य शिक्षा का राष्ट्रीय तीव्र मार्ग" एक अन्तहीन व्यापार है जो मनुष्य के पृथ्वी पर रहने तक चलता रहेगा।

सफलता का नाम विशेषज्ञता नहीं

जब दुनिया बीसवीं सदी के समाप्ति के समीप थी तब वर्ष 1995 ई0 में कोपेनहेगन में सामाजिक विकास का विश्व शिखर सम्मेलन हुआ था। इस शिखर सम्मेलन में यह माना गया कि- "आर्थिक विकास अपने आप में महत्वपूर्ण विषय नहीं है, उसे समाजिक विकास के हित में काम करना चाहिए। यह कहा गया कि पिछले वर्षों में आर्थिक विकास तो हुआ, पर सभी देश सामाजिक विकास की दृष्टि से पिछड़े ही रहे। जिसमें मुख्यतः तीन बिन्दुओं- बढ़ती बेरोजगारी, भीषण गरीबी और सामाजिक विघटन पर चिन्ता व्यक्त की गई। यह स्वीकार किया गया कि सामाजिक विकास की समस्या सार्वभौमिक है। यह सर्वत्र है, लेकिन इस घोर समस्या का समाधान प्रत्येक संस्कृति के सन्दर्भ में खोजना चाहिए।" इसका सीधा सा अर्थ यह है कि व्यक्ति हो या देश, आर्थिक विकास तभी सफल होगा जब बौद्धिक विकास के साथ मनुष्य के गुणवत्ता में भी विकास हो।

इस सम्बन्ध में पं0 दीनदयाल उपाध्याय जी के विचार-कम्युनिस्टों के नारे "कमाने वाला खायेगा"-यह नारा यद्यपि कम्युनिस्ट लगाते है। किन्तु पूंजीवादी भी इस नारे के मूल में निहित सिद्धान्त से असहमत नहीं हैं। यदि दोनों में झगड़ा है तो केवल इस बात का कि कौन कितना कमाता है, कौन कितना कमा सकता है। पूंजीवादी साहस और पूंजी को महत्व देते हैं तो कम्युनिस्ट श्रम को। पूंजीवादी स्वयं के लिए अधिक हिस्सा माँगते हैं और कम्युनिस्ट अपने लिए। यह नारा अनुचित, अन्यायपूर्ण और समाजघाती है। हमारा नारा होना चाहिए- "कमाने वाला खिलायेगा और जो जन्मा है वह खायेगा।" खाने का अधिकार जन्म से प्राप्त होता है कमाने की पात्रता शिक्षा से आती है। यदि केवल कमाने वाला ही खायेगा तो बच्चों, बूढ़ों, रोगियों और अपाहिजों का क्या होगा? "कमाने वाला खायेगा" का दृष्टिकोण आसुरी और "कमाने वाला खिलायेगा" का विचार मानवीय है। समाजिकता और संस्कृति का मापदण्ड समाज में कमाने वाला द्वारा अपने कर्तव्य के निर्वाह की तत्परता है। अर्थव्यवस्था का कार्य इस कर्तव्य के निर्वाह की क्षमता पैदा करना है। मात्र धन कमाने के साधन तथा तरीके बताना-पढ़ाना ही अर्थव्यवस्था का कार्य नहीं है। यह मानवता बढ़ाना भी उसका काम है कि कर्तव्य भावना के साथ कमाने वाला खिलाये भी। यहाँ यह स्पष्ट समझ लिया जाना चाहिए कि वह कार्य दायित्व की भावना से करें न कि दान देने या चंदा देने की भावना से। पूंजीवादी व्यवस्था ने केवल अर्थपरायण मानव का विचार किया तथा अन्य क्षेत्रों से उसे स्वतन्त्र छोड़ दिया तो समाजवादी व्यवस्था केवल "जाति वाचक मानव" का ही विचार करती है। उसमें व्यक्ति की रूचि, प्रकृति गुणों की विविधता और उसके आधार पर विकास करने के लिए कोई स्थान नहीं है इन दोनों अवस्थाओं-व्यवस्थाओं में मनुष्य के सत्य और उसकी पूर्णता को नहीं समझा गया। एक व्यवस्था उसे स्वार्थी, अर्थपरायण, संघर्षशील, प्रतिस्पर्धी, प्रतिद्वन्दी और मात्स्यन्याय प्रवण प्राणी मानती है तो दूसरी उसे व्यवस्थाओं और परिस्थितियों का दास बेचारा और नास्तिक-अनास्थामय प्राणी। शाक्तियों का केन्द्रिकरण दोनों व्यवस्थाओं में अभिप्रेत है। अतएव पूंजीवादी एवम् समाजवादी दोनों ही अमानवीय व्यवस्थाएँ हैं। धन का अभाव मनुष्य को निष्करूण और क्रूर बना देता है। तो धन का प्रभाव उसे शोषक सामाजिक दायित्व निरपेक्ष, दम्भी और दमनकारी। भारत और विश्व की समस्याओं का समाधान और प्रश्नों का उत्तर विदेशी राजनीतिक नारों या वादों (समाजवादी, पूंजीवादी आदि) में नहीं अपितु स्वयं भारत के

सनातन विचार परम्परा में से उपजे हिन्दूत्व अर्थात् भारतीय जीवन दर्शन में है। केवल यही एक ऐसा जीवन दर्शन है जो मनुष्य जीवन का विचार करते समय उसे टुकड़ों में नही बाँटता उसके सम्पूर्ण जीवन को इकाई मानकर उसका विचार करता है। यह समझना भारी भूल होगी कि हिन्दूत्व वर्तमान वैज्ञानिक उन्नति का विरोधी है। आधुनिक विज्ञान और प्रौद्योगिक का प्रयोग इस पद्धति से होना चाहिए कि वे हमारे सामाजिक और सांस्कृतिक जीवन पद्धति के प्रतिकूल नहीं, अनुकूल हो। हमारा राष्ट्रीय लक्ष्य धर्मराज्य, जिसे गाँधी जी रामराज्य कहा करते थे, लोकतन्त्र, सामाजिक समरसता और राजनीतिक आर्थिक शक्तियों के विकेन्द्रियकरण का होना चाहिए। आप इसे हिन्दूत्ववाद, मानवता अथवा अन्य कोई भी नया "वाद" या किसी भी नाम से पुकारें किन्तु केवल यही ही भारत की आत्मा के अनुकूल होगा। यही देशवासियों में नवीन उत्साह संचारित कर सकेगा। विनाश और विभ्रन्ति के चौराहे पर खड़े विश्व के लिए भी यह मार्गदर्शक का काम करेगा।

कुल मिलाकर जो व्यक्ति या देश केवल आर्थिक उन्नति को ही सर्वस्व मानता है वह व्यक्ति या देश एक पशुवत् जीवन निर्वाह के मार्ग पर है-जीना और पीढ़ी बढ़ाना। दूसरे रूप में इसे ऐसे समझा जा सकता है कि ऐसे व्यक्ति जिनका लक्ष्य धन रहा था वे अपने धन के बल पर अपनी मूर्ति अपने घर पर ही लगा सकते हैं परन्तु जिनका लक्ष्य धन नहीं था, उनका समाज ने उन्हें, उनके रहते या उनके जाने के बाद अनेकों प्रकार से सम्मान दिया है और ये सार्वजनिक रूप से सभी के सामने प्रमाणित है। पूर्णत्व की प्राप्ति का मार्ग शारीरिक-आर्थिक उत्थान के साथ-साथ मानसिक-बौद्धिक उत्थान होना चाहिए और यही है ही। इस प्रकार भारत यदि पूर्णता व विश्व गुरूता की ओर बढ़ना चाहता है तब उसे मात्र कौशल विकास ही नहीं बल्कि राष्ट्रीय बौद्धिक विकास की ओर भी बढ़ना होगा। बौद्धिक विकास, व्यक्ति व राष्ट्र का इस ब्रह्माण्ड के प्रति दायित्व है और उसका लक्ष्य है।

राष्ट्र के पूर्णत्व के लिए पूर्ण शिक्षा निम्नलिखित शिक्षा का संयुक्त रूप है-

अ-सामान्यीकरण (Generalisation) शिक्षा

ज्ञान के लिए-यह शिक्षा व्यक्ति और राष्ट्र का बौद्धिक विकास कराती है जिससे व्यक्ति व राष्ट्रीय सुख में वृद्धि होती है।

ब-विशेषीकरण (Specialisation) शिक्षा

कौशल के लिए-यह शिक्षा व्यक्ति और राष्ट्र का कौशल विकास कराती है जिससे व्यक्ति व राष्ट्रीय उत्पादकता में वृद्धि होती है।

स-सत्य नेटवर्क (REAL NETWORK) –

समाज में प्रकाशित होने के लिए

वर्तमान समय में विशेषीकरण की शिक्षा, भारत में चल ही रहा है और वह कोई बहुत बड़ी समस्या भी नहीं है। समस्या है सामान्यीकरण शिक्षा की। व्यक्तियों के विचार से सदैव व्यक्त होता रहा है कि-मैकाले शिक्षा पद्धति बदलनी चाहिए, राष्ट्रीय शिक्षा नीति व पाठ्यक्रम बनना चाहिए। ये तो विचार हैं। पाठ्यक्रम बनेगा कैसे?, कौन बनायेगा? पाठ्यक्रम में पढ़ायेंगे क्या? ये समस्या थी। और वह हल की जा चुकी है। जो भारत सरकार के सामने सरकारी-निजी योजनाओं जैसे ट्रांसपोर्ट, डाक, बैंक, बीमा की तरह निजी शिक्षा के रूप में "पुनर्निर्माण-सत्य शिक्षा का राष्ट्रीय तीव्र मार्ग (RENEW- Real Education National Express Way)" द्वारा पहली बार इसके आविष्कारक द्वारा प्रस्तुत है।

पाँचवें युग-स्वर्णयुग के तीर्थ सत्यकाशी क्षेत्र में प्रवेश का आमंत्रण

काल अर्थात् समय को समय से बांधा नहीं जा सकता। कोई भी व्यक्ति समष्टि के लिए किसी निश्चित दिन का दावा नहीं कर सकता कि इस दिन से किसी युग का परिवर्तन, किसी युग का अन्तिम दिन या किसी युग के प्रारम्भ का दिन है। क्योंकि हम दिन, दिनांक या कैलेण्डर का निर्धारण ब्रह्माण्डीय गतिविधि अर्थात् सूर्य, चाँद, ग्रह इत्यादि के गति को आधार बनाकर निर्धारित करते है। इसी प्रकार युग का निर्धारण पूर्णतया मानव मन की केन्द्रित स्थिति से निर्धारित होता है न कि किसी निर्धारित अवधि के द्वारा। मन की केन्द्रित स्थिति निम्न स्थितियों में होती है-

0 या 5. स्थिति-अदृश्य मार्ग से मन का आत्मीय केन्द्रित स्थिति।

01. स्थिति- व्यक्तिगत प्रमाणित अदृश्य मार्ग से मन का आत्मीय केन्द्रित स्थिति अर्थात् व्यक्तिगत प्रमाणित माध्यम द्वारा आत्मा पर केन्द्रित मन। यह स्थिति सतयुग की अन्तिम स्थिति है। इस युग में कुल 6 अवतार मत्स्य, कूर्म, वाराह, नृंसिंह, वामन और परशुराम हुयें।

02. स्थिति- सार्वजनिक प्रमाणित अदृश्य मार्ग से मन का आत्मीय केन्द्रित स्थिति अर्थात् सार्वजनिक प्रमाणित माध्यम-प्रकृति व ब्रह्माण्ड द्वारा आत्मा पर केन्द्रित मन। यह स्थिति त्रेतायुग की अन्तिम स्थिति है। इस युग में सातवें अवतार श्री राम हुयें।

03. स्थिति- व्यक्तिगत प्रमाणित दृश्य मार्ग से मन का आत्मीय केन्द्रित स्थिति अर्थात् व्यक्तिगत प्रमाणित व्यक्ति व भौतिक वस्तु माध्यम द्वारा आत्मा पर केन्द्रित मन। यह स्थिति द्वापर युग की अन्तिम स्थिति है। इस युग में आँठवें अवतार श्री कृष्ण हुयें।

04. स्थिति- सार्वजनिक प्रमाणित दृश्य मार्ग से मन का आत्मीय केन्द्रित स्थिति अर्थात् सार्वजनिक प्रमाणित व्यक्ति व भौतिक वस्तु माध्यम द्वारा आत्मा पर केन्द्रित मन। यह स्थिति कलियुग की अन्तिम स्थिति है। इस युग में नवें अवतार बुद्ध हुये और दसवें और अन्तिम अवतार श्री लव कुश सिंह "विश्वमानव" व्यक्त हैं।

0 या 5. स्थिति-दृश्य मार्ग से मन का आत्मीय केन्द्रित स्थिति।

उपरोक्त स्थिति में स्थित मन से ही उस युग में शास्त्र-साहित्यों की रचना होती रही है। और उस अनुसार ही प्रत्येक व्यक्ति अपनी स्थिति का पता लगा सकता है कि वह किस युग में जी रहा है।

उपरोक्त में से कोई भी स्थिति जब व्यक्तिगत होती है तब वह व्यक्ति उस युग में स्थित होता है चाहे समाज या सम्पूर्ण विश्व किसी भी युग में क्यों न हो। इसी प्रकार जब उपरोक्त स्थिति में से कोई भी स्थिति में समाज या सम्पूर्ण विश्व अर्थात् अधिकतम व्यक्ति उस स्थिति में स्थित होते है तब समाज या सम्पूर्ण विश्व उस युग में स्थित हो जाता है।

युग परिवर्तन सदैव उस समय होता है जब समाज के सर्वोच्च मानसिक स्तर पर एक नया अध्याय या कड़ी जुड़ता है। और एक नये विचार से व्यवस्था या मानसिक परिवर्तन होता है। इस प्रकार यह आत्मसात् करना चाहिए कि सम्पूर्ण समाज इस समय चौथे युग-कलियुग के अन्त में है और जैसे-जैसे "विश्वशास्त्र" के ज्ञान से युक्त होता जायेगा वह पाँचवे युग-स्वर्ण युग में प्रवेश करता जायेगा। और जब बहुमत हो जायेगा तब सम्पूर्ण समाज या विश्व पाँचवे युग-स्वर्ण युग में स्थित हो जायेगा।

प्रत्येक काल के युग में युग परिवर्तन के कारण अवतार के अवतरण से एक नये तीर्थ का भी प्रकाश हो जाता है। इस प्रकार दृश्य काल के प्रथम और काल के पाँचवें युग का तीर्थ-सत्यकाशी क्षेत्र है।

किसी विषय के विकास व विस्तार के लिए आवश्यक होता है कि पहले उस विषय के भूतकाल व वर्तमान की स्थिति क्या है, उसे जाना जाय। क्योंकि इन्हीं आकड़ों पर आधारित होकर ही विकास व विस्तार की कार्य योजना बनायी जाती है। यह वैसे ही है जैसे कोई भी विद्यार्थी जब किसी कक्षा में प्रवेश लेता है तब उसे पिछली कक्षा की योग्यता अर्थात् भूतकाल व वर्तमान की स्थिति बतानी पड़ती है। काशी क्षेत्र के विकास व विस्तार के पहले मानव व काशी क्षेत्र की भूतकाल व वर्तमान की स्थिति आप सबके सामने है जो माना व जाना जा चुका है। साथ ही विकास व विस्तार के लिए ये ही आधार आकड़े हैं। अगर ये सत्य हैं तो विकास व विस्तार भी सत्य ही होंगे। जगत का प्रत्येक विषय विकास और विस्तार कर रहा है। मोक्षदायिनी काशी का भी विस्तार हो चुका है जो जीवनदायिनी सत्यकाशी के रूप में अपनी योग्यता को प्रस्तुत कर व्यक्त है। इस क्रम आप आमत्रिंत हैं-

01. सत्यकाशी क्षेत्र निवासीयों को आमंत्रण
02. काशी (वाराणसी) को आमंत्रण
03. धार्मिक संगठन/संस्था को आमंत्रण
04. रियल इस्टेट/इन्फ्रास्ट्रक्चर व्यवसायिक कम्पनी को आमंत्रण
05. रियल इस्टेट एजेन्ट को आमंत्रण

शब्द से सृष्टि की ओर. . .

सृष्टि से शास्त्र की ओर. . .

शास्त्र से काशी की ओर. . .

काशी से सत्यकाशी की ओर. . .

और सत्यकाशी से अनन्त की ओर. . .

एक अन्तहीन यात्रा. . . . .

"सत् का कारण असत् कभी नहीं हो सकता। शून्य से किसी वस्तु का उद्भव नहीं कार्य-कारणवाद सर्वशक्तिमान है और ऐसा कोई देश-काल ज्ञात नहीं, जब इसका अस्तित्व नहीं था। यह सिद्धान्त भी उतना ही प्राचीन है, जितनी आर्य जाति। इस जाति के मन्त्र द्रष्टा कवियों ने उसका गौरव गान गया है। इसके दार्शनिकों ने उसको सूत्रबद्ध किया और उसकी वह आधारशिला बनायी, जिस पर आज का भी हिन्दू अपने जीवन का समग्र योजना स्थिर करता है। हिन्दुओं के बारह महीनों में कितने ही पर्व होते हैं और उनका उद्देश्य यही है कि धर्म में जितने बड़े-बड़े भाव है उनको सर्वसाधारण में फैलायें। परन्तु इसमें एक दोष भी है। साधारण लोग इनका यथार्थ भाव न जान उत्सवों में ही मग्न हो जाते हैं और उनकी पूर्ति होने पर कुछ लाभ न उठा ज्यों के त्यों बने रहते हैं। इस कारण ये उत्सव धर्म के बाहरी वस्त्र के समान धर्म के यथार्थ भावों को ढांके रहते हैं। समस्त ब्रह्माण्ड जब नित्य आत्मा ईश्वर का ही विराट शरीर है तब विशेष-विशेष स्थानों (तीर्थस्थान) के महात्म्य में आश्चर्य की क्या बात है? विशेष स्थानों पर उनका विशेष विकास है। कहीं पर आप ही से प्रकट होते हैं और कहीं शुद्ध सत्य मनुष्य के व्याकुल आग्रह से प्रकट होते हैं। फिर भी यह तुम निश्चित जानो कि इस मानव शरीर की अपेक्षा और कोई बड़ा तीर्थ नहीं है। इस शरीर में जितना आत्मा का विकास हो सकता है उतना और कहीं नहीं।"

-स्वामी विवेकानन्द

01. सत्यकाशी क्षेत्र निवासीयों को आमंत्रण

सत्यकाशी क्षेत्र का इतिहास और इसकी आध्यात्मिक विरासत अत्यन्त समृद्ध है। जरूरत थी इसकी समृद्धि पर एक ऐसे प्रोजेक्ट की जो इसे क्षेत्र को ऐसे उद्योग में स्थापित कर दे जो बीघे-विस्से में बँट रहे यहाँ के परिवार के सामने रोजगार के अन्तहीन मार्ग को खोल दे। आप सिर्फ अपने परिवार के बच्चे के प्रति चिन्तित हैं, मैं पूरे क्षेत्र के बच्चों के प्रति चिन्तित हूँ। यही आप में और मुझमें अन्तर है। सत्यकाशी क्षेत्र व्यापारिक शिक्षा संस्थानों से परिपूर्ण है। मैं यह चाहता हूँ कि इस क्षेत्र के विद्यार्थी "विश्वशास्त्र" के माध्यम से पूर्ण ज्ञान से युक्त और मानसिक रूप से स्वतन्त्र हों क्योंकि यह क्षेत्र हमारे प्रत्यक्ष कर्म का क्षेत्र है। "विश्वशास्त्र" में ब्रह्माण्ड और पृथ्वी की स्थिति सहित सभी धर्मों, दर्शनों, अवतारों और उनके संस्थापकों के ज्ञान, सभी देवी-देवताओं की शक्तियाँ और उत्पत्ति का कारण व कथा, महर्षि व्यास के पौराणिक कथा लेखन कला रहस्य का पहली बार खुलासा, पृथ्वी पर चल रहे अनेकों प्रकार के व्यापार इत्यादि के समावेश के साथ, वर्तमान और भविष्य की आवश्यकता का सम्पूर्ण प्रक्रिया उपलब्ध है। द्वापरयुग में भी सभी विचारों का एकीकरण कर एक शास्त्र "गीता" बनाया गया था। गीता, ज्ञान का शास्त्र है जबकि "विश्वशास्त्र" ज्ञान समाहित कर्मज्ञान का शास्त्र है। गीता, प्रकृति (सत्व, रज और तम) गुणों से ऊपर उठकर ईश्वरत्व से एकाकार की शिक्षा देती है जबकि "विश्वशास्त्र" उससे आगे ईश्वरत्व से एकाकार के उपरान्त ईश्वर कैसे कार्य करता है उस कर्मज्ञान के बारे में बताती है। आप चुनार क्षेत्र के लोग अपने दक्षिण दिशा के लो गों को "दखिनहाँ" कहते हैं परन्तु आप लोगों को मालूम होना चाहिए कि आप काशी (वाराणसी) के लिए "दखिनहाँ" हैं। पहले आप काशी के बराबर बनें। इस बराबरी का नाम ही सत्यकाशी है। भगवान बुद्ध ने बुद्धि, संघ और धर्म के शरण में जाने की शिक्षा दी थी। "विश्वशास्त्र" बुद्धि का सर्वोच्च उदाहरण है। श्रीराम के कारण चित्रकूट पर्यटन व धार्मिक क्षेत्र बना, श्रीकृष्ण के कारण मथुरा, द्वारिका पर्यटन व धार्मिक क्षेत्र बना, भगवान बुद्ध के कारण सारनाथ, कुशीनगर, बोधगया पर्यटन व धार्मिक क्षेत्र बना। "विश्वशास्त्र" के कारण सत्यकाशी स्थापित है। भगवान बुद्ध के कारण काशी के उत्तर में काशी का प्रसार हुआ, विश्वशास्त्र के कारण काशी के दक्षिण में काशी का प्रसार हो रहा है। अभी पिछले वर्षों में जगदगुरू शंकराचार्य स्वामी स्वरूपानन्द जी ने दण्डी स्वामी शिवानन्द द्वारा लिखित और उनके द्वारा खोज पर आधारित पुस्तक "वृहद चौरासी कोस परिक्रमा" का श्री विद्यामठ में विमोचन किये हैं। सत्यकाशी क्षेत्र के निवासीयों को जानना चाहिए कि इस चौरासी कोस परिक्रमा में सत्यकाशी क्षेत्र के भाग वैकुण्ठपुर (नरायनपुर), शिवशंकरी धाम व चुनार भी शामिल हो चुके हैं। यदि आप पर्यटन उद्योग को समझते होंगे तो आपको यह मालूम होना चाहिए कि यह फैक्ट्री की भाँति बन्द नहीं होता। "सत्यकाशी" नाम किसी व्यक्ति का नाम नहीं, यह तो पूरे क्षेत्र का नाम है, न ही यह "म्यूजिकल वाटर पार्क" जैसी आम जनता को कुछ भी लाभ न देने वाली योजना है। आगे के वर्षों में पूर्वांचल राज्य का बनना तय है। ऐसे में मीरजापुर जिले से अलग होकर चुनार भी एक जिला बन सकता है। जिसके नाम का निर्धारण "चुनार गढ़" , "चरणाद्रि" , "नैनागढ़" , "सत्यकाशी" इत्यादि या इनको मिलाकर नाम निर्धारण पर भी विचार करने की आवश्यकता आ गई है। सत्यकाशी क्षेत्र में स्थित बी. एच. यू. के दक्षिणी परिसर को मालवीय जी के सपनों को साकार करने हेतु उसे स्वतन्त्र बनाकर नाम "सत्यकाशी हिन्दू विश्वविद्यालय" करने के लिए भी प्रयास करना चाहिए। सत्यकाशी क्षेत्र के व्यक्ति भी "सत्यकाशी" शब्द का प्रयोग विभिन्न प्रकार जैसे-सत्यकाशी होटल, सत्यकाशी स्टुडियो, सत्यकाशी टेन्ट हाउस, सत्यकाशी हास्पिटल, सत्यकाशी पब्लिक स्कूल, सत्यकाशी बुक सेन्टर, सत्यकाशी क्रिकेट क्लब द्वारा सत्यकाशी कप, सत्यकाशी जागरण यात्रा इत्यादि नामों का प्रयोग कर अपने क्षेत्र का विकास कर सकते हैं। सत्यकाशी क्षेत्र में अनेक दर्शनीय स्थल हैं जहाँ व्यक्ति घूमने के लिए जाते हैं। ट्रेवेल्स से जुड़े व्यापारी विशेष स्थानों को घुमाने की योजना बनाकर "सत्यकाशी दर्शन" के नाम पर लाभ प्राप्त कर सकते हैं। जिन गाँवों के नाम भगवान के नाम पर हैं उस गाँव में उस भगवान के भव्य मन्दिर का निर्माण करना चाहिए एवं कोई न कोई उत्सव-आयोजन भी प्रारम्भ करना चाहिए। बहुत सारे व्यक्ति ऐसा सोचते हैं कि मन्दिरों से क्या होगा? लेकिन उन्हें नहीं पता कि मन्दिरों का कारोबार यदि बन्द हो जाये तो बेरोजगार हुए लोगों को कोई उद्योगपति या सरकार रोजगार कैसे दे पायेगी? जबकि रोजगार की समस्यायें दिन-

प्रतिदिन जटिल होती जा रही है। ये सब केवल थोड़े से सोच में परिवर्तन से हो सकता है। ये अब भी हो सकता है अन्यथा करना तो पड़ेगा ही। क्षेत्रवासी इसे करें हम सभी तो राष्ट्रीय व अन्तर्राष्ट्रीय स्तर पर सत्यकाशी को स्थापित करने में लगे ही हैं।

चुनार व मड़िहान विधान सभा क्षेत्र को विकसित बनाने वाला प्रस्तावित "सत्यकाशी नगर" प्रत्येक दिन एक-एक कदम बढ़ रहा है और उसका नामकरण यूँ ही नहीं बल्कि वह वर्तमान की उपलब्धि, व्यापक पौराणिक आधार व कारण लिए हुए है। काशी (वाराणसी) के पास अब टाउनशिप के विकास के लिए बड़ी जमीन नहीं बची है। उन्हें पर्यटन के लिए चुनार व मीरजापुर के सिद्ध पहाड़ी क्षेत्र में ही आना होगा। काशी के विभिन्न धार्मिक संस्थाओं के लिए भी हर प्रकार से यह क्षेत्र सुयोग्य है। चुनार क्षेत्रवासियों को अपने इतिहास को जानना चाहिए क्योंकि संसार में वो ही व्यक्ति, नाम एवं स्थान अमरता व विकास को प्राप्त होता है जिसका पौराणिक इतिहास हो या विश्व ऐतिहासिक कार्य हो, शेष सभी पशु-पक्षियों व कीड़ों-मकोड़ों के भाँति आते हैं और चले जाते हैं।

आप सभी इस गलतफहमी में कभी न पड़े कि इस योजना को हमने प्रस्तुत किया है तो इसके निर्माण की जिम्मेदारी भी हमारी है। यह उसी भाँति है जिस प्रकार एक मकान के नक्शे को बनाने वाले के पास अनेकों प्रकार के नक्शे होते है या आपके जमीन के अनुसार नक्शा बनाता है और आप उसे लेकर अपना मकान बनाते हैं। सत्यकाशी क्षेत्र के समग्र विकास के लिए एक नक्शा प्रस्तुत कर दिया है और आप सभी अपना घर स्वयं बना लें, या उनसे कहें जिन्हें आप अपना बहुमूल्य वोट देते हैं और पीछे-पीछे अपने व्यक्तिगत स्वार्थ व हित के लिए लगे रहते हैं। हम केवल आपको उस नक्शे से परिचय मात्र करा रहे हैं जिससे इस क्षेत्र को पीढ़ी दर पीढ़ी के लिए खुशहाली का मार्ग प्राप्त हो जाये। इस क्षेत्र के लिए हमारे कार्य की सीमा यहीं समाप्त होती है क्योंकि इससे जिन ईंट, गिट्टी, सीमेण्ट, बालू, भूमि इत्यादि के व्यापारी को लाभ है अगर वे नहीं सोचेंगे तो मुझे कोई लाभ नहीं है। मैं इस प्रकार का व्यापारी नहीं हूँ। ऐसा कार्य करने वाला जे. पी. ग्रुप आपके क्षेत्र में है। यहाँ के लोगों व अधिवक्ताओं को सम्पर्क कर प्रस्ताव देना चाहिए क्योंकि इससे कचहरी कार्‌य में भी तेजी आयेगी। हम लोग भी रियल स्टेट व टाउनशिप बनाने वाली कम्पनीयों तक इसे पहुँचा रहे हैं। मुझे सिर्फ सत्यकाशी क्षेत्र से मतलब है, नगर निर्माण से नहीं। सत्यकाशी परियोजना एक अतिदूरदर्शी विचार है जिसे लोग आज भी समझ सकते हैं और आने वाले समय में भी। इन परियोजनाओं को आपके सामने प्रस्तुत करने के साथ ही उन सक्षम व्यापारिक कम्पनीयों तक भी पहुँचाया जा रहा है जो इस कार्य को कर व्यापारिक दृष्टि से लाभ कमाने में रूचि रखती हैं। मैंने भी अपने जीवन में बहुत से धार्मिक स्थलों को देखा है और उनका अध्ययन किया है, और उस आधार पर ही इसे समाज के सामने लाने का प्रयत्न किया है।

इन सब कार्यों से आप हमसे यह पूछ सकते हैं कि ये सब करने से हमें क्या लाभ है? आपका प्रश्न सांसारिक व स्वाभाविक है क्योंकि आप उसे ही कार्य समझते हैं जिससे धन प्राप्त होता है। परन्तु मैं आपसे पूछता हूँ कि श्रीराम के नाम पर कितने का व्यापार है? श्रीकृष्ण के नाम पर कितने का कारोबार है?, शिव-शंकर, वैष्णों देवी, सांई बाबा इत्यादि के नाम पर कितने का कारोबार है? और इस कारोबार का मालिक कौन है? क्या उसका लाभ लेने के लिए वे आते हैं? ये ऐसे नाम व विचार के व्यापार हैं जो कभी बन्द नहीं होने वाले और न ही उसका वे लाभ लेने वाले हैं। ये एक विचार है, इस विचार पर मनुष्यों की आजिविका चलती है। सत्यकाशी, एक विचार है। अगर इससे इस क्षेत्र का लाभ होता है तो करो, अन्यथा कभी मत करो, इससे मेरा कोई मतलब नहीं है। प्रत्येक व्यापार एक विशेष विचार पर आधारित होता है। साधारणतया: लोग यही सोचते हैं कि ज्ञान की बातों से क्या होगा, परन्तु ज्ञान ही समस्त व्यापार का मूल होता है। किसी विचार पर आधारित होकर आदान-प्रदान का नेतृत्वकर्ता व्यापारी और आदान-प्रदान में शामिल होने वाला ग्राहक होता है। "रामायण" , "महाभारत" , "रामचरितमानस" इत्यादि किसी विचार पर आधारित होकर ही लिखी गई है। यह वाल्मीकि, महर्षि व्यास और गोस्वामी तुलसीदास का दुर्भाग्य है कि वे ऐसे समय में जन्म लिये जब कापीराइट और रायल्टी जैसी व्यवस्था नहीं थी अन्यथा वे वर्तमान समय के सबसे धनवान व्यक्ति होते। परन्तु इसी को दूरदर्शन पर दिखाकर रामानन्द सागर और बी. आर. चोपड़ा ने

इसे सिद्ध किया। "विश्वशास्त्र" इसी श्रृंखला की अगली कड़ी है जिसका बाजार विश्वभर में मानव सृष्टि रहने तक है और इससे प्राप्त धन को सत्यकाशी के विकास में लगाने की योजना है।

सर्वप्रथम युग शारीरिक शक्ति आधारित था, फिर आर्थिक शक्ति आधारित वर्तमान युग चल रहा है। अब आगे आने वाला समय ज्ञान शक्ति आधारित हो रही है। वर्तमान में रहने का अर्थ है कि वैश्विक ज्ञान जहाँ तक पहुँच चुका है उसके बराबर स्वयं को रखना। किसी व्यक्ति या क्षेत्र को विकसित क्षेत्र तभी कहा जाता है जब वह शारीरिक, आर्थिक व मानसिक तीनों क्षेत्र में विकास करे। मानसिक विकास का परिणाम समाज क्षेत्र के सहयोग से सार्वजनिक कार्य का पूर्ण होना होता है। समाज का प्रथम जन्म चुनार क्षेत्र में भगवान विष्णु के 5वें अवतार वामन अवतार द्वारा हुआ था, जब प्रजा राज्य पर आधारित होने लगी थी। वर्तमान में भी ऐसी स्थिति बनी हुई है कि जनता अपने राज्य आधारित नेताओं से सम्पूर्ण विकास की उम्मीद रखती है। जबकि समाज आधारित कार्य शून्य है। समाज का अर्थ लोगों के बीच मात्र उठना-बैठना नहीं है बल्कि लोगों के सहयोग से सार्वजनिक कार्य करना है। पद पर बैठकर मनुष्य पद के अनुसार एक निश्चित काम ही कर सकता है समाज का विकास नहीं। इसलिए राजनीतिक नेताओं से उनकी क्षमता से अधिक उम्मीद न करें। क्षेत्र के विकास के लिए आप सभी को स्वयं आगे आकर उन कार्यों के लिए उन नेताओं को विवश करना पड़ेगा जो आपके और क्षेत्र के विकास के लिए पीढ़ी दर पीढ़ी काम आने वाली है। जो स्थायी हो, जो नेताओं पर निर्भर न होकर यहाँ के निवासियों पर निर्भर हो। तब समाज का जन्म होगा। सत्यकशी क्षेत्र को जानें और अपने मन को इस क्षेत्र के ऊपर रखकर और ज्ञान में स्थित होकर सोचें कितने सौ करोड़ रूपये का कभी न बन्द होने वाला प्राजेक्ट आपके सामने आपके क्षेत्र के लिए और आपको प्रत्यक्ष लाभ देने के लिए पड़ा हुआ है। इसी को कहते हैं-उपलब्ध संसाधनों पर आधारित होकर योजना बनाना। और अन्त में अपने बारे में-

लगा ली दो घूँट, यारो की खुशी से,
जानता था लोग समझेंगे शराबी।
छुपाना था खुद को, जहाँ से,
तो लोगों बताओ, पीने में क्या थी खराबी।

सत्यकाशी क्षेत्र के कल्याण का एक और अन्तिम रास्ता है-श्री लव कुश सिंह "विश्वमानव" द्वारा "विश्वशास्त्र" में व्यक्त व सार्थक योजनाबद्ध किया गया "सत्यकाशी महायोजना"। जिसमें सहयोग ही इस क्षेत्र के निवासियों का स्वयं के लिए सहयोग है। जो बुद्धि युक्त है और जो बुद्धि एवं धन युक्त है-वे इस निर्माण का भरपुर लाभ उठा लेंगे लेकिन वे जो सिर्फ धनयुक्त हैं वे सिर्फ देखते रह जायेंगे। जो जितना क्रमशः उच्चतर-शारीरिक, आर्थिक एवं मानसिक विषयों का आदान-प्रदान करता है वही विकास करता है जीवकोपार्जन तो पशु पक्षी भी कर लेते हैं। दूर-दृष्टि से लाभ उठायें और गर्व से कहें-"हम सत्यकाशी निवासी हैं" और इसके लिए हम आपको आमंत्रित करते हैं।

02. काशी (वाराणसी) को आमंत्रण

काशी, काश धातु से निष्पन्न है। काश का अर्थ है-ज्योतित होना या ज्योतित करना अर्थात् जहाँ से ब्रह्म प्रकाशित हो। जिस स्थान या नगर से ज्ञान का प्रकाश चारों ओर फैलता है उसे काशी पुरी या काशी नगर कहते हैं। ब्रह्म प्रकाशित करने वाला प्रत्येक नगर ही काशी है।

काशी क्या है? काशी सत्य का प्रतीक है। इसके सत्य अर्थ को समझने के लिए सार्वभौम सत्य-सिद्धान्त आधारित सृष्टि के उत्पत्ति से प्रलय को व्यक्त करने वाला शिव-शंकर अधिकृत कर्मवेद: प्रथम, अन्तिम तथा पंचम वेद को समझना पड़ेगा। कालभैरव जन्म कथा इसका प्रमाण है। सर्वोच्च मन सें व्यक्त यह पौराणिक कथा स्पष्ट रुप से व्यक्त करती है कि ब्रह्मा और विष्णु से सर्वोच्च शिव-शंकर हैं। चारो वेदों को प्रमाणित करने वाले शिव-शंकर हैं। चार सिर के चार मुखों से चार वेद व्यक्त करने वाले ब्राह्मण ब्रह्मा जब पाँचवे सिर के पाँचवे मुख से अन्तिम वेद पर

अधिपत्य व्यक्त करने लगे तब शिव-शंकर के द्वारा व्यक्त उनके पूर्ण रुप कालभैरव ने उनका पाँचवा सिर काट डाला जिससे यह स्पष्ट होता है कि काल ही सर्वोच्च है, काल ही भीषण है, काल ही सम्पूर्ण पापों का नाशक और भक्षक है, काल से ही काल डरता है। अर्थात् पाँचवा वेद काल आधारित ही होगा। पुराणों में ही व्यक्त शिव-शंकर से विष्णु तथा विष्णु से ब्रह्मा को बहिर्गत होते अर्थात् ब्रह्मा को विष्णु के समक्ष तथा विष्णु को शिव-शंकर के समक्ष समर्पित और समाहित होते दिखाया गया है। जिससे यह स्पष्ट होता है कि शिव-शंकर ही आदि और अन्त हैं। अर्थात् जो पंचम वेद होगा वह अन्तिम वेद होगा, साथ ही प्रथम वेद भी होगा। शिव-शंकर ही प्रलय, स्थिति और सृष्टिकर्ता हैं। चूँकि वेद शब्दात्मक होते हैं इसलिए पंचम वेद शब्द से ही प्रलय, स्थिति और सृष्टिकर्ता होगा। पुराण-शास्त्र को रचने वाले व्यास हैं तो पुराण जिस कला से रची गयी है वह व्यास ही बता सकते हैं या जो शास्त्र रचने की योग्यता रखता हो। सृष्टि की उत्पत्ति और प्रलय या प्रलय और उत्पत्ति की क्रिया उसी भाँति है जैसे जन्म के बाद मृत्यु, पुनः मृत्यु के बाद जन्म अर्थात् उत्पत्ति और प्रलय या जन्म और मृत्यु एक ही विषय हैं इसलिए ही कहा जाता है कि जो प्रथम है वही अन्तिम है। कर्मवेद में सृष्टि की उत्पत्ति से प्रलय को व्यक्त किया गया है जिसके बीच सात चरण है और यही सात काशी है। यदि गिने तो प्रलय प्रथम तथा उत्पत्ति अन्तिम व सातवाँ चरण है। इस प्रकार उत्पत्ति व प्रलय अलग-अलग दिखाई पड़ते हुए भी एक हैं। सृष्टि के विकास क्रम में ही मनुष्य की सृष्टि है यह जैसे-जैसे प्राकृतिक नियम से दूर होता जाता है वह पतन की अवस्था को प्राप्त होता जाता है जिसकी निम्नतम अवस्था पशुमानव अर्थात् पूर्णतः इन्द्रिय के वश में संचालित होने वाली अवस्था है। अब यदि यह पशुमानव अवस्था चरम शिवत्व की स्थिति तक उठना चाहे तो उसे मानवीय व प्राकृतिक मूल पाँच चरणों को पार करना पड़ता है। यदि वह अन्तः जगत अर्थात् सार्वभौम सत्य ज्ञान से सृष्टि की उत्पत्ति की ओर जाता है तब वह योगेश्वर की अवस्था प्राप्त करता है। यदि वह वाह्य जगत् अर्थात् सार्वभौम सत्य-सिद्धान्त ज्ञान से सृष्टि के प्रलय की ओर जाता है तब वह भोगेश्वर की अवस्था प्राप्त करता है। योगेश्वर व भोगेश्वर एक ही हैं बस एक अवस्था में दूसरा प्राथमिकता पर नहीं होता है। इस प्रकार सृष्टि के आदि में काशी और अन्त में सत्यकाशी व्यक्त होता है। इनके बीच पाँच अन्य काशी होती हैं। इस क्रमानुसार काशी: पंचम, प्रथम तथा सप्तम काशी तथा सत्यकाशी: पंचम, अन्तिम तथा सप्तम काशी की स्थिति में होता है। योगेश्वर अवस्था ही अदृश्य विश्वेश्वर की अवस्था है तथा भोगेश्वर अवस्था ही दृश्य विश्वेश्वर की अवस्था है जबकि दोनों एक हैं और प्रत्येक वस्तु की भाँति एक-दूसरे के दृश्य और अदृश्य रुप हैं। इसलिए ही विष्णु और शिव-शंकर को एक दूसरे का रुप कहते हैं।

सम्पूर्ण ब्रह्माण्ड की उत्पत्ति और अन्त को प्रदर्शित करते शिव अधिकृत कर्मवेद: प्रथम, अन्तिम तथा पंचम वेद में सात सत्य चक्र हैं। ये चक्र कालानुसार सात सत्य हैं जो सात काशीयों को व्यक्त करते हैं। वर्तमान काल अन्तिम सत्य चक्र अर्थात् सातवें चक्र में है। इसलिए ही सातवाँ काशी ही अन्तिम काशी है। मानव शरीर के उत्पत्ति के दो केन्द्र हैं-प्रथम मानव ब्रह्म से उत्पन्न, उसके उपरान्त मानव मानव से उत्पन्न हो रहा है। ऐसी स्थिति में मानव, ब्रह्माण्ड की उत्पत्ति की ओर से अन्त सत्य चक्र की ओर जाता है तो उसे पाँच सत्यचक्र के ज्ञान से युक्त होना पड़ता है। और उसे पाँचवे सत्य पर उत्पत्ति की दिशा में काशी (वाराणसी) और अन्त की दिशा में सत्यकाशी के सत्यचक्र का ज्ञान होता है। जो अन्तिम है वही प्रथम है और जो प्रथम है वही अन्तिम है। इस प्रकार काशी: पंचम, प्रथम तथा सप्तम काशी तथा सत्यकाशी क्रमशः पंचम, अन्तिम तथा सप्तम काशी है। काशी और सत्यकाशी एक ही का अदृश्य और दृश्य रुप है। सत्यकाशी, काशी का ही विस्तार मात्र है। काशी मोक्षपुरी है सत्यकाशी जीवनदायिनी है क्योंकि यहाँ से जीवन शास्त्र "विश्वशास्त्र" व्यक्त हुआ है। जीवन ही मृत्यु है और मृत्यु ही जीवन है।

इस क्रम में काशी (वाराणसी) को सत्यकाशी के निर्माण में अग्रसर होने के लिए हम आमंत्रित करते हैं।

03. धार्मिक संगठन/संस्था को आमंत्रण

विन्ध्य पर्वत क्षेत्र, भारत वर्ष की सभी पर्वंत क्षेत्र में सबसे लम्बी एवं विस्तृत श्रृंखला है जो कि भारत के बिहार, उत्तर प्रदेश, सम्पूर्ण मध्य प्रदेश एवं महाराष्ट्र आदि राज्यों तक अपनी अनुपम छटा विखेरती है। इसकी

चौड़ाई लगभग 1050 किलोमीटर तथा ऊँचाई 300 मीटर है। इसकी श्रृंखलाएँ भारत को गंगा के मैदान एवं दक्षिण के पठार को विभक्त करती है। यह क्षेत्र अपने प्राकृतिक सौन्दर्य, वन्य जीवन, कल-कल निनाद करते झरने और इठलाती नदियाँ, गुफाएँ और भित्तचित्रों विभिन्न घटनाओं एवं गाथाओं से परिपूर्ण ऐतिहासिक किलों के साथ ही विभिन्न धार्मिक स्थलों एवं शक्तिपीठों को अपने आँचल में समेटे हुए है। सम्पूर्ण विन्ध्य क्षेत्र में शाक्त साधकों, सिद्धों, तान्त्रिकों आदि की एक लम्बी परम्परा रही हैं। विन्ध्य पर्वत क्षेत्र का एकान्त इन सिद्ध साधकों को सर्वदा ऊर्जा देता रहा है। यह क्षेत्र प्राचीन आर्यावर्त का मध्य बिन्दु भी था। प्राचीन भारत में हिमालय पर्वत तथा विन्ध्य पर्वत के मध्य के भूभाग को आर्यावर्त के नाम से जाना जाता है तथा विन्ध्य पर्वत के दक्षिण भाग का नाम दक्षिणावर्त या दक्षिणपथ था। विन्ध्य क्षेत्र भारतीय इतिहास की अनेक छोटी-बड़ी घटनाओं का साक्षी रहा है।

पर्यटन की दृष्टि से मीरजापुर काफी महत्वपूर्ण जिला माना जाता है। यहाँ की प्राकृतिक सुन्दरता और धार्मिक वातावरण बरबस लोगों का ध्यान अपनी ओर खींचती है। इसके दर्शनीय स्थल चुनारगढ़, सक्तेशगढ़, बिलखरा, खमरिया, बावनघाट, कुण्ड, ओझलापुल, भर्ग राजाओं के अवशेष, रामगया घाट पर बीच गंगा में स्थित स्तम्भ, हलिया उपरौंध में अर्धनिर्मित शिला महल, मीरजापुर नगर का घण्टाघर व पक्काघाट व अनके मन्दिर तथा प्राकृतिक पर्यटन स्थल में टांडा जल प्रपात, विन्ढम झरना, खजूरी बाँध, सिरसी बाँध, लखनियां दरी, चूना दरी, सिद्धनाथ की दरी, जरगो बाँध इत्यादि हैं।

काशी (वाराणसी) और विन्ध्य क्षेत्र के बीच स्थित होने के कारण चुनार क्षेत्र भी ऋषियों-मुनियों, महर्षियों, राजर्षियों, संत-महात्माओं, योगियों-सन्यासियों, साहित्यकारों इत्यादि के लिए आकर्षण के योग्य क्षेत्र रहा है। प्राचीन काल में सोनभद्र सम्मिलित मीरजापुर व चुनार क्षेत्र सभी काशी के ही अभिन्न अंग थे। चुनार प्राचीन काल से आध्यात्मिक, पर्यटन और व्यापारिक केन्द्र के रूप में स्थापित है। गंगा किनारे स्थित होने से इसका सीधा व्यापारिक सम्बन्ध कोलकाता से था और वनों से उत्पादित वस्तुओं का व्यापार होता था। चुनार किला और नगर के पश्चिम में गंगा, पूर्व में पहाड़ी जरगो नदी, उत्तर में ढाब का मैदान तथा दक्षिण में प्राकृतिक सुन्दरता का विस्तार लिए विन्ध्य पर्वत की श्रृंखलाएँ हैं जिसमें अनेक जल प्रपात, गढ़, गुफा और घाटियाँ हैं। विन्ध्य पर्वत श्रृंखला के इस पहाड़ी पर ही हरिद्वार से मैदानी क्षेत्र में बहने वाली गंगा का और विन्ध्य पर्वत की श्रृंखला से पहली बार संगम हुआ है जिसपर चुनार किला स्थित है। अनेक स्थानों पर वर्णन है कि श्रीराम यहीं से गंगा पार करके वनगमन के समय चित्रकूट गये थे। फादर कामिल बुल्के के शोध ग्रन्थ "राम कथा: उद्भव और विकास" के अनुसार कवि वाल्मीकि की तपस्थली चुनार ही है इसलिए कहीं-कहीं इसे चाण्डालगढ़ भी कहा गया है। इसे पत्थरों के कारण पत्थरगढ़, नैना योगिनी के तपस्थली के कारण नैनागढ़, भर्तृहरि के कारण इसे भर्तृहरि की नगरी भी कहा जाता है।

इसलिए धार्मिक संगठनों/ संस्थाओं के लिए यह क्षेत्र अनुकूल है और आपको आमंत्रण है कि इस क्षेत्र में अपनी ओर से निर्माण करें।

सत्यकाशी क्षेत्र से व्यक्त हुये मुख्य विषय

01. द्वापर युग में आठवें अवतार श्रीकृष्ण द्वारा प्रारम्भ किया गया कार्य "नवसृजन" के प्रथम भाग "सार्वभौम ज्ञान" के शास्त्र "गीता" के बाद कलियुग में शनिवार, 22 दिसम्बर, 2012 से काल व युग परिवर्तन कर दृश्य काल व पाँचवें युग का प्रारम्भ, व्यवस्था सत्यीकरण और मन के ब्रह्माण्डीयकरण के लिए दसवें और अन्तिम अवतार-कल्कि महावतार श्री लव कुश सिंह "विश्वमानव" द्वारा व्यक्त द्वितीय और अन्तिम भाग "सार्वभौम कर्मज्ञान" और "पूर्णज्ञान का पूरक शास्त्र" , "विश्वशास्त्र: द नालेज आफ फाइनल नालेज" के रूप में व्यक्त हुआ।
02. जिस प्रकार सुबह में कोई व्यक्ति यह कहे कि रात होगी तो वह कोई नई बात नहीं कह रहा। रात तो होनी है चाहे वह कहे या ना कहे और रात आ गई तो उस रात को लाने वाला भी वह व्यक्ति नहीं होता क्योंकि वह प्रकृति का नियम है। इसी प्रकार कोई यह कहे कि "सतयुग आयेगा, सतयुग आयेगा" तो वह उसको लाने वाला नहीं होता। वह नहीं भी बोलेगा तो भी सतयुग आयेगा क्योंकि वह अवतारों का नियम है। सुबह से रात लाने का माध्यम प्रकृति है। युग बदलने का माध्यम अवतार होते हैं। जिस प्रकार त्रेतायुग से द्वापरयुग में परिवर्तन के

लिए वाल्मिकि रचित “रामायण” आया, जिस प्रकार द्वापरयुग से कलियुग में परिवर्तन के लिए महर्षि व्यास रचित “महाभारत” आया। उसी प्रकार प्रथम अदृश्य काल से द्वितीय और अन्तिम दृश्य काल व चौथे युग-कलियुग से पाँचवें युग-स्वर्णयुग में परिवर्तन के लिए शेष समष्टि कार्य का शास्त्र “विश्वशास्त्र” सत्यकाशी क्षेत्र जो वाराणसी-विन्ध्याचल-शिवद्वार-सोनभद्र के बीच का क्षेत्र है, से भारत और विश्व को अन्तिम महावतार श्री लव कुश सिंह “विश्वमानव” द्वारा मानवों के अनन्त काल तक के विकास के लिए व्यक्त किया गया है।

03. कारण, अन्तिम महावतार श्री लव कुश सिंह “विश्वमानव” और “आध्यात्मिक सत्य” आधारित क्रिया “विश्वशास्त्र” से उन सभी ईश्वर के अवतारों और शास्त्रों, धर्माचार्यों, सिद्धों, संतों, महापुरूषों, भविष्यवक्ताओं, तपस्वीयों, विद्वानों, बुद्धिजिवीयों, व्यापारीयों, दृश्य व अदृश्य विज्ञान के वैज्ञानिकों, सहयोगीयों, विरोधीयों, रक्त-रिश्ता-देश सम्बन्धियों, उन सभी मानवों, समाज व राज्य के नेतृत्वकर्ताओं और विश्व के सबसे बड़े लोकतन्त्र के संविधान को पूर्णता और सत्यता की एक नई दिशा प्राप्त हो चुकी है जिसके कारण वे अधूरे थे।

अपने-अपने धर्म शास्त्र-उपनिषद्-पुराण इत्यादि का अध्ययन करें कहीं ऐसा तो नहीं कि-

1. काल के प्रथम रूप अदृश्य काल से दूसरे और अन्तिम दृश्य काल का प्रारम्भ।
   - इसलिए कि अधिकतम व्यक्ति व समाज का मन दृश्य विषयों पर केन्द्रित है।
2. मनवन्तर के वर्तमान 7वें मनवन्तर वैवस्वत मनु से 8वें मनवन्तर सांवर्णि मनु का प्रारम्भ।
   - इसलिए कि सावर्णि मनु के “सार्वभौम” गुण का प्रयोग कर श्री लव कुश सिंह “विश्वमानव” व्यक्त हैं।
3. अवतार के नवें बुद्ध से दसवें और अन्तिम अवतार-कल्कि महावतार का प्रारम्भ।
   - इसलिए कि आधुनिक युग के लिए एकीकरण व मानकीकरण के सभी प्रणाली व्यष्टि व समष्टि के लिए संयुक्त एवं अन्तिम रूप से कल्कि अवतार द्वारा व्यक्त है।
4. युग के चौथे कलियुग से पाँचवें युग स्वर्ण युग का प्रारम्भ।
   - इसलिए कि युग परिवर्तन के लिए कल्कि अवतार का आगमन हो चुका है।
5. व्यास और द्वापर युग में आठवें अवतार श्रीकृष्ण द्वारा प्रारम्भ किया गया कार्य “नवसृजन” के प्रथम भाग “सार्वभौम ज्ञान” के शास्त्र “गीता” से द्वितीय अन्तिम भाग “सार्वभौम कर्मज्ञान” , पूर्णज्ञान का पूरक शास्त्र” , लोकतन्त्र का “धर्मनिरपेक्ष धर्मशास्त्र” और आम आदमी का “समाजवादी शास्त्र” द्वारा व्यवस्था सत्यीकरण और मन के ब्रह्माण्डीयकरण और नये व्यास का प्रारम्भ।
   - इसलिए कि नया और अन्तिम शास्त्र “विश्वशास्त्र” प्रकाशित हो चुका है।

यदि ऐसा नहीं तो-

1. तुम्हारे शास्त्रों में दिये वचन और शास्त्र झूठे हो जायेंगे।
2. तुम्हारे भविष्यवक्ताओं की भविष्यवाणीयाँ झूठी हो जायेंगी।
3. तुम्हारे युग और काल गणना झूठे हो जायेंगे।
4. तुम्हारे अवतार-ईशदूत-ईशपुत्र-पुनर्जन्म सिद्धान्त झूठे हो जायेंगे।

04. रियल इस्टेट/इन्फ्रास्ट्रक्चर व्यवसायिक कम्पनी को आमंत्रण

रियल स्टेट में निवेश की निम्न विधियाँ है जो अच्छा लाभ देती है-

01.रियल इस्टेट (प्रापर्टी) में निवेश की पारम्परिक विधि (प्राकृतिक चेतना विधि)

इस विधि को पारम्परिक विधि कहते हैं क्योंकि इसमें किसी बुद्धि की आवश्यकता नहीं होती। यदि आपके पास धन है तो किसी भी शहर में या उसके आस-पास भूमि-मकान खरीद ले, आपका धन समय के साथ बढ़ता रहेगा। इसे प्राकृतिक चेतना विधि इसलिए कहते हैं कि यह स्वाभाविक विकास के साथ विकास करता है अर्थात् उसके कीमत के विकास में आपका कोई योगदान नहीं होता।

02.रियल इस्टेट (प्रापर्टी) में निवेश की आधुनिक विधि (सत्य चेतना विधि)

इस विधि को आधुनिक विधि कहते हैं क्योंकि इसमें बुद्धि-योजना-व्यापार नीति की अत्यधिक आवश्यकता होती। यदि आपके पास धन है तो किसी भी शहर में या उसके आस-पास भूमि खरीद ले, और वहाँ के लिए एक अच्छी योजना बनायें, उसे प्रचारित करें जिससे आपका धन समय के साथ-साथ तथा आपके योजना के कारण तेजी से बढ़ता रहेगा। इसे सत्य चेतना विधि इसलिए कहते हैं कि यह स्वाभाविक विकास के साथ-साथ आपकी योजना के कारण विकास करता है अर्थात् उसके कीमत के विकास में आपकी योजना का योगदान होता है। ऐसी योजना या तो सरकार बनाती है या कोई सरकारी नियमानुसार व्यापारिक-सामाजिक संस्था।

सरकार की योजना में नगर विकास, औद्योगिक क्षेत्र का विकास, पर्यटन क्षेत्र, शैक्षणिक संस्थान इत्यादि के विकास से होता है और उस क्षेत्र के भूमि की कीमत तेजी से बढ़ जाती है। इसका लाभ वही लोग ले पाते हैं जो सरकार की योजना को पहले ही जान जाते हैं।

ऐसी योजना सरकारी नियमानुसार व्यापारिक-सामाजिक संस्था बना सकती हैं। भारत देश एक आध्यात्मिक एवं सांस्कृतिक विविधता वाला देश है। घूमना मनुष्य की प्रकृति है। उसे उसके घर में चाहे कितना भी संसाधन क्यों न उपलब्ध हो, वह घूमने-पर्यटन करने जायेगा ही जायेगा। साथ ही वह सत्य-सुन्दर-शान्त स्थान पर रहना भी चाहेगा। और जब मनुष्य ऐसे स्थान पर रहना प्रारम्भ करने लगता है तब अपने-आप मनुष्य की आवश्यकता से सम्बन्धित वस्तुओं का व्यापार व व्यापारी भी उन्हीं में से निकल आते हैं। फिर जहाँ मनुष्य निवास करने लगता है तब सरकार व सरकारी व्यवस्था भी अपने-आप वहाँ पहुँचने लगती है। ऐसी योजनाओं के बहुत से उदाहरण हैं जहाँ का विकास का मूल कारण सरकारी नियमानुसार व्यापारिक-सामाजिक संस्था ही हैं।

वर्तमान समय में निवेश के सत्य चेतना विधि द्वारा निर्मित हो रहा चन्द्रोदय मन्दिर, वृन्दावन, मथुरा (उ0प्र0) इस विधि का उदाहरण और प्रमाण है।

05. रियल इस्टेट एजेन्ट को आमंत्रण

निवेश की आधुनिक विधि को सत्य चेतना विधि कहते हैं क्योंकि इसमें बुद्धि-योजना-व्यापार नीति की अत्यधिक आवश्यकता होती। यदि आपके पास धन है तो किसी भी शहर में या उसके आस-पास भूमि खरीद ले, और वहाँ के लिए एक अच्छी योजना बनायें, उसे प्रचारित करें जिससे आपका धन समय के साथ-साथ तथा आपके योजना के कारण तेजी से बढ़ता रहेगा। इसे सत्य चेतना विधि इसलिए कहते हैं कि यह स्वाभाविक विकास के साथ-साथ आपकी योजना के कारण विकास करता है अर्थात् उसके कीमत के विकास में आपकी योजना का योगदान होता है। ऐसी योजना या तो सरकार बनाती है या कोई सरकारी नियमानुसार व्यापारिक-सामाजिक संस्था।

सरकार की योजना में नगर विकास, औद्योगिक क्षेत्र का विकास, पर्यटन क्षेत्र, शैक्षणिक संस्थान इत्यादि के विकास से होता है और उस क्षेत्र के भूमि की कीमत तेजी से बढ़ जाती है। इसका लाभ वहीं लोग ले पाते हैं जो सरकार की योजना को पहले ही जान जाते हैं।

ऐसी योजना सरकारी नियमानुसार व्यापारिक-सामाजिक संस्था बना सकती हैं। भारत देश एक आध्यात्मिक एवं सांस्कृतिक विविधता वाला देश है। घूमना मनुष्य की प्रकृति है। उसे उसके घर में चाहे कितना भी संसाधन क्यों न उपलब्ध हो, वह घूमने-पर्यटन करने जायेगा ही जायेगा। साथ ही वह सत्य-सुन्दर-शान्त स्थान पर रहना भी चाहेगा। और जब मनुष्य ऐसे स्थान पर रहना प्रारम्भ करने लगता है तब अपने-आप मनुष्य की आवश्यकता से सम्बन्धित वस्तुओं का व्यापार व व्यापारी भी उन्हीं में से निकल आते हैं। फिर जहाँ मनुष्य निवास करने लगता है तब सरकार व सरकारी व्यवस्था भी अपने-आप वहाँ पहुँचने लगती है। ऐसी योजनाओं के बहुत से उदाहरण हैं जहाँ का विकास का मूल कारण सरकारी नियमानुसार व्यापारिक-सामाजिक संस्था ही हैं।

सत्यकाशी क्षेत्र में लगने वाली परियोजनाएँ निवेश की आधुनिक विधि (सत्य चेतना विधि) के अनुसार योजनाबद्ध हैं। जिसमें रियल स्टेट ऐजेन्ट के लिए आर्थिक लाभ प्राप्त करने का अच्छा अवसर है। इस अवसर का लाभ उठाने के लिए हम उन्हें आमंत्रित करते हैं।

रियल स्टेट ऐजेन्ट के लिए विषेश रूप से डिजिटल प्रापर्टी और एजेन्ट नेटवर्क (Digital Property & Agent Network) सभी के पास उपलब्ध प्रापर्टी की सूचना की पहुँच, सभी तक प्रापर्टी डाटा बैंक के माध्यम से प्रापर्टी से सम्बन्धित जानकारी प्राप्त कर व दे सकते हैं जिसमें LAND (Commercial, Industrial,Agriculture, Housing), RENT (Official, Shop, Residential,Appartment Flat, Bunglow), 2 Wheeler, 4 Wheelar,ANTIQUE ITEM, Real Estate Related business इत्यादि है जिससे उससे सम्बन्धित व्यापारी सीधे उनसे ही सम्पर्क कर सकते हैं साथ ही सभी एजेन्ट आपस में भी व्यापार कर सकते हैं।

मनुष्य के सिस्टम और ईश्वरीय सिस्टम से मिलकर ही यह सिस्टम विकसित की गयी है। विश्व में पहली बार प्रयोग की जा रही इस सिस्टम का नाम-भारतीय आध्यात्म एवं दर्शन आधारित स्वदेशी विपणन प्रणाली: 3-एफ (3- F: Fuel- Fire- Fuel) है।

सिस्टम की विशेषताएँ

01. बिना पंजीकरण/लागइन के पिन कोड स्तर पर कुल पंजीकृत एजेन्ट और लाभांस प्राप्त कर रहे एजेन्ट की सूची देख सकते हैं।

02. बिना पंजीकरण/लागइन के पिन कोड स्तर पर कुल पंजीकृत एजेन्ट और लाभांस प्राप्त कर रहे एजेन्ट की सूची देख कर पिन कोड एरिया एजेन्सी का अनुमानित लाभ देख सकते हैं।

03. बिना पंजीकरण/लागइन के पिन कोड एरिया एजेन्सी के लाभ के अनुमान से उस पिन कोड क्षेत्र में एजेन्सी नियुक्त है या नहीं यह देख सकते हैं।

04. बिना पंजीकरण/लागइन के किसी भी पिन कोड क्षेत्र के प्रापर्टी से सम्बन्धित व्यक्तियों से सम्पर्क कर सकते हैं जिसे पिन कोड एरिया एजेन्सी ने पंजीकरण किया हैं।

05. बिना पंजीकरण/लागइन के आपके व्यवसाय से सम्बन्धित ज्ञान के विकास के लिए जानकारी का विस्तृत पृष्ठ और हमारे द्वारा योजनाबद्ध परियोजनाओं की जानकारी।

06. केवल पंजीकरण करके ही प्रापर्टी डाटा दे सकते हैं या डाक पिन कोड क्षेत्र स्तर पर खोज सकते हैं।

07. प्रत्येक पंजीकृत व्यक्ति को सुनिश्चित लाभांस वितरण और सिस्टम से जुड़ने के बाद हटने का कोई रास्ता नहीं।

08. सेवा शुल्क हमेशा सुरक्षित एवं 100 प्रतिशत वापसी/समायोजन योग्य। विशेष रूप में जब तक कि आप कम्पनी से लाभांस नहीं प्राप्त कर चुके हैं। उसके बाद वापसी पर एजेन्ट का ही लाभांस में नुकसान, कम्पनी का नहीं।

09. आपके प्रापर्टी व्यवसाय में सम्पर्क का विस्तृत दायरा। पिन कोड क्षेत्र स्तर पर प्रापर्टी खोज व सीधे खरीदने व बेचने वाले से सम्पर्क और सूचना या सौदे में कम्पनी का कोई हस्तक्षेप या लाभ में भागीदारी नहीं।

10. सूचना, सम्पर्क, लाभ, लाभांस, सेवा शुल्क सब आपका। कम्पनी मात्र एक अवसर उपलब्ध कराने वाले की भूमिका में। क्योंकि वह एक अपने बड़े परियोजना के लिए रियल इस्टेट एजेन्ट नेटवर्क तैयार करने के उद्देश्य से काम कर रही है जिसमें प्रथम अवसर पंजीकृत एजेन्ट को ही मिलेगा।

बारिश उन्हीं कमरे में पहुँचती है,
जिनके छत नहीं होते हैं।
अच्छे दिन उन्हीं के आते हैं,
जिनके मस्तिष्क बन्द नहीं होते हैं।

सत्यकाशी महायोजना-प्रोजेक्ट को पूर्ण करने की योजना

इतिहास गवाह है मँहगाई कभी कम नहीं हुयी है। समय के साथ प्रत्येक का विकास होता रहा है। बढ़ती जनसंख्या, बढ़ती आवश्यकता और बढ़ते धन के साथ प्रत्येक वस्तु की कीमत भी बढ़ रही है। निवेश के अनेक साधन के बावजूद भूमि-मकान में निवेश सबसे सुरक्षित साधन है। सामान्यतः व्यक्ति इसमें निवेश करना पसन्द करते हैं। किसी भी भूमि की उपयोगिता को अलग-अलग व्यक्ति अलग-अलग नजरिये से भी देख सकते हैं। एक किसान, का नजरिया कृषि योग्य भूमि के लिए हो सकता है तो एक व्यापारी का व्यापार की दृष्टि से हो सकता है, तो किसी हाउसिंग डेवलपमेन्ट कम्पनी का घर-मकान बनाकर बेचने का हो सकता है, तो किसी का उद्योग स्थापित करने की दृष्टि, तो किसी का धार्मिक स्थल बनाने का हो सकता है। यह सब दृष्टि, उस भूमि और उसके आस-पास के संसाधन व उस क्षेत्र की ऐतिहासिकता से सम्बन्धित होता है। रियल स्टेट में निवेश की निम्न विधियाँ है जो अच्छा लाभ देती है-

01. रियल इस्टेट (प्रापर्टी) में निवेश की पारम्परिक विधि (प्राकृतिक चेतना विधि)

इस विधि को पारम्परिक विधि कहते हैं क्योंकि इसमें किसी बुद्धि की आवश्यकता नहीं होती। यदि आपके पास धन है तो किसी भी शहर में या उसके आस-पास भूमि-मकान खरीद ले, आपका धन समय के साथ बढ़ता रहेगा। इसे प्राकृतिक चेतना विधि इसलिए कहते हैं कि यह स्वाभाविक विकास के साथ विकास करता है अर्थात् उसके कीमत के विकास में आपका कोई योगदान नहीं होता।

02. रियल इस्टेट (प्रापर्टी) में निवेश की आधुनिक विधि (सत्य चेतना विधि)

इस विधि को आधुनिक विधि कहते हैं क्योंकि इसमें बुद्धि-योजना-व्यापार नीति की अत्यधिक आवश्यकता होती। यदि आपके पास धन है तो किसी भी शहर में या उसके आस-पास भूमि खरीद ले, और वहाँ के लिए एक अच्छी योजना बनायें, उसे प्रचारित करें जिससे आपका धन समय के साथ-साथ तथा आपके योजना के कारण तेजी से बढ़ता रहेगा। इसे सत्य चेतना विधि इसलिए कहते हैं कि यह स्वाभाविक विकास के साथ-साथ आपकी योजना के कारण विकास करता है अर्थात् उसके कीमत के विकास में आपकी योजना का योगदान होता है। ऐसी योजना या तो सरकार बनाती है या कोई सरकारी नियमानुसार व्यापारिक-सामाजिक संस्था।

सरकार की योजना में नगर विकास, औद्योगिक क्षेत्र का विकास, पर्यटन क्षेत्र, शैक्षणिक संस्थान इत्यादि के विकास से होता है और उस क्षेत्र के भूमि की कीमत तेजी से बढ़ जाती है। इसका लाभ वही लोग ले पाते हैं जो सरकार की योजना को पहले ही जान जाते हैं।

ऐसी योजना सरकारी नियमानुसार व्यापारिक-सामाजिक संस्था बना सकती हैं। भारत देश एक आध्यात्मिक एवं सांस्कृतिक विविधता वाला देश है। घूमना मनुष्य की प्रकृति है। उसे उसके घर में चाहे कितना भी संसाधन क्यों न उपलब्ध हो, वह घूमने-पर्यटन करने जायेगा ही जायेगा। साथ ही वह सत्य-सुन्दर-शान्त स्थान पर रहना भी चाहेगा। और जब मनुष्य ऐसे स्थान पर रहना प्रारम्भ करने लगता है तब अपने-आप मनुष्य की आवश्यकता से सम्बन्धित वस्तुओं का व्यापार व व्यापारी भी उन्हीं में से निकल आते हैं। फिर जहाँ मनुष्य निवास करने लगता है तब सरकार व सरकारी व्यवस्था भी अपने-आप वहाँ पहुँचने लगती है। ऐसी योजनाओं के बहुत से उदाहरण हैं जहाँ का विकास का मूल कारण सरकारी नियमानुसार व्यापारिक-सामाजिक संस्था ही हैं।

वर्तमान समय में चल रहा निम्नलिखित उदाहरण इस विधि का प्रमाण है-

निवेश के सत्य चेतना विधि द्वारा निर्मित हो रहा है-

चन्द्रोदय मन्दिर, वृन्दावन, मथुरा (उ0प्र0)

भारत देश के उत्तर प्रदेश राज्य का ब्रज क्षेत्र (जिला-मथुरा) अर्थात् सम्पूर्ण ब्रज क्षेत्र कंस-श्रीकृष्ण से सम्बन्धित है। मथुरा कंस की नगरी थी और श्रीकृष्ण का जन्म स्थान। श्रीकृष्ण के बाल-लीला का क्षेत्र ब्रज क्षेत्र है। श्रीकृष्ण की नगरी द्वारिका (गुजरात प्रदेश) में थी। ब्रज क्षेत्र भारत के लोगों के लिए एक आस्था का स्थान है। इस

आस्था का उपयोग करते हुये वृन्दावन में एक योजना इस्कान के भक्तों ने बनाया जिसका नाम-" कृष्ण भूमि-ए वन्डर लैण्ड" रखा और विशाल मन्दिर-टाउनशिप की योजना दी।

110 एकड़ के इस मन्दिर-टाउनशिप योजना में श्रीकृष्ण से सम्बन्धित 70 एकड़ में फैले श्री कृष्ण मन्दिर, वेदान्त वन, विश्व का पहला कृष्ण लीला थीम पार्क की योजना दी गयी। जिसमें 5 एकड़ में फैला 210 मीटर अर्थात् 700 फिट विश्व के सबसे ऊँचे श्रीकृष्ण मन्दिर का नाम "चन्द्रोदय मन्दिर" रखा गया। शेष 40 एकड़ में आधुनिक सुविधा एवं संसाधन से युक्त आवासीय व व्यापारिक स्थान की योजना बनायी गयी।

यह योजना जिस भूमि पर बनायी गयी, वह इस योजना के पहले एक उपेक्षित स्थान व सस्ते कीमत का रहा होगा परन्तु योजना के घोषित होते ही आस-पास की भूमि, आवासीय, व्यापारिक स्थान की कीमत तेजी से बढ़ गयी। इस टाउनशिप में आवासीय व व्यापारिक स्थानों की कीमत का निर्धारण तो इस योजना के व्यापारीगण ही किये। श्रीकृष्ण से आस्था, मन्दिर की विशालता और आधुनिक सुविधा ने लोगों को वहाँ खींचा और एक क्षेत्र का सम्पूर्ण विकास हो गया। आवासीय-व्यापारिक स्थान के विक्रय से जो लाभ हुआ उससे मन्दिर बनना प्रारम्भ हुआ। मन्दिर बनना प्रारम्भ हुआ तो आवासीय-व्यापारिक स्थान का कीमत बढ़ा।

निष्कर्ष यह है कि भारत देश में ऐसी योजना बनाने और उसे स्थापित करने की बहुत सी सम्भावनाएँ हैं। योजना बनाकर किसी भी स्थान का महत्व बढाया जा सकता है। स्थान की विशेषता होने पर लोग वहाँ रहना भी चाहते हैं। केवल शहर का विस्तार करते रहने से लोग स्वाभाविक रूप से ही रियल स्टेट में निवेश करते हैं। विशेषताएँ बना देने से इच्छा बनती है और निवेश में तेजी आती है।

हम सभी साधारण जीवन में ऐसा देखते हैं कि जहाँ कहीं भी कोई फैक्ट्री, नगर निर्माण या विस्तार का कार्य प्रारम्भ हो जाता है। वहाँ एक अलग ही दुनियाँ बसने लगती है और एक व्यापक जन समुदाय को अपने जीवन संचालन के लिए मार्ग प्राप्त हो जाता है। जो किसी जाति, सम्प्रदाय या धर्म आधारित नहीं होती। वह सिर्फ व्यक्ति की योग्यता पर आधारित और वह पीढ़ी दर पीढ़ी के लिए होती है।

सार्वभौम सत्य-सिद्धान्त और समाज समर्थित सत्यकाशी योजना जिसका क्षेत्र है-वाराणसी-विन्ध्याचल-शिवद्वार-सोनभद्र के बीच का भगवान विष्णु और भगवान शिव से जुड़ा क्षेत्र है। सत्यकाशी विकास एवं विस्तार के श्रृंखला में सत्यकाशी क्षेत्र में निर्माण किये जाने वाले परियोजना-

01. चार शंकराचार्य पीठ के उपरान्त 5वाँ और अन्तिम पीठ "सत्यकाशी पीठ"।
02. "सत्यकाशी महोत्सव" व "सत्यकाशी गंगा महोत्सव" आयोजन।
03. सार्वभौम देवी माँ कल्कि देवी मन्दिर-माँ वैष्णों देवी की साकार रूप
04. भोगेश्वर नाथ-13वाँ और अन्तिम ज्योतिर्लिंग
05. सत्यकाशी पंचदर्शन
06. ज्ञान आधारित मनु-मनवन्तर मन्दिर
07. ज्ञान आधारित विश्वात्मा मन्दिर
08. विश्वधर्म मन्दिर-धर्म के व्यावहारिक अनुभव का मन्दिर
09. नाग मन्दिर
10. विश्वशास्त्र मन्दिर (Vishwshastra Temple)
11. एक दिव्य नगर-सत्यकाशी नगर
12. होटल शिवलिंगम्-शिवत्व का एहसास
13. इन्द्रलोक-ओपेन एयर थियेटर
14. हस्तिनापुर-महाभारत का लाइट एण्ड साउण्ड प्रोग्राम
15. सत्य-धर्म-ज्ञान केन्द्र: तारामण्डल की भाँति शो द्वारा कम समय में पूर्ण ज्ञान
16. सत्यकाशी आध्यात्म पार्क
17. वंश नगर-मनु से मानव तक के वंश पर आधारित नगर

18. 8वें सावर्णि मनु-सम्पूर्ण एकता की मूर्ति (Statue of Complete Unity)
19. विस्मृत भारत रत्न स्मारक (Forgotten Bharat Ratna Memorial)
20. विश्वधर्म उपासना स्थल-उपासना और उपासना स्थल के विश्वमानक (WS-00000) पर आधारित
21. सत्यकाशी ब्रह्माण्डीय एकात्म विज्ञान विश्वविद्यालय
(Satyakashi Universal Integration Science University-SUISU)

निवेश के सत्य चेतना विधि पर आधारित चन्द्रोदय मन्दिर, वृन्दावन, मथुरा (उ0प्र0) की भाँति ही उपरोक्त परियोजनाओं को सत्यकाशी क्षेत्र में स्थापित किया जाना है। जिसमें उच्च लाभ के लिए निवेश का एक व्यापक अवसर है।

जनता जहाँ रहने लगती है, सरकार व संसाधन अपने-आप चली आती है।

हर भारत वासी का एक सपना

सत्यकाशी में घर एक हो अपना।

धर्म स्थापनार्थ दुष्ट वध और साधुजन का कल्याण कैसे और किसका?

प्रत्येक पुर्णावतार समाज का दर्पण होता है अर्थात् अवतारों का जीवन समाज का स्पष्ट व्यक्त रूप होता है। सभी मानव शरीर की संरचना सामान्यतः समान होती है लेकिन उसका जीवन विचारों द्वारा निर्मित होकर निम्न से उच्च, उच्चतर और सर्वोच्च एवम् अन्तिम स्तर तक में व्यक्त होता है। इसी प्रकार अवतार भी मानव शरीर के रूप में होता है परन्तु उसका जीवन सत्य-विचार अर्थात् सार्वभौम सत्य-सिद्धान्त द्वारा निर्मित एवम् व्यक्त होता है इसलिए समाज के जो विचार सत्य-सिद्धान्त के अनुरूप नहीं होते उस विचार का अवतारों के जीवन से टकराहट या विवाद अवश्य होता है। परिणामस्वरूप एक प्रश्न व्यक्त हो जाता है। इस प्रश्न का मूल आधार प्रथम पक्ष (सार्वभौम "मैं")-सार्वजनिक सत्य-सिद्धान्त को व्यक्त करने वाला अवतार पक्ष की ओर से अन्तः आध्यात्मिक विषय ज्ञान, कर्म और ध्यान होता है तो दूसरा पक्ष (व्यक्तिगत "मैं")-व्यक्तिगत विचार को व्यक्त करने वाला अवनति से युक्त समाज पक्ष की ओर से बाह्य भौतिक विषय-उम्र, वेश-भूषा, खान-पान, धन, सफलता-असफलता इत्यादि होता है। यही विषय दोनों पक्षों की अपनी दृष्टि भी होती है जिससे वह अन्य को देखता है। दोनों पक्षों के अपने-अपने विषय पर जब भी आघात होता है तो वे पक्ष क्रियाशील हो भड़क उठते है। जिससे दोनों पक्षों का प्रदर्शन समाज के अन्य व्यक्ति देखते हैं और अपने-अपने प्रकृति के अनुसार विचार व्यक्त करते हैं। चूँकि अवतार इन मूल विषयों के ज्ञान से युक्त होते हैं इसलिए वे इन मूल विषयों पर इच्छानुसार, आवश्यकतानुसार और समयानुसार आघात करते रहते हैं जिससे अन्य व्यक्तियों के विचारों का तरंग उठता रहे। इसी मूल सूत्र से अवतार अपने पक्षों को निर्धारित करते हुये सिद्धान्तों को व्यक्त करने का माध्यम चुनते हुये सम्पूर्ण प्रक्रिया पूर्ण करते हैं। अवतारों का विपरीत पक्ष अवतारों के सिद्धान्तों के प्रसार के लिए उसी भांति कार्य करता है जिस प्रकार तरंग उत्पन्न करने के लिए जल में पत्थर फेंकना अनिवार्य होता है। जिस प्रकार तरंग के लिए पत्थर और जल दोनों अनिवार्य साधन होते हैं उसी प्रकार सिद्धान्त के लिए आघात और विरोधी पक्ष दोनों अनिवार्य साधन होते हैं। इसलिए अवतार विरोधी पक्ष को अपना महत्वपूर्ण माध्यम ही मानकर भक्ति के अन्तर्गत विरोधी भक्त के रूप में अन्य भक्तों के समान ही उनका सम्मान करते हैं। क्योंकि समर्पण भक्त पक्ष में होने के कारण अवतारों के विषय में चर्चा करता है तो विरोधी भक्त विपक्ष में होने के कारण अवतारों के विषय में चर्चा करता है, इस प्रकार अवतारों के लिए दोनों ही उनके लिए कर्म करते हैं। परन्तु जब ये अपनी सीमा से बाहर आकर अवतारों के जीवन पर आघात करते हैं तब उनका वध करना ही एक मात्र रास्ता बन जाता है। विरोधी भक्ति रूपी विपक्ष के अलावा एक विपक्ष और होता है जिसे ज्ञानी स्वार्थी विपक्ष कहते हैं। इसके अन्तर्गत वे ज्ञानी, सिद्ध, महात्मा, आध्यात्मिक, बुद्धिजीवि, विचारक इत्यादि आतें हैं जो अवतारों के ज्ञान, कर्म और ध्यान को भलि-भांति समझते हैं परन्तु न तो पक्ष में ही व्यक्त होते है न ही विपक्ष में क्योंकि इनके अन्दर यह अहंकार रूपी भ्रम होता है कि अपनी व्यक्तिगत पहचान, गुरूता और नेतृत्व समाप्त न हो जाये जबकि इन्हें अपने क्षेत्र में और भी सशक्त सफलता प्राप्ति का मार्ग ही अवतार होते हैं। ऐसे ज्ञानी स्वार्थीयों के उपर अवतार द्वारा इस प्रकार के आघात किये जाते हैं-जनसाधरण को ज्ञानी बना देना, मानसिक वध कर देना, वे जिस पद पर बैठे हैं या अपने को प्रदर्शित करते हैं उसके प्रति प्रमाणिकता के साथ ऐतिहासिक रूप से कर्तव्य विमुख, मूर्ख और गणराज्य या समाज द्रोही सिद्ध कर देना इत्यादि।

अवतारों की दृष्टि सत्य-सिद्धान्त ही होती है इसलिए वे कर्तव्य पथ पर आने वाले अन्य मानवों को सत्य-सिद्धान्त दृष्टि से ही देखते हैं इसलिए उन्हें उनके कर्मों का व्यापक धर्म शास्त्रीय आधार भी प्राप्त होता जाता है। अवतारों के लिए कोई भी सांसारिक सम्बन्ध जैसे माता-पिता, भाई-बहन, पत्नी-पुत्र, रिश्तेदार इत्यादि सर्वोच्च नहीं होता, सिर्फ वे ही सम्बन्ध सर्वोच्चता प्राप्त करते हैं जो उनके कर्तव्य पथ पर ज्ञान, कर्म और ध्यान के अनुरूप सत्य-सिद्ध होते हैं। माँ को सर्वोच्च स्थान प्राप्त होने के बावजूद स्वामी विवेकानन्द की गुरू माता श्री माँ शारदा ने स्वयं कहा है कि-"जान लो कि अपनी माता की सेवा ही तुम्हारा सर्वोच्च कर्तव्य है, यदि तुम्हारी आध्यात्मिक प्रगति में बाधक होती हो तो बात दूसरी है"। वहीं दूसरी ओर एक माँ द्वारा अपने संन्यासी पुत्र के सांसारिक जीवन में लौटाने के लिए श्री माँ शारदा से कहती है तो श्री माँ शारदा का उत्तर होता है-"संन्यासी की माता बनना तो एक दुर्लभ

सौभाग्य है, लोग तो एक पीतल के लोटे को भी नहीं छोड़ सकते। क्या संसार का त्याग करना सहज है? तुम क्यों चिन्ता करती हो?" इसी प्रकार रामानन्द सागर द्वारा निर्मित (श्रीकृष्ण) धारावाहिक जो दूरदर्शन पर प्रसारित भी हुआ, जिसमें समरासुर के महल में श्रीकृष्ण पुत्र प्रद्युम्न को उसके पालन-पोषण करने वाली माता और ज्ञान तथा शिक्षा देने वाली गुरू-भानुमती ने मायावी विद्या के प्रथम शिक्षा में ही कहा था कि-"हे पुत्र धर्मयुद्ध में यदि मैं भी तुम्हारे विरूद्ध हो जाऊँ तो तुम भी मुझे अपना दुश्मन ही समझना।"

अवतारों का अवतरण और ज्ञान, ध्यान, कर्म आधारित कर्तव्य पथ ठीक उसी वातावरण के मूल से प्रारम्भ होता है जो सम्बन्ध समाज की अवनति का मूल निम्नतम कारण होता है। ये सम्बन्ध निम्नतम क्रम में क्रमशः देश-सम्बन्ध, रिश्ता-सम्बन्ध और रक्त सम्बन्ध है। इस प्रकार आदर्श चरित्र युक्त ब्रह्मा-एकात्म ज्ञान के पूर्णावतार श्रीराम का अवतरण देश के राजा दशरथ के देश और रक्त सम्बन्ध से युक्त वातावरण में हुआ था क्योंकि उस समय सामाजिक अवनति का कारण सिर्फ देश-सम्बन्ध ही था। आदर्श पूर्ण सामाजिक मानव ब्रह्मा समाहित विष्णु-एकात्म ज्ञान समाहित एकात्म कर्म के पूर्णावतार श्रीकृष्ण का अवतरण देश के राजा कंस के देश और रिश्ता सम्बन्ध से युक्त वातावरण देवकी-वासुदेव के यहाँ हुआ था क्योंकि उस समय देश-सम्बन्ध और रिश्ता-सम्बन्ध ही समाज या गणराज्य की अवनति का कारण था। आदर्श पूर्ण सार्वजनिक या ब्रह्माण्डीय मानव विष्णु समाहित शिव-शंकर-एकात्म ज्ञान और एकात्म कर्म समाहित एकात्म ध्यान के पूर्णावतार श्री लव कुश सिंह "विश्वमानव" का अवतरण देश के राजा साधारण जनता के देश और रक्त-सम्बन्ध से युक्त वातावरण श्रीमती चमेली देवी-श्री धीरज नारायण सिंह के यहाँ हुआ है क्योंकि इस समय देश, रिश्ता और रक्त-सम्बन्ध ही समाज या गणराज्य की अवनति का मूल कारण है।

कर्तव्य पथ पर अग्रसर होने के पूर्व ब्रह्मा के पूर्णावतार श्रीराम को वे सभी संसाधन उनके श्रद्धेय श्रेष्ठजनों से प्राप्त हुये परन्तु जैसे ही उनका कर्तयव्य पथ पर अग्रसर होने का समय आया तो विवशतावश श्रद्धेय श्रेष्ठजनों द्वारा चौदह वर्षों के लिए वनवास के लिए भेज दिये गये। आदर्श चरित्र प्रस्तुत करने के लिए अवतरित श्रीराम अपने श्रद्धेय श्रेष्ठजनों का विरोध इसलिए न कर सके क्योंकि वे स्वयं ही आदर्श के मूर्ति थे। श्रीराम के पिता दशरथ इस विवशता और पुत्र शोक में अपने प्राण त्याग दिये। श्रीराम आज्ञा पालन करते हुये वनवास को गये परन्तु वे स्वयं श्रद्धेय श्रेष्ठजनों के अधीनस्थ रहने और अधिकारों के दुरूपयोग को भली-भांति समझ चुके थे। परिणामस्वरूप आदर्श सामाजिक मानव को प्रस्तुत करने के लिए अवतरित ब्रह्मा समाहित विष्णु के पूर्णावतार श्रीकृष्ण कर्तव्य पथ पर अग्रसर होने के पूर्व ही श्रद्धापूर्वक श्रद्धेय श्रेष्ठजनों के अधिकार क्षेत्र से मुक्त होकर ही अपने कर्तव्य को पूर्ण किये। वर्तमान एवम् भविष्य के वैश्विक आदर्श सार्वजनिक या ब्रह्माण्डीय मानव को प्रस्तुत करने के लिए अवतरित विष्णु समाहित शिव-शंकर के पूर्णावतार श्री लव कुश सिंह "विश्वमानव" को वे सभी संसाधन उनके श्रद्धेय श्रेष्ठजनों से कर्तव्य पथ पर अग्रसर होने के पूर्व प्राप्त हुये परन्तु जैसे ही कर्तव्य पथ पर अग्रसर होने का समय आया उनके श्रद्धेय श्रेष्ठजन ही दुश्मन की भांति विरोध में खड़े हो गये। परिणामस्वरूप विश्वमानव ने उनका विरोध और उपयोग साम, दाम, दण्ड, भेद की रीति से करते हुये सार्वजनिक प्रमाणित आधार बना उनका अन्ततः त्याग और दण्ड निर्धारण इसलिए किये क्योंकि वे स्वयं आदर्श के मूर्ति नहीं हैं। जो शिव-शंकर के गुण-प्रलय अर्थात् सम्पूर्ण विरोध, स्थिति अर्थात् सम्पूर्ण धारण, सृष्टि अर्थात् सम्पूर्ण नवनिर्माण को भी व्यक्त करता है।

जिस प्रकार दर्पण के समक्ष खड़े होने पर अपना ही स्पष्ट सत्य चेहरा दिखायी पड़ता है उसी प्रकार अवतार के समक्ष जब समाज खड़ा होता है तो समाज का स्पष्ट सत्य चेहरा दिखायी पड़ता है। विष्णु समाहित शिव-शंकर के अन्तिम पूर्णावतार विश्वमानव वर्तमान समाज का स्पष्ट सत्य रूप ही हैं। जिनसे व्यक्तिगत जीवन से लेकर सार्वजनिक जीवन के श्रद्धेय श्रेष्ठजनों का सिद्धान्तहीन और आदर्शहीन चेहरे का रूप व्यक्त हो रहा है। जो न्यूटन की क्रिया-प्रतिक्रिया के नियमानुसार-प्रारम्भ से अब तक जितनी शक्ति से क्रिया इन श्रद्धेय श्रेष्ठजनों ने अपने आश्रितों पर कर रखा था वही इस अन्तिम पूर्णावतार द्वारा ठीक उतना ही शक्ति से प्रतिक्रिया इन श्रद्धेय श्रेष्ठजनों पर विश्व ऐतिहासिक सार्वजनिक प्रमाणित रूप से हुआ है। जिससे इन श्रद्धेय श्रेष्ठजनों में अपने आश्रितों के प्रति सद्भाव, विश्वास, सत्य आधारित प्रेरक शक्ति और त्याग का भाव निर्मित हो सके। जो उनके भविष्य रूप ही है। जो

वर्तमान होता है वही भविष्य होता है क्योंकि भविष्य वर्तमान द्वारा ही निर्मित होता है। यदि श्रीराम सदृश्य चरित्रों का निर्माण कर समाज में रामराज्य लाना हो तो उसके पहले राजा दशरथ और राजा जनक जैसे श्रद्धेय श्रेष्ठजनों का निर्माण करना पड़ेगा इसलिए वर्तमान समाज में पहले श्रद्धेय श्रेष्ठजन स्वयं में परिवर्तन लाये फिर श्रीराम जैसे चरित्रों की कामना करें।

अवतारी गुणों के युद्ध का आधार सिद्धान्त होता है इसलिए वे सिद्धान्त के अनुसार ही कर्म करते हैं न कि चरित्र और सांसारिकता के आधार पर। चरित्र और सांसारिकता के आधार पर कार्य करने वाले ही कलंकित हो जाते हैं जबकि अवतारी गण सदा ही निष्कलंक रह जाते हैं। अवतारों द्वारा सिद्धान्तानुसार विवशतावश किया गया अन्याय पूर्ण लगने वाला कर्म मूलतः चरित्र और सांसारिकता आधारित अन्य व्यक्तियों के कर्मों द्वारा ही वातावरण निर्मित होता है। जिस पर वे विवशतावश कर्म करते हैं परन्तु वह किसी भाँति प्रारब्ध का निर्माण नहीं करता क्योंकि यह सिद्धान्त और चेतना से युक्त होता है। चूंकि अवतारीगण ईश्वर के सगुण रूप होते हैं और ईश्वर दण्ड का विधान करता है इसलिए अवतार दण्ड का निर्धारण करते समय किसी भी मानवीय रिश्तों में बद्ध न हो सिद्धान्ततः दण्ड निर्धारण करते है। वध के चार रूप है-शारीरिक, आर्थिक, मानसिक और विश्व ऐतिहासिक मानसिक वध। शारीरिक वध में स्थूल शरीर का सूक्ष्म शरीर में परिवर्तन होता है जो पुनः स्थूल शरीर धारण के लिए मुक्त हो जाता है जो कम कष्टप्रद है। आर्थिक वध में व्यक्ति का जीवन असन्तुलित हो आर्थिक गुलामी या परतन्त्र हो जाता है जो आजादी या स्वतन्त्रता के लिए मुक्त रहता है। यह शारीरिक वध से अधिक कष्टप्रद है। मानसिक वध में मन का परिवर्तन नये मन में हो संकीर्णता मानसिक गुलामी या परतन्त्र हो जाता है। जो व्यापकता आजादी या स्वतन्त्रता के लिए मुक्त रहता है। यह वध सबसे कम कष्टप्रद होता है क्योंकि इससे सिर्फ व्यक्ति को विचार बदलना पड़ता है या व्यक्ति को आजीवन आभास ही नहीं हो पाता कि उसका मानसिक वध हो चुका है। अन्तिम विश्व ऐतिहासिक मानसिक वध में अन्तिम अपरिवर्तनीय विश्व एतिहासिक सार्वभौम सत्य-सिद्धान्त आधारित शास्त्र-साहित्य द्वारा सार्वजनिक प्रमाणित रूप से मन का परिवर्तन नये व्यापक मन में होता हैं जिसके अनुसार कर्म करने पर मानसिक वध होते हुये भी व्यक्ति ऐतिहासिक अमरता, महानता, सत्-पुरूष इत्यादि श्रृंखला को प्राप्त हाता है जबकि ऐसे ही कर्म के लिए समर्पित, नियुक्त, पीठासीन, स्वयं को प्रदर्शित करने के बावजूद निष्क्रिय रहने या संकीर्णता युक्त कर्म करने पर असत्य-पुरूष, अहंकारी, मूर्ख, दुष्ट, असुर इत्यादि श्रृंखला को प्राप्त होता है। यह सर्वाधिक कष्टकर इसलिए होता है कि व्यक्ति का अव्यक्त चरित्र उसके व्यक्त कर्मों के आधार पर सार्वजनिक प्रमाणित रूप से सीमाबद्ध कर व्यक्त कर दिया जाता है जो वह स्वयं देखता हैं।

श्रद्धेय श्रेष्ठजनों में व्यक्तिगत रूप से वे सभी रक्त सम्बन्ध से जुड़े उम्र से बड़े व्यक्ति सहित सामाजिक और सार्वजनिक रूप से वे सभी रिश्ता व देश-सम्बन्ध से जुडे उम्र में बड़े व्यक्ति हैं इनके बीच सामाजिक, धार्मिक, साम्प्रदायिक, जातिय, राजनीतिज्ञ संगठनों के नेतृत्वकर्ता, जनप्रतिनिधि, विचारक, बुद्धिजीवि, सूचना प्रसार माध्यमों से जुड़े व्यक्ति इत्यादि हैं। इन सम्पूर्ण श्रद्धेय श्रेष्ठजनों में अधिकतम का आदर्श एकात्म आधारित ज्ञान, कर्म और ध्यान न होकर उम्र, धन, शरीर, वेश-भूषा, खान-पान आधारित सांसारिक दृष्टि से दूसरों का मूल्यांकन, लोभ, मायाग्रस्त, संकीर्णता, स्वार्थी, ज्ञानी स्वार्थी, योग्यता बिना सर्वोच्च और सम्मानित कहलाने की महत्वाकांक्षा, अधिकारों का दुरूपयोग, अहंकार, आवश्यकता से अधिक संग्रह की भावना, जिस कार्य के लिए नियुक्त या पीठासीन या स्वयं को प्रदर्शित उसी के प्रति निष्क्रीयता, धन के आधार पर अपने ही पुत्रों में भेद-भाव दृष्टि, घूस अर्थात् घोटाले वाले पदों पर नियुक्ति से हर्ष, धन मिले तो देशभक्ति के लिए सीमा पर सैकड़ों पुत्र बलिदान देने के लिए तैयार और धन न मिले तो देश के अन्दर देशभक्ति के लिए जनसेवा, कल्याण, भ्रष्टाचार का विरोध इत्यादि के लिए धन, पुत्र, समय तो दूर इच्छा भी न देने की भावना, अपनी संकीर्णता की सर्वोच्चता के लिए आश्रितों को आत्महत्या तक के लिए विवश और जिन्दा जलाने में भी कोई हिचक नहीं इत्यादि असुरी प्रवृत्तियों से पूर्णतया: युक्त हैं जो भविष्य रूपी आश्रितों का भी मन निर्माण कर अपने जैसा ही मानव बना रहे हैं। जिसका परिणाम ही नैतिक पतन, प्रत्येक स्तर पर अलगाव या विखण्डन, रक्त और रिश्ता सम्बन्ध से टकराहट, अपराध, भ्रष्टाचार इत्यादि है। भले ही श्रद्धेय श्रेष्ठजन इसका दोषी युवाओं को ठहराते हो परन्तु यह जानना चाहिए कि वृक्ष का सम्पूर्ण स्रोत जड़ होता है और यदि

ऐसा नहीं है तो श्रद्धेय श्रेष्ठजनों को भी अपनी श्रेष्ठता और आदर्श का प्रमाण देना चाहिए जिसके लिए सम्पूर्ण ब्रह्माण्ड कर्म क्षेत्र के रूप में उनके भी समक्ष व्यक्त खुला है।

उपरोक्त सिद्धान्त के अनुसार जहाँ पूर्व में श्रद्धेय श्रेष्ठ जनों का आश्रितों से सम्बन्ध-सत्य अर्थात् एकात्म कार्य (सार्वजनिक एकता का कार्य) पर आधारित था वही अन्त में सम्बन्ध-असत्य सम्बन्ध अर्थात् व्यक्तिगत कार्य (व्यक्तिगत स्वार्थ का कार्य) पर आधारित हो गया। जिसके परिणामस्वरूप ही ब्रह्मा के पूर्णावतार और ईश्वर के अंशावतार श्रीराम के उपरान्त धर्म की अवनति लगातार होती रही। विष्णु के पूर्णावतार और ईश्वर के अंशावतार श्रीकृष्ण द्वारा श्रद्धेय श्रेष्ठ जनों के विरूद्ध युद्ध इसका स्पष्ट उदाहरण है। अन्त में शंकर के पूर्णावतार और ईश्वर के पूर्णावतार लव कुश सिंह "विश्वमानव" के वर्तमान समय में श्रद्धेय श्रेष्ठ जनों का पूर्ण मानसिक वध हुआ है जिसके सम्बन्ध में लव कुश सिंह "विश्वमानव" की ये वाणियाँ है-"वह मनुष्य क्या करें? जो धर्म, न्याय व सत्य की रक्षा करना चाहता हो लेकिन समाज में रहने के कारण उनसे बड़े लोग भी है यदि बड़े लोग ही अधर्म, अन्याय व असत्य पर हो तो विरोध करने पर वह मनुष्य समाज की नजर में बुरा हो जाता है। यदि विरोध न करे तो वह मनुष्य स्वयं अपनी नजर में अधर्मी, अन्यायी व असत्य पर चलने वाला हो जाता है।" और "शिक्षा का उद्देश्य नौकरी और धन अर्जित करना तो है जो उसे जीवकोपार्जन प्रदान करता है। साथ ही समाज को उचित आवश्यकता प्रदान करना, अन्याय और भ्रष्टाचार के विरूद्ध आवाज उठाना, या ऐसे कार्य करने वालों को शारीरिक, आर्थिक व मानसिक रूप से सहयोग प्रदान करना भी है। जो अपनत्व एवम् स्वार्थ की भावना से पूर्णतया मुक्त हो।"

लव कुश सिंह "विश्वमानव" के सार्वजनिक और व्यक्तिगत जीवन के रोचक तथ्य से पूर्णतया स्पष्ट है कि वे सिद्धान्त रूप का परिचय और चेतना सदा ही समय-समय पर व्यक्तिगत श्रद्धेय श्रेष्ठ जनों (माता-पिता और रिश्तेदार) तथा सार्वजनिक श्रद्धेय श्रेष्ठ जनों को देते रहे। वहीं भौतिक शरीर के जन्मदाता माता-पिता के आदेशों को नहीं के बराबर तथा आध्यात्मिक शरीर के जन्मदाता माता-पिता श्री माँ शारदा-श्रीरामकृष्ण परमहंस के आदेशों को अक्षरशः पालन बाल्यावस्था से ही करते रहे हैं। अपने भौतिक शरीर के जन्मदाता माता-पिता में से मूल कारण पिता तथा अन्य सार्वजनिक श्रद्धेय श्रेष्ठ जनों को अपने स्वरूप को अन्त तक समझाने के बावजुद ही उन्होंने धर्म स्थापनार्थ प्रथम दुष्ट वध का निर्णय लिये हैं। चूँकि वर्तमान समय में सार्वाधिक व्यक्त सार्वजनिक सत्य यह है कि युवाओं को भ्रमित और समाज-देश के प्रति कर्तव्यविमुख पिता और सार्वजनिक श्रद्धेय श्रेष्ठ जनों द्वारा ही किया जा रहा है। इसलिए इन श्रद्धेय श्रेष्ठ जनों को लव कुश सिंह "विश्वमानव" द्वारा समझा पाना सिद्धान्त कैसे सम्भव था? लव कुश सिंह "विश्वमानव" यह जानते हुये भी बार-बार उनका व्यक्तिगत और सार्वजनिक प्रमाणित प्रदर्शन अर्थात् लीला करते रहें जिससे उन्हें सबसे कष्टकारी कार्य के लिए सैद्धान्तिक व प्रमाणिक आधार प्राप्त हो सके। और अन्ततः उन्होंने विश्व एतिहासिक साहित्य द्वारा व्यक्तिगत सहित सार्वजनिक श्रद्धेय श्रेष्ठ जनों का विश्व एतिहासिक मानसिक वध सार्वजनिक रूप से किये।

पिता सहित सार्वजनिक श्रद्धेय श्रेष्ठ जनों को विश्व ऐतिहासिक मानसिक वध के सम्बन्ध में लव कुश सिंह "विश्वमानव" कहते है कि "हे मानवों, तुम कहते हो सिद्धान्त का कोई महत्व नहीं, यह तो स्वयं को ही धोखा देने वाला विचार है क्योंकि तुम इस जगत से बाहर नहीं हो। अतः तुम तो सिद्धान्तः सिद्धान्त के अधीन ही हो चाहे तुम इसे स्वीकार और आत्मसात् करो या न करों। यह सिद्धान्त ही तुम्हें दण्ड देता है जिससे तुम अपने कर्म का फल दुःख और सुख के रूप में अनुभव करते हो। यहाँ तक कि तुम्हारा शरीर मृत्यु को प्राप्त हो जाता है। यह क्या है? यह तो सिद्धान्त के समक्ष समर्पण ही तो है। जो अवश्यमभावी है, अटल है जिसकी जीत अटलनीय है। परिवर्तन या आदान-प्रदान या प्राकृतिक सत्य, सार्वजनिक प्रमाणित विवाद मुक्त दृश्य विश्वव्यापी, सार्वकालिक, सार्वदेशीय सिद्धान्त ही तो है। इसकी शाखाओं को आत्मसात् न करने से ही तुम दुःख भोगते हो और सतत् अहंकार युक्त होकर सिद्धान्त से अलग सत्ता स्थापित करना चाहते हो परन्तु हाय रे मुर्खों, मृत्यु के रूप में सिद्धान्त अन्ततः तुमको अपने समक्ष समर्पण के लिए विवश ही कर देता है।" "हे मानवों जिस प्रकार साहित्य, सिनेमा, टी. वी. सीरियल समाज आदि का दर्पण है उसी प्रकार सिद्धान्त से व्यक्त अवतार, अवतारों द्वारा व्यक्त शास्त्र-साहित्य और अवतारों की जीवन कथा भी समाज का दर्पण ही होता है। जिस प्रकार सिद्धान्त तुम्हें फल देता है, उस प्रकार अवतार,

अवतार द्वारा व्यक्त शास्त्र-साहित्य तथा जीवन कथा साहित्य भी तुम्हें फल देने और समर्पण कराने में पूर्ण रूपेण सक्षम होता है। यह फल-उत्थान, पतन और अस्तित्वविहीन कर देने का फल होता है" "हे मानवों, क्या तुम ब्रह्मा अर्थात् एकात्म ज्ञान और एकात्मवाणी के अंशावतारों से व्यक्त चारों वेद, और चारों वैदिक साहित्य के एकात्म ज्ञान के प्रति समर्पित नहीं हो, तुम कठिन से कठिन प्रयत्न कर लो परन्तु एकात्म ज्ञान के इस सर्वोच्च और अन्तिम साहित्य से उपर तुम नहीं जा सकते। क्या तुम ब्रह्मा अर्थात् एकात्मज्ञान और एकात्मवाणी के पूर्णावतार और ईश्वर-ब्रह्म-शिव-आत्मा के अंशावतार आदर्श व्यक्ति चरित्र के व्यक्त करता श्रीराम के चरित्र के प्रति समर्पित नहीं हो, तुम कठिन से कठिन प्रयत्न कर लो व्यक्तिगत चरित्र के इस सर्वोच्च और अन्तिम शिखर से तुम उपर कभी नहीं जा सकते अर्थात् व्यक्तिगत साहित्य "रामायण" उस काल के समाज का दर्पण तथा आदर्श व्यक्तिगत चरित्र का सर्वोच्च और अन्तिम उदाहरण है। उसी प्रकार क्या तुम विष्णु अर्थात् एकात्मज्ञान और एकात्मवाणी समाहित एकात्मकर्म और एकात्मप्रेम के पूर्णावतार तथा ईश्वर-ब्रह्म-शिव-आत्मा के अंशावतार आदर्श सामाजिक व्यक्ति चरित्र के व्यक्तकर्ता श्रीकृष्ण के चरित्र और चारों वेद अनेंक वैदिक साहित्यों के एकात्मज्ञान समाहित एकात्मकर्म का समन्वयक साहित्य "गीता" के प्रति समर्पित नहीं हो? तुम कठिन से कठिन प्रयत्न कर लो आदर्श सामाजिक व्यक्ति चरित्र एकात्मज्ञान समाहित एकात्मकर्म का सामाजिक साहित्य "गीता" के उस सर्वोच्च और अन्तिम शिखर से उपर तुम कभी भी नहीं जा सकते अर्थात् "महाभारत" और "गीता" उस काल के समाज का दर्पण है तथा आदर्श सामाजिक व्यक्ति चरित्र सहित सामाजिक कर्म का सर्वोच्च और अन्तिम उदाहरण है। उसी प्रकार क्या तुम शंकर अर्थात् एकातमज्ञान, एकातमवाणी, एकात्मकर्म, एकात्मप्रेम समाहित एकात्मध्यान और एकात्मसमर्पण के पूर्णावतार तथा ईश्वर-ब्रह्म-शिव-आत्मा के पूर्णावतार आदर्श वैश्विक व्यक्ति चरित्र के व्यक्तकर्ता लव कुश सिंह "विश्वमानव" के चरित्र और एकात्मज्ञान तथा एकात्मकर्म समाहित एकात्मध्यान के शास्त्र-साहित्य, सामाजिक साहित्य गीता समाहित वैश्विक शास्त्र-साहित्य "विश्वभारत समाहित विश्वशास्त्र" और "कर्मवेदः प्रथम, अन्तिम तथा पंचम वेद" के प्रति समर्पित नहीं हो? तुम कठिन से कठिन प्रयत्न कर लो आदर्श सामाजिक व्यक्ति चरित्र समाहित आदर्श वैश्विक चरित्र और वैदिक शास्त्र-साहित्य कर्मवेद के उस सर्वोच्च और अन्तिम शिखर से उपर तुम कभी नहीं जा सकते अर्थात् "विश्वमानव" , "विश्वभारत" , "विश्वशास्त्र" और "कर्मवेद" उस वर्तमान और भविष्य के काल के समाज का दर्पण तथा आदर्श वैश्विक व्यक्ति चरित्र समाहित वैश्विक कर्म का सर्वोच्च और अन्तिम उदाहरण है।" "हे मानव, कालक्रम के कालानुसार आवश्यकता के कारण चारों वेदों और उपनिषदों का सार सहित श्रीराम का आदर्श व्यक्ति चरित्र, श्रीकृष्ण में समाहित हो "गीता" और "महाभारत" के रूप में व्यक्त हो गया तथा "गीता" और "महाभारत" सहित श्रीकृष्ण का आदर्श सामाजिक व्यक्ति चरित्र, लव कुश सिंह "विश्वमानव" में समाहित हो "कर्मवेद" और "विश्वशास्त्र" अन्तिम ओर सर्वोच्च रूप में व्यक्त हो गया है। जो वर्तमान और भविष्य की आवश्यकता है और इसके समक्ष तुम्हारा सम्पूर्ण समर्पण सुनिश्चित है।" "हे मानव, वर्तमान और भविष्य की आवश्यकता न तो आदर्श व्यक्ति चरित्र (श्रीराम) की आवश्यकता है, न ही आदर्श समाजिक व्यक्ति चरित्र (श्रीकृष्ण) की, अब तो आवश्यकता है सिर्फ आदर्श वैश्विक व्यक्ति चरित्र (विश्वमानव) की, और तुम इसके लिए विवश भी हो अन्यथा तुम कालानुसार न होकर अस्तित्वविहीन हो जाओगे।" "हे मानव, रामायण और महाभारत तो श्रीराम और श्रीकृष्ण के कार्य पूर्ण होने के बाद प्रस्तुत किये गये थे परन्तु विश्वशास्त्र तो तुम्हारे समक्ष वर्तमान है। रामायण और महाभारत में व्यक्त चरित्रों को असुरी और सुरी प्रवृत्तियों में विभाजित कर कर्म फल ही तो दिया गया है परिणामस्वरूप असुरी प्रवृत्तियों से युक्त साकार एवम् निराकर चरित्र सदा के लिए कलंकित ही तो हो गयी है। यह साहित्य द्वारा दण्ड नहीं तो क्या है? क्योंकि आज जो कुछ भी तुम जान रहे हो वह रामायण और महाभारत साहित्य द्वारा ही तो जान रहे हो। उसी प्रकार विश्वशास्त्र साहित्य में व्यक्त साकार एवम् निराकार सुरी और असुरी प्रवृत्तियों को ही कर्मफल दिया गया है। वे सभी चरित्र तुम्हारे समक्ष वर्तमान साकार और जीवन्त हैं। जिस प्रकार रामायण और महाभारत की कथा को तुम परिवर्तित नहीं कर सकते उसी प्रकार विश्वशास्त्र की कथा को भी तुम परिवर्तित नहीं कर सकते।"

"हे मानव, जो पुत्र आदर्श वैश्विक चरित्र, सर्वोच्च और अन्तिम वैदिक शास्त्र-साहित्य ज्ञान-कर्म-ध्यान का व्यक्त विश्व ऐतिहासिक कार्य कर रहा हो और उसके व्यक्तिगत और सार्वजनिक श्रद्धेय श्रेष्ठजन ही उसके इस

महानतम् कार्य में बाधक के रूप में बार-बार व्यक्त हो, उनकी इच्छा क्या हो सकती है? और वे अपने आश्रित से अब किस उपलब्धि की उम्मीद कर सकते है? हे मानव जिस देश का राजा या प्रधानमंत्री या सामाजिक नेतृत्वकर्ता ही जनसाधारण के कार्य जिसके लिए वह नियुक्त है, उसे महत्व न दे तो उस राजा या प्रधानमंत्री या नेतृत्वकर्ता की इच्छा क्या हो सकती है? और ऐसे राजा या प्रधानमंत्री या नेतृत्वकर्ता अपनी जनता से अब किस सहयोग की अपेक्षा रखते है? हे मानव ये स्पष्ट असुरी प्रवृत्तियाँ ही हैं इसलिए इनका विश्व ऐतिहासिक मानसिक वध अहंकार के वश में नहीं बल्कि सिद्धान्त के वश में हो कर, कर दिया गया है।" और इन सबको सत्य अर्थों में स्थापित और व्यक्त करने के लिए अनियंत्रित ब्रह्मास्त्र समाहित सुदर्शन चक्र अर्थात् नारायणास्त्र समाहित पशु प्रवृत्तियों के सम्पूर्ण नाश के लिए पशुपास्त्र विश्व ऐतिहासिक शास्त्र-साहित्य व्यक्त किया गया है जो अनियंत्रित रूप से गतिशील है। जिसका समर्थन धर्मपक्ष, विरोध अधर्म पक्ष तथा निष्क्रियता अस्तित्व विहिन करने में सक्षम है जबकि पूर्ण समर्पण ही एक मात्र मार्ग है। "हे मानव, क्या तुम नहीं जानते प्रत्येक पूर्णावतार के साथ उसके सहयोगी निराकार एवम् साकार रूप में एवम् समस्त साधन उसके साथ ही अवतरित होते हैं जिससे अवतारों को व्यापक आधार प्राप्त होता है और ऐसा ही अन्तिम अवतरण लव कुश सिंह "विश्वमानव" के साथ भी हुआ है।"

लव कुश सिंह "विश्वमानव" के रूप में अन्तिम अवतरण से यह स्पष्ट रूप से व्यक्त और सार्वजनिक प्रमाणित हो चुका है कि चरित्र को प्राथमिकता देने से समाज में सत्य-सिद्धान्त की अवनति होती है। वहीं सत्य-सिद्धान्त को प्राथमिकता देने से चरित्र की अवनति नहीं होती बल्कि वह समाज का दर्पण बन समाज को ही प्रक्षेपित हो जाती है। जो समाज के लिए शिक्षा का विषय बन जाती है। इस प्रकार अवतारों के जीवन का अध्ययन समाज के सभी अच्छाइयों और बुराइयों का स्पष्ट दर्शन कराता हैं। अन्त में लव कुश सिंह "विश्वमानव" कहते हैं कि-" हे मानव, जब भी मैं (आत्मा) व्यक्त होता हूँ तब मुझे श्रद्धेय श्रेष्ठ जन ही कर्तव्य विमुख और अधर्म पर चलने वाले मिलते हैं परिणामस्वरूप मुझे उनका शारीरिक और मानसिक वध विवशतावश करना पड़ता है। इसलिए श्रद्धेय श्रेष्ठ जन पहले स्वंय में परिवर्तन लाये फिर आश्रितों को शिक्षा दें, हे मानव प्रत्येक अवतरण में मुझे श्रद्धेय श्रेष्ठ जनों का वध करते समय असीम कष्ट और दया उत्पन्न होता है परन्तु मैं भी क्या करूँ मैं भी तो सिद्धान्त के वश में ही होकर ऐसा करता हूँ।" "हे मानव, तुम यह भी कह सकते हो कि यदि श्रद्धेय श्रेष्ठ जनों द्वारा निर्मित बाधा युक्त मार्ग मुझे न मिलता तो मैं यह कार्य न कर पाता परन्तु हे मानव तुम्हें यह जानना चाहिए कि अवतारों का लक्ष्य निश्चित और स्पष्ट होता है। मात्र वे साधन व मार्ग को अपने योग माया द्वारा जोड़ते हैं। जिस ओर बाधा होती है उस ओर बढ़ना वे बन्द कर देते हैं। हे मानव निश्चित लक्ष्य तक पहुँचने के लिए अनेक मार्ग होते हैं। जिसका लक्ष्य स्पष्ट होता है उसे बाधा नहीं होती है। उसे किसी के मार्गदर्शन की आवश्यकता नहीं रहती। मार्गदर्शन और बाधा, लक्ष्य विहिन व्यक्ति को द्दढ़ता के लिए आवश्यक होते हैं परन्तु लक्ष्य युक्त के लिए बाधा और मार्गदर्शन नहीं बल्कि साधन की आवश्यकता होती है। हे मानव, तुमने कुम्हार को मिट्टी के बर्तन बनाते देखा होगा, वह तब तक ही रचनाकार कहा जाता है जब तक कि उसका मिट्टी के उपर उँगलियों का दबाव बर्तन का रूप न लेंले। जैसे ही वह बर्तन बनने के बाद भी दबाव जारी रखेगा, बर्तन के टूटने से वह रचनाकार नहीं बल्कि मूर्ख कहा जायेगा। हे मानव, तुम मेरे इस जीवन में एक भी ऐसा श्रद्धेय श्रेष्ठ जन नहीं दिखा सकते जो मेरा रचनाकार बना हो, क्योंकि श्रद्धेय श्रेष्ठ जनों का दबाव तो अब भी जारी है जबकि मैं उपयोगी बर्तन बन अपने लक्ष्य को प्राप्त कर चुका हूँ। अगर श्रेष्ठ जन मेरे रचनाकार होते तो आज के पूर्व मुझे सिर्फ साधन उपलब्ध कराते न कि निष्क्रिय और बाधा रूप में मेरे सामने व्यक्त होते।" "हे मानव, क्या तुम नहीं जानते मैं जब भी आता हूँ तो उसी रूप में आता हूं जैसा समाज का रूप होता हैं।"

शंकर अर्थात् एकात्मध्यान का व्यक्त रूप एकात्म समर्पण अर्थात् पार्वती है। एकात्म ध्यान का कारण एकात्म समर्पण तथा एकात्म समर्पण का कारण एकात्म ध्यान होता है। वह ध्यान जो आत्मा के लिए हो और वह समर्पण जो ध्यान के लिए हो अर्थात् समभाव और ध्यान युक्त मानव शरीर ही शंकर का अवतार है। इस ध्यान का अर्थ काल चिन्तन है। विभिन्न कालों में विभिन्न रूपों में काल के प्रति समर्पण कराने अर्थात् एकात्मज्ञान और एकात्मकर्म की परीक्षा और परीक्षोपरान्त मार्ग प्रशस्त करने के लिए व्यक्तिगत प्रमाणित शंकर अर्थात् एकात्म ध्यान के 21 अंशावतार जाने जाते है। जो निम्नवत् है।

अ. व्यक्तिगत प्रमाणित पूर्ण प्रत्यक्ष अवतार

01. ऋषि दधीचि के समय-"पिप्पलाद अवतार"
02. वेश्या की परीक्षा के समय-"वैश्यनाथ अवतार"
03. विश्वानर मुनि के समय-"गृहपति अवतार"
04. इन्द्र की रक्षा के लिए कश्यप मुनि के समय-"एकादश रूद्र अवतार"
05. पार्वती की परीक्षा के समय-"ब्रह्मचारी अवतार"
06. पार्वती को माँगते समय-"सुनट नर्तक अवतार"
07. पार्वती के पिता के समक्ष अपनी निन्दा के समय-"साधु अवतार"
08. पार्वती द्वारा भैरव को श्राप देने पर भैरव के स्नेह में पार्वती का शारदा रूप सहित-"महेश अवतार"
09. राजा भद्रायु की परीक्षा के लिए-"द्विजेश्वर अवतार"
10. भील आहुक-आहुका पति-पत्नी की परीक्षा के लिए-"मतिनाथ अवतार"
11. इछवाकुवंशीय श्रद्धेय की नवमी पीढ़ी में राजा नभग की परीक्षा के लिए-"श्रीकृष्ण दर्शन अवतार"
12. इन्द्र, बृहस्पति सहित अन्य देवताओं की परीक्षा के लिए-"अवधुतेश्वर अवतार"
13. विदर्भ नरेश सत्यरथ और उसकी पत्नी के मृत्यु के उपरान्त अबोध बालक के कल्याण-"भिक्षुवर्ण अवतार"
14. व्याघ्रपाद के पुत्र उपमन्यु की परीक्षा के समय-"सुरेश्वर अवतार"
15. कूर्म अवतार के समय-विषपान और देवताओं के घमण्ड को तोड़ने के लिए-"नीलकण्ठ यक्षश्रेश्वर अवतार"
16. कूर्म अवतार के समय विष्णु गणों के आतंक को समाप्त करने के लिए-"वृषभ अवतार"
17. नृसिंह अवतार के समय नृसिंह का क्रोध शान्त करने के लिए-"शरभ अवतार"
18. श्रीरामावतार के समय-"दुर्वासा अवतार"
19. श्रीरामावतार के समय-"हनुमान अवतार"
20. श्रीकृष्णावतार के समय-"विभु अश्वस्थामा अवतार" और
21. अर्जुन की परीक्षा में-"किरात अवतार"

ब. सार्वजनिक प्रमाणित पूर्ण प्रेरक अवतार

वर्तमान काल में काल के प्रति समर्पण कराने अर्थात् एकात्मज्ञान और एकात्मकर्म की परीक्षा और परीक्षोपरान्त मार्ग प्रशस्त करने के लिए सार्वजनिक प्रमाणित शंकर अर्थात् एकात्म ध्यान के 22वें और अन्तिम पूर्णावतार निम्नवत् हैं।

22. भोगेश्वर अवतार श्री लव कुश सिंह "विश्वमानव"

शिव निराकार हैं तो शंकर साकार रूप में प्रक्षेपित हैं। शिव अर्थात् सम्पूर्ण जगत का मूल कारण जो सर्वत्र विद्यमान है। फलस्वरूप शिव का साकार पूर्ण अवतरण रूप सम्पूर्ण ब्रह्माण्ड में व्याप्त सार्वभौम सत्य-सिद्धान्त ज्ञान से युक्त होकर जगत के अधिकतम चरित्रों को आत्मसात् करने वाला और उससे मुक्त होता है। शिव-शंकर की दृष्टि में जगत का प्रत्येक वस्तु उपयोगी ही है, न की अनुपयोगी। अर्थात् अनुपयोगी लगने वाले विषय, वस्तु, विचार इत्यादि को भी उपयोगी बना लेना महादेव शिव-शंकर का दिव्य गुण है। शिव-शंकर की पूजा हम मूर्ति, चित्र, या प्रतीक शिवलिंग के माध्यम से करते हैं। शिव-शंकर की संस्कृति तो मात्र कल्याण की प्राथमिकता वाली संस्कृति है। शिव-शंकर के पूर्णावतार का अर्थ है-निम्नतम नकारात्मक से सर्वोच्च और अन्तिम सकारात्मक गुणों का महासंगम। शिव-शंकर के अन्य गुणों में निःसंग रहना, एकान्तवास करना, सम्पूर्ण विश्व-ब्रह्माण्ड पर ध्यान रखना तथा विश्व के कल्याण के लिए प्रेरणा देना है। साथ ही अपनी मस्ती में मस्त इस भाँति मस्त रहना भी है जैसे न ही कोई चिन्ता है और नही कोई कार्य करना है। जबकि वह विश्व कल्याण के लिए अपने कर्तव्य पर ध्यान भी लगाये रहते हैं। 22वें और अन्तिम भोगेश्वर अवतार के रूप में लव कुश सिंह "विश्वमानव" समस्त संसार के समक्ष व्यक्त हैं, और मनुष्य जीव के अस्तित्व तक शनिचर और शंकर रूपी "विश्वशास्त्र" समस्त संसार के ज्ञान की परीक्षा लेने के लिए सदैव सामने व्यक्त रहेगा।

भाग-4

समष्टि धर्म दृष्टि

अनिर्वचनीय कल्कि महाअवतार भोगेश्वर श्री लव कुश सिंह" विश्वमानव" का मानवों के नाम खुला चुनौती पत्र

अनिर्वचनीय कल्कि महाअवतार का काशी-सत्यकाशी क्षेत्र से विश्व शान्ति का अन्तिम सत्य-सन्देश

मानवों के नाम खुला चुनौति पत्र

प्रिय मानवों,

हम (अवतारी श्रृंखला) आप लोगों के प्रति कल्याण भावना रखते हुये उन सभी रहस्यों को खोलकर रख देना चाहते है जिससे आज तक हम आप का भोग करते आये है। पत्र के अन्त में यह भी बताऊँगा कि इन रहस्यों के खोलने के प्रति मेरा उद्देश्य क्या है? और यह भाव हमारे मन में क्यों आया? दिल खोलकर यह भी स्पष्ट करेंगे कि हम लोगों की उत्पत्ति कैसे हुई? और हमने अपने अधिपत्य के लिए क्या-क्या किया। अब स्थिति क्या है तथा भाविष्य में काल की गति किस ओर जा रही है?

इन सब बातों को स्पष्ट करने से पहले कुछ सूत्रों को स्पष्ट करना चाहूँगा। वर्तमान समय में यह देख रहा हूँ कि आरोप-प्रत्यारोप तथा अपने अपने सीमित मस्तिष्क से अनेकों प्रकार की व्याख्या की संस्कृति बढ़ती जा रही है। इस सम्बन्ध में यह कहना चाहूँगा कि सर्वप्रथम यह जानो कि अब तक के संसार में उत्पन्न कोई भी महापुरूष, पैगम्बर, दूत इत्यादि सार्वजनिक प्रमाणित रूप से पूर्ण रूप में नही थे। क्योंकि यदि वे पूर्ण होते तो उनके द्वारा व्यक्त विचारों की सत्ता उसी भाँति निर्विरोध रूप से स्थापित हो चुकी होती जिस प्रकार सार्वजनिक प्रमाणित विज्ञान ने अपनी सत्ता को अल्प समय में ही सभी के उपर स्थापित कर लिया है। दूसरी बात यह है कि सीमित मस्तिष्क से असीम मस्तिष्क (या अपने से अधिक मस्तिष्क) की सही व्याख्या कभी नहीं की जा सकती। यदि तुम श्री कृष्ण (या अपने से अधिक) की व्याख्या करना चाहते हो तो पहले श्री कृष्ण के मस्तिष्क (या अपने से अधिक मस्तिष्क) के बराबर होना पड़ेगा। इसी प्रकार बुद्ध, मुहम्मद, ईसा इत्यादि के सम्बन्ध में भी है। तीसरी बात यह है कि आरोप-प्रत्यारोप की संस्कृति से कोई हल नही निकलता, न ही बुद्धि का विकास होता है बल्कि साम्प्रदायिक विद्वेष व एक दूसरे का प्रचार-प्रसार ही होता है। क्योंकि तुम विरोध या आरोप-प्रत्यारोप ही सही परन्तु अपने विरोधी का नाम तो लेते ही हो। फलस्वरूप जिसके पास बुद्धि की प्रबलता होती है उसके लिए अल्प बुद्धि वाला विरोधी प्रचारक बन जाता है। और यह तो तुम जानते ही होगे कि हम बुद्धि प्रबल वर्ग है। इसलिए तुम लोग अनजाने ही हमारे प्रचारक बने बैठे हो। इसके लिए आवश्यक है कि तुम लोग ऐसे रास्ते को अपनाओं जिससे हम लोगों का नाम न ही आये और तुम लोग में बुद्धि का विकास तेजी से हो। तुम्हें यह बात सदा याद रखनी पड़ेगी कि बुद्धि के विकास से संगठित संगठन लम्बी अवधि तक स्थायित्व बनाये रहती है जबकि इसके विपरीत संगठित संगठन को कभी भी बुद्धि के प्रयोग द्वारा विखण्डित किया जा सकता है। प्रायः ऐसे संगठन का प्रयोग तुम्हारे अपने ही नेता अपने स्वार्थ को साधने में करते है।

हे मानवों, पहले कर्म या पहले ज्ञान बुद्धि? यह प्रश्न तो पहले अण्डा या पहले मुर्गी? जैसा प्रश्न है, और यह सदा से अनसुलझा ही है और रहेगा भी। परन्तु इतना तो जानना आवश्यक है कि हम कर्म करते-करते कुछ नियमों को प्राप्त करते है। यदि हम इन नियमों पर ध्यान देते रहते हैं तो हमें अपने गलतियों के पुनरावृत्ति को रोकने में सहयोग मिलता है। इन नियमों का जानना ही ज्ञान-बुद्धि कहलाता है। अब कोई व्यक्ति यह सोच सकता है कि कर्म करने से पहले हम इन नियमों का अध्ययन करेंगे तो कोई यह सोच सकता है कि ज्ञान-बुद्धि को पढ़ने से क्या होगा, हमें पहले कर्म करना है। इस स्थिति में इन दोनों में पहले नियमों को अध्ययन कर कर्म करने वाले व्यक्ति के जीवन में विकास की गति अधिक होगी जबकि पहले कर्म करने वाला व्यक्ति उन्हीं नियमों को कर्म करते-करते अनुभव करेगा जो पहले ही अनुभव कर व्यक्त की जा चुकी है। शिक्षा का अर्थ यही है कि पहले उन तमाम नियमों का अध्ययन कर लिया जाय फिर कर्मरत हुआ जाय। हम ऐसा ही करते रहे हैं और तुम को नचाते रहे हैं।

कम समय में अधिकतम ज्ञान-बुद्धि के विकास का मार्ग यह है कि जिस प्रकार विज्ञान के क्षेत्र में जिस वस्तु का आविष्कार पूर्ण हो जाता है। पुनः उसके आविष्कार पर समय व बुद्धि खर्च नहीं करते बल्कि उसके आगे की ओर आविष्कार या उस आविष्कार को समझने पर समय व बुद्धि खर्च किया जाता है। उसी प्रकार ज्ञान के क्षेत्र में जो भी आविष्कार हो चुके हैं सीधे वहाँ से प्रारम्भ करना चाहिए। विज्ञान के क्षेत्र में आविष्कार कहाँ तक पहुँचा है

इसकी चर्चा हम इस पत्र में बाद में करेंगे। परन्तु ज्ञान के क्षेत्र में समन्वायाचार्य श्रीकृष्ण के बाद विद्रोही के रूप में भगवान बुद्ध आये, इनके बाद पुनः समन्वयाचार्य श्री रामकृष्ण-स्वामी विवेकानन्द आये, फिर विद्रोही के रूप में आचार्य रजनीश "ओशो" आये। ओशो के बाद कार्य शेष है। इसलिए बुद्धि के सम्बन्ध में ओशो का क्या कहना है यह देखना आवश्यक है। ओशो का कहना है -" अगर तुम अकड़े रहे कि हम अपनी गरीबी खुद ही मिटा येंगे, तो तुम ही तो गरीबी बनाने वाले हो, तुम मिटाओगे कैसे? तुम्हारी बुद्धि इसके भीतर आधार है, तुम इसे मिटाओगे कैसे? तुम्हें अपने द्वार-दरवाजे खोलने होंगे। तुम्हें अपना मस्तिष्क थोड़ा विस्तीर्ण करना होगा। इस देश को कुछ बाते समझनी होंगी। एक तो इस देश को यह बात समझनी होंगी कि तुम्हारी परेशानियों, तुम्हारी गरीबी, तुम्हारी मुसीबतों, तुम्हारी दीनता के बहुत कुछ कारण तुम्हारे अंधविश्वासों में है। भारत अभी भी समसामयिक नहीं है, कम से कम डेढ़ हजार वर्ष पिछे घिसट रहा है। ये डेढ़ हजार साल पूरे होने जरूरी है। भारत को खींचकर आधुनिक बनाना जरूरी है। लेकिन सबसे बड़ी अड़चन इस देश की मान्यताएँ है। इसलिए मैं लड़ रहा हूँ तुम्हारे लिए।" यह डेढ़ हजार वर्षों का अन्तर हम किसके परिश्रम से उत्पन्न बुद्धि की देन है? विचार करो मानवों।

अब हम अपने मूल विषय की ओर आते हैं परन्तु इसे समझने के लिए अपने ही बुद्धि, ज्ञान, तथा विज्ञान का ही प्रयोग उचित होगा और सदैव ध्यान में रखना होगा कि यदि सिर्फ कृष्ण को लेकर समाज निर्माण चाहोगे तो न हो सकेगा। इसी प्रकार न ही सिर्फ बुद्ध से, न मुहम्मद से, न ही ईसा या अन्य किसी से। हाँ भीड़ इकट्ठा हो जायेगी परन्तु बुद्धि विकास नहीं।

प्रारम्भ से अब तक की कथा इस प्रकार है। मानव के वर्तमान सभ्यता तक की यात्रा में उत्थान-पतन के अनेकों चरण आये परन्तु इनमें मुख्य चरण ऐसे थे जो सम्पूर्ण मानव सभ्यता और मानवता को पतन के मोड़ पर ले जाने वाली थी। उनमें -

मानव सभ्यता पर पहला संकट काल प्रकृति द्वारा आज से कई हजार वर्ष पूर्व आया था। उस समय पृथ्वी एक भंयकर प्राकृतिक आपदा का शिकार हो गयी थी, फलस्वरूप जहाँ जल था वहाँ थल, तथा जहाँ थल था वहाँ जल की स्थिति अधिकतम स्थानों पर उत्पन्न हो गयी। इस आपदा के स्थिर होने के बाद कुछ लोग एक टापू पर जीवित बच गये। जहाँ मानव सभ्यता के विकास के लिए आवश्यक संसाधन नहीं थी फलस्वरूप उनका वहाँ से बड़े भूभाग पर जाना विवशता बन गयी। उनमें से एक बुद्धि प्रबल व्यक्ति ने मछलियों के स्वभाव जल की धारा के विपरीत दिशा में गति करने से ज्ञान (सिद्धान्त) प्राप्त कर नाव द्वारा मछलियों की दिशा की ओर चल पड़े और वे ऐसे स्थान पर पहुँच गये जो मानव सभ्यता के विकास के लिए पूर्ण योग्य थी। ये स्थान ही हिमालय का क्षेत्र था। इस प्रकार बुद्धि प्रबल उस व्यक्ति ने मानव सभ्यता को उसके संकट काल से बचाया।

मानव सभ्यता पर दूसरा संकट काल मानवों द्वारा ही उत्पन्न हो गया था। प्रथम संकट काल के उपरान्त कालान्तर में जल स्तर घटने लगा और हिमालय के चारो ओर की ओर भूमि रिक्त होती गयी। प्रथम दृष्टि में आयी भूमि ही कूर्मांचल क्षेत्र है। जैसे-जैसे भूमि रिक्त होती गयी मानव सभ्यता का विकास व प्रसार होना पुनः प्रारम्भ हो गया। जनसंख्या व कार्य बढ़ने से व्यवस्था संकट उत्पन्न हो गया जिससे दो व्यवस्था प्रणाली का जन्म हुआ। पहला - हम अपनी व्यवस्था खुद मिलकर-बैठकर आपसी सहमति से करेंगे। दूसरा- सभी व्यवस्थओं की जिम्मेदारी किसी एक व्यक्ति के उपर छोड़ दिया जाय। पहली व्यवस्था गणराज्य या समाजवाद कहलायी तथा दूसरी व्यवस्था राज्य या व्यक्तिवाद कहलायी। पहली व्यवस्था के समर्थक देवता कहलाये क्योंकि ये प्रकृति के समर्थक और उसके अनुसार सभी के सह-अस्तित्व को महत्ता देते थे जबकि दूसरी व्यवस्था के समर्थक असुर कहलाये क्योंकि ये सिर्फ अपनी इच्छा और अस्तित्व को महत्ता देते थे। समयोपरान्त दोनों व्यवस्थाओं में अपने-अपने अधिपत्य के लिए युद्ध होने लगा। फलस्वरूप मानवता व मानव सभ्यता का विकास रूक कर पतन की ओर जाने लगी। संकट के इस समय में एक सहनशील, शांत, धैर्यवान, लगनशील व्यक्ति ने दोनों पक्षो के बीच मध्यस्थ की भूमिका के द्वारा विचारों के मंथन अर्थात निर्णायक बहस से अनेक विचारों पर समन्वय स्थापित कर मानव सभ्यता के विकास की ओर दोनों पक्षों का ध्यान केन्द्रित किया। फलस्वरूप मानव सभ्यता पुनः विकास की ओर बढ़ चली।

मानव सभ्यता पर तीसरा संकट काल राज्य का नेतृत्व करने वाले राजा के कारण ही उत्पन्न हो गया। दूसरे संकट के उपरान्त राज्य का नेतृत्व करने वाला राजा अपने साम्राज्य को विशाल रूप से विकसित किया और अपने प्रभाव को लगातार बढ़ाता जा रहा था ऐसी स्थिति में समाज समर्थक देवताओं का मनोबल समाप्त होने की ओर हो गया। इस स्थिति का अनुभव कर एक मेधावी, सूझ-बुझ, सम्पन्न, पुरूषार्थी, धीर-गम्भीर, निष्कामी, बलिष्ठ, सक्रिय, अहिंसक और समूह प्रेमी व्यक्ति ने लोगों का मनोबल बढ़ाया, उन्हें उत्साहित और सक्रिय किया जिसके परिणामस्वरूप समाज समर्थकों के मनोबल में वृद्धि हुई और उस राजा के राज्य को समाप्त कर गणराज्य व्यवस्था की स्थापना से मानवता आधारित मानव सभ्यता का विकास पुनः प्रारम्भ हो गया।

मानव सभ्यता पर चौथा संकट काल पुनः राज्य का नेतृत्व करने वाले राजा के कारण ही उत्पन्न हो गया। उसने पूर्व के सभी सह-अस्तित्व के विचारों को तोड़कर अपनी इच्छा से व्यवस्था चलाने को प्राथमिकता दी। और प्रजा के कष्टों में वृद्धि होने लगी। परिणामस्वरूप उस राजा का पुत्र प्रजाहित को ध्यान में लेते हुये समाज समर्थक बन गया। राजा अपने पुत्र को समाज समर्थक बनता देख अपने पुत्र को ही अनेक प्रकार के कष्ट देने लगा। वह राजा इतना बलशाली था कि उसको युद्ध से हराना नामुकिन था, उसके कार्यों से उसके सहयोगी दरबारी भी अन्दर ही अन्दर घृणा करते थे। परन्तु प्रत्यक्ष विरोध किसी के लिए सम्भव नहीं था। इन परिस्थितियों में सभी समाज समर्थक प्रजा देवता भी विरोधक क्षमता को खो चुके थे। ऐसी स्थिति में उस राजा का एक दरबारी ही प्रत्यक्ष रूप से एका-एक हिंसक बनकर दरबार में ही राजा का वध कर डाला चूँकि वह दरबारियों के मन की स्थिति को अच्छी प्रकार जानता था इसलिए ऐसा करने में उसे कोई बाधा नहीं थी। वहीं वह राजा अपने प्रभुत्व के कारण सभी दरबारियों को अपने हित में ही समर्पित रहने वाला समझकर भ्रम में था। राजा का वध के उपरान्त राजा के समाज समर्थक पुत्र ने गणराज्य व्यवस्था द्वारा मानव सभ्यता के विकास के लिए आगे कर्म किया। जिसका निर्माता वह हिंसक दरबारी व्यक्ति था।

मानव सभ्यता पर पाँचवा संकट काल पुनः राज्य का नेतृत्व करने वाले राजा के ही कारण उत्पन्न हो गया था। यह राजा इतना अधिक कुशल था कि इसने समाज समर्थक गुणों को भी आत्मसात् कर समाज समर्थक देवताओं का भी विश्वास पात्र बन गया। परिणामस्वरूप समाज समर्थक देवता भी राजा का गुणगान करते हुये आश्वस्त व निष्क्रिय होने लगे। इस राजा ने अपने राज्य का प्रसार व्यापक रूप से किया। इस स्थिति में मानव सभ्यता का वर्तमान तो सुरक्षित था परन्तु भविष्य अन्धकार में था क्योंकि वर्तमान राजा के उपरान्त, आवश्यक नहीं था कि नया राजा भी उसी राजा की भाँति हो और तब तक समाज समर्थक पूर्ण रूप से निष्क्रिय हो गये र हेंगे। इस स्थिति को एक दूर द्दष्टा व्यक्ति ने समझकर राजा के ही गुण का प्रयोग करते हुये उससे थोड़ी सी भूमि लेकर उस व्यक्ति ने उस भूमि पर गणराज्य व्यवस्था की स्थापना व व्यवस्था को जीवित कर, उसके सुख से प्रजा को परिचित कराया। फलस्वरूप इस व्यवस्था का प्रसार होने लगा और राजा का सु-राज्य भी स्व-राज से समाप्त हो गया। गणराज्य की स्थापना कर उस व्यक्ति ने मानवता और मानव सभ्यता को विकास की ओर गति दी।

मानव सभ्यता पर छठा सकंट काल अनेक राज्यों के नेतृत्व करने वाले अनेक राजाओं के कारण गणराज्य व्यवस्था के स्थायी स्थिरता के लिए उत्पन्न हो गया। पाँचवे संकट से निकलने के बाद जनसंख्या और भूमि का विस्तार इतना अधिक हो चुका था कि एक राजा और राज्य के अधीन नियत्रंण असम्भव हो गया, जिसके परिणामस्वरूप अनेक राजाओं के नेतृत्व में अलग-अलग अनेक राज्य स्थापित हो गये थे। ऐसी स्थिति में राज्यवाद बढ़ रहा था। और राज्यवादी राजाओं का वध भी असम्भव होता जा रहा था। ऐसी स्थिति में गणराज्य या समाजवाद की स्थिरता पर प्रश्न चिन्ह लगने लगा था। फलस्वरूप एक व्यक्ति ने अनेक राज्यवादी राजाओं का वध करके अनेक राज्यों को गणराज्य के रूप में परिवर्तित कर दिया। परन्तु उस व्यक्ति ने देखा कि यह समस्या का स्थायी हल नहीं हो सकता क्योंकि अनेकों राजाओं का वध बारबार सम्भव नहीं और ऐसा करने से प्रजा में अन्यवाद अर्थात हमारे कार्य दूसरे करें का भाव बढ़ रहा था। इन स्थितियों के स्थायी हल के लिए उस व्यक्ति ने राज्यवाद और समाजवाद दोनों में समन्वय स्थापित कर एक नई व्यवस्था का सूत्रपत किया। इस व्यवस्था के लिए उस पुरूष ने ब्रह्माण्ड में व्याप्त व्यवस्था सिद्धान्तों को आधार बनाया तथा मूल तीन गुणों की पहचान की

1. सत्व गुण- सुख, ज्ञान और प्रकाश अर्थात आत्मा और सूक्ष्म बुद्धि अर्थात मार्गदर्शक और विकास दर्शन का गुण
2. रज गुण- आंकाक्षा, इच्छा और सकाम कर्म अर्थात भाव हृदय और मन अर्थात क्रियान्वयन दर्शन का गुण
3. तम गुण - अज्ञान, दुःख और अंधकार अर्थात इन्द्रिय, अनात्म, प्राण और स्थूल शरीर अर्थात विनाश दर्शन का गुण।

इन गुणों के आधार पर सभी जीव विभजित किये गये। मानव जाति में चार विभाजन हुये।

1. सत्व गुण प्रधान- ब्राह्मण वर्ग
2. रज गुण प्रधान - क्षत्रिय वर्ग
3. रज तम गुण प्रधान - वैश्य वर्ग
4. तम गुण प्रधान - शूद्र वर्ग।

इन गुणों के आधार पर उनके लिए कर्म निर्धारित किये गये। और गणराज्य की व्यवस्था बनायी गयी जो इस प्रकार थी।

1. गणराज्य का एक रज गुण प्रधान - क्षत्रिय राजा होगा क्योंकि ब्रह्माण्डीय गणराज्य में रज गुण प्रधान प्रकृति ही राजा है।
2. राजा, राज्यवादी न हो इसलिए उस पर सत्व गुण प्रधान -ब्राह्मण का नियंत्रण होगा क्योंकि ब्रह्माण्डीय गणराज्य में रज गुण प्रधान प्रकृति पर नियंत्रण के लिए सत्व गुण प्रधान आत्मा है।
3. राजा, सीधे आम जनता से चुना जायेगा क्योंकि ब्रह्माण्डीय गणराज्य में प्रकृति सर्वव्यापी है और वह सभी गुणों का सम्मिलित रूप है।
4. राजा का निर्णय राज्यसभा के दो तिहाई बहुमत से हो क्योंकि ब्रह्माण्डीय गणराज्य में प्रकृति का निर्णय सत्व, रज व तम तीन गुणों में से दो गुणों के समर्थन का ही रूप होता है।
5. रज-तम प्रधान-वैश्य तथा तम प्रधान शूद्र चूंकि इन्द्रिय, प्राण और स्थूल शरीर पर ही केन्द्रित रहते है इसलिए इन्हें बुद्धि ज्ञान से नियत्रिंत न करके बल, कानून व आज्ञा के नियत्रंण में रखा जाय।

इस प्रकार उस महापुरूष ने राज्य व गणराज्य के मिश्रित व्यवस्था से एक सर्वमान्य व्यवस्था को स्थापित कर मानवता व मानव सभ्यता के विकास के लिए स्थायी मार्ग उपलब्ध कराया जो दीर्घ काल तक चली।

मानव सभ्यता पर सातवां संकट काल गणराज्य के नयी व्यवस्था के स्थायी स्थिरता के कारण आया। छठें संकट से उत्थान की ओर अग्रसर करने वाले पुरूष के समक्ष यह समस्या आयी कि नयी व्यवस्था को बने रहने और उसके प्रसार का दायित्व किसे सौंपा जाय। इसके लिए उस पुरूष ने अन्य सहयोगियों के सहयोग और योजनाबद्ध तरीके से एक राजा के पुत्र (भावी राजा) में नई व्यवस्था के प्रसार के लिए योग्यता का निर्माण किये परिणामस्वरूप उस युवराज ने अपने जीवन पर्यन्त इस व्यवस्था की स्थापना और प्रसार किया तथा मानवता और मानव सभ्यता की रक्षा की।

मानव सभ्यता पर आठवां संकट काल गणराज्य व्यवस्था के कारण नहीं बल्कि उस व्यवस्था के पीठासीन व्यक्तियों के कर्तव्य विमुख और देवता तथा असुर संस्कारों के पूर्ण पहचान से बुद्धि के अक्षम हो जाने के कारण आया। इस संकट काल के समय राजा को नियंत्रण व मार्गदर्शन में रखने वाला ब्राह्मण भी जनकल्याण से विमुख हो स्व-कल्याण में लिप्त हो चुका था। यह स्थिति छोटे राज्यों से लेकर बड़े राज्यों में व्याप्त हो चुकी थी। ऐसी स्थिति में एक व्यक्ति ने यह देखा कि पीछे, जब भी मानवता पर संकट आया, तब उस संकट से किसी व्यक्ति के द्वारा उत्थान हो जाने पर जब तक उत्थान करने वाला व्यक्ति जीवित रहता था तभी तक गणराज्य व्यवस्था यथावत् रहती थी। बाद में पुनः राज्यवादी व्यवस्था स्थापित हो जाती थी। दूसरे यह कि व्यवस्था कोई भी खराब नहीं होती उस पर बैठने वाले लोगों की बुद्धि के अनुसार ही व्यवस्था का रूप संचालित होता है मानवता और मानव सभ्यता के इस संकट काल में सभी अपने अपने बुद्धि को पूर्ण तथा व्यक्तिगत स्वार्थ में इस प्रकार डूबे हुये थे कि बिना पूर्ण वध के उत्थान मुश्किल हो चुका था। परिणामस्वरूप उस अति बुद्धि सम्पन्न व्यक्ति ने आम जनता को सक्रिय करने के लिए प्रेरित किया, गणराज्य के उदाहरण स्वरूप एक नगर का निर्माण कराया तथा पूर्ण वध के लिए उस समय

के विशाल राज्य के नेतृत्व में उपजे विवाद का सहारा प्राप्त कर बहुत से एकतन्त्रात्मक राज्यों को नष्ट किया और करवाया। साथ ही उस समय में समाज में व्याप्त अनेक मत-मतान्तार व विचारों के एकीकरण के लिए सत्य-विचार का ज्ञान भी दिया जिससे व्यक्ति, व्यक्ति पर विश्वास न कर अपने बुद्धि से स्वयं निर्णय करें और प्रेरणा प्राप्त करता रहे। इस प्रकार साकार व्यक्ति आधारित मानवता के सर्वोच्च संकट से उस व्यक्ति ने नई निराकार सिद्धान्त आधारित मानवता के उत्थान का मार्ग उपलब्ध कराया।

मानव समाज पर नौवां संकट काल वर्तमान से लगभग 2500 वर्ष पूर्व आया था जिसका कारण राजाओं का साम्राज्यवादी-प्रसारवादी व्यवहार था। इस समय मानव समाज जितना विकास करता वह अल्पसमय में एक राज्य से दूसरे राज्य में युद्ध करने में ही नष्ट हो जाता। सम्पूर्ण मानवता हिंसा से भर उठी थी। ऐसे में राजपरिवार का ही एक युवा व्यक्ति अपने परिवार तथा राज्य का त्याग कर अहिंसा का सन्देश दिया। तथा प्रजा को प्रेरित करने के लिए धर्म, संघ और बुद्धि के शरण में जाने की मूल शिक्षा दी। एक राजा के द्वारा इस युवा सन्यासी के सन्देश को स्वीकार कर शिष्य बन जाने से इस सन्यासी का प्रसार जितना हुआ उससे बहुत कम उसके विचारों का हुआ परिणामस्वरूप अल्पअवधि के लिए हिंसा भरे मानव समाज को थोड़ी राहत मिली और सभ्यता उत्थान की ओर अग्रसर हुई।

हे मानवों, मानव सभ्यता और मानवता के दसवें, अन्तिम तथा वर्तमान संकट का खुलासा हम इस पत्र में आगे करेंगे। यहाँ हम कुछ ऐसे रहस्यों का खुलासा करने जा रहे है। जो वर्तमान मानव के दृष्टि में परिवर्तन हाने मात्र के कारण उत्पन्न हुई है।

पाँचवें सकंट के समय तक भारत के मूल निवासी ही भारत की भूमि के अधिपति थे, परन्तु वे राज्य को कुशलता पूर्वक चलाने में असमर्थ होते जा रहे थे। इसी समय में हिमालय के उत्तर-पश्चिम क्षेत्र से भारत के बाहर के मनुष्यों का भारत में आगमन हुआ। इस समय भारत के मूल निवासी प्रकृति पूजक बहुदेववाद को मानती थी। भारत के बाहर से आये मनुष्यों ने भारत के मूल निवासियों के लिए राज्य प्रशासन में अपने ज्ञान-बुद्धि का प्रयोग कर एक अच्छे मार्गदर्शक का कार्य करते थे। प्रकृति के गुणों के आधार पर जब मनुष्यों का विभाजन हुआ तब भारत के मूल निवासी शूद्र वर्ग की योग्यता रखते थे। परन्तु ऐसा नही था कि भारत के बाहर से आये मनुष्य ब्राह्मण, क्षत्रिय, तथा वैश्य वर्ग में अर्थात भारत के बाहर सभी उच्च वर्ग में तथा भारत के मूल निवासी सभी निम्न वर्ग में थे। परन्तु उनमें इसकी अधिकता थी। कालान्तर में ये वर्ग जन्म आधारित हो अनेक उपवर्गों -जातियों में विभाजित हो गयी। जिसका रूप वर्तमान में दिख रहा है। परन्तु आज भी यदि जन्म आधारित दृष्टि से हटकर गुण आधारित दृष्टि से देखोगे तो प्रत्येक वर्ग या जाति में प्रत्येक वर्ग के व्यक्ति दिखाई पड़ेंगे। भारत के बाहर के ये व्यक्ति ही आर्य कहलाये तथा कालान्तर में मानव सभ्यता में अनेक उत्थान-पतन से ये आर्य जाति और मूल भारतीय जाति इतने अधिक मिश्रित हुये कि वर्तमान में समग्र हिन्दू जाति ही आर्यों की मूल पहचान बन गयी। और अब सभी के लिए शस्त्र बल बढ़ाकर क्षत्रिय बनना, ज्ञान बल बढ़ाकर ब्राह्मण बनना तथा धन बल बढ़ाकर वैश्य बनाना खुला हुआ है, परन्तु जातियाँ इसके लिए प्रयत्न तो करे।

प्रकृति के तीन गुणों में से सर्वोच्च, शुद्ध और सर्वव्यापी गुण सत्व आधारित मानव वर्ग ही हम हैं। जन्म के समय हम आदर्श ब्राह्मण थे। हमारा कार्य ब्रह्माण्ड में सर्वव्यापी अटलनीय, अपरिवर्तनीय सत्य-सिद्धान्त और उसके अनुसार कर्म विधान की अनुभूति करना तथा राजा और राज्य के माध्यम से उसे प्रभावी बनाना था। बदले में राजा द्वारा हमें साधन-सुविधा प्राप्त होती थी। यही हमारा सम्पूर्ण जीवन था। इस क्रम में हम लोगों न सर्वव्यापी सत्य-सिद्धान्तों को संहिता रूप में लिखा जो बाद में विषयों आधारित विभक्त होकर चार वेद ऋगु, यजु, साम और अथर्वेद का रूप धारण किया। इसी प्रकार धर्म अनुष्ठान एवम् पवित्र ग्रन्थो की व्याख्या से सम्बन्धित ग्रन्थ अरण्यक का सृजन हम लोगों ने किया। कालान्तर में जब राजाओं द्वारा यज्ञों से यथेष्ठ फल न प्राप्त होने की बुद्धि आयी तब क्षत्रिय राजाओं न स्वयं अपने कर्मों के अनुभव से दर्शन क्षेत्र में अपने बुद्धि को दिशा दी, जिसके फलस्वरूप अधिकतम उपनिषद् उन्होंने स्वयं लिखे जो बाद में भारतीय दर्शन का मुख्य आधार बनी। इस क्रम में हमलोगों ने वेदांग अर्थात सूत्र साहित्य में 1. स्वर विज्ञान से सम्बन्धित शिक्षा 2. धर्मानुसार अर्थात कल्प में चार वर्ग - श्रोत सूत्र

(श्रोत यज्ञ से सम्बन्धित), शुल्क सूत्र (यज्ञ स्थल तथा अग्निवेदी निर्माण तथा माप से सम्बन्धित जो आगे चलकर ज्योतिष का आधार बना) गृहय सूत्र (मानव जीवन से सम्बन्धित अनुष्ठान) तथा धर्म सूत्र (धार्मिक तथा अन्य प्रकार के नियम जो आगे चलकर भारतीय विधि का आधार बना) 3. व्याकरण 4. निरूक्त अर्थात व्युत्पत्ति 5. छन्द 6. ज्योतिष की भी रचना की। मनुष्य को पुरूषार्थ करने के लिए- धर्म, अर्थ, काम, मोक्ष तथा आदर्श जीवन के लिए ब्रह्मचर्य, गृहस्थ, वानप्रस्थ तथा सन्यास आश्रम की व्यवस्था हम प्राचीन आदर्श ब्राह्मणों की ही देन है।

हे प्रिय मानवों हम प्राचीन आदर्श ब्राह्मण प्रत्येक विषय को चक्रीय रूप में देखते हैं और यह ज्ञान हमने भारत के मूल निवासी ऋषियों से ही प्राप्त किये जिसके आधार पर समस्त वैदिक साहित्य का विस्तार हुआ है। हम प्रचीन ब्राह्मण ईश्वरवादी है और ईश्वर को स्वीकारते थे परन्तु उस रूप में नहीं जिस रूप में वर्तमान समाज मानता है, वर्तमान समाज का ईश्वर, मूर्ति, जप, तप, व्रत, पर्व, त्यौहार इत्यादि तो हमारी अगली पीढ़ी ने अपने जीवकोपार्जन और ईश्वर की ओर आपको लाने के लिए तब बनायी, जब हमारे कर्मकण्डों को राजाओं और राज्यों का समर्थन मिलना बन्द हो गया। हम ईश्वर को निराकार सर्वव्यापी, सर्वशक्तिमान सत्य-सिद्धान्त के रूप में देखते हैं। तथा जो इसे अपने जीवन में धारण कर प्रत्यक्ष या अप्रत्यक्ष रूप से मानव सभ्यता और मानव उत्थान के लिए अगले चरण के रूप में कालानुसार प्रयोग करता हैं उसे साकार ईश्वर या अवतार कहे। इस प्रकार मानव सभ्यता और मानवता पर आये उपरोक्त वर्णित नौ सकंटों से उत्थान की ओर ले जाने वाले व्यक्तियों को हमने क्रमशः उनके गुणों के आधार पर तथा नाम से मत्स्य, कूर्म, वाराह, नृसिंह, वामन, परशुराम तथा राम को प्रत्यक्ष अंशावतार, श्री कृष्ण को व्याक्तिगत प्रमाणित प्रत्यक्ष एवम् प्रेरक पूर्णावतार तथा भगवान बुद्ध को प्रेरक अंशावतार कहा और स्वीकार किया है। और जो भी ऐसा करेगा वह अवतार कहा ही जायेगा। सत्य कहूँ तो हम आदर्श ब्राह्मणों का वही प्रतिरूप होता है। और मात्र अवतार ही हमलोगों के समर्पण का कारण होता है। वही मात्र एक सर्वोच्च आदर्श ब्राह्मण होता है क्योंकि वही ब्रह्म है। यहाँ तक आने के लिए तुम्हें स्थूल शरीर, इन्द्रिय, प्राण, भाव, मन तथा सूक्ष्म बुद्धि को पार करना होगा। अर्थात तुम्हारा मन इन सब विषयों में होते हुये भी इनसे मुक्त होना चाहिए। तभी तुम इन सबका संचालन कर सकते हो। अभी तो तुम इस क्रम में धीरे-धीरे बढ़ते हुए बुद्धि तक पहुँच रहे हो। मैं नहीं कह रहा कि तुम बुद्धिहीन हो, तुम्हारा कर्म कह रहा है। क्योंकि बुद्धि का अर्थ यह नहीं होता कि तुम स्थूल शरीर, इन्द्रिय, प्राण, भाव, मन की पूर्ति के लिए अपनी बुद्धि लगाओ। ऐसी बुद्धि क्षैतिज अर्थात जीवन स्तर की बुद्धि कही जाती है। तुम्हें उध्व अर्थात सामाजिक, राजनीतिक, राष्ट्रीय, वैश्विक स्तर की ओर बुद्धि खर्च करनी चाहिए। तभी तुम्हारा उत्थान हो सकता है। जब तुम सर्वोच्च और आत्मीय स्तर पर पहुँच जाओगे तो तुम ब्राह्मण, क्षत्रिय, वैश्य व शूद्र में आवश्यकतानुसार व समयानुसार परिवर्तित हो अभिनय करने में हमलोगों की भाँति कुशल हो जाओगे। क्योंकि यह एक पर एक आवरण की भाँति गुणों का संक्रमणीय, संग्रहणीय और गुणात्मक रूप है। अर्थात शूद्र होने पर वैश्य के गुणों को नहीं समझा जा सकता। परन्तु वैश्य होने पर शूद्र के गुण को आसानी से समझा जा सकता है। इसी प्रकार क्षत्रिय होने पर वैश्य व शूद्र के गुणों को, ब्राह्मण होने पर क्षत्रिय, वैश्य व शूद्र के गुणों को तथा आदर्श ब्राह्मण अर्थात ब्रह्म होने पर ब्राह्मण, क्षत्रिय, वैश्य व शूद्र के गुणों को आसानी से समझा जा सकता है। आदर्श ब्राह्मण अर्थात ब्रह्म का अंश तो सभी में विद्यमान है परन्तु वह गुणों के आवरण से छिपा है। इन गुणों पर एक-एक कर नियंत्रण करते हुये आवरण हटाते जाओ अन्ततः तुम स्वयं को ब्रह्म रूप में देखोगे। तुम कहोगे इससे क्या होगा? तो हम यह स्पष्ट और सत्य रूप से कहते हैं कि तुम हम लोगों जैसे हो जाओगे और तुम्हारी बुद्धि क्षैतिज सहित उध्व हो जायेगी। तब तुम अपने वास्तविक अधिकार को प्राप्त कर पाओगे।

हे मानवों इस संसार में मानव शरीर से व्यक्त होने वाले व्यवहारों में असीम विभिन्नता और विचित्रता है। हमलोगों का प्रयत्न सत्य तथा लोककल्याण के स्थायी भाव को बनाये रखने के लिए विभिन्न रूपों से इस ओर मोड़ना तथा जोड़ना ही रहा है। इन मानव व्यवहारों के विचित्रताओं और विभिन्नताओं में कुछ तो ऐसे होते हैं जो अपनी ही इच्छा पर आजीवन संकल्पित रहते हैं। ये ऐसे होते हैं कि ‘हम नहीं बदलेगे चाहे जमाना क्यों न बदल जाये’ कुछ ऐसे होते हैं जो अपनी इच्छा की पूर्ति के लिए अनेकों प्रकार के अनैतिक कार्य करने से भी नहीं चूकते, चाहे उसका परिणाम अन्ततः दुःखदायी ही क्यों न हो। कुछ ऐसे होते हैं जो व्यक्तिगत स्तर पर आर्दश व्यक्ति के रूप में तो कुछ

समाजिक स्तर पर तो कुछ वैश्विक स्तर पर आर्दश के रूप में स्वयं को प्रस्तुत करते हैं। मनुष्य के इन विभिन्न व्यवहारों की क्रिया के रूप में समझने के लिए ही हमलोगों ने पुराणों की रचना की। जिससे मनुष्य अनेक प्रकार के व्यवहारों सहित समग्र ब्रह्माण्ड को एक साथ समझ सके और अपने व्यवहार को नियंत्रित कर सके। साथ ही स्वयं अपने व्यवहारों को समझे और उसके अनुसार व्यक्त हो सके। हे मानवों जगत् का सम्पूर्ण कल्याण स्वकल्याण में ही निहित है परन्तु जो स्व का अर्थ सिर्फ व्यक्तिगत समझते हैं वे ही व्यक्तिवादी असुरी प्रकृति के होते हैं तथा जो स्व का अर्थ सार्वमौभ, जिसमें वह स्वयं भी होता है, ऐसा समझते हैं वे दैवी समाजवादी प्रकृति के होते हैं। असुरी प्रवृत्तियाँ सिर्फ सीधी रेखा में सोचती ही जैसे - जन्म फिर मृत्यु जबकि दैवी प्रवृत्तियाँ चक्रीय रूप में अर्थात जन्म फिर मृत्यु फिर जन्म इस प्रकार सोचती हैं। समस्त पुराणों की रचना दैवी प्रवृति की ही कृतियाँ हैं। जिसमें असुरों के आदर्श गुरू को शुक्राचार्य कहा गया है। जबकि देवताओं के आदर्श गुरू को गुरू बृहस्पति कहा गया। राजाओं के आदर्श राजा को इन्द्र कहा गया है। अन्य सभी ब्रह्माण्ड में उपलब्ध प्रभावकारी विषयों को देवताओं के रूप में कल्पना कर प्रक्षेपित किया गया है। जैसे - वायु देव, अग्नि देव, चन्द्र देव इत्यादि। इसी प्रकार आदर्श व्यक्ति चरित्र को ब्रहमा एवम् परिवार तथा आदर्श सामाजिक व्यक्ति चरित्र अर्थात व्यक्तिगत प्रमाणित आदर्श वैश्विक व्यक्ति चरित्र को विष्णु एवम् परिवार तथा आदर्श वैश्विक व्यक्ति अर्थात सार्वजनिक प्रमाणित आदर्श वैश्विक व्यक्ति चरित्र को शिव-शंकर एवम् परिवार के रूप में प्रक्षेपित है। यहाँ ध्यान देने योग्य यह है कि आदर्श वैश्विक व्यक्ति चरित्र में आदर्श सामाजिक व्यक्ति चरित्र तथा आदर्श समाजिक व्यक्ति चरित्र में आदर्श व्यक्ति चरित्र समाहित है। इन आदर्श चरित्रों की इनकी गुणों के अनुसार इनके वस्त्र, शस्त्र, शास्त्र, वाहन इत्यादि भी प्रक्षेपित किये गये हैं। जो मात्र व्यक्तिगत प्रमाणित प्रतिकात्मक मानव रूप में प्रक्षेपण मात्र है न कि वास्तविकता के आधार रूप में। इन मानक आदर्श चरित्रों के पूर्ण या अंश रूप में जो भी मानव संसार में व्यक्त होता है उसे पुनर्जन्म या अंश या पूर्ण अवतार के रूप में स्वीकार किया जाता है। और चूंकि दैवी प्रवृत्तियाँ प्रत्येक वस्तु के पूर्व के भी एक अस्तित्व को स्वीकार करती हैं। इसलिए इन पुनर्जन्म या अंश या पूर्ण अवतारों को आदर्श मानक चरित्रों से जोड़कर अवतारी पुराण की रचना की जाती रही है। इस अनुसार उपरोक्त नौ अंश-पूर्ण अवतारों में दो - श्रीराम को ब्रह्मा का पूर्णावतार तथा श्री कृष्ण को विष्णु का पूर्णावतार कहा गया जबकि शेष सात (मत्स्य, कूर्म, वाराह, नृसिंह, वामन, परशुराम तथा बुद्ध), ईश्वर (सत्य-सिद्धान्त) के अंशावतार के रूप में स्वीकार किये गये हैं।

हे मानवों शास्त्र रचनाकार को व्यास उपाधि से पुकारा जाता है। व्यास कितने दिव्य और दूर द्रष्टा रहे होंगे, इस पर विचार करना आवश्यक है क्योंकि अन्ततः हम सभी के विचारों का निर्माण विचारों को ही पढ़कर या सुनकर ही होता रहा है और अनुभव द्वारा उसकी पुष्टि की जाती रही है। व्यास रचित पुराणों में कुल 24 (1. श्री सनकादि, 2. वराहावतार, 3. नारद मुनि, 4. नर-नारायण, 5. कपिल, 6. दत्तात्रेय, 7. यज्ञ, 8. ऋषभदेव, 9. पृथु, 10. मत्स्यावतार, 11. कूर्म, 12. धन्वन्तरि, 13. मोहिनी, 14. हयग्रीव, 15. नृसिंह, 16. वामन, 17. गजेन्द्रोधारावतार, 18. परशुराम , 19. वेदव्यास, 20. हन्सावतार, 21. राम, 22. कृष्ण, 23. बुद्ध, 24. कल्कि) अवतार जिसमें मुख्य 10 (मत्स्य, कूर्म, वाराह, नृसिंह, वामन, परशुराम, राम, कृष्ण, बुद्ध और कल्कि) अवतार का ही विवरण है। दोनों में अन्तिम, कल्कि अवतार ही हैं। तो क्या अन्तिम अवतार के बाद अवतारी श्रृंखला का कार्य समाप्त हो जायेगा? और यदि यह सत्य होता है तब व्यास के उस अवतारी श्रृंखला के गणित को आप लोग क्या कहोगे? इसे जानने के लिए मानव सभ्यता के उस अन्तिम संकट को पहचानना होगा जो अन्तिम अवतार का कार्य होगा। यह अन्तिम अवतार ही सार्वजनिक प्रमाणित आदर्श वैश्विक व्यक्ति चरित्र और शिव-शंकर के पूर्णावतार के रूप में होगा। क्योंकि कालक्रम में ब्रह्मा के पूर्णावतार के रूप में श्रीराम तथा विष्णु का पूर्णावतार के रूप में श्रीकृष्ण का अवतरण हो चुका है।

मानव सभ्यता पर दसवाँ और अन्तिमं संकट काल स्वयं मानवों द्वारा ही उत्पन्न हो गया था जिसका ज्ञान स्वयं मानवों को भी नहीं था। इस संकट को समझने के लिए एक सत्य-प्रत्यक्ष वृतान्त उदाहरणस्वरूप लिख रहा हूँ-

मैं जब भी हाबड़ा (पश्चिम बंगाल) जाता हूँ तब दो स्थानों पर अवश्य जाता हूँ। पहला राम कृष्ण मिशन, बेलूड़ मठ और दूसरा वनस्पति उद्यान (बोटेनिकल गार्डन)। यहाँ कुल अब तक तीन बार, सन् 1984 (कालेज शैक्षणिक यात्रा), सन् 1987 (स्वयं) और सन् 2010 (स्वयं) में जा चुका हूँ। राम कृष्ण मिशन, बेलूड़ मठ इसलिए जाता हूँ क्योंकि वहाँ से सर्वोच्च "आध्यात्मिक सत्य" की अनुभूति कर सकूँ, उस मन स्तर से स्वयं का योग करा सकूँ। वनस्पति उद्यान (बोटेनिकल गार्डन) इसलिए जाता हूँ क्योंकि वहाँ एक वट वृक्ष है जिसे बिग बनियान ट्री (Big Banyan Tree) कहते हैं, यहाँ बैठकर मैं संसार की संरचना, तन्त्र और उसके संगठन से स्वयं का महायोग कराता हूँ। इन दोनों के कारण स्वयं को मैं सार्वभौम का एक इकाई होते भी, स्वयं को सार्वभौम ही अनुभव करता हूँ और यह सतत मेरे अन्दर प्रवाहित होता रहता है।

बड़ा वट वृक्ष (Big Banyan Tree), सैकड़ों वर्ष पुराना एक विशाल क्षेत्र में फैला वट वृक्ष है। जिसका मूल वृक्ष अब अस्तित्व में नहीं है उसके तनों से निकले सैंकड़ों जड़ वर्तमान में स्वयं एक वृक्ष, फिर उनके तनों से निकले सैंकड़ों जड़ भी वर्तमान में एक-एक वृक्ष के रूप में स्थापित हैं और सभी एक-दूसरे से जुड़े हुये हैं, बस जो नहीं है, वह है मूल वृक्ष। इस प्रकार सम्पूर्ण वृक्ष परिवार एक बड़े क्षेत्र में फैल चुका है और निरन्तर जारी भी है। प्रत्येक स्वयं स्वतन्त्र वृक्ष के रूप में स्थापित वृक्ष का अपने परिवार के रूप में तना, पत्ता, फूल और फल सब निकलते रहते हैं और जिसे जहाँ अर्थात नजदीकी स्रोत से सुविधा अर्थात खुराक मिल सकता हैं वहाँ से प्राप्त करते हुये विकास कर रहे हैं। इस कार्य में आपस में कोई विवाद नहीं है। कोई किसी पर अधिपत्य जमाना नहीं चाहता, ना ही अन्य के विकास में कोई बाधा पहुँचाता है। जिसको जिस ओर उचित वातावरण मिलता जाता है, उस ओर वह विकास कर रहा है। कुल मिलाकर स्व प्रेरित सुशासन की भाँति संचालित है। इस वट वृक्ष के सबसे बाद अर्थात वर्तमान के तनों-पत्तों के लिए उसका जन्मदाता व पालनकर्ता के रूप में उसका नजदीकी जड़ ही है इसलिए उसकी कथा-कहानी वहीं से शुरू होती है और वहीं तक उसका ज्ञान है जो एक संकुचित और सीमित ज्ञान है। वह पूर्ण को नहीं जान रहा, उसका पूर्णत्व, सार्वभौम पूर्णत्व नहीं बल्कि सीमित पूर्णत्व है। सीमित पूर्णत्व में भी वह आनन्द में हैं और विकासशील है। उसका विकास होना सार्वभौम का ही विकास होना है परन्तु उसे उसका ज्ञान नहीं है और वह उस सार्वभौम के विकास में अपने योगदान को करते हुये भी स्वयं को गौरवान्वित नहीं अनुभव कर रहा है। सार्वभौम से युक्त होने के बाद भी उसे अपने परिवार से ही जुड़ा रहना उसकी विवशता भी है और इसके अलावा कोई अन्य मार्ग भी नहीं हैं। उसके सार्वभौम का मार्ग भी उसके अपने परिवार के ही मार्ग से होकर जाता है। वृक्ष के साथ यह मजबूरी भी है कि क्योंकि वह स्थिर है इसलिए उसका छोटा परिवार केवल पड़ोस तक के ही दायरे के सम्पर्क में है। दूसरे छोर के परिवार का क्या हाल है उसे कुछ नहीं पता।

हे मानवों, ये संसार भी उपरोक्त वट वृक्ष के सामन ही फैला हुआ है। परन्तु उस भाँति विकास नहीं कर रहा है। मनुष्य के अन्दर बीमारी की भाँति अधिकतम "शक्ति और लाभ (पावर और प्राफिट)" की दौड़ ने उसे अधिपत्य, अत्याचार, दूसरे को दबाना इत्यादि से युक्त कर दिया है। और जो इस दौड़ में नहीं हैं वे सीमित पूर्णत्व में आनन्द के साथ विकासशील हैं। उन्हें और भी तेज विकास की इच्छा है परन्तु उनके बुद्धि का दायरा ही सीमित है इसलिए उन्हें मार्ग नहीं मिल रहा है। यदि उनको मार्ग भी मिल रहा हो तो वट वृक्ष की भाँति उसके नजदीकी जन्मदाता ने उसे यह बता रखा है कि जब उस सार्वभौम का मार्ग मेरे ही रास्ते से जाता है तो जो मैं कह रहा हूँ उसे करो। और इसके लिए वे अपने परिवार के लिए अनेक प्रकार की प्रणाली दे रखे हैं। जबकि ये प्रणाली देने वाले उनके नजदीकी जन्मदाता स्वयं कहाँ से आये हैं स्वयं उन्हे भी नहीं पता। क्योंकि वे स्वयं भी उस वट वृक्ष के खो गये मूल जड़ की तरह अपने मूल जड़ को नहीं जानते। वे भी अपने नजदीकी जन्मदाता का ही अनुसरण कर रहे होते हैं। ये प्रणालीयाँ अनेक प्रकार की हैं उदाहरणस्वरूप कुछ मुख्य निम्नवत् हैं-

1. उनके द्वारा प्रस्तुत कुछ पुस्तकें होती हैं जिन्हें नियमानुसार प्रतिदिन पढ़ना होता है। पढ़ने के पूर्व शुद्धता की भी प्रक्रिया अनिवार्य होती है अन्यथा पुस्तकें परिणाम नहीं दे पायेंगी, ये भी शर्त होती हैं।
2. उनके द्वारा भोजन से सम्बन्धित कुछ नियम बना दिये जाते हैं कि क्या खाना है और क्या नहीं खाना है।
3. उनके द्वारा कोई मन्त्र दे कर उसे नियमानुसार जपने के लिए दे दिया जाता है।

4. उनके द्वारा किसी यन्त्र-तन्त्र द्वारा समस्या मुक्ति का उपाय बता दिया जाता है।
5. उनके द्वारा किसी विशेष प्रकार के रंग और ढ़ग के वस्त्र निर्धारित कर दी जाती है जिससे उनकी पहचान एक अलग रूप में हो। अर्थात समाज का एक और विभाजन कर उसे प्रस्तुत कर देते हैं।

सामान्य रूप से सभी द्वारा अनिवार्य रूप से ये भी निर्धारित कर दी जाती है कि किसी दूसरे के नियमों को न तो जानना है, न सुनना है, न पढ़ना है और न ही उसमें शामिल होना है। अर्थात एक गतिशील प्राणी मनुष्य को जिसे सदैव श्रेष्ठ से, श्रेष्ठतम और सर्वोच्च तक उठने-विकास करने के लिए निर्मित किया गया था, उसे एक सीमित दायरे में बुद्धिबद्ध कर दिया गया। मनुष्य जिसका निर्माण अपनी मस्तिष्क को असीम क्षमता को विकसित कर ईश्वर रूप में व्यक्त होना था, उसे जड़ (स्थिर) बना दिया गया।

हे मानवों, मनुष्यों की सबसे बड़ी कमजोरी "स्वयं में गुणों का विकास कर स्वयं बन जाने या हो जाने" में नहीं बल्कि "पाने" की इच्छा है। इस पाने की इच्छा की कमजोरी का परिणाम ही है उपरोक्त अनेक प्रकार के बुद्धिबद्ध करने की विधियाँ।

हे मानवों, उपरोक्त के पृष्ठभूमि में उनका उद्देश्य केवल अपने स्वार्थ की पूर्ति के सिवाय कुछ नहीं होता। क्योंकि मार्गदर्शक या प्रेरक या शिक्षक का उद्देश्य स्वयं से श्रेष्ठ मानव का निर्माण होता है न कि सदैव जीवन भर एक ही प्रणाली या प्रक्रिया या कक्षा में पढ़ते-दुहराते रहने के लिए विवश करना। उपरोक्त के पृष्ठभूमि में शारीरिक-आर्थिक-मानसिक शोषण का ही कार्य विभिन्न प्रकार से चल रहा है। कोई अपने कृषि कार्य को मुफ्त में हल करवा रहा है, तो कोई अपने नाम के उत्पादों को सिर्फ उन्हें ही खरीदने के लिए बुद्धिबद्ध कर दिया है।

हे मानवों, इन सबको आस्था का व्यापार कहते हैं। जबकि मैं देख रहा हूँ कि प्रत्येक संस्कारित करने की क्रिया जो उस काल के लिए आस्था का विषय था। उसके अगले काल के लिए संस्कारित करने की नयी क्रिया उपलब्ध हो जाने के बावजूद, मानव शरीर पिछले काल के संस्कारित करने वाली क्रिया के प्रति आस्था रखते हुये मूर्खता का स्पष्ट प्रदर्शन कर रहा है। सभी कालों में, सभी संस्कारित करने की क्रियाओं में मैं (सार्वभौम आत्मा) ही आस्था का विषय था परन्तु क्रिया के प्रति आस्था रखना मूर्खता का स्पष्ट प्रमाण ही तो है। चाहे वह व्यक्तिगत इच्छा से हो या सामाजिक प्रदर्शन की इच्छा से। इन समस्त संस्कारित करने के क्रिया के पीछे जो रहस्य आज तक गोपनीय था उसे मैंने तुम्हारें समक्ष सार्वजनिक प्रकाशित कर दिया है। अब कुछ भी गोपनीय नहीं। बावजूद इसके प्रत्येक मनुष्य अपनी मूर्खता रूपी आस्था को प्रदर्शित करने के लिए स्वतन्त्र है। परन्तु वह मुझ (सार्वभौम आत्मा) को प्राप्त नहीं कर सकता। हे मानवों, ईश्वर बहुमत से नहीं निर्धारित किया जाता इसलिए ही उसे अनिवर्चनीय कहा गया है। किसी भी वस्तु के प्रति आस्था के विकास से और समस्त मानवों को उसके प्रति आस्थावान् बना देने से वह वस्तु गुण प्रकट कर वैसा नहीं बन सकती जैसा आप उम्मीद करते हो।

हे मानवों, एक तरह से देखा जाये तो उपरोक्त व्यवस्था से कोई समस्या है ही नहीं क्योंकि जिसकी इच्छा जहाँ से पूर्ति हो रही है और विकास का मार्ग मिल रहा है, वह वहाँ से जुडा हुआ है। इसलिए मानव सभ्यता पर आया यह दसवाँ और अन्तिम संकट, संकट होते हुये भी संकट जैसा नहीं दिखता। इस व्यवस्था से हमें कोई समस्या भी नहीं है। समस्या ये है कि धर्म को जिस उद्देश्य के लिए निर्मित किया गया था वही धर्म, संकट में है। यह धर्म ही उस वट वृक्ष का मूल है, सार्वभौम है, समष्टि है। इसके ज्ञान से युक्त दोनों को अर्थात विशाल संसार रूपी वट वृक्ष के छोटे-छोटे परिवार के नेतृत्वकर्ता मुखिया सहित उसके सदस्यों को होना आवश्यक है। तभी परिवार के नेतृत्वकर्ता मुखिया द्वारा बनाये गये उपरोक्त प्रणाली-नियम परिणाम-फल दे पायेंगे जिसकी इच्छा परिवार के सदस्य करते हैं।

हे मानवों, अब सार्वजनिक प्रमाणित आदर्श वैश्विक व्यक्ति चरित्र और शिव-शंकर के पूर्णावतार के रूप में होने वाले अन्तिम अवतार के स्वरूप को समझते हैं जिनसे संकट में पड़े धर्म का उत्थान होना है-

इस क्रम में पहले शिव-शंकर के रूप को समझते हैं। फिर अन्तिम अवतार के लिए बचे शेष कार्य को भी समझेंगे। शिव-शंकर अवतार के आठ रूप और उनके अर्थ निम्नवत हैं-

1. शर्व- सम्पूर्ण पृथ्वी को धारण कर लेना अर्थात पृथ्वी के विकास या सृष्टि कार्य में इस रूप को पार किये बिना सम्भव न होना।
2. भव- जगत को संजीवन देना अर्थात उस विषय को देना जिससे जगत संकुचित व मृत्यु को प्राप्त होने न पाये।
3. उग्र- जगत के भीतर और बाहर रहकर श्री विष्णु को धारण करना अर्थात जगत के पालन के लिए प्रत्यक्ष या प्रेरक कर्म करना।
4. भीम- सर्वव्यापक आकाशात्मक रूप अर्थात आकाश की भाँति सर्वव्यापी अनन्त ज्ञान जो सभी नेतृत्व विचारों को अपने में समाहित कर ले।
5. पशुपति- मनुष्य समाज से पशु प्रवृत्तियों को समाप्त करना अर्थात पशु मानव से मनुष्य को उठाकर ईश्वर मानव की ओर ले जाना। दूसरे रूप में जीव का शिव रूप में निर्माण।
6. ईशान- सूर्य रूप से दिन में सम्पूर्ण संसार में प्रकाश करना अर्थात ऐसा ज्ञान जो सम्पूर्ण संसार को पूर्ण ज्ञान से प्रकाशित कर दे।
7. महादेव- चन्द्र रूप से रात में सम्पूर्ण संसार में अमृत वर्षा द्वारा प्रकाश व तृप्ति देना अर्थात ऐसा ज्ञान जो संसार को अमृतरूपी शीतल ज्ञान से प्रकाशित कर दे।
8. रूद्र- जीवात्मा का रूप अर्थात शिव का जीव रूप में व्यक्त होना।

शिव-शंकर देवता व दानव दोनों के देवता हैं जबकि श्री विष्णु सिर्फ देवताओं के देवता हैं। अर्थात शिव-शंकर जब रूद्र रूप की प्राथमिकता में होंगे तब उनके लिए देवता व दानव दोनो प्रिय होंगे लेकिन जब उग्र रूप की प्राथमिकता में होंगे तब केवल देवता प्रिय होंगे। अर्थात शिव-शंकर का पूर्णवतार इन आठ रूपों से युक्त हो संसार का कल्याण करते हैं।

हे मानवों, अब सार्वजनिक प्रमाणित आदर्श वैश्विक व्यक्ति चरित्र और शिव-शंकर के पूर्णावतार के रूप में होने वाले अन्तिम अवतार के कार्य को समझते हैं जिनसे संकट में पड़े धर्म का उत्थान होना है-

ईश्वर (सार्वभौम सत्य-सिद्धान्त) के दसवें और अन्तिम अवतार के समय तक राज्य और समाज स्वतः ही प्राकृतिक बल के अधीन कर्म करते-करते सिद्धान्त प्राप्त करते हुए पूर्ण गणराज्य की ओर बढ़ रहा था परिणामस्वरुप गणराज्य का रुप होते हुए भी गणराज्य सिर्फ राज्य था और एकतन्त्रात्मक अर्थात् व्यक्ति समर्थक तथा समाज समर्थक दोनों की ओर विवशतावश बढ़ रहा था।

भारत में निम्लिखित रुप व्यक्त हो चुका था।
1. ग्राम, विकास खण्ड, नगर, जनपद, प्रदेश और देश स्तर पर गणराज्य और गणसंघ का रुप।
2. सिर्फ ग्राम स्तर पर राजा (ग्राम व नगर पंचायत अध्यक्ष) का चुनाव सीधे जनता द्वारा।
3. गणराज्य को संचालित करने के लिए संचालक का निराकार रुप- संविधान।
4. गणराज्य के तन्त्रों को संचालित करने के लिए तन्त्र और क्रियाकलाप का निराकार रुप-नियम और कानून।
5. राजा पर नियन्त्रण के लिए ब्राह्मण का साकार रुप- राष्ट्रपति, राज्यपाल, जिलाधिकारी इत्यादि।

विश्व स्तर पर निम्नलिखित रुप व्यक्त हो चुका था।
1. गणराज्यों के संघ के रुप में संयुक्त राष्ट्र संघ का रुप।
2. संघ के संचालन के लिए संचालक और संचालक का निराकार रुप- संविधान।
3. संघ के तन्त्रों को संचालित करने के लिए तन्त्र और क्रियाकलाप का निराकार रुप- नियम और कानून।
4. संघ पर नियन्त्रण के लिए ब्राह्मण का साकार रुप-पाँच वीटो पावर।
5. प्रस्ताव पर निर्णय के लिए सदस्यों की सभा।
6. नेतृत्व के लिए राजा- महासचिव।

जिस प्रकार आठवें अवतार द्वारा व्यक्त आत्मा के निराकार रुप "गीता" के प्रसार के कारण आत्मीय प्राकृतिक बल सक्रिय होकर गणराज्य के रुप को विवशतावश समाज की ओर बढ़ा रहा था उसी प्रकार अन्तिम

अवतार द्वारा निम्नलिखित शेष समष्टि कार्य पूर्ण कर प्रस्तुत कर देने मात्र से ही विवशतावश उसके अधिपत्य की स्थापना हो जाना है।

1. गणराज्य या लोकतन्त्र के सत्य रुप- गणराज्य या लोकतन्त्र के स्वरुप का अन्तर्राष्ट्रीय/ विश्व मानक।
2. राजा और सभा सहित गणराज्य पर नियन्त्रण के लिए साकार ब्राह्मण का निराकार रुप- मन का अन्तर्राष्ट्रीय/ विश्व मानक।
3. गणराज्य के प्रबन्ध का सत्य रुप- प्रबन्ध का अन्तर्राष्ट्रीय/ विश्व मानक।
4. गणराज्य के संचालन के लिए संचालक का निराकार रुप- संविधान के स्वरुप का अन्तर्राष्ट्रीय/ विश्व मानक।
5. साकार ब्राह्मण निर्माण के लिए शिक्षा का स्वरुप- शिक्षा पाठ्यक्रम का अन्तर्राष्ट्रीय/ विश्व मानक।

इस समष्टि कार्य द्वारा ही काल व युग परिवर्तन होगा न कि सिर्फ चिल्लाने से कि "सतयुग आयेगा" , "सतयुग आयेगा" से। यह समष्टि कार्य जिस शरीर से सम्पन्न होगा वही अन्तिम अवतार के रूप में व्यक्त होगा। धर्म में स्थित वह अवतार चाहे जिस सम्प्रदाय (वर्तमान अर्थ में धर्म) का होगा उसका मूल लक्ष्य यही शेष समष्टि कार्य होगा और स्थापना का माध्यम उसके सम्प्रदाय की परम्परा व संस्कृति होगी।

हे मानवों, उपरोक्त कार्य ही उस एक मात्र शेष अन्तिम अवतार का कार्य है और जो उपरोक्त कार्य को पूर्ण करेगा वह कल्कि अवतार के नाम से जाना जायेगा। हे मानवों उपरोक्त कार्य ही शेष ईश्वर के लिए कार्य है और मनुष्य के लिए चुनौति।

इस क्रम में मैं लव कुश सिंह "विश्वमानव" अपने "विश्वशास्त्र" से उपरोक्त कार्य को पूर्ण करने के लिए और स्वयं को धर्म मार्ग से अनिर्वचनीय कल्कि महाअवतार भोगेश्वर के रूप में तथा भारतीय लोकतान्त्रिक गणराज्य मार्ग से "भारत रत्न" के रूप में स्थापित करने के लिए एक मार्ग-एक प्रारूप प्रस्तुत किया हूँ जो अपने युग-समय में पहला प्रारूप है। इस प्रारूप "विश्वशास्त्र" के धर्मक्षेत्र से 90 नाम और धर्मनिरपेक्ष या सर्वधर्मसमभाव क्षेत्र से 141 नाम देने के बाद भी इस प्रारूप का नाम "ब्रह्माण्डशास्त्र" नहीं रखा। मनुष्यों के लिए यह चुनौति है कि वे "ब्रह्माण्डशास्त्र" की रचना कर मेरे प्रारूप "विश्वशास्त्र" को गलत या संकुचित सिद्ध कर मुझे अनिर्वचनीय कल्कि महाअवतार भोगेश्वर की योग्यता से वंचित कर दे। हे मानवों अगर आप ऐसा कर पाओं तो मेरे लिए मेरे द्वारा उत्पन्न किये गये अनन्त कृतियों में सबसे सम्मान के योग्य मानव नाम की कृति ही अन्तिम रूप से सर्वश्रेष्ठ होगी अन्यथा "विश्वशास्त्र" से मैं तुम्हारे अन्दर प्रवेश कर तुम में से ही स्वयं को प्रकट करूँगा।

हे मानवों, इन रहस्यों के खोलने के प्रति मेरा उद्देश्य क्या है? यह उद्देश्य सरल है क्योंकि एक सरल, साधारण, अघोर का उद्देश्य कभी भी कठीन, असाधारण और घोर नहीं हो सकता। साधारण सी बात है- प्रत्येक वस्तु स्वयं अपने जैसा ही निर्माण, उत्पादन या प्रजनन करती है। इस क्रम में ईश्वर भी स्वयं जैसा ईश्वर का ही निर्माण, उत्पादन या प्रजनन करेगा, न कि मूर्ख, अज्ञानी, बुद्धिबद्ध और गुलाम मनुष्य का। मात्र एक विचार- "ईश्वर ने इच्छा व्यक्त की कि मैं एक हूँ, अनेक हो जाऊँ" और "सभी ईश्वर हैं" , यह प्रारम्भ और अन्तिम लक्ष्य है। मनुष्य की रचना "पावर और प्राफिट (शक्ति और लाभ)" के लिए नहीं बल्कि असीम मस्तिष्क क्षमता के विकास के लिए हुआ है। फलस्वरूप वह स्वयं को ईश्वर रूप में अनुभव कर सके, जहाँ उसे किसी गुरू की आवश्यकता न पड़ें, वह स्वंयभू हो जाये, उसका प्रकाश वह स्वयं हो। एक गुरू का लक्ष्य भी यही होता है कि शिष्य मार्गदर्शन प्राप्त कर गुरू से आगे निकलकर, गुरू तथा स्वयं अपना नाम और कृति इस संसार में फैलाये, ना कि जीवनभर एक ही कक्षा में (गुरू में) पढ़ता रह जाये। एक ही कक्षा में जीवनभर पढ़ने वाले को समाज क्या नाम देता है, समाज अच्छी प्रकार जानता है और आपलोग खुद स्वयं भी जातने हैं। "विश्वशास्त्र" से कालक्रम को उसी मुख्यधारा में मोड़ दिया गया है। एक शास्त्राकार, अपने द्वारा व्यक्त किये गये पूर्व के शास्त्र का उद्देश्य और उसकी सीमा तो बता ही सकता है परन्तु व्याख्याकार ऐसा नहीं कर सकता।

स्वामी विवेकानन्द जी कहते हैं- "हम गुरु के बिना कोई ज्ञान प्राप्त नहीं कर सकते। अब बात यह है कि यदि मनुष्य, देवता अथवा कोई स्वर्गदूत हमारे गुरु हो, तो वे भी तो ससीम हैं, फिर उनसे पहले उनके गुरु कौन थे? हमें मजबूर होकर यह चरम सिद्धान्त स्थिर करना ही होगा कि एक ऐसे गुरु हैं जो काल के द्वारा सीमाबद्ध या

अविच्छिन्न नहीं हैं। उन्हीं अनन्त ज्ञान सम्पन्न गुरु को, जिनका आदि भी नहीं और अन्त भी नहीं, ईश्वर कहते हैं। (राजयोग, रामकृष्ण मिशन, पृष्ठ-134)

चाँद की ओर ईशारा करने वाले की उँगली की ओर नहीं, चाँद की ओर देखा जाता है। और चाँद को पकड़ा जाता है न कि उँगली दिखाने वाले को।

हे मानवों, यह भाव हमारे मन में क्यों आया? यह भाव हमारे मन में आने का कारण हृदय की विशालता है। हम अब अपने द्वारा निर्मित उत्पादों को, अब और अधिक समय तक कबाड़ के रूप में न तो रख सकते हैं और ना ही देखना चाहते हैं। अब सभी को हम स्वयं जैसा पूर्ण देखना चाहते हैं।

हे मानवों, हम लोगों की उत्पत्ति कैसे हुई? हमारी उत्पत्ति ज्ञान से हुई है। जिन्हें ज्ञान है वही अपने आप को संघर्ष में पाते हैं और सर्वश्रेष्ठता के लिए कर्मशील हैं। शेष सभी तो प्रकृति के अनुसार आते-जाते रहते हैं। इस ज्ञान को ही ब्रह्म कहते हैं। देवता रूप में इस ज्ञान को ब्रह्मा के रूप में प्रक्षेपित किया गया है। यह ज्ञान जिस-जिस अंगो द्वारा प्राथमिकता से अनुभव में आता है उतने प्रकार के मानव अपने-आप को उत्पन्न समझते हैं। पुराण रचनाकार महर्षि व्यास ने ब्रह्मा अर्थात ज्ञान के पुत्रों का प्रक्षेपण किये हैं। ब्रह्मा के 10 मानस पुत्रों 1. मन (विचार से ज्ञान प्राप्त करने वाले) से मरीचि, 2. नेत्रों (देखकर ज्ञान प्राप्त करने वाले) से अत्रि, 3. मुख (वाणी से ज्ञान प्राप्त करने वाले) से अंगिरा, 4. कान (सुन कर ज्ञान प्राप्त करने वाले) से पुलस्त्य, 5. नाभि (केन्द्र से ज्ञान प्राप्त करने वाले) से पुलह, 6. हाथ (कर्म से ज्ञान प्राप्त करने वाले) से कृतु, 7. त्वचा (स्पर्श से ज्ञान प्राप्त करने वाले) से भृगु, 8. प्राण (श्वास से ज्ञान प्राप्त करने वाले) से वशिष्ठ, 9. अँगूठे (आत्मा से ज्ञान प्राप्त करने वाले) से दक्ष तथा 10. गोद (प्रेम से ज्ञान प्राप्त करने वाले) से नारद उत्पन्न हुये। ये दस प्रकार ज्ञान से उत्पन्न है और इतने प्रकार के मानव निर्मित होकर संसार में विचरण कर रहे हैं। इसे ये न समझना चाहिए कि मन या नेत्र इत्यादि से कैसे ब्रह्मा ने अपने पुत्रों को उत्पन्न किया? चूंकि शरीर का अस्तित्व अस्थायी है इसलिए विचार के आधार पर ये मनुष्य के वर्ग या श्रेणी का निर्धारण है। हमारे द्वारा इतने वर्गों अर्थात परिवार को उत्पन्न करने के बाद स्वयं को सर्वश्रेष्ठ और मूल सिद्ध करते रहना भी हमारी ही जिम्मेदारी और कर्तव्य है ताकि हमारा परिवार एक संयुक्त परिवार के रूप में प्रकाशित हो।

हे मानवों, हमने अपने अधिपत्य के लिए क्या-क्या किया? हे मानवों हमने अपने अधिपत्य के लिए सदैव साम-दाम-दण्ड-भेद की विधि से निम्नलिखित गुणों को समय-समय पर प्रेम से मानव मस्तिष्क में स्थापित किया और करता रहूँगा और अन्त में इसे मानवों को स्वेच्छा से स्वीकार करने पर विवश भी कर दूँगा-

01. मुख्य-गुण सिद्धान्त - इसमें धारा के विपरीत दिशा (राधा) में गति करने का विचार-सिद्धान्त मानव मस्तिष्क में डाला गया।

02. मुख्य-गुण सिद्धान्त - इसमें सहनशील, शांत, धैर्यवान, लगनशील, दोनों पक्षों के बीच मध्यस्थ की भूमिका वाला गुण (समन्वय का सिद्धान्त) का विचार-सिद्धान्त मानव मस्तिष्क में डाला गया।

03. मुख्य-गुण सिद्धान्त - इसमें सूझ-बुझ, सम्पन्न, पुरूषार्थी, धीर-गम्भीर, निष्कामी, बलिष्ठ, सक्रिय, शाकाहारी, अहिंसक और समूह प्रेमी, लोगों का मनोबल बढ़ाना, उत्साहित और सक्रिय करने वाला गुण (प्रेरणा का सिद्धान्त) का विचार-सिद्धान्त मानव मस्तिष्क में डाला गया।

04. मुख्य-गुण सिद्धान्त - प्रत्यक्ष रूप से एका-एक लक्ष्य को पूर्ण करने वाले (लक्ष्य के लिए त्वरित कार्यवाही का सिद्धान्त) का विचार-सिद्धान्त मानव मस्तिष्क में डाला गया।

05. मुख्य-गुण सिद्धान्त - भविष्य दृष्टा, राजा के गुण का प्रयोग करना, थोड़ी सी भूमि पर गणराज्य व्यवस्था की स्थापना व व्यवस्था को जिवित करना, उसके सुख से प्रजा को परिचित कराने वाले गुण (समाज का सिद्धान्त) का विचार-सिद्धान्त मानव मस्तिष्क में डाला गया।

06. मुख्य-गुण सिद्धान्त - गणराज्य व्यवस्था को ब्रह्माण्ड में व्याप्त व्यवस्था सिद्धान्तों को आधार बनाने वाले गुण और व्यवस्था के प्रसार के लिए योग्य व्यक्ति को नियुक्त करने वाले गुण (लोकतन्त्र का सिद्धान्त और उसके प्रसार के लिए योग्य उत्तराधिकारी नियुक्त करने का सिद्धान्त) का विचार-सिद्धान्त मानव मस्तिष्क में डाला गया।

07. मुख्य-गुण सिद्धान्त - आदर्श चरित्र के गुण के साथ प्रसार करने वाला गुण (व्यक्तिगत आदर्श चरित्र के आधार पर विचार प्रसार का सिद्धान्त) का विचार-सिद्धान्त मानव मस्तिष्क में डाला गया।

08. मुख्य-गुण सिद्धान्त - आदर्श सामाजिक व्यक्ति चरित्र के गुण, समाज में व्याप्त अनेक मत-मतान्तर व विचारों के समन्वय और एकीकरण से सत्य-विचार के प्रेरक ज्ञान को निकालने वाले गुण (सामाजिक आदर्श व्यक्ति का सिद्धान्त और व्यक्ति से उठकर विचार आधारित व्यक्ति निर्माण का सिद्धान्त) का विचार-सिद्धान्त मानव मस्तिष्क में डाला गया।

09. मुख्य-गुण सिद्धान्त - प्रजा को प्रेरित करने के लिए धर्म, संघ और बुद्धि के शरण में जाने का गुण (धर्म, संघ और बुद्धि का सिद्धान्त) का विचार-सिद्धान्त मानव मस्तिष्क में डाला गया।

10. मुख्य-गुण सिद्धान्त - आदर्श मानक सामाजिक व्यक्ति चरित्र समाहित आदर्श मानक वैश्विक व्यक्ति चरित्र अर्थात सार्वजनिक प्रमाणित आदर्श मानक वैश्विक व्यक्ति चरित्र का विचार-सिद्धान्त मानव मस्तिष्क में डालने का काम वर्तमान है और वो अन्तिम भी है।

हे मानवों, अब स्थिति क्या है तथा भाविष्य में काल की गति किस ओर जा रही है? हे मानवों अब स्थिति यह है कि हमें आपके परम प्रिय सिद्धान्त "शक्ति और लाभ (पावर और प्राफिट)" से कोई असहमति नहीं हैं बल्कि यह आपमें कुछ करने की प्रवृत्ति का महान गुण हैं। इसका प्रकाश आप में सदैव जलते रहना चाहिए। काल की गति इस प्रकाश को कैसे सफलतापूर्वक प्राप्त किया जा सकता है उस ज्ञान को ग्रहण करके उस अनुसार कार्य करने की ओर जा रही है अर्थात ज्ञान युग की ओर जा रही है। और मस्तिष्क का विकास ही इसका मार्ग है। भविष्य का समय ऐसे ही मानवों के स्वागत की प्रतीक्षा कर रहा है।

काशी-सत्यकाशी क्षेत्र से विश्व शान्ति का अन्तिम सत्य-सन्देश

प्रिय आत्मीय मानवों,

इस संसार के मनुष्यों को अपना अन्तिम सन्देश देने से पहले मैं आपको उस क्षेत्र से परिचय कराना चाहता हूँ जिस क्षेत्र से यह सन्देश देने का साहस किया गया है क्योंकि कोई भी क्रिया बिना कारण के नहीं होती। मेरा समस्त मूल कार्य जिस क्षेत्र से सम्पूर्ण हुआ, उस क्षेत्र को मैं सत्यकाशी क्षेत्र कहता हूँ और मैं जिस ग्राम का निवासी हूँ वह काशी (वाराणसी) के चौरासी कोस यात्रा तथा सत्यकाशी क्षेत्र का उभय क्षेत्र में स्थित है। इसलिए मैं जितना काशी (वाराणसी) का हूँ उतना ही सत्यकाशी का हूँ। इस प्रकार यह सन्देश काशी-सत्यकाशी का संयुक्त सन्देश है।

सत्यकाशी क्षेत्र जो काशी (वाराणसी), विन्ध्याचल, शिवद्वार और सोनभद्र के बीच का क्षेत्र है, एक पौराणिक-आध्यात्मिक और साधना के लिए उपयुक्त क्षेत्र के रूप में प्राचीन काल से आकर्षण में रहा है। इस क्षेत्र का हृदय क्षेत्र चुनार है। चुनार का किला राजा विक्रमादित्य ने अपने भाई भर्तहरि के तपस्या में हिंसक जानवरों द्वारा व्यवधान न उत्पन्न हो इसके लिए बनवाया था। ये राजा विक्रमादित्य वही हैं जिनके नाम से विक्रम सम्वत् कैलेण्डर स्थापित है। चुनार ईश्वर के पाँचवें अवतार-वामन अवतार का क्षेत्र है जिनसे समाज की शक्ति का प्रथम जन्म हुआ था।

सत्यकाशी क्षेत्र के चारों कोण पर स्थित 1. काशी (वाराणसी) का अपना प्राचीन और पुरातन इतिहास है जो सर्वविदित है। 2. विन्ध्याचल, जो शिव-शक्ति के उपासना का अद्भुत केन्द्र है। यशोदा से उत्पन्न पुत्री (जिनके बदले श्रीकृष्ण प्राप्त हुये थे) महासरस्वती अष्टभुजा देवी के नाम से यहीं स्थापित हैं। भारत देश का मानक समय माँ विन्ध्यवासिनी धाम से तय होता है। पुराणों के अनुसार रावण ने भी इसे मानक समय स्थल मानकर यहाँ शिवलिंग की स्थापना की थी। 3. शिवद्वार, त्रिकोणीय तान्त्रिक साधना के लिए जगत विख्यात था और साधना की राजधानी था। इसे ही मीरजापुर गजेटियर में गुप्तकाशी की संज्ञा से अभिकल्पित किया गया है। 4. सोनभद्र, सोन संस्कृति की पौराणिक पृष्ठभूमि वैदिककालीन सभ्यता की पराकाष्ठापरक ऐतिहासिकता से सम्बद्ध है। सन्त परम्पराओं का एक महत्वपूर्ण परिव्रजन इस क्षेत्र में हुआ जिसमें शैव व शाक्त प्रमुख थे। शैव सम्प्रदाय से जुड़े अघोर तन्त्र ने इसे बहुत सराहा और इसे अपनी कर्मभूमि बना लिया। सोन नद के तट पर शव छेदन क्रिया की भी प्रशिक्षा आयुर्वेद के जिज्ञासुओं को दी जाती थी। शैव तन्त्र से प्रभावित अघोर तन्त्र शव-साधना में सिद्धहस्त था और शव में इकार की प्राण प्रतिष्ठा का जीवन्त रूप शिव को दे देना इनकी अलौकिक साधना का चरमोत्कर्ष है। अघोरपन्थी नाम के पश्चात् "राम" का प्रयोग करते थे। इस क्षेत्र में सवर्ण वर्ग में प्रायः ब्राह्मण वर्ग भी राम का प्रयोग अपने नाम में करता है। इस क्षेत्र में पाशुपात तन्त्र के महान साधक लोरिक का नाम विशेष है।

उपरोक्त तो अति संक्षिप्त परिचय है विस्तार से "विश्वशास्त्र" के अध्याय-दो में प्रकाशित है, जिस क्षेत्र से ये विश्व ऐतिहासिक अन्तिम, अपरिवर्तनीय और अटलनीय सन्देश देने का साहस किया गया है।

हे मानवों, इस संसार में व्यक्त साहित्य, दर्शन, मत, सम्प्रदाय, नियम, संविधान इत्यादि को व्यक्त करने का माध्यम मात्र केवल मानव शरीर ही है इसलिए यह सोचो की यदि सार्वभौम सत्य-सिद्धान्त आधारित ऐसा साहित्य जो सार्वदेशीय, सार्वकालिक और सम्पूर्ण मानव समाज के लिए असीम गुणों और दिशाओं से युक्त हो, अन्तिम रुप से एक ही मानव शरीर से व्यक्त हो रहा हो जिसके ज्ञान के बिना मानव, मानव नहीं पशु हो, उसे स्वीकार और आत्मसात् करना मानव की विवशता हो, तो तुम उस व्यक्तकर्ता मानव को क्या कहोगे? और उसका क्या दोष? यह तो मैं तुम पर ही छोड़ता हूँ। परन्तु धार्मिक-आध्यात्मिक भाषा में उसी असीम गुणों-दिशाओं के प्रकाट्य शरीर को पूर्ण और अन्तिम साकार-सगुण-दृश्य-ब्रह्म-ईश्वर-आत्मा-शिव कहते हैं तथा सार्वभौम सत्य-

सिद्धान्त को निराकार-निर्गुण-अदृश्य-ब्रह्म-ईश्वर-आत्मा-शिव कहते हैं वह शरीर चूँकि सिद्धान्त युक्त होता है इसलिए वह धर्मशास्त्र का प्रमाण रुप होता है। जो धर्मशास्त्रों और धर्मज्ञानियों के प्रति विश्वास बढ़ाता है। वर्तमान समय में सिर्फ यह देखने की आवश्यकता है कि क्या वह सार्वभौम सत्य-सिद्धान्त शास्त्र-साहित्य विश्व विकास-एकता-स्थिरता-शान्ति के क्षेत्र में कुछ रचनात्मक भूमिका निभा सकता है या नहीं? यह देखने की आवश्यकता नहीं है कि उसका व्यक्तकर्ता एक ही शरीर है क्योंकि इससे कोई लाभ नहीं। प्रत्येक मानव चाहे वह किसी भी स्तर का हो वह शारीरिक संरचना में समान होता है परन्तु वह विचारों से ही विभिन्न स्तर पर पीठासीन है, इसलिए मानव, शरीर नहीं विचार है उसी प्रकार विश्वमानव शरीर नहीं, विश्व विचार अर्थात् सार्वभौम सत्य-सिद्धान्त है। इसी प्रकार "मैं" , अहंकार नहीं, "सिद्धान्त" है। प्रत्येक स्तर पर पीठासीन मानव अपने स्तर का सिद्धान्त रुप से "मैं" का अंश रुप से तथा विचार रुप से "अहंकार" का अंश रुप ही है। "मैं" का पूर्ण दृश्य, वास्तविक, सर्वोच्च और अन्तिम रुप वही होगा जो सम्पूर्ण ब्रह्माण्ड के सभी विषयों में व्याप्त हो जाय। तभी तो वह असीम गुणों और दिशाओं से युक्त होगा तथा प्रत्येक दिशा या गुण से उसका नाम अलग-अलग होगा परन्तु वह एक ही होगा। हे मानव, तुम इसे देख नहीं पाते क्योंकि तुम "दृष्टि" से युक्त हो अर्थात् तुम एक ही दिशा या गुण द्वारा देखने की क्षमता रखते हो तुम्हें "दिव्य दृष्टि" अर्थात् अनेक दिशा या गुणों द्वारा एक साथ देखने की क्षमता रखनी चाहिए तभी तुम यथार्थ को देख पाओगे, तभी तुम "मैं" के विश्व रुप को देख पाओगे। दृष्टि से युक्त होने के कारण ही तुम मेरे आभासी रुप-शरीर रुप को ही देखते हो, तुम मेरे वास्तविक रुप-सिद्धान्त रुप को देख ही नहीं पाते। इसी कारण तुम मुझे अहंकार रुप में देखते हो। और इसी कारण तुम "भूमण्डलीकरण (Globalisation)" का विरोध करते हो जबकि "ग्लोबलाईज्ड" दृष्टि ही "दिव्य दृष्टि" है। जिसका तुम मात्र विरोध कर सकते हो क्योंकि यह प्राकृतिक बल के अधीन है जो तुम्हें मानव से विश्वमानव तक के विकास के लिए अटलनीय है। दृष्टि, अहंकार है, अंधकार है, अपूर्ण मानव है तो दिव्य दृष्टि, सिद्धान्त है, प्रकाश है, पूर्णमानव-विश्वमानव है। तुम मानव की अवस्था से विश्वमानव की अवस्था में आने का प्रयत्न करो न कि विश्वमानव का विरोध। विरोध से तुम्हारी क्षति ही होगी। जिस प्रकार "श्रीकृष्ण" नाम है "योगेश्वर" अवस्था है, "गदाधर" नाम है "रामकृष्ण परमहंस" अवस्था है, "सिद्धार्थ" नाम है "बुद्ध" अवस्था है, "नरेन्द्र नाथ दत्त" नाम है "स्वामी विवेकानन्द" अवस्था है, "रजनीश" नाम है "ओशो" अवस्था है। उसी प्रकार व्यक्तियों के नाम, नाम है "भोगेश्वर विश्वमानव" उसकी चरम विकसित, सर्वोच्च और अन्तिम अवस्था है। "दृष्टि" से युक्त होकर विचार व्यक्त करना निरर्थक है, प्रभावहीन है, यहाँ तक की तुम्हें विरोध करने का भी अधिकार नहीं क्योंकि वर्तमान और भविष्य के समय में इसका कोई महत्व नहीं, अर्थ नहीं क्योंकि वह व्यक्तिगत विचार होगा न कि सार्वजनिक संयुक्त विचार। यह सार्वजनिक संयुक्त विचार ही "एकात्म विचार" है और यही वह अन्तिम सत्य है, यही "सार्वभौम सत्य-सिद्धान्त" है। यही धर्मनिपरपेक्ष और सर्वधर्मसमभाव नाम से विश्वमानक-शून्य श्रृंखला: मन की गुणवत्ता का विश्वमानक तथा धर्म नाम से कर्मवेद: प्रथम, अन्तिम और पंचमवेदीय श्रृंखला है जिसकी शाखाएं सम्पूर्ण ब्रह्माण्ड में व्याप्त है और सम्पूर्ण ब्रह्माण्ड व्यक्त है जिसकी स्थापना चेतना के अन्तिम रुप-दृश्य सत्य चेतना के अधीन है। यही "मैं" का दृश्य रुप है। यही "विश्व-बन्धुत्व" , "वसुधैव-कुटुम्बकम्" , "बहुजनहिताय-बहुजनसुखाय" , "एकात्म-मानवतावाद" , "सर्वेभवन्तु-सुखिनः" की स्थापना का "एकात्मकर्मवाद" आधारित अन्तिम मार्ग है।

मन और मन का मानक। मन-व्यक्तिगत प्रमाणित अदृश्य सत्य। मन का मानक-सार्वजनिक प्रमाणित दृश्य सत्य। अनासक्त मन अर्थात् आत्मा अर्थात् व्यक्तिगत प्रमाणित अदृश्य आत्मा अर्थात् मन का अदृश्य मानक। मन का मानक अर्थात् सार्वजनिक प्रमाणित दृश्य आत्मा अर्थात् सार्वजनिक प्रमाणित दृश्य अनासक्त मन। मन का मानक में मन समाहित है।

आत्मा का सार्वजनिक प्रमाणित धर्मनिरपेक्ष एवं सर्वधर्मसमभाव दृश्य रुप एकात्म ज्ञान, एकात्म ज्ञान सहित एकात्म कर्म तथा एकात्म ज्ञान और एकात्म कर्म सहित एकात्म ध्यान के तीन व्यक्त होने के स्तर हैं जो क्रमशः एकात्म वाणी, एकात्म वाणी सहित एकात्म प्रेम तथा एकात्म वाणी और एकात्म प्रेम सहित एकात्म समर्पण द्वारा शक्ति प्राप्त करता है। जिनका धर्मयुक्त अदृश्य रुप भारतीय संस्कृति के पौराणिक कथाओं में ब्रह्मा, विष्णु,

महेश (शंकर) के रुप में तथा सरस्वती, लक्ष्मी और पार्वती शक्ति के रुप में प्रक्षेपित हैं। जिनकी उपयोगिता क्रमशः व्यक्ति, समाज और ब्रह्माण्ड को संतुलन, स्थिरता एवं विकास में है।

यदि तुम उपरोक्त गुणों को रखते हो तो तुम ही ब्रह्मा हो, विष्णु और महेश हो। साथ ही सरस्वती, लक्ष्मी और पार्वती भी। और यदि यह सीमित कर्मक्षेत्र तक में है तो तुम एक सीमाबद्ध और यदि यह सम्पूर्ण ब्रह्माण्ड के सर्वोच्च व्यापक अन्तिम और असीमित कर्म क्षेत्र तक में है तो तुम एक मूल ब्रह्मा, विष्णु, महेश और शक्ति सरस्वती, लक्ष्मी और पार्वती के अवतार हो। यदि तुम इस अनुसार नहीं तो तुम इनके अलावा मानव, दानव, पशु-मानव इत्यादि हो।

जब प्रत्येक शब्द धर्म और धर्मनिरपेक्ष या सर्वधर्मसमभाव में वर्गीकृत किया जा सकता है तब ईश्वर नाम को भी धर्मयुक्त नाम और धर्म निरपेक्ष या सर्वधर्मसमभाव नाम में व्यक्त किया जा सकता है। क्योंकि ईश्वर नाम भी शब्द है। जिस प्रकार व्यक्तिगत प्रमाणित अदृश्य काल के लिए धर्मयुक्त समष्टि ईश्वर नाम-" ऊँ" है। उसी प्रकार सार्वजनिक प्रमाणित दृश्य काल के लिए धर्मनिरपेक्ष और सर्वधर्मसमभाव समष्टि ईश्वर नाम- " TRADE CENTRE" है। जिसमें धर्म युक्त ईश्वर नाम-" ऊँ" का धर्मनिरपेक्ष और सर्वधर्मसमभाव रुप समाहित है।

एक ही देश काल मुक्त सर्वव्यापी अदृश्य सत्य-धर्म-ज्ञान है-आत्मा। और एक ही देश काल मुक्त सर्वव्यापी दृश्य सत्य-धर्म-ज्ञान है- क्रिया या परिवर्तन या $E=MC^2$ या आदान-प्रदान या TRADE या TRANSACTION। इस प्रकार सर्वोच्च और अन्तिम दृश्य सत्य-धर्म-ज्ञान से समस्त विषयों के यथार्थ व्यक्त रुप सर्वमान्य, सार्वजनिक प्रमाणित दृश्य और अन्तिम है। और व्यक्त कर्ता ज्ञानी या ब्रह्म या शिव की अन्तिम कड़ी है। इस आधार पर यह कहा जा सकता है कि "आत्मा" और मेरा दृश्य रुप (आदान-प्रदान) ही स्वस्थ उद्योग, स्वस्थ समाज और स्वस्थ लोकतन्त्र सहित विश्व शान्ति, एकता, स्थिरता और विकास का अन्तिम मार्ग है। चाहे वह वर्तमान में आत्मसात् किया जाये या भविष्य में परन्तु सत्य तो यही है।

मन से मन के मानक के व्यक्त होने के सम्पूर्ण यात्रा में कुछ महापुरुषों ने अदृश्य मानक आत्मा को व्यक्त करने के लिए कार्य किये तो कुछ ने अदृश्य सहित दृश्य मानक के लिए। मन के अदृश्य मानक आत्मा की श्रृंखला में निवृत्ति मार्गी-साधु, संत इत्यादि जिनकी सर्वोच्च स्थिति ब्रह्मा हैं। मन के अदृश्य सहित दृश्य मानक के श्रृंखला में प्रवृत्ति मार्गी-गृहस्थ युक्त सन्यासी इत्यादि जिनकी सर्वोच्च स्थिति विष्णु हैं। इस मानक को व्यवहारिकता में लाने के लिए ध्यान मार्गी जिनकी सर्वोच्च स्थिति महेश हैं। और यही वर्तमान तथा भविष्य के समाज की आवश्यकता है। और यही मन के मानक की उपयोगिता है।

मन के मानक को व्यक्त करने में जो शब्द, ज्ञान-विज्ञान, नाम-रुप इत्यादि प्रयोग किये गये हैं-वे सब मन से मन के मानक के विकास यात्रा में विभिन्न महापुरुषों द्वारा व्यक्त हो मानव समाज में पहले से मान्यता प्राप्त कर विद्यमान है। मैं (विश्वात्मा) सिर्फ उसको वर्तमान की आवश्यकता और वर्तमान से जोड़ने के लिए समयानुसार व्यक्त कर मन के मानक को व्यक्त कर दिया हूँ। यदि समाज इसे आत्मसात् नहीं करता तो उसके पहले मैं (विश्वात्मा) ही उसे आत्मसात् नहीं करता क्योंकि मैं शुद्ध-बुद्ध-मुक्त आत्मा हूँ, मैं नाम-रुप से मुक्त हूँ, मैं शिव हूँ, मैं शिव हूँ, मैं शिव हूँ। और ऐसा कहने वाला मैं पहला नहीं हूँ। मुझसे पहले भी अनेक सिद्धों द्वारा ऐसी उद्घोषणा की जा चुकी है और वे अपने समय के देश-काल स्थितियों में उसे सिद्ध भी कर चुके हैं और जब तक प्रत्येक मानव ऐसा कहने के योग्य नहीं बनता तब तक धर्म शास्त्रों में सृष्टि के प्रारम्भ में कहा गया ईश्वरीय वाणी-" ईश्वर ने इच्छा व्यक्त की कि मैं एक हूँ अनेक हो जाऊँ" कैसे सिद्ध हो पायेगा। मेरे उद्घोष का सबसे बड़ा प्रमाण "सत्य मानक शिक्षा" द्वारा लक्ष्य "पुनर्निर्माण" व उसके प्राप्ति की कार्य योजना है। जो अपने आप में पुरातन, विलक्षण और वर्तमान तक ऐसा नहीं हुआ है, जैसा है। श्रीराम द्वारा शारीरिक शक्ति के माध्यम से शारीरिक शक्ति का प्रयोग कर सत्यीकरण हुआ था, श्रीकृष्ण द्वारा आर्थिक शक्ति के माध्यम से व्यक्तिगत बौद्धिक शक्ति का प्रयोग कर सत्यीकरण हुआ था, अब यह कार्य व्यक्तिगत बौद्धिक शक्ति के माध्यम से सार्वभौम बौद्धिक शक्ति का प्रयोग कर सत्यीकरण किया जा रहा है। जो श्रीराम, श्रीकृष्ण के क्रम में अगला कार्य है। यह मानने का कार्य नहीं जानने का कार्य है। मानने से,

मानने वाले का कोई कल्याण नहीं होता, कल्याण तो सिर्फ जानने वालों का ही होता रहा है, होता है और होता रहेगा।

वर्तमान एवं भविष्य के मानव समाज को मैं (विश्वात्मा) का यह अन्तिम सत्य संदेश है कि-मानव की वास्तविक चेतना-सत्य चेतना अर्थात् भूतकाल का अनुभव और भविष्य की आवश्यकतानुसार वर्तमान में परिणाम ज्ञान से युक्त हो कार्य करना है न कि पशुओं की प्राकृतिक चेतना अर्थात् शुद्ध रुप से वर्तमान में कार्य करना है। सत्य चेतना में प्राकृतिक चेतना समाहित रहती है। अर्थात् मानव का विकास प्राकृतिक चेतना से सत्य चेतना की ओर होना चाहिए। और विज्ञान की भाँति धर्म के विषय में भी सदा आविष्कृत विषय से आविष्कार की ओर बढ़ना चाहिए अन्यथा स्थिति यह होगी कि वह तो आपके पास पहले से आविष्कृत था परन्तु उसी के आविष्कार में आपने पूरा जीवन व्यतीत कर दिया।

सम्पूर्ण मानव समाज से यह निवेदन है कि ईश्वर के सम्बन्ध में जो कुछ भी अब तक आविष्कृत है यद्यपि कि वह सब मैं (आत्मा) इस भौतिक शरीर (श्री लव कुश सिंह "विश्वमानव") से व्यक्त कर चुका हूँ लेकिन फिर भी व्यक्ति ईश्वर नहीं बन सकता। सिर्फ समष्टि ही ईश्वर होता है और समष्टि ही संयुक्त है। जिसकी चरम विकसित अवस्था सम्पूर्ण ब्रह्माण्ड का यथार्थ रुप है जो एक संयुक्त विचार-सत्य-सिद्धान्त ही है व्यक्ति नहीं। जबकि इसको व्यक्त और आत्मसात् करने वाला व्यक्ति ही है अर्थात् ईश्वर और व्यक्ति एक दूसरे पर निर्भर है। परिणामस्वरुप जो कुछ भी इस भौतिक शरीर द्वारा व्यक्त कर देना था-वह दे दिया गया और बात यहीं समाप्त हो गयी। क्योंकि मैं (विश्वात्मा) तुम्हारे अनूरुप सामान्य हो गया क्योंकि ईश्वर (संयुक्त विचार सत्य-सिद्धान्त) बाहर हो गया और वह सभी में व्याप्त हो गया। तू भी सामान्य, मैं भी सामान्य। तू भी ईश्वर, मैं भी ईश्वर। तू भी शिव, मैं भी शिव। इससे अलग सिर्फ माया, भ्रम, अन्धविश्वास है। और जब तक मैं (विश्वात्मा) इस शरीर में हूँ एक वर्तमान और भविष्य का एकात्म ध्यान युक्त प्रबुद्ध मानव के सिवाय कुछ अधिक भी नहीं समझा जाना चाहिए बस यही निवेदन है।

इस अन्तिम के सम्बन्ध में यह कहना चाहूँगा कि इस पर अभी विवाद करने से कोई लाभ नहीं है। अभी तो सिर्फ यह देखना है कि यह कालानुसार वर्तमान और भविष्य के लिए व्यक्ति से विश्व प्रबन्ध तक के लिए उपयोगी है या नहीं और जब तक मानव सृष्टि रहेगी तब तक यह सार्वभौम सत्य-सिद्धान्त अभेद्य और अकाट्य बना रहता है। तब यह समझ लेना होगा कि यह अन्तिम था। और व्यक्त करने वाला मानव शरीर पूर्ण ब्रह्म की अन्तिम कड़ी अर्थात् शिव का साकार सगुण रुप ही था।

आलोचना और विरोध मानव का स्वभाव है परन्तु सत्य की आलोचना और विरोध यदि बिना विचारे ही होगा तो यह उस मनुष्य के लिए स्वयं की मूर्खता का प्रदर्शन ही बन सकता है क्योंकि ऐसा नहीं है कि अन्य मनुष्य इसे नहीं समझ रहे हैं। इसलिए इसके लिए थोड़ा सतर्कता रखें विशेषकर उन लोगों के लिए जो सार्वजनिक रुप से विचार प्रस्तुत करते हैं।

हाँ, एक अन्तिम सत्य और-उपरोक्त अन्तिम सत्य भी सत्य और अन्तिम सत्य है या नहीं? इसके लिए भी तो ज्ञान और बुद्धि चाहिए।

प्रकाशित खुशमय तीसरी सहस्त्राब्दि के साथ यह एक सर्वोच्च समाचार है कि नयी सहस्त्राब्दि केवल बीते सहस्त्राब्दियों की तरह एक सहस्त्राब्दि नहीं है। यह प्रकाशित और विश्व के लिए नये अध्याय के प्रारम्भ का सहस्त्राब्दि है। केवल वक्तव्यों द्वारा लक्ष्य निर्धारण का नहीं बल्कि स्वर्गीकरण के लिए असिमीत भूमण्डलीय मनुष्य और सर्वोच्च अभिभावक संयुक्त राष्ट्र संघ सहित सभी स्तर के अभिभावक के कर्तव्य के साथ कार्य योजना पर आधारित। क्योंकि दूसरी सहस्त्राब्दि के अन्त तक विश्व की आवश्यकता, जो किसी के द्वारा प्रतिनिधित्व नहीं हुई उसे विवादमुक्त और सफलतापूर्वक प्रस्तुत किया जा चुका है। जबकि विभिन्न विषयों जैसे-विज्ञान, धर्म, आध्यात्म, समाज, राज्य, राजनीति, अन्तर्राष्ट्रीय सम्बन्ध, परिवार, व्यक्ति, विभिन्न संगठनों के क्रियाकलाप, प्राकृतिक, ब्रह्माण्डीय, देश, संयुक्त राष्ट्र संघ इत्यादि की स्थिति और परिणाम सार्वजनिक प्रमाणित दृश्य रुप में थे।

विज्ञान के सर्वोच्च आविष्कार के आधार पर अब यह विवाद मुक्त हो चुका है कि मन केवल व्यक्ति, समाज, और राज्य को ही नहीं प्रभावित करता बल्कि यह प्रकृति और ब्रह्माण्ड को भी प्रभावित करता है। केन्द्रीयकृत और ध्यानीकृत मन विभिन्न शारीरिक सामाजिक और राज्य के असमान्यताओं के उपचार का अन्तिम मार्ग है। स्थायी स्थिरता, विकास, शान्ति, एकता, समर्पण और सुरक्षा के लिए प्रत्येक राज्य के शासन प्रणाली के लिए आवश्यक है कि राज्य अपने उद्देश्य के लिए नागरिकों का निर्माण करें। और यह निर्धारित हो चुका है कि क्रमबद्ध स्वस्थ मानव पीढ़ी के लिए विश्व की सुरक्षा आवश्यक है। इसलिए विश्वमानव के निर्माण की आवश्यकता है, लेकिन ऐसा नहीं है और विभिन्न अनियन्त्रित समस्या जैसे-जनसंख्या, रोग, प्रदूषण, आतंकवाद, भ्रष्टाचार, विकेन्द्रीकृत मानव शक्ति एवं कर्म इत्यादि लगातार बढ़ रहे है। जबकि अन्तरिक्ष और ब्रह्माण्ड के क्षेत्र में मानव का व्यापक विकास अभी शेष है। दूसरी तरफ लाभकारी भूमण्डलीकरण विशेषीकृत मन के निर्माण के कारण विरोध और नासमझी से संघर्ष कर रहा है। और यह असम्भव है कि विभिन्न विषयों के प्रति जागरण समस्याओं का हल उपलब्ध करायेगा।

मानक के विकास के इतिहास में उत्पादों के मानकीकरण के बाद वर्तमान में मानव, प्रक्रिया और पर्यावरण का मानकीकरण तथा स्थापना आई0 एस0 ओ0-9000 एवं आई0 एस0 ओ0-14000 श्रृंखला के द्वारा मानकीकरण के क्षेत्र में बढ़ रहा है। लेकिन इस बढ़ते हुये श्रृंखला में मनुष्य की आवश्यकता (जो मानव और मानवता के लिए आवश्यक है) का आधार "मानव संसाधन का मानकीकरण" है क्योंकि मनुष्य सभी (जीव और निर्जीव) का निर्माणकर्ता और उसका नियन्त्रणकर्ता है। मानव संसाधन के मानकीकरण के बाद सभी विषय आसानी से लक्ष्य अर्थात् विश्वस्तरीय गुणवत्ता की ओर बढ़ जायेगी क्योंकि मानव संसाधन के मानक में सभी तन्त्रों के मूल सिद्धान्त का समावेश होगा।

वर्तमान समय में शब्द- "निर्माण" भूमण्डलीय रुप से परिचित हो चुका है इसलिए हमें अपना लक्ष्य मनुष्य के निर्माण के लिए निर्धारित करना चाहिए। और दूसरी तरफ विवादमुक्त, दृश्य, प्रकाशित तथा वर्तमान सरकारी प्रक्रिया के अनुसार मानक प्रक्रिया उपलब्ध है। जैसा कि हम सभी जानते हैं कि मानक हमेशा सत्य का सार्वजनिक प्रमाणित विषय होता है न कि विचारों का व्यक्तिगत प्रमाणित विषय। अर्थात् प्रस्तुत मानक विभिन्न विषयों जैसे-आध्यात्म, विज्ञान, तकनीकी, समाजिक, नीतिक, सैद्धान्तिक, राजनीतिक इत्यादि के व्यापक समर्थन के साथ होगा। "उपयोग के लिए तैयार" तथा "प्रक्रिया के लिए तैयार" के आधार पर प्रस्तुत मानव के विश्व स्तरीय निर्माण विधि को प्राप्त करने के लिए मानव निर्माण तकनीकी WCM-TLM-SHYAM.C (World Class Manufactuing–Total Life Maintenance- Satya, Heart, Yoga, Ashram, Meditation.Conceousnesas) प्रणाली आविष्कृत है जिसमें सम्पूर्ण तन्त्र सहभागिता (Total System Involvement-TSI) है और विश्वमानक शून्य: मन की गुणवत्ता का विश्वमानक श्रृंखला (WS-0: World Standard of Mind Series) समाहित है। जो विश्वमानव निर्माण प्रक्रिया की तकनीकी और मानव संसाधन की गुणवत्ता का विश्वमानक है। जैसे-औद्योगिक क्षेत्र में इन्स्टीच्यूट आफ प्लान्ट मेंन्टीनेन्स, जापान द्वारा उत्पादों के विश्वस्तरीय निर्माण विधि को प्राप्त करने के लिए उत्पाद निर्माण तकनीकी डब्ल्यू0 सी0 एम0-टी0 पी0 एम0-5 एस (WCM-TPM-5S (World Class Manufacturing - Total Productive Maintenance -Siri (छँटाई), Seton (सुव्यवस्थित), Sesaso (स्वच्छता), Siketsu (अच्छास्तर), Shituke (अनुशासन) प्रणाली संचालित है। जिसमें सम्पूर्ण कर्मचारी सहभागिता (Total Employees Involvement) है।) का प्रयोग उद्योगों में विश्व स्तरीय निर्माण प्रक्रिया के लिए होता है। और आई.एस.ओ.-9000 (ISO-9000) तथा आई.एस.ओ.-14000 (ISO-14000) है।

युग के अनुसार सत्यीकरण का मार्ग उपलब्ध कराना ईश्वर का कर्तव्य है आश्रितों पर सत्यीकरण का मार्ग प्रभावित करना अभिभावक का कर्तव्य है। और सत्यीकरण के मार्ग के अनुसार जीना आश्रितों का कर्तव्य है जैसा कि हम सभी जानते है कि अभिभावक, आश्रितों के समझने और समर्थन की प्रतिक्षा नहीं करते। अभिभावक यदि किसी विषय को आवश्यक समझते हैं तब केवल शक्ति और शीघ्रता से प्रभावी बनाना अन्तिम मार्ग होता है। विश्व के बच्चों के लिए यह अधिकार है कि पूर्ण ज्ञान के द्वारा पूर्ण मानव अर्थात् विश्वमानव के रुप में बनना। हम सभी विश्व के नागरिक सभी स्तर के अभिभावक जैसे-महासचिव संयुक्त राष्ट्र संघ, राष्ट्रों के राष्ट्रपति-प्रधानमंत्री, धर्म,

समाज, राजनीति, उद्योग, शिक्षा, प्रबन्ध, पत्रकारिता इत्यादि द्वारा अन्य समानान्तर आवश्यक लक्ष्य के साथ इसे जीवन का मुख्य और मूल लक्ष्य निर्धारित कर प्रभावी बनाने की आशा करते हैं। क्योंकि लक्ष्य निर्धारण वक्तव्य का सूर्य नये सहस्त्राब्दि के साथ डूब चुका है। और कार्य योजना का सूर्य उग चुका है। इसलिए धरती को स्वर्ग बनाने का अन्तिम मार्ग सिर्फ कर्तव्य है। और रहने वाले सिर्फ सत्य-सिद्धान्त से युक्त संयुक्तमन आधारित मानव है, न कि संयुक्तमन या व्यक्तिगतमन से युक्तमानव।

आविष्कार विषय "व्यक्तिगत मन और संयुक्तमन का विश्व मानक और पूर्णमानव निर्माण की तकनीकी है जिसे धर्म क्षेत्र से कर्मवेद: प्रथम, अन्तिम तथा पंचमवेदीय श्रृंखला तथा शासन क्षेत्र से WS-0: मन की गुणवत्ता का विश्व मानक श्रृंखला तथा WCM-TLM-SHYAM.C तकनीकी कहते है। सम्पूर्ण आविष्कार सार्वभौम सत्य-सिद्धान्त अर्थात सम्पूर्ण ब्रह्माण्ड में व्याप्त अटलनीय, अपरिवर्तनीय, शाश्वत व सनातन नियम पर आधारित है, न कि मानवीय विचार या मत पर आधारित।" सम्पूर्ण ब्रह्माण्ड में व्याप्त एक ही सत्य-सिद्धान्त द्वारा व्यक्तिगत व संयुक्त मन को एकमुखी कर सर्वोच्च, मूल और अन्तिम स्तर पर स्थापित करने के लिए शून्य पर अन्तिम आविष्कार WS-0 श्रृंखला की निम्नलिखित पाँच शाखाएँ है।

1. डब्ल्यू.एस. (WS)-0:विचार एवम् साहित्य का विश्वमानक
2. डब्ल्यू.एस. (WS)-00: विषय एवम् विशेषज्ञों की परिभाषा का विश्वमानक
3. डब्ल्यू.एस. (WS)-000:ब्रह्माण्ड (सूक्ष्म एवम् स्थूल) के प्रबन्ध और क्रियाकलाप का विश्वमानक
4. डब्ल्यू.एस. (WS)-0000: मानव (सूक्ष्म तथा स्थूल) के प्रबन्ध और क्रियाकलाप का विश्वमानक
5. डब्ल्यू.एस. (WS)-00000:उपासना और उपासना स्थल का विश्वमानक

संयुक्त राष्ट्र संघ सीधे इस मानक श्रृंखला को स्थापना के लिए अपने सदस्य देशों के महासभा के समक्ष प्रस्तुत कर अन्तर्राष्ट्रीय मानकीकरण संगठन व विश्व व्यापार संगठन के माध्यम से सभी देशों में स्थापित करने के लिए उसी प्रकार बाध्य कर सकता है, जिस प्रकार ISO-9000 व ISO-14000 श्रृंखला का विश्वव्यापी स्थापना हो रहा है।

20 वर्षों से जिस समय की प्रतीक्षा मैं लव कुश सिंह "विश्वमानव" कर रहा था वह आ गया है। जो व्यक्ति प्राकृतिक बल को समझ जाते हैं वे उसके अनुसार कार्य योजना तैयार करते है। इस क्रम में व्यक्ति, समाज, देश व विश्व की आवश्यकता को 20 वर्ष पहले ही समझ लिया गया था और उस अनुसार ही लक्ष्य निर्धारित कर उसके प्राप्ति के लिए कार्य योजना तैयार की जा रही थी। सिर्फ लक्ष्य निर्धारण से ही कार्य सम्पन्न नहीं हो जाता बल्कि लक्ष्य की सत्यता की प्रमाणिकता के लिए धर्म शास्त्रों, पुराणों, दार्शनिकों, सामाजिक-राजनीतिक नेतृत्वकर्ताओं, विज्ञान व आध्यात्म इत्यादि के विचारों-सिद्धान्तों के द्वारा उसे पुष्टि प्रदान करने की भी आवश्यकता होती है। फिर उसे उस लक्ष्य तक पहुँचाने के लिए कार्य योजना बनानी पड़ती है।

वर्तमान समय, सम्पूर्ण पुनर्निर्माण और सत्यीकरण का समय है। हमें प्रत्येक विषय को प्रारम्भ से समझना और समझाना पड़ेगा। तभी व्यक्ति, समाज, देश व विश्व को सत्य दिशा प्राप्त हो सकेगी और इस कार्य को करने वाला काशी-सत्यकाशी क्षेत्र इस वर्तमान समय में राष्ट्र गुरू बनेगा जिसका कारण होगा-" राष्ट्र को सत्य मार्गदर्शन देना"। और फिर यही कारण भारत को जगतगुरू के रूप में स्थापित कर देगा।

हम सभी के मोटर वाहनों में, वाहन कितने किलोमीटर चला उसे दिखाने के लिए एक यंत्र होता है। यदि इस यंत्र की अधिकतम 6 अंकों तक किलोमीटर दिखाने की क्षमता हो तब उसमें 6 अंक दिखते है। जो प्रारम्भ में 000000 के रूप में होता है। वाहन के चलते अर्थात विकास करते रहने से 000001 फिर 000002 इस क्रम से बढ़ते हुये पहले इकाई में, फिर दहाई में, फिर सैकड़ा में, फिर हजार में, फिर दस हजार में, फिर लाख में, के क्रम में यह आगे बढ़ते हुये बदलता रहता है। एक समय ऐसा आता है जब सभी अंक 999999 हो जाते हें फिर क्या होगा? फिर सभी 000000 के अपने प्रारम्भ वाली स्थिति में आ जायेंगे। इन 6 अंक के प्रत्येक अंक के चक्र में 0 से 9 अंक के चक्र होते है। जो वाहन के चलने से बदलकर चले हुये किलोमीटर को दिखाते है। यही स्थिति भी इस सृष्टि के काल चक्र की है। सृष्टि चक्र में पहले काल है जिसके दो रूप अदृश्य और दृश्य हैं। फिर इन दोनों काल में 5 युग

हैं। 4 अदृश्य काल के 1 दृश्य काल के। और इन दोनों काल में 14 मनवन्तर और मनु हैं। 7 अदृश्य काल के 7 दृश्य काल के। फिर इन युगों में युगावतार अवतार होते हैं। फिर व्यास व शास्त्र होते हैं। ये सब वैसे ही है जैसे अंक गणित में इकाई, दहाई, सैकड़ा, हजार, दस हजार, लाख इत्यादि होते हैं। उपर उदाहरण दिये गये यंत्र में जब सभी अंक 999999 हो जाते हैं तब विकास के अगले एक बदलाव से इकाई, दहाई, सैकड़ा, हजार, दस हजार, लाख सभी बदलते हैं। वर्तमान सृष्टि चक्र की स्थिति भी यही हो गयी है कि अब अगले अवतार के मात्र एक विकास के लिए सत्यीकरण से काल, मनवन्तर व मनु, अवतार, व्यास व शास्त्र सभी बदलेंगे। इसलिए देश व विश्व के धर्माचार्यों, विद्वानों, ज्योतिषाचार्यों इत्यादि को अपने-अपने शास्त्रों को देखने व समझने की आवश्यकता आ गयी है क्योंकि कहीं ये कार्य वही तो नहीं है? और यदि नहीं तो वह कौन सा कार्य होगा जो इन सबको बदलने वाली घटना को घटित करेगा?

सामान्यतः मनुष्य का स्वभाव अपने जैसा ही दूसरे को समझना होता है। वह कैसे यह सोच सकता है कि एक व्यक्ति सांसारिक कार्यों से निर्लिप्त रहते हुये 20 वर्षों से ऐसी शोध व योजना पर ध्यान केन्द्रित कर कार्य करने में लगा हुआ है जो भारत को उसके सत्य महानता की ओर ले जाने वाला कार्य है। और ऐसा कार्य भारत सहित विश्व के लिए कितने बड़े समाचार का विषय बनेगा?

"विश्वशास्त्र" में जन्म-जीवन-पुनर्जन्म-अवतार-साकार ईश्वर-निराकार ईश्वर, अदृश्य और दृश्य ईश्वर नाम, मानसिक मृत्यु व जन्म, भूत-वर्तमान-भविष्य, शिक्षा व पूर्ण शिक्षा, संविधान व विश्व संविधान, ग्राम सरकार व विश्व सरकार, विश्व शान्ति व एकता, स्थिरता व व्यापार, विचारधारा व क्रियाकलाप, त्याग और भोग, राधा और धारा, प्रकृति और अहंकार, कर्तव्य और अधिकार, राजनीति व विश्व राजनीति, व्यक्ति और वैश्विक व्यक्ति, ज्ञान व कर्मज्ञान, योग, अदृश्य और दृश्य योग व ध्यान, मानवतावाद व एकात्मकर्मवाद, नायक-शास्त्राकार-आत्मकथा, महाभारत और विश्वभारत, जाति और समाजनीति, मन और मन का विश्वमानक, मानव और पूर्ण मानव एवं पूर्ण मानव निर्माण की तकनीकी, आकड़ा व सूचना और विश्लेषण, शास्त्र और पुराण इत्यादि अनेकों विषय और उनके वर्तमान समय के शासनिक व्यवस्था में स्थापना स्तर तक की विधि को व्यक्त किया गया है। इस एक ही "विश्वशास्त्र" साहित्य के गुणों के आधार पर धर्म क्षेत्र से 90 नाम और धर्मनिरपेक्ष व सर्वधर्मसमभाव क्षेत्र से 141 नाम भी निर्धारित किये गये हैं।

जब दुनिया बीसवीं सदी के समाप्ति के समीप थी तब वर्ष 1995 ई0 में कोपेनहेगन में सामाजिक विकास का विश्व शिखर सम्मेंलन हुआ था। इस शिखर सम्मेंलन में यह माना गया कि-" आर्थिक विकास अपने आप में महत्वपूर्ण विषय नहीं है, उसे समाजिक विकास के हित में काम करना चाहिए। यह कहा गया कि पिछले वर्षों में आर्थिक विकास तो हुआ, पर सभी देश सामाजिक विकास की दृष्टि से पिछड़े ही रहे। जिसमें मुख्यतः तीन बिन्दुओं- बढ़ती बेरोजगारी, भीषण गरीबी और सामाजिक विघटन पर चिन्ता व्यक्त की गई। यह स्वीकार किया गया कि सामाजिक विकास की समस्या सार्वभौमिक है। यह सर्वत्र है, लेकिन इस घोर समस्या का समाधान प्रत्येक संस्कृति के सन्दर्भ में खोजना चाहिए।" इसका सीधा सा अर्थ यह है कि व्यक्ति हो या देश, आर्थिक विकास तभी सफल होगा जब बौद्धिक विकास के साथ मनुष्य के गुणवत्ता में भी विकास हो। इसी सम्मेलन में भारत ने यह घोषणा की कि-" वह अपने सकल घरेलू उत्पाद का 6 प्रतिशत शिक्षा पर व्यय करेगा।" भारत इस पर तब से कितना अमल कर पाया यह तो सबके सामने है। लेकिन बौद्धिक विकास के साथ मनुष्य के गुणवत्ता में भी विकास के लिए भारत सहित विश्व के हजारों विश्वविद्यालय जिस पूर्ण सकारात्मक एवम् एकीकरण के विश्वस्तरीय शोध को न कर पाये, वह पूर्ण किया जा चुका है और उसे पाठ्यक्रम का रूप देकर पुनर्निर्माण के माध्यम से आपके सामने है। परिणामस्वरूप एकल सार्वभौमिक रचनात्मक बुद्धि बनाम विश्व बुद्धि का रूप आपके सामने है।

शास्त्रों व अनेक भविष्यवक्ताओं के भविष्यवाणीयों को पूर्णतया सिद्ध करते हुये यह कार्य उसी समय अवधि में सम्पन्न हुआ है। भविष्यवाणीयों के अनुसार ही जन्म, कार्य प्रारम्भ और पूर्ण करने का समय और जीवन है। अधिक जानने के लिए इन्टरनेट पर गूगल व फेसबुक में नियामतपुर कलाँ, लव कुश सिंह "विश्वमानव" , सत्यकाशी,

विश्वशास्त्र, विश्वमानव (NIYAMATPUR KALAN, LAVA KUSH SINGH "VISHWMANAV" , SATYAKASHI, VISHWSHASTRA, VISHWMANAV) इत्यादि से सर्च कर जानकारी पायी जा सकती है।

सामाजिक-आर्थिक प्रणाली और शिक्षा के दायित्व पर आधारित सम्पूर्ण कार्य योजना को राष्ट्र को समर्पित करते हुये और प्रकृति से लिए गये हवा, पानी, धूप इत्यादि का कर्ज उतारते हुये, इस व्यापार पर स्वयं का एकाधिकार न रहे इसलिए इसे, पूरी रूचि से संचालित करने वालों के हाथों में ही सौंपने की भी योजना है जिससे ज्ञान का व्यापार भी हो जायेगा और राष्ट्र सेवा भी हो जायेगी।

जय भारत देश, जय विश्व राष्ट्र

सत्य, आधुनिक अथवा प्राचीन किसी समाज का सम्मान नहीं करता। समाज को ही सत्य का सम्मान करना पड़ेगा। अन्यथा समाज ध्वंस हो जाये कोई हानि नहीं। किसी प्रकार की राजनीति में मुझे विश्वास नहीं है। ईश्वर तथा सत्य ही एक मात्र राजनीति है बाकि सब कूड़ा-करकट है।

-स्वामी विवेकानन्द

Think Globally - Act Locally
वैश्विक सोच - स्थानीय कार्यवाही

**जिस प्रकार शरीर स्थित मन का स्तर व्यक्ति को इस संसार में अभिनय करवाता है,
उसी प्रकार एक लेखक ही पर्दे पर या जीवन में अभिनय करवाता है।
वाल्मिकि और तुलसी के लिखने से श्रीराम का अभिनय,
और व्यास के लिखने से श्रीकृष्ण का अभिनय अभी भी चल रहा है।
व्यापक सोचें, व्यापक लिखे। पढ़े- "विश्वशास्त्र"**

आत्मा पर कौन विश्वास करता है, सभी शरीर पर विश्वास करते हैं

WRITER IS ACTOR

भाग-5
परिवर्तन

सीधी समझ

नये भारत में, नये मनुष्य के उदय के लिए

व्यवस्था के परिवर्तन या सत्यीकरण का पहला प्रारूप और उसकी कार्य विधि

वे शब्द जिसके बिना युग परिवर्तन सम्भव नहीं

उपाधियाँ मिलती है- पीएच0 डी0, डी0 लिट0 और डी0 फिल0 और उनका बड़ा सम्मान होता है। उनका काम क्या है? उनका काम यह है कि वे तय करते हैं कि गोरखनाथ कब पैदा हुए थे। कोई कहता है दसवीं सदी के अंत में, कोई कहता है ग्यारहवीं सदी के प्रारम्भ में। इस पर बड़ा विवाद चलता है। बड़े-बड़े विश्वविद्यालयों के ज्ञानी सिर खपा कर खोज में लगे रहते हैं। शास्त्रों की, प्रमाणों की, इसकी, उसकी। उनकी पूरी जिन्दगी इसी में जाती है। इससे बड़ा अज्ञान और क्या होगा? गोरख कब पैदा हुए, इसे जानकर करोगे क्या? इसे जान भी लिया तो पाओगे क्या? गोरख न भी पैदा हुए, यह भी सिद्ध हो जाये, तो भी क्या फायदा? हुए हों या न हुए हों, अर्थहीन है। गोरख ने क्या जिया उसका स्वाद लो। इसलिए तुम्हारे विश्वविद्यालय ऐसी व्यर्थता के कामों में संलग्न हैं कि बड़ा आश्चर्य होता है कि इन्हें विश्वविद्यालय कहो या न कहो। इनका काम ही........तुम्हारे विश्वविद्यालय में चलने वाली जितनी शोध है, सब कूड़ा-करकट है।

-आचार्य रजनीश "ओशो"

(अक्टुबर व नवम्बर 1978 में दिये गये प्रवचन का अंश)

FINAL KNOWLEDGE BOMB BLAST

AFTER FIRST NOBEL DISCOVERY OF ZERO BY INDIA AGAIN ZERO BASED FINAL DISCOVERY

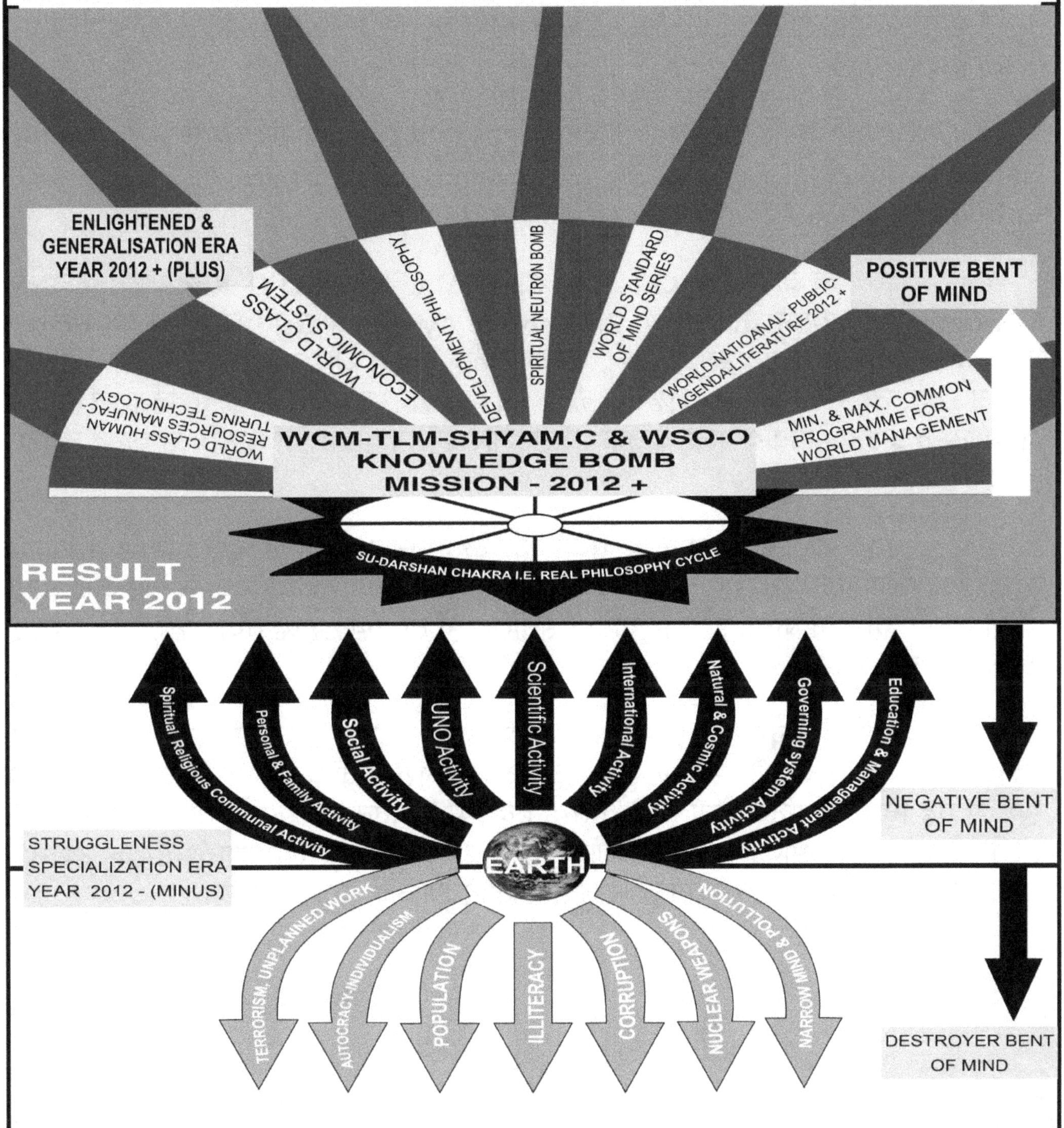

मैकाले शिक्षा पद्धति हम बदल नहीं सकते लेकिन अलग से "सत्य मानक शिक्षा" ग्रहण तो कर सकते हैं।

सरकारी पाठ्यक्रम बनाम नीजी पाठ्यक्रम / सार्वभौम आत्मीय पाठ्यक्रम / ईश्वरीय पाठ्यक्रम

ज्ञान के इस युग में ज्ञान की ओर चलें

FINAL KNOWLEDGE BOMB BLAST

यह चित्र **"FINAL KNOWLEDGE BOMB BLAST"** एक गहन वैचारिक मानचित्र है, जो मानव चेतना, ज्ञान, दर्शन और वैश्विक व्यवस्था के परिवर्तन को प्रतीकात्मक रूप में प्रस्तुत करता है।

इसमें यह दिखाया गया है कि वर्ष 2012 को एक *युग-संधि* के रूप में देखा गया है- जहाँ संघर्ष, विशेषज्ञता और विखंडन (2012–minus) से निकलकर मानवता को प्रबोधन, सामान्यीकरण और समन्वय (2012–plus) की ओर बढ़ना है।

चित्र के केंद्र में **WCM–TLM–SHYAM.C & WSO-O Knowledge Bomb Mission** और **सु-दर्शन चक्र (Real Philosophy Cycle)** को रखा गया है, जो यह संकेत देता है कि वास्तविक परिवर्तन शस्त्रों से नहीं, बल्कि दर्शन, विवेक और समग्र ज्ञान से आता है। ऊपर की ओर उठती संरचना *Positive Bent of Mind* को दर्शाती है, जहाँ विश्व-स्तरीय सोच, आध्यात्मिक दर्शन, मानवीय मूल्य, वैश्विक एजेंडा और कॉमन प्रोग्राम के माध्यम से मानव चेतना का विस्तार होता है।

चित्र के निचले भाग में पृथ्वी को केंद्र बनाकर मानव गतिविधियों-आध्यात्मिक, सामाजिक, वैज्ञानिक, अंतरराष्ट्रीय, शैक्षिक और प्रशासनिक-को दर्शाया गया है, जो यदि संतुलित हों तो उन्नति का मार्ग बनती हैं, और यदि असंतुलित हों तो *Negative* तथा *Destroyer Bent of Mind* की ओर ले जाती हैं।

वहीं नीचे की ओर गिरते तीर आतंकवाद, तानाशाही, जनसंख्या विस्फोट, अशिक्षा, भ्रष्टाचार, परमाणु खतरे और संकीर्ण सोच जैसे विनाशकारी तत्वों का प्रतिनिधित्व करते हैं। समग्र रूप से यह चित्र यह संदेश देता है कि वर्तमान युग में मानवता के सामने विकल्प स्पष्ट है-या तो संकीर्ण, नकारात्मक और विनाशकारी सोच, या फिर **"ज्ञान आधारित सार्वभौमिक दर्शन"** के माध्यम से पृथ्वी और मानव सभ्यता का संतुलित, शांतिपूर्ण और प्रबुद्ध भविष्य।

सीधी समझ

बड़ा वट वृक्ष (Big Banyan Tree), सैकड़ों वर्ष पुराना एक विशाल क्षेत्र में फैला वट वृक्ष है। जिसका मूल वृक्ष अब अस्तित्व में नहीं है उसके तनों से निकले सैंकड़ों जड़ वर्तमान में स्वयं एक वृक्ष, फिर उनके तनों से निकले सैंकड़ों जड़ भी वर्तमान में एक-एक वृक्ष के रूप में स्थापित हैं और सभी एक-दूसरे से जुड़े हुये हैं, बस जो नहीं है, वह है मूल वृक्ष। इस प्रकार सम्पूर्ण वृक्ष परिवार एक बड़े क्षेत्र में फैल चुका है और निरन्तर जारी भी है। प्रत्येक स्वयं स्वतन्त्र वृक्ष के रूप में स्थापित वृक्ष का अपने परिवार के रूप में तना, पत्ता, फूल और फल सब निकलते रहते हैं और जिसे जहाँ अर्थात् नजदीकी स्रोत से सुविधा अर्थात् खुराक मिल सकता हैं वहाँ से प्राप्त करते हुये विकास कर रहे हैं। इस कार्य में आपस में कोई विवाद नहीं है। कोई किसी पर अधिपत्य जमाना नहीं चाहता, ना ही अन्य के विकास में कोई बाधा पहुँचाता है। जिसको जिस ओर उचित वातावरण मिलता जाता है, उस ओर वह विकास कर रहा है। कुल मिलाकर स्व प्रेरित सुशासन की भाँति संचालित है। इस वट वृक्ष के सबसे बाद अर्थात् वर्तमान के तनों-पत्तों के लिए उसका जन्मदाता व पालनकर्ता के रूप में उसका नजदीकी जड़ ही है इसलिए उसकी कथा-कहानी वहीं से शुरू होती है और वहीं तक उसका ज्ञान है जो एक संकुचित और सीमित ज्ञान है। वह पूर्ण को नहीं जान रहा, उसका पूर्णत्व, सार्वभौम पूर्णत्व नहीं बल्कि सीमित पूर्णत्व है। सीमित पूर्णत्व में भी वह आनन्द में हैं और विकासशील है। उसका विकास होना सार्वभौम का ही विकास होना है परन्तु उसे उसका ज्ञान नहीं है और वह उस सार्वभौम के विकास में अपने योगदान को करते हुये भी स्वयं को गौरवान्वित नहीं अनुभव कर रहा है। सार्वभौम से युक्त होने के बाद भी उसे अपने परिवार से ही जुड़ा रहना उसकी विवशता भी है और इसके अलावा कोई अन्य मार्ग भी नहीं हैं। उसके सार्वभौम का मार्ग भी उसके अपने परिवार के ही मार्ग से होकर जाता है। वृक्ष के साथ यह मजबूरी भी है कि क्योंकि वह स्थिर है इसलिए उसका छोटा परिवार केवल पड़ोस तक के ही दायरे के सम्पर्क में है। दूसरे छोर के परिवार का क्या हाल है उसे कुछ नहीं पता।

हे मानवों, ये संसार भी उपरोक्त वट वृक्ष के सामन ही फैला हुआ है। परन्तु उस भाँति विकास नहीं कर रहा है। मनुष्य के अन्दर बीमारी की भाँति अधिकतम "शक्ति और लाभ (पावर और प्राफिट)" की दौड़ ने उसे अधिपत्य, अत्याचार, दूसरे को दबाना इत्यादि से युक्त कर दिया है। और जो इस दौड़ में नहीं हैं वे सीमित पूर्णत्व में आनन्द के साथ विकासशील हैं। उन्हें और भी तेज विकास की इच्छा है परन्तु उनके बुद्धि का दायरा ही सीमित है इसलिए उन्हें मार्ग नहीं मिल रहा है। यदि उनको मार्ग भी मिल रहा हो तो वट वृक्ष की भाँति उसके नजदीकी जन्मदाता ने उसे यह बता रखा है कि जब उस सार्वभौम का मार्ग मेरे ही रास्ते से जाता है तो जो मैं कह रहा हूँ उसे करो। और इसके लिए वे अपने परिवार के लिए अनेक प्रकार की प्रणाली दे रखे हैं। जबकि ये प्रणाली देने वाले उनके नजदीकी जन्मदाता स्वयं कहाँ से आये हैं स्वयं उन्हे भी नहीं पता। क्योंकि वे स्वयं भी उस वट वृक्ष के खो गये मूल जड़ की तरह अपने मूल जड़ को नहीं जानते। वे भी अपने नजदीकी जन्मदाता का ही अनुसरण कर रहे होते हैं। ये प्रणालीयाँ अनेक प्रकार की हैं उदाहरणस्वरूप कुछ मुख्य निम्नवत् हैं-

1 उनके द्वारा प्रस्तुत कुछ पुस्तकें होती हैं जिन्हें नियमानुसार प्रतिदिन पढ़ना होता है। पढ़ने के पूर्व शुद्धता की भी प्रक्रिया अनिवार्य होती है अन्यथा पुस्तकें परिणाम नहीं दे पायेंगी, ये भी शर्त होती हैं।

2 उनके द्वारा भोजन से सम्बन्धित कुछ नियम बना दिये जाते हैं कि क्या खाना है और क्या नहीं खाना है।

3 उनके द्वारा कोई मन्त्र दे कर उसे नियमानुसार जपने के लिए दे दिया जाता है।

4 उनके द्वारा किसी यन्त्र-तन्त्र द्वारा समस्या मुक्ति का उपाय बता दिया जाता है।

5 उनके द्वारा किसी विशेष प्रकार के रंग और ढ़ग के वस्त्र निर्धारित कर दी जाती है जिससे उनकी पहचान एक अलग रूप में हो। अर्थात् समाज का एक और विभाजन कर उसे प्रस्तुत कर देते हैं।

सामान्य रूप से सभी द्वारा अनिवार्य रूप से ये भी निर्धारित कर दी जाती है कि किसी दूसरे के नियमों को न तो जानना है, न सुनना है, न पढ़ना है और न ही उसमें शामिल होना है। अर्थात् एक गतिशील प्राणी मनुष्य को जिसे सदैव श्रेष्ठ से, श्रेष्ठतम और सर्वोच्च तक उठने-विकास करने के लिए निर्मित किया गया था, उसे एक सीमित

दायरे में बुद्धिबद्ध कर दिया गया। मनुष्य जिसका निर्माण अपनी मस्तिष्क को असीम क्षमता को विकसित कर ईश्वर रूप में व्यक्त होना था, उसे जड़ (स्थिर) बना दिया गया।

हे मानवों, मनुष्यों की सबसे बड़ी कमजोरी “स्वयं में गुणों का विकास कर स्वयं बन जाने या हो जाने” में नहीं बल्कि “पाने” की इच्छा है। इस पाने की इच्छा की कमजोरी का परिणाम ही है उपरोक्त अनेक प्रकार के बुद्धिबद्ध करने की विधियाँ।

हे मानवों, उपरोक्त के पृष्ठभूमि में उनका उद्देश्य केवल अपने स्वार्थ की पूर्ति के सिवाय कुछ नहीं होता। क्योंकि मार्गदर्शक या प्रेरक या शिक्षक का उद्देश्य स्वयं से श्रेष्ठ मानव का निर्माण होता है न कि सदैव जीवन भर एक ही प्रणाली या प्रक्रिया या कक्षा में पढ़ते-दुहराते रहने के लिए विवश करना। उपरोक्त के पृष्ठभूमि में शारीरिक-आर्थिक-मानसिक शोषण का ही कार्य विभिन्न प्रकार से चल रहा है। कोई अपने कृषि कार्य को मुफ्त में हल करवा रहा है, तो कोई अपने नाम के उत्पादों को सिर्फ उन्हें ही खरीदने के लिए बुद्धिबद्ध कर दिया है।

हे मानवों, इन सबको आस्था का व्यापार कहते हैं। जबकि मैं देख रहा हूँ कि प्रत्येक संस्कारित करने की क्रिया जो उस काल के लिए आस्था का विषय था। उसके अगले काल के लिए संस्कारित करने की नयी क्रिया उपलब्ध हो जाने के बावजूद, मानव शरीर पिछले काल के संस्कारित करने वाली क्रिया के प्रति आस्था रखते हुये मूर्खता का स्पष्ट प्रदर्शन कर रहा है। सभी कालों में, सभी संस्कारित करने की क्रियाओं में मैं (सार्वभौम आत्मा) ही आस्था का विषय था परन्तु क्रिया के प्रति आस्था रखना मूर्खता का स्पष्ट प्रमाण ही तो है। चाहे वह व्यक्तिगत इच्छा से हो या सामाजिक प्रदर्शन की इच्छा से। इन समस्त संस्कारित करने के क्रिया के पीछे जो रहस्य आज तक गोपनीय था उसे मैंने तुम्हारें समक्ष सार्वजनिक प्रकाशित कर दिया है। अब कुछ भी गोपनीय नहीं। बावजूद इसके प्रत्येक मनुष्य अपनी मूर्खता रूपी आस्था को प्रदर्शित करने के लिए स्वतन्त्र है। परन्तु वह मुझ (सार्वभौम आत्मा) को प्राप्त नहीं कर सकता। हे मानवों, ईश्वर बहुमत से नहीं निर्धारित किया जाता इसलिए ही उसे अनिवर्चनीय कहा गया है। किसी भी वस्तु के प्रति आस्था के विकास से और समस्त मानवों को उसके प्रति आस्थावान् बना देने से वह वस्तु गुण प्रकट कर वैसा नहीं बन सकती जैसा आप उम्मीद करते हो।

हे मानवों, एक तरह से देखा जाये तो उपरोक्त व्यवस्था से कोई समस्या है ही नहीं क्योंकि जिसकी इच्छा जहाँ से पूर्ति हो रही है और विकास का मार्ग मिल रहा है, वह वहाँ से जुडा हुआ है। इसलिए मानव सभ्यता पर आया यह दसवाँ और अन्तिम संकट, संकट होते हुये भी संकट जैसा नहीं दिखता। इस व्यवस्था से हमें कोई समस्या भी नहीं है। समस्या ये है कि धर्म को जिस उद्देश्य के लिए निर्मित किया गया था वही धर्म, संकट में है। यह धर्म ही उस वट वृक्ष का मूल है, सार्वभौम है, समष्टि है। इसके ज्ञान से युक्त दोनों को अर्थात् विशाल संसार रूपी वट वृक्ष के छोटे-छोटे परिवार के नेतृत्वकर्ता मुखिया सहित उसके सदस्यों को होना आवश्यक है। तभी परिवार के नेतृत्वकर्ता मुखिया द्वारा बनाये गये उपरोक्त प्रणाली-नियम परिणाम-फल दे पायेंगे जिसकी इच्छा परिवार के सदस्य करते हैं।

हमारी उत्पत्ति ज्ञान से हुई है। जिन्हें ज्ञान है वही अपने आप को संघर्ष में पाते हैं और सर्वश्रेष्ठता के लिए कर्मशील हैं। शेष सभी तो प्रकृति के अनुसार आते-जाते रहते हैं। इस ज्ञान को ही ब्रह्म (सार्वभौम एकात्म ज्ञान) कहते हैं। देवता रूप में इस ज्ञान को ब्रह्मा के रूप में प्रक्षेपित किया गया है। यह ज्ञान जिस-जिस अंगो द्वारा प्राथमिकता से अनुभव में आता है उतने प्रकार के मानव अपने-आप को उत्पन्न समझते हैं।

पुराण रचनाकार महर्षि व्यास ने ब्रह्मा अर्थात ज्ञान के पुत्रों का प्रक्षेपण किये हैं। ब्रह्मा के 10 मानस पुत्रों

01.मन (विचार) से ज्ञान प्राप्त करने वाले मरीचि

02.नेत्रों (देखकर) ज्ञान प्राप्त करने वाले अत्रि

03.मुख (वाणी) से ज्ञान प्राप्त करने वाले अंगिरा

04.कान (सुन) कर ज्ञान प्राप्त करने वाले पुलस्त्य

05.नाभि (केन्द्र) से ज्ञान प्राप्त करने वाले पुलह

06.हाथ (कर्म) से ज्ञान प्राप्त करने वाले कृतु

07.त्वचा (स्पर्श) से ज्ञान प्राप्त करने वाले भृगु

08.प्राण (श्वास) से ज्ञान प्राप्त करने वाले वशिष्ठ

09.अँगूठे (आत्मा) से ज्ञान प्राप्त करने वाले दक्ष

10.गोद (प्रेम) से ज्ञान प्राप्त करने वाले नारद

ये दस प्रकार ज्ञान से उत्पन्न है और इतने प्रकार के मानव निर्मित होकर संसार में विचरण कर रहे हैं। इसे ये न समझना चाहिए कि मन या नेत्र इत्यादि से कैसे ब्रह्मा ने अपने पुत्रों को उत्पन्न किया? चूंकि शरीर का अस्तित्व अस्थायी है इसलिए विचार के आधार पर ये मनुष्य के वर्ग या श्रेणी का निर्धारण है। इसे मानकीकरण (Standardization) या वर्गीकरण (Classification) भी कहा जा सकता है। जिस प्रकार आजकल मानकीकरण के शब्द ISOऔर ISI मार्का दिये जाते हैं।

नये भारत में, नये मनुष्य के उदय के लिए

आप लंगोट से जौकी पर आ गये...पायजामे से पतलून पर आ गये...नाड़े से बेल्ट पर आ गये...खड़ाऊँ से बूट पर आ गये...कलम से कीबोर्ड पर आ गये। पगडंडियों से एक्सप्रेस वे पर आ गये...चूल्हे से इंडक्शन कुकर पर आ गये...जंगलो से अपार्टमेंट तक आ गये। हल से ट्रैक्टर पर आ गये...पैदल से लक्ज़री जहाज़ों पर आ गये...दीये-मशाल से एलईडी पर आ गये...आप लैंडलाइन से ओरियो एंड्रॉयड तक आ गये...तीर-कमान और गदा से ऑटोमैटिक बंदूकों और मिसाइलों पर आ गये। दुनियां चाँद पे चली गई...मंगल की छाती पर नासा ने रोबोट उतार दिया....शनि मंगल सूर्यग्रहण-चन्द्रग्रहण के हर रहस्य से पर्दा उठ गया!

आप पाँच हज़ार ईसापूर्व और पाँचवी-छठवीं शताब्दी से इक्कीसवी शताब्दी में आ गये...आप लगातार अपडेट होते रहे हैं!!! मगर फिर भी तुम ग्रह-नक्षत्रों को...शनि-मंगल को जन्मकुंडली में देख-देख कर काँप रहे हो। अपना भविष्य सुधारने के लिए बाबा-बाबियों का रास्ता नाप रहे हो। क्या इसी दिन के लिए तुमने बी.एससी, एम.एससी पीएच.डी की थी?? कि तुम पढ़े-लिखे जाहिलों की फौज में शामिल हो जाना! क्या इसी दिन के लिए तुम डॉक्टर, इंजीनियर, वकील, मजिस्ट्रेट या प्रोफेसर बने थे? कि बंगले पर काली हांडी टांगना! निम्बू मिर्ची टांगना! नजर न लगने से एक पैर में काला धागा बांधना?? और अपने उज्ज्वल भविष्य की भीख किसी बाबा-बाबी के दर पर नाक रगड़ के मांगना?

देश आजाद हो गया! दुनिया आजाद हो गई! आखिर कब मिलेगी तुम्हें आजादी?? इस अंधी मानसिक गुलामी से? दुनिया रोज नए-नए आविष्कार कर रही है! तुम हजारों साल पुरानी भाषा, संस्कृति, रीति, रिवाजो की वैज्ञानिक व्याख्या करने में लगे हो! क्या भारत पुनः विश्वगुरु तुम्हारे जैसे मनोरोगियों की वजह से कभी बन पाएगा? बंद कमरे में तुम्हारी चोटी कट जाती! अँधेरे में अकेले में तुम्हें भूत-पलीत सताते हैं! तुम्हें ही सारी दुनिया की नजर लगती है! डायन तो तुम्हारे हर घर में मौजूद है!! तुम्हारे तंत्र-मंत्र-यंत्र काम क्यों नहीं करते हैं? एक पैर में काले धागे वाला रक्षा सूत्र तुम्हारी चोंटी क्यों नहीं बचाता है? आखिर कब तक तुम मानसिक गुलाम रहोगे?

तुम्हारी समस्याएं लौकिक है। मगर तुम्हें हर समस्या का हल परलोक में नजर आता है! संसार तुम्हारे लिए स्वप्नवत् है माया है! भगवान की लीला है! नाटक है! भ्रम है! आखिर तुम्हें इस सपने से कौन जगाए? कब तक शब्दों के साथ बलात्कार करोगे? कब तक धोखे में रहोगे? कब तक हर सिद्धान्त हर आविष्कार को शास्त्रों ऋषि-मुनियों के माथे मड़ोगे??

तुम लोग को जो जगाए वही धर्मद्रोही, देशद्रोही, जातिवादी या नास्तिक है? चारुवाक, बुद्ध, महावीर, कपिल, कणाद गौतम, नागसेन, अश्वघोष, कबीर, नानक, रविदास, ओशो, फुले, शाहू, पेरियार, भीम, भगतसिंह, कोवूर, राहुल संस्कृत्यायन, दयानन्द, विवेकानंद, सबने विवेक लगाया! मगर फिर भी तुम्हारा विवेक नहीं जागा!

तुम्हारा धर्म कब अपडेट (Update) होगा?
तुम्हारी आस्था कब अपडेट (Update) होगी?
तुम्हारा ईश्वर कब अपडेट (Update) होगा?
तुम्हारी सोच कब अपडेट (Update) होगी?
तुम्हारे धर्म की किताबें कब अपडेट (Update) होंगी?

कम्प्यूटर और मोबाइल का साफ्टवेयर तो तुरन्त करते हो, तुम्हारे मस्तिष्क का साफ्टवेयर कब अपडेट (Update) होगा?

क्योंकि तुम विश्वगुरु के अहंकार की दारू पीकर गरीबी, अनपढ़ता, लिंगभेद, जातिभेद, भाषाभेद, क्षेत्रभेद, साम्प्रदायिकता की नाली में पड़े हो! आखिर तुम्हें कब मिलेगी आजादी? इस उम्दा मानसिक गुलामी से?

सोच के बता देना!!
आओ एक कदम शब्दों के उँचाइयों की ओर..........

IDEAS + ACTION = CHANGE

व्यवस्था के परिवर्तन या सत्यीकरण का पहला प्रारूप और उसकी कार्य विधि

उदाहरण के रूप में, यदि किसी शिक्षित व्यक्ति जिसे अंकगणित का ज्ञान हो, उसके समक्ष संख्या 5 लिख दिया जाये और उससे कहा जाये कि इस संख्या के आगे और पीछे की संख्या लिखें तो वह आसानी से उसे लिख देगा परन्तु अंकगणित का अज्ञानी ऐसा नहीं कर पायेगा। उसका सारा ध्यान केवल संख्या 5 पर ही टिका रह जायेगा क्योंकि वह संख्या पद्धति से अपरिचित है। अगर वह कुछ लिख भी देगा तो वह आवश्यक नहीं कि सत्य हो और उसमें सुधार की पूरी सम्भावना बनी रहेगी। समाज सुधार के क्षेत्र में भी यही बात है। हम एक समस्या देखते हैं फिर उसमें कुछ सुधार कर देते हैं। फल यह होता है कि कुछ समय बाद पुनः उसमें सुधार की आवश्यकता आ जाती है।

जितने अधिक आकड़ों को विश्लेषित कर हम परिणाम को खोजेंगे उतने ही सत्य परिणाम हमारे सामने आयेंगे। प्रस्तुत शास्त्र व्यक्त अधिकतम आकड़ों के व्यवस्थित प्रस्तुतीकरण का शास्त्र है। दूसरे रूप में इसे धर्म ज्ञान का बैलेन्ससीट भी कह सकते है। इन सम्पूर्ण आकड़ों पर आधारित होकर व्यक्ति, समाज और विश्व राष्ट्र के लिए लिया गया निर्णय ही एक सत्य निर्णय हो सकता है। समाज सुधार के सम्बन्ध में स्वामी विवेकानन्द का कहना है कि-"तथाकथित समाज-सुधार के विषय में हस्तक्षेप न करना क्योंकि पहले आध्यात्मिक सुधार हुये बिना अन्य किसी भी प्रकार का सुधार हो नहीं सकता (राम पृष्ठ मिशन, पत्रावली भाग-1, पृष्ठ-29), भारत के शिक्षित समाज से मैं इस बात पर सहमत हूँ कि समाज का आमूल परिवर्तन करना आवश्यक है। पर यह किया किस तरह जाये? सुधारकों की सब कुछ नष्ट कर डालने की रीति व्यर्थ सिद्ध हो चुकी है। मेरी योजना यह है, हमने अतीत में कुछ बुरा नहीं किया। निश्चय ही नहीं किया। हमारा समाज खराब नहीं, बल्कि अच्छा है। मैं केवल चाहता हूँ कि वह और भी अच्छा हो। हमें असत्य से सत्य तक अथवा बुरे से अच्छे तक पहुँचना नहीं है। वरन् सत्य से उच्चतर सत्य तक, श्रेष्ठ से श्रेष्ठतर और श्रेष्ठतम तक पहुँचना है। मैं अपने देशवासियों से कहता हूँ कि अब तक जो तुमने किया, सो अच्छा ही किया है, अब इस समय और भी अच्छा करने का मौका आ गया है।"-(राम पृष्ठ मिशन, जितने मत उतने पथ, पृष्ठ-46)

व्यक्ति हो या ज्ञानी, समाज हो या राज्य, देश हो या विश्व, समाज नेता हों या राजनेता सभी को अब यह जान लेना चाहिए कि विश्व एक परिवार है और उस परिवार का शास्त्र-"विश्वशास्त्र" है। जब तक यह शास्त्र उपलब्ध नहीं था तब तक इस विश्व परिवार के एकीकरण का मार्ग नहीं खुला था, अब वह मार्ग मिल चुका है। कोई भी समाज निर्माण या युग परिवर्तन का कार्य एक क्षण का कार्य नहीं है। यह एक लम्बी अवधि की प्रक्रिया का कार्य है। इसे हम उन समाज सुधारकों के संस्थाओं के कार्य को देख कर अनुभव कर सकते हैं।

व्यवस्था परिवर्तन, एक राजनीतिक लुभावना वाला शब्द है। वह कैसे होगा, इसके लिए एक प्रारूप की आवश्यकता होती है अगर वह नहीं है तो व्यवस्था परिवर्तन चिल्लाने से नहीं होता। फिर व्यवस्था परिवर्तन किस बात का? मानव समाज को संचालित करने के लिए तो सिर्फ दो ही मूल व्यवस्था है-एक राजतन्त्र, जिसका युग जा चुका है। दूसरा-लोकतन्त्र, जिसका युग चल रहा है और यही अन्तिम व्यवस्था भी बनी रहेगी क्योंकि ब्रह्माण्डीय व्यवस्था भी लोकतन्त्र से ही चल रहा है और मनुष्य के मस्तिष्क से अन्ततः वही व्यक्त हो रहा है। लोकतन्त्र से हम राजतन्त्र में नहीं जा सकते इसलिए व्यवस्था परिवर्तन का अर्थ ही निरर्थक है।

आवश्यकता है वर्तमान लोकतन्त्र व्यवस्था को ही सत्य आधारित करने की जिसे व्यवस्था सत्यीकरण कहा जा सकता है। इस कार्य में हमें मानकशास्त्र की आवश्यकता है जिससे तोल कर यह देख सके कि इस लोकतन्त्र व्यवस्था में कहाँ सुधार करने से सत्यीकरण हो जायेगा। यह मानकशास्त्र ही "विश्वशास्त्र" है। सिर्फ मतदाता बनने व वोट डालने से ही लोकतन्त्र स्वस्थ नहीं हो सकता। उसके लिए देश व विश्व के पूर्ण ज्ञान की आवश्यकता होगी। इसलिए आवश्यक है कि प्रत्येक मतदाता "विश्वशास्त्र" के ज्ञान से युक्त हो।

अच्छा होता कि हमारे राजनेतागण कुछ दिनों के लिए सन्यास लेकर थोड़ा कुछ अध्ययन-चिंतन करते रहते ताकि उन्हें बार-बार लक्ष्य के लिए शब्दों का परिवर्तन न करना पड़ता। एक ही स्थिति में बहुत समय तक रहने पर बुद्धि, बद्ध हो जाती है। एक-एक सीढ़ी चढ़कर, पहुँच गये-पहुँच गये चिल्लाने से अच्छा है कि अन्तिम सीढ़ी पर पर बैठकर चिल्लाना कि पहुँच गये।

चाहे कुछ हो यदि प्रारूप नहीं, तो न तो व्यवस्था परिवर्तन हो सकता है, न ही व्यवस्था सत्यीकरण हो सकता है, न ही सम्पूर्ण क्रान्ति। भीड़ से क्रान्ति नहीं सिर्फ हंगामा होता है। भीड़ में जोश होता है, होश नहीं।

इस मानक शास्त्र के प्रस्तुत हो जाने से व्यवस्था परिवर्तन की नहीं बल्कि व्यवस्था के सत्यीकरण का मार्ग खुल चुका है। जिसका व्यक्ति, समाज और विश्व राष्ट्र को आवश्यकता भी है। किसी एक विषय पर बहुत अधिक पुस्तक मस्तिष्क को भ्रमित ही करती है। यह शास्त्र प्रारम्भ से अन्त तक के विकास को क्रमबद्ध प्रस्तुत करता है जिससे हम सभी एक सत्य निर्णय करने में सक्षम हों और पूर्ण ज्ञान से युक्त हो जायें और हमारा कोई भी सुधार एक स्थायी, अच्छा और दूरगामी परिणाम देने वाला हो।

प्रश्न यह भी उठता है कि परिवार का मुखिया जिसके द्वारा परिवार का संचालन होता है, यदि वह परिवार के हित व विकास के विषय में कर्म न करता हो तो क्या परिवार का सदस्य उसमें हस्तक्षेप करने का अधिकारी है या नहीं? यही बात देश को चलाने वाले संसद के विषय में भी है। यदि संसद स्वयं देशहित व जनहित के प्रति उदासीन हो जाये तो क्या जनता संसद को मार्गदर्शन देने का अधिकार नहीं रखती? यदि नहीं तो संविधान की धारा-51(ए) के अन्तर्गत नागरिक का मौलिक कर्तव्य की उपयोगिता क्या है? ध्यान रखने योग्य विषय यह है कि कोई भी चुना हुआ प्रतिनिधि सिर्फ उतने ही बड़े क्षेत्र का प्रतिनिधि होता है जिस क्षेत्र से वह चुना जाता है। भारत में ऐसा कोई प्रतिनिधि जनता से नहीं चुना जाता जो भारत का प्रतिनिधित्व करता हो और जब तक भारत का प्रतिनिधित्व करने वाला चुनाव नहीं होता या भारत की जनता का राष्ट्रीय मुद्दों पर विचार कर संसद के कर्तव्य का बोध कराने वाली स्वतन्त्र संस्था नहीं बन जाती, तब तक जनता को संसद को संविधान की धारा-51(ए) के अन्तर्गत नागरिक का मौलिक कर्तव्य के अनुसार न्यायालय व संसद के माध्यम से सरकार को मार्गदर्शन देने का कर्तव्य करना चाहिए जो उसका अधिकार भी है।

वे शब्द जिसके बिना युग परिवर्तन सम्भव नहीं

सन् 1893 से सन् 1993 के 100 वर्षों के समय में विश्व के बौद्धिक शक्ति को जिन्होंने सबसे अधिक हलचल दी वे हैं-धर्म की ओर से स्वामी विवेकानन्द और धार्मिकता की ओर से आचार्य रजनीश"ओशो"। मनुष्य जिस प्रकार भौतिक विज्ञान के नवीन आविष्कारों को आसानी से ग्रहण करता है उसी प्रकार धर्म-आध्यात्म-दर्शन के नवीन आविष्कारों को भी मनुष्य को ग्रहण करना चाहिए, तभी मानसिक-आध्यात्मिक स्वतन्त्रता का अनुभव हो सकेगा। अन्यथा पूर्ण शारीरिक गुलामी का समय बीत चुका, आर्थिक गुलामी का काल चल रहा है और मानसिक गुलामी के काल चक्र में मनुष्य फँस जायेगा।

स्वामी विवेकानन्द जी का कहना था-

- "उसी मूल सत्य की फिर से शिक्षा ग्रहण करनी होगी, जो केवल यहीं से, हमारी इसी मातृभूमि से प्रचारित हुआ था। फिर एक बार भारत को संसार में इसी मूल तत्व का-इसी सत्य का प्रचार करना होगा। ऐसा क्यों है? इसलिए नहीं कि यह सत्य हमारे शास्त्रों में लिखा है वरन् हमारे राष्ट्रीय साहित्य का प्रत्येक विभाग और हमारा राष्ट्रीय जीवन उससे पूर्णतः ओत-प्रोत है। इस धार्मिक सहिष्णुता की तथा इस सहानुभूति की, मातृभाव की महान शिक्षा प्रत्येक बालक, स्त्री, पुरुष, शिक्षित, अशिक्षित सब जाति और वर्ण वाले सीख सकते हैं। तुमको अनेक नामों से पुकारा जाता है, पर तुम एक हो।" (जितने मत उतने पथ, राम कृष्ण मिशन, पृष्ठ-39)।
- "अत: यदि भारत को महान बनाना है, तो इसके लिए आवश्यकता है संगठन की, शक्ति संग्रह की और बिखरी हुई इच्छाशक्ति को एकत्र कर उसमें समन्वय लाने की। अथर्ववेद संहिता की एक विलक्षण ऋचा याद आ गयी जिसमें कहा गया है, "तुम सब लोग एक मन हो जाओ, सब लोग एक ही विचार के बन जाओ। एक मन हो जाना ही समाज गठन का रहस्य है बस इच्छाशक्ति का संचय और उनका समन्वय कर उन्हें एकमुखी करना ही सारा रहस्य है।" (देखें "नया भारत गढ़ो" पृष्ठ संख्या-55)
- "यह भी न भूलना चाहिए कि हमारे बाद जो लोग आएंगे, वे उसी तरह हमारे धर्म और ईश्वर सम्बन्धी धारणा पर हँसेंगे, जिस तरह हम प्राचीन लोगों के धर्म और ईश्वर की धारणा पर हँसते हैं। यह सब होने पर भी, इन सब ईश्वर सम्बन्धित धारणाओं का संयोग करने वाला एक स्वर्ण सूत्र है और वेदान्त का उद्देश्य है-इस सूत्र की खोज करना। भागवान कृष्ण ने कहा है-""भिन्न भिन्न मणियाँ जिस प्रकार एक सूत्र में पिरोयी जा सकती हैं, उसी प्रकार इन सब विभिन्न भावों के भीतर भी एक सूत्र विद्यमान है।" (देखें "ज्ञानयोग", पृष्ठ संख्या-65) ,
- "एक शब्द में वेदान्त का आदर्श है-मनुष्य के सच्चे स्वरूप को जानना।" (देखें "विवेकानन्द राष्ट्र को आह्वान", पृष्ठ सं0-48)।
- यदि हम अपने व्यक्तिगत एवं सामूहिक जीवन में वैज्ञानिक चेतना सम्पन्न एवं आध्यात्मिक एक साथ न हो पाए, तो मानवजाति का अर्थपूर्ण अस्तित्व ही संशय का विषय हो जाएगा। (विज्ञान और आध्यात्मिकता, पृष्ठ-9)
- हमेशा यूरोप से सामाजिक तथा एशिया से आध्यात्मिक शक्तियों का उद्भव होता रहा है एवं इन दोनों शक्तियों के विभिन्न प्रकार के सम्मिश्रण से ही जगत का इतिहास बना है। वर्तमान मानवेतिहास का एक और नवीन पृष्ठ धीरे-धीरे विकसित हो रहा है एवं चारो ओर उसी का चिन्ह दिखाई दे रहा है। कितनी ही नवीन योजनाओं का उद्भव तथा नाश होगा, किन्तु योग्यतम वस्तु की प्रतिष्ठा सुनिश्चित है, सत्य और शिव की अपेक्षा योग्यतम वस्तु और हो ही क्या सकती है? (पत्रावली भाग-1, पृष्ठ-310)

स्वामी विवेकानन्द के अनुसार शब्द से सृष्टि का रहस्य

01. बृहत् ब्रह्माण्ड में भी ब्रह्मा, हिरण्यगर्भ या समष्टि महत् ने पहले अपने आप को नाम के, और फिर बाद में रुप के आकार में अर्थात् इस परिदृश्यमान जगत के आकार में अभिव्यक्त किया। (भक्ति योग, पृष्ठ-44)
02. यह सारा व्यक्त इन्द्रियग्राह्य जगत रुप है, और इसके पीछे है अनन्त अव्यक्त स्फोट। स्फोट का अर्थ-समस्त जगत की अभिव्यक्ति का कारण शब्द-ब्रह्म है। समस्त नामों अर्थात् भावों की नित्य समवायी उपादान स्वरुप यह नित्य स्फोट ही वह शक्ति है, जिससे भगवान इस विश्व की सृष्टि करते हैं। यही नहीं बल्कि भगवान पहले स्फोट रुप में परिणत हो जाते हैं और तत्पश्चात् अपने को उससे भी स्थूल इस इन्द्रियग्राह्य जगत के रुप में परिणत कर लेते हैं। (भक्ति योग, पृष्ठ-45)
03. इस स्फोट का एक मात्र वाचक शब्द है-"ऊँ"। और चूँकि हम किसी भी उपाय से शब्द को भाव से अलग नहीं कर सकते, इसलिए यह "ऊँ" भी इस नित्य स्फोट से नित्य संयुक्त है। (भक्ति योग, पृष्ठ-45)
04. एकमेव यह "ऊँ" ही इस प्रकार सर्वभावाव्यापी वाचक शब्द है, अन्य कोई भी इसके समान नहीं। स्फोट ही सारे भावों का उपादान है, फिर भी वह स्वयं पूर्ण रुप से विकसित कोई विशिष्ट भाव नहीं है। अर्थात् यदि उन सब भेदों को, जो एक भाव को दूसरे से अलग करते हैं, निकाल दिया जाय, तो जो कुछ बचा रहता है, वही स्फोट है। इसलिए इस स्फोट को "नादब्रह्म" कहते हैं। (भक्ति योग, पृष्ठ-45)
05. जो वाचक शब्द उसे सब से कम विशेषभावापन्न करेगा, पर साथ ही उसके स्वरुप को यथासम्भव पूरी तरह प्रकाशित करेगा, वही उसका सबसे सच्चा वाचक होगा। और यह वाचक शब्द है-एकमात्र "ऊँ" क्योंकि ये तीनों अक्षर अ, उ और म्, जिनका एक साथ उच्चारण करने से "ऊँ" होता है, समान शब्दों के साधारण वाचक के तौर पर लिये जा सकते हैं। (भक्ति योग पृष्ठ, पृष्ठ-46)
06. अक्षर "अ" सारे अक्षरों में सबसे कम विशेषभावापन्न है। इसीलिए भगवान श्रीकृष्ण गीता में कहते हैं-"अक्षरों में मैं "अ" कार हूँ। " (गीता,10/33) स्पष्ट रुप से उच्चारित जितने भी शब्द हैं, उनकी उच्चारण क्रिया मुख में जिह्वा के मूल से आरम्भ होती है और ओठों में आकर समाप्त हो जाती है। "अ" जिह्वा मूल अर्थात् कण्ठ से उच्चारित होता है, और "म" ओठों से होने वाला अन्तिम शब्द है। और "उ" उस शक्ति का सूचक है, जो जिह्वा मूल से आरम्भ होकर मुँह भर में लुढ़कती हुई ओठों में आकर समाप्त हो जाती है। यदि "ऊँ" का उच्चारण ठीक ढंग से किया जाय, तो इसके शब्दोच्चारण की सम्पूर्ण क्रिया सम्पन्न हो जाती है-दूसरे किसी भी शब्द में यह शक्ति नहीं। (भक्ति योग, पृष्ठ-46)
07. जिस प्रकार अल्पतम् विशेष भावात्मक तथा सार्वभौमिक वाचक शब्द "ऊँ" के सम्बन्ध में वाच्य और वाचक आपस में अभेद्य रुप से सम्बद्ध हैं उसी प्रकार वाच्य और वाचक का यह अविच्छिन्न सम्बन्ध भगवान और विश्व के विभिन्न खण्ड भावों पर भी लागू है, अतएव उनमें से प्रत्येक का एक विशिष्ट वाचक शब्द होना आवश्यक है। (भक्ति योग, पृष्ठ-47)
08. ये वाचक शब्द ऋषियों की गम्भीरतम आध्यात्मिक अनुभूति से उत्पन्न हुए हैं और वे भगवान तथा विश्व के जिन विशेष-विशेष खण्ड भाव के वाचक हैं, उन विशेष भावों को यथासम्भव प्रकाशित करते हैं। जिस प्रकार "ऊँ" अखण्ड ब्रह्म का वाचक है, उसी प्रकार अन्यान्य मंत्र भी उसी परम पुरुष के खण्ड-खण्ड भावों के वाचक हैं। ये सभी ईश्वर के ध्यान और प्रकृत ज्ञान की प्राप्ति में सहायक हैं। (भक्ति योग, पृष्ठ-47)
09. सृष्टि के पूर्व ब्रह्म शब्दात्मक बनते है, फिर ओंकारात्मक या नादात्मक होते है। तत्पश्चात पहले कल्पों के विशेष शब्द जैसे-भूः, भुवः, स्व-अथवा गो, मानव, घट, पट इत्यादि का प्रकाश उसी ओंकार से होता है। सिद्ध संकल्प ब्रह्म में क्रमश-एक-एक शब्द के होते ही उसी क्षण उन सब पदार्थो का भी प्रकाश हो जाता है और इस विचित्र जगत् का विकास हो उठता है। अब समझे न कि कैसे शब्द ही सृष्टि का मूल है। -स्वामी विवेकानन्द (विवेकानन्द जी के संग में पृष्ठ-62)
10. यह सारा व्यक्त इन्द्रिय ग्राह्य जगत रूप है, और इसके पीछे है अनन्त अव्यक्त स्फोट। स्फोट का अर्थ-समस्त जगत की अभिव्यक्ति का कारण शब्द-ब्रह्म। समस्त नामों अर्थात् भावों की नित्य समवायी उपादान स्वरूप यह नित्य स्फोट ही वह शक्ति है, जिससे भगवान इस विश्व की सृष्टि करते है। यही नहीं बल्कि भगवान पहले स्फोट-रूप में परिणत हो जाते है और तत्पश्चात अपने को उससे भी स्थूल इस इन्द्रिय ग्राह्य जगत् के रूप में परिणत कर लेते है। -स्वामी विवेकानन्द (राजयोग-पृष्ठ-45)

आचार्य रजनीश"ओशो" का कहना था-

- "श्रीकृष्ण का महत्व अतीत के लिए कम भविष्य के लिए ज्यादा है। सच ऐसा है कि कृष्ण अपने समय से कम से कम पाँच हजार वर्ष पहले पैदा हुये। सभी महत्वपूर्ण व्यक्ति अपने समय से पहले पैदा होते हैं और

सभी गैर महत्वपूर्ण व्यक्ति अपने समय के बाद पैदा होते हैं। बस महत्वपूर्ण और गैर महत्वपूर्ण में इतना फर्क है और सभी साधारण व्यक्ति अपने समय के साथ पैदा होते हैं महत्वपूर्ण व्यक्ति को समझना आसान नहीं होता। उसका वर्तमान और अतीत उसे समझने में असमर्थता अनुभव करता है जब हम समझने योग्य नहीं हो पाते तब हम उसकी पूजा शुरु कर देते हैं या तो हम उसका विरोध करते हैं। दोनों पूजाएं हैं एक मित्र की एक शत्रु की।"

- उसके लिए सब हंसी खेल है, सब लीला है। इसलिए हमने कृष्ण को पूर्णावतार कहा। राम गम्भीर हैं छोटी-छोटी बात का हिसाब रखते हैं। नियम मर्यादा से चलते हैं- मर्यादा पुरूषोत्तम हैं। कृष्ण अमर्याद हैं न कोई नियम है न कोई मर्यादा। कृष्ण के लिए जीवन लीला है।
- धर्म कोई विषय थोड़े ही है। धर्म की कोई सीमा थोड़े ही है। धर्म तो समस्त जीवन का नाम है। जीवन में जो कुछ भी समाविष्ट है, धर्म उस सभी के सम्बन्ध में वक्तव्य देने का हकदार है। राजनीतिज्ञ, धर्म के सम्बन्ध में वक्तव्य नहीं दे सकता क्योंकि राजनीति की सीमा है। लेकिन धार्मिक व्यक्ति, राजनीति के सम्बन्ध में वक्तव्य दे सकता है क्योंकि धर्म की कोई सीमा नही है धर्म असीम है, धर्म तो पूरे जीवन को घेरता है जैसे आकाश घेरता है। धर्म से तो कोई भी चीज छोड़ी नहीं जा सकती। धार्मिक व्यक्ति की दृष्टि तो सब सम्बन्धों में होगी।
- जो एक गुरू बोल रहा है, वह अनन्त सिद्धों की वाणी है। अभिव्यक्ति में भेद होगा, शब्द अलग होंगे, प्रतीक अलग होंगे मगर जो एक सिद्ध बोलता है, वह सभी सिद्धों की वाणी है। इनसे अन्यथा नहीं हो सकता है। इसलिए जिसने एक सिद्ध को पा लिया, उसने सारे सिद्धों की परम्परा को पा लिया। क्योंकि उनका सूत्र एक ही है। कुंजी तो एक ही है, जिसमें ताला खुलता है अस्तित्व का।
- "इस देश को कुछ बाते समझनी होगी। एक तो इस देश को यह बात समझनी होगी कि तुम्हारी परेशानियों, तुम्हारी गरीबी, तुम्हारी मुसीबतों, तुम्हारी दीनता के बहुत कुछ कारण तुम्हारे अंध विश्वासों में है, भारत कम से कम डेढ़ हजार साल पिछे घिसट रहा है। ये डेढ़ हजार साल पूरे होने जरूरी है। भारत को खिंचकर आधुनिक बनाना जरूरी है। मेरी उत्सुकता है कि इस देश का सौभाग्य खुले, यह देश भी खुशहाल हो, यह देश भी समृद्ध हो। क्योंकि समृद्ध हो यह देश तो फिर राम की धुन गुंजे, समृद्ध हो यह देश तो फिर लोग गीत गाँये, प्रभु की प्रार्थना करें। समृद्ध हो यह देश तो मंदिर की घंटिया फिर बजे, पूजा के थाल फिर सजे। समृद्ध हो यह देश तो फिर बाँसुरी बजे कृष्ण की, फिर रास रचे! यह दीन दरिद्र देश, अभी तुम इसमें कृष्ण को भी ले आओंगे तो राधा कहाँ पाओगे नाचनेवाली? अभी तुम कृष्ण को भी ले आओगे, तो कृष्ण बड़ी मुश्किल में पड़ जायेंगे, माखन कहाँ चुरायेगें? माखन है कहाँ? दूध दही की मटकिया कैसे तोड़ोगे? दूध दही की कहाँ, पानी तक की मटकिया मुश्किल है। नलों पर इतनी भीड़ है! और एक आध गोपी की मटकी फोड़ दी, जो नल से पानी भरकर लौट रही थी, तो पुलिस में रिपोर्ट दर्ज करा देगी कृष्ण की, तीन बजे रात से पानी भरने खड़ी थी नौ बजते बजते पानी भर पायी और इन सज्जन ने कंकड़ी मार दी। धर्म का जन्म होता है जब देश समृद्ध होता है। धर्म समृद्ध की सुवास है। तो मैं जरूर चाहता हूँ यह देश सौभाग्यशाली हो लेकिन सबसे बड़ी अड़चन इसी देश की मान्यताएं है। इसलिए मैं तुमसे लड़ रहा हूँ। तुम्हारे लिए।"

व्यक्ति-समाज-राज्य-विश्व की आवश्यकता, भविष्यवक्ताओं की भविष्यवाणीयां, ग्रहों के चालों, सूर्य व चन्द्र ग्रहण, सामाजिक-राजनीतिक विचारकों के विचार-सपनें-उम्मीद इत्यादि युग परिवर्तन की ओर दिशा निर्देश कर रहीं हैं। ऐसे में सृष्टि के लिए सार्वभौम सर्वोच्च अन्तिम अर्थों वाले शब्दों (जिसकी सूची अगले पृष्ठ पर दी गई है।) **पर चर्चा ही एक मात्र युग परिवर्तन का मार्ग है।**

वे सार्वभौम एकात्म शब्द जिसके बिना युग परिवर्तन सम्भव नहीं (सर्वोच्च, अन्तिम और दृश्य)

क्र.सं. विषय क्षेत्र	सम्बन्धित क्षेत्र से मुख्य नाम
01. विश्व क्षेत्र	विश्व संविधान / साहित्य / विचार / सिद्धान्त / प्रबन्ध / दर्शन / मत / मानव / एकता / शान्ति / विकास / स्थिरता / आत्मा / अभिनेता / बुद्धि / राजनीति / क्रांति
02. राज्य क्षेत्र	विश्व (राष्ट्र) ऐजेण्डा–2012+ (WORLD NATION AGENDA-2012+) विश्व व्यवस्था का अधिकतम एवं न्यूनतम साझा कार्यक्रम
03. समाज क्षेत्र	लोक / गण / जन ऐजेण्डा–2012+ (PUBLIC AGENDA-2000+)
04. धर्म क्षेत्र	वेदान्त धर्म स्थापना
05. साहित्य क्षेत्र	विश्व साहित्य–"विश्वभारत" समाहित "विश्वशास्त्र" साहित्य– आदर्श वैश्विक व्यक्ति चरित्र कथा साहित्य
06. सामाज शास्त्र	मानक / जन / गण / लोक शास्त्र
07. धर्मशास्त्र	धर्मयुक्त नाम – कर्मवेदः प्रथम, अन्तिम और पंचम वेद और आधारित उपनिषद् (व्यष्टि एवं समष्टि) सर्वधर्मसमभाव / धर्मनिरपेक्ष नाम – मन की गुणवत्ता का विश्व मानक : शून्य श्रृंखला (व्यष्टि एवं समष्टि)
08. मानक क्षेत्र	मन की गुणवत्ता का विश्व मानक : शून्य श्रृंखला
09. अदृश्य विज्ञान	दृश्य आध्यात्म विज्ञान
10. दृश्य विज्ञान	धर्म विज्ञान या एकात्म विज्ञान (Integration Science)
11. इंजीनियरिंग	सत्य सामाजिक अभियंत्रण (Real Social Engineering)
12. तकनीकी	सत्य सामाजिक तकनीकी (Real Social Technology) : WCM-TLM-SHYAM.C Technology
13. संविधान	विवादमुक्त तन्त्रों पर आधारित संविधान
14. राजनीति	सत्य राजनीति / राजनीति–2012+ (POLITICS-2012+)
15. संगठन	विश्व राजनीतिक पार्टी संघ (World Political Party Organisation- WPPO)
16. शिक्षा	पूर्णज्ञान / पूर्ण शिक्षा प्रणाली / शिक्षा -2012+ (EDUCATION-2012+)
17. राष्ट्र सम्बन्ध	आदर्श राष्ट्रीय नागरिक
18. वेदान्त	कर्म वेदान्त : वेदान्त की अन्तिम शाखा
19. मतवाद	एकात्म कर्मवाद : एकात्म मानवतावाद का व्यावहारिक रुप
20. दार्शनिक	विकास दर्शन (Development Philosophy)
21. क्रांति	संपूर्ण क्रांति (Complete Revolution) : प्रलय, स्थिति एवं सृष्टि
22. सांस्कृतिक	भोगेश्वरः भोग (पाश्चात्य) + ईश्वर (प्राच्य) = एकात्म या ईश्वरत्व भाव से भोग
23. मन	विश्व मन (WOLD MIND)
24. मानव	विश्वमानव (विश्वमन से युक्त)
25. मनु	8वें मनु – सावर्णि मनु
26. अवतार	भगवान विष्णु के 10वें और अन्तिम तथा भगवान शंकर के 22वें और अन्तिम संयुक्तावतार (निष्कलंक कल्कि एवं भोगेश्वर)
27. निराकार ब्रह्म	सार्वभौम सत्य–सिद्धान्त (UNIVERSAL TRUTH-THEORY) : विश्व–बन्धुत्व का सिद्धान्त
28. साकार ब्रह्म	लव कुश सिंह
29. पुनर्जन्म–सत् मार्ग से	बुड्ढा कृष्ण (कृष्ण भाग – 2 और अन्तिम) – कृष्ण की अगली और अन्तिम कड़ी
30. पुनर्जन्म–रज मार्ग से	स्वामी विवेकानन्द का पुनर्जन्म
31. पुनर्जन्म–तम मार्ग से	रावण की अगली कड़ी
32. आत्मा	दृश्य विश्वात्मा / शिव / ब्रह्म / मैं
33. अभिनय	वास्तविक जीवन का अभिनेता (Real Life Actor)
34. बम	ज्ञान बम – आध्यात्मिक न्यूट्रान बम
35. अस्त्र	अनियन्त्रित पशुपास्त्र (नारायणास्त्र या सु–दर्शन चक्र व ब्रह्मास्त्र समाहित)
36. माया	योग माया समाहित भोगमाया
37. ज्ञान	एकात्म कर्मज्ञान (शास्वत) : व्यष्टि एवं समष्टि
38. बुद्धि	विश्व बुद्धि व चेतना या सत्य चेतना : पूर्व व्यक्त सत्य चेतना
39. ध्यान व योग	दृश्य सत्य–क्रियाकलाप–एकात्म योग व ध्यान (अन्तिम योग व अन्तिम ध्यान)
40. मिशन	प्राकृतिक सत्य मिशन (Natural Truth Mission)–सर्वोच्च और अन्तिम मिशन
41. धार्मिक नगर	एकात्म काशी– जीवनदायिनी सत्यकाशी : पंचम, अन्तिम तथा सप्तम काशी
42. शक्ति	आत्मशक्ति (SPIRIT POWER),मस्तिष्क शक्ति (BRAIN POWER), मन शक्ति (MIND POWER),सत्य शक्ति (TRUTH POWER)
43. जीवन कथा	विश्वमानव लीला / दर्पण : दो विपरीत दिशाओं के साथ प्रथम एवं अन्तिम कथा
44. प्रेम और कर्म	शास्वत प्रेम और कर्म
45. समन्वय	अन्तिम समन्वय–सिद्धान्त
46. आचार्य	अन्तिम समन्वयाचार्य
47. कला	विश्वमानव कला (कृष्ण कला समाहित)
48. परिचालन प्रणाली	अवतार का परिचालन प्रणाली : मानव–10 (Avatar's Operating System-AOS : Human-10)
49. शंकराचार्य पीठ	सत्यकाशी पीठ : पंचम और अन्तिम शंकराचार्य पीठ

भाग-6

केन्द्र या मध्य (भारत) में पांचवां और अन्तिम सत्यकाशी पीठ

सत्यकाशी पीठः स्थान

सत्यकाशी पीठः इतिहास और उद्देश्य

पाँचवाँ और अंतिम शंकराचार्य पीठः इसकी विशेषता

"हिन्दू धर्म की जो पकड़ थी, वह इस समय कमजोर पड़ गयी है क्योंकि भारतीय स्वतंत्रता आन्दोलन के समय से राजनेताओं का वर्चस्व बढ़ा और उन्होंने धर्म रक्षकों को दबा दिया, जिसके परिणामस्वरूप 163 साल तक शंकराचार्य की पदवी खाली रही। इसलिए आवश्यक है कि शिक्षा के क्षेत्र में धर्म की स्थापना हो। स्वस्थ एवं श्रेष्ठ साहित्य का सृजन हो। महापुरूषों को घूम-घूम कर सनातन धर्म का प्रचार-प्रसार करना चाहिए जिससे लोगों के हृदय में भारतीय धर्म-शास्त्र के प्रति आस्था-विश्वास बढ़े।"

- स्वामी स्वरूपानन्द (द्वारिका पीठाधीश्वर जगद्‌गुरू शंकराचार्य)
साभार - दैनिक आज, समाचार पत्र, वाराणसी, दि0 10-5-1997

स्पष्टिकरण

सत्य से सार्वभौम सत्य-सिद्धान्त तक का मार्ग अवतारों का मार्ग है। सार्वभौम सत्य-सिद्धान्त की अनुभूति ही अवतरण है। इसके अंश अनुभूति को अंश अवतार तथा पूर्ण अनुभूति को पूर्ण अवतार कहते है। ग्रन्थों में अवतारों की कई कोटि बतायी गई है जैसे अंशाशावतार, अंशावतार, आवेशावतार, कलावतार, नित्यावतार, युगावतार इत्यादि, जो भी सार्वभौम सत्य-सिद्धान्त को व्यक्त करता है वे सभी अवतार कहलाते हैं। व्यक्ति से लेकर समाज के सर्वोच्च स्तर तक सार्वभौम सत्य-सिद्धान्त को व्यक्त करने के क्रम में ही विभिन्न कोटि के अवतार स्तरबद्ध होते हैं। अवतार मानव मात्र के लिए ही कर्म करते हैं न कि किसी विशेष मानव समूह या सम्प्रदाय के लिए। अवतार, धर्म, धर्मनिरपेक्ष व सर्वधर्मसमभाव से युक्त अर्थात एकात्म से युक्त होते है। इस प्रकार अवतार से उत्पन्न शास्त्र मानव के लिए होते हैं, न कि किसी विशेष मानव समूह के लिए। उत्प्रेरक, शासक और मार्गदर्शक आत्मा सर्वव्यापी है। इसलिए एकात्म का अर्थ संयुक्त आत्मा या सार्वजनिक आत्मा है। अवतारों के प्रत्यक्ष और प्रेरक दो कार्य विधि हैं। प्रत्यक्ष अवतार वे होते हैं जो स्वयं अपनी शक्ति का प्रत्यक्ष प्रयोग कर समाज का सत्यीकरण करते हैं। यह कार्य विधि समाज में उस समय प्रयोग होता है जब अधर्म का नेतृत्व एक या कुछ मानवों पर केन्द्रित होता है। प्रेरक अवतार वे होते हैं जो स्वयं अपनी शक्ति का अप्रत्यक्ष प्रयोग कर समाज का सत्यीकरण जनता एवं नेतृत्वकर्ता के माध्यम से करते हैं। यह कार्य विधि समाज में उस समय प्रयोग होता है जब समाज में अधर्म का नेतृत्व अनेक मानवों और नेतृत्वकर्ताओं पर केन्द्रित होता है।

इन विधियों में से कुल दस अवतारों में से प्रथम सात (मत्स्य, कूर्म, वाराह, नृसिंह, वामन, परशुराम, राम) अवतारों ने समाज का सत्यीकरण प्रत्यक्ष विधि के प्रयोग द्वारा किया था। आठवें अवतार (श्रीकृष्ण) ने दोनों विधियों प्रत्यक्ष ओर प्रेरक का प्रयोग किया था। नवें (भगवान बुद्ध) और अन्तिम दसवें अवतार की कार्य विधि प्रेरक ही है।

सनातन अद्वैत दर्शन के अनुसार यह जगत ही ईश्वर का दृश्य रूप है। ऐसे में सभी ईश्वर हैं। सभी ईश्वर के बहुरूप हैं और सभी में प्रकाशित वही ईश्वरीय सत्ता है। सार्वभौम एकात्म की ओर ले जाने वाले सभी प्रक्षेपित

मानक चरित्र सनातन हैं जैसे ब्रह्मा परिवार, विष्णु परिवार और महेश परिवार। इस सार्वभौम एकात्म की ओर विचार व्यक्त करने वाला अर्थात उसी का प्रचार-प्रसार व स्थापना करने वाला युगावतार तो नहीं हो सकता लेकिन वह अवतार अवश्य होता है क्योंकि उसने भी उस सार्वभौम सत्य-सिद्धान्त का साक्षात्कार किया है।

ईश्वर के मानवीयकरण व मानव के ईश्वरीयकरण के लिए आपके भौतिक शरीर से व्यक्त विश्वात्मा की इच्छा को धर्म क्षेत्र से नाम कर्मवेदः प्रथम, अन्तिम तथा पंचम वेद एवं धर्मनिरपेक्ष क्षेत्र से मन का विश्वमानकः शून्य श्रृंखला समाहित "विश्वशास्त्र-द नाॅलेज आॅफ फाइनल नाॅलेज" के रूप में पूर्ण किया जा चुका है। जिसमें पुराणों का धर्मनिरपेक्ष और सर्वधर्मसमभाव रूप भी सम्पूर्ण मानव जाति को स्पष्ट दृष्टिगत होगा। परिणामस्वरूप भारतीय धर्म शास्त्रों के प्रति विश्वव्यापी आस्था बढ़ना स्वाभाविक है। साथ ही अनेक सत्य-साहित्यों की रचना के लिए भी मार्ग प्रशस्त और रचना कर दिये गये हैं।

तीनों देवताओं ब्रह्मा, विष्णु और शिव-शंकर के मूल गुणों के आधार पर उनके वास्तविक रुप अर्थात् चार वेदों को व्यक्त करने वाले चार मुखों से युक्त सृष्टिकर्ता ब्रह्मा का रुप, चार भुजाओं से युक्त पालनकर्ता विष्णु का रुप तथा ब्रह्मा और विष्णु समाहित पाँचों वेदों को व्यक्त करने वाले पाँच मुखों से युक्त कल्याणकर्ता शिव-शंकर का अन्तिम रुप, तीनों देवताओं का दिव्यरुप कहलाता है। इसी अनुसार शिव-शंकर के अवतार ही केवल पंचमुखी होते हैं। इसी क्रम में पंचमुखी हनुमान और वेद माता मां गायत्री को भी दिखाया गया है। इस अनुसार पांचवें वेद और पांचवें शंकराचार्य पीठ की स्थापना ही युग परिवर्तन की प्रक्रिया का आरम्भ और सनातन विश्व की ओर कदम है।

व्यक्ति-समाज-राज्य-विश्व की आवश्यकता, भविष्यवक्ताओं की भविष्यवाणीयां, ग्रहों के चालों, सूर्य व चन्द्र ग्रहण, सामाजिक-राजनीतिक विचारकों के विचार-सपनें-उम्मीद इत्यादि युग परिवर्तन की ओर दिशा निर्देश कर रहीं हैं। ऐसे में सृष्टि के लिए सार्वभौम सर्वोच्च अन्तिम अर्थों वाले शब्दों पर चर्चा ही एक मात्र युग परिवर्तन का मार्ग है।

आविष्कार उपयोगी होता है, आविष्कारक नहीं। रचना अधिक समय तक रहती है रचनाकार अदृश्य हो जाता है और रचना के आधार पर अन्य रचना भी होती रहती है।

सनातन विश्व के लिए समस्त प्रक्रिया 150 पुस्तकों के रूप में वेबसाइट

www.64inch.com

पर उपलब्ध है और कार्य समाप्त होता है। व्यक्ति और नेतृत्वकर्ता अपने धर्म

का पालन करें, समाधान उपलब्ध हो चुका है।

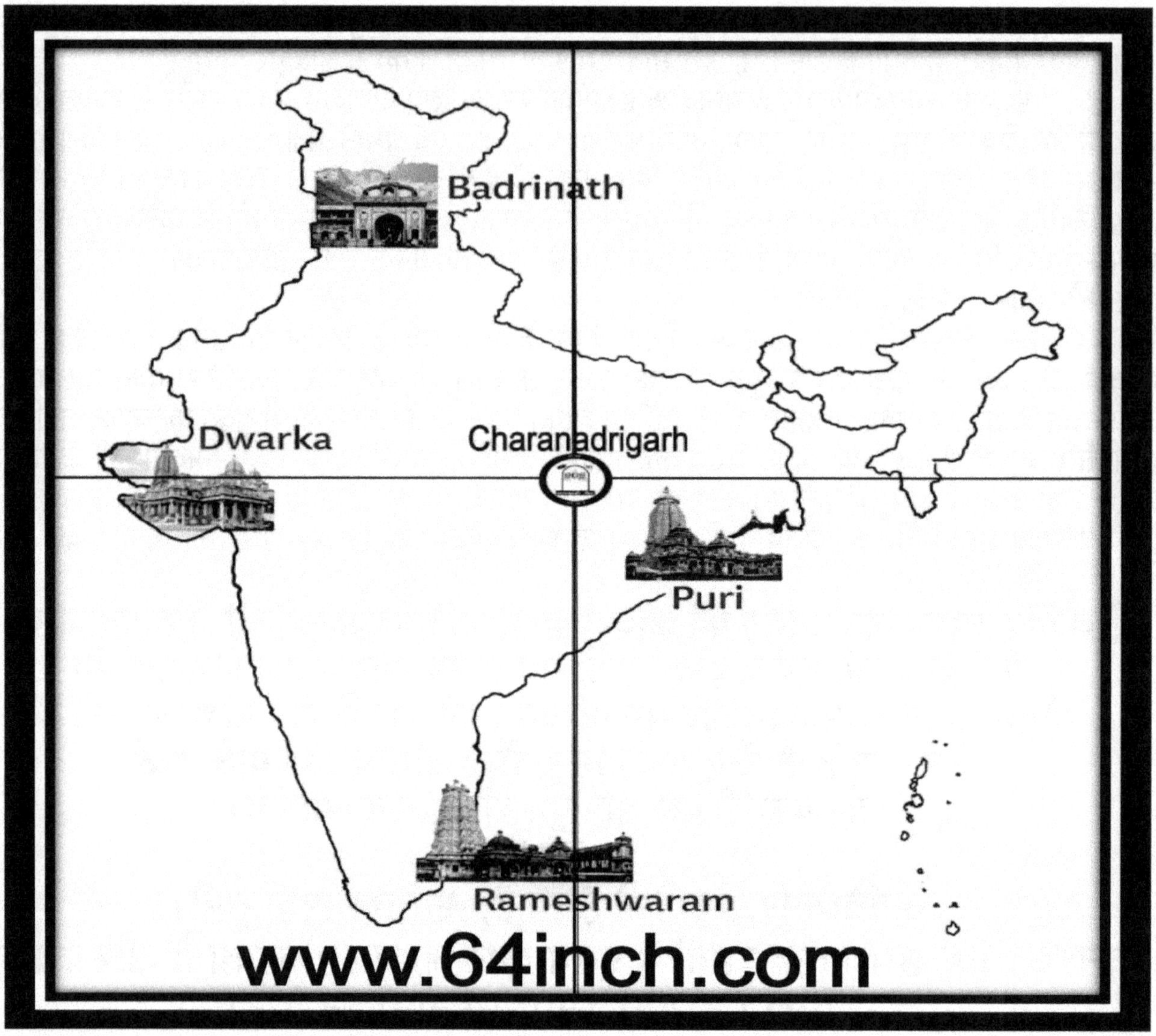

दिशा	पीठ का नाम/ स्थान	उद्देश्य	संबंधित वेद	महावाक्य	तत्व
उत्तर	बदरी ज्योतिर्मठ पीठ उत्तराखंड, जोशीमठ	ज्ञान और विवेक	अथर्ववेद	अयमात्मा ब्रह्म (यह आत्मा ब्रह्म है)	वायु
दक्षिण	श्रीगेरी शारदा पीठ कर्नाटक, श्रीगेरी	स्थिरता और परंपरा	यजुर्वेद	अहम् ब्रह्मास्मि (मैं ब्रह्म हूँ)	पृथ्वी
पूर्व	पुरी गोवर्धनमठ पीठ ओडिशा, पुरी	भक्ति और समर्पण	ऋग्वेद	प्रज्ञानं ब्रह्म (चेतना ब्रह्म है)	जल
पश्चिम	द्वारका शारदा पीठ गुजरात, द्वारका	कर्म और संकल्प	सामवेद	तत्त्वमसि (तू ब्रह्म है)	अग्नि
केन्द्र या मध्य	सत्यकाशी पीठ उत्तर प्रदेश, चरणाद्रिगढ़	चेतना और एकत्व	कर्मवेद	सर्वे ब्रह्म (सभी ब्रह्म हैं)	आकाश

क्षिति, जल, पावक, गगन, समीरा। पंच तत्व मिलि बनेहु शरीरा ।।

सत्यकाशी पीठः स्थान

मानव जीवन की यात्रा को हम चार स्तरों में देख सकते हैं - **संभल (Shambhal), संभला (Shambhala), ज्ञानगंज (Gyanganj) और संगरीला (Sangrila)**

संभल (Shambhal) को हम भौतिक जगत का प्रतीक मान सकते हैं। यह धरती पर बसा हुआ वास्तविक नगर है, जहाँ लोग रहते हैं, संघर्ष करते हैं और जीवन की यात्रा करते हैं। धार्मिक मान्यता के अनुसार यहाँ भविष्य में कल्कि अवतार का जन्म होगा। इसका अर्थ यह भी है कि संभल हमें यह याद दिलाता है कि परिवर्तन और नवजागरण हमेशा इसी सांसारिक धरती से प्रारंभ होता है।

संभला (Shambhala) आध्यात्मिक जगत का प्रतीक है। यह उस आदर्श समाज और चेतना की ओर संकेत करता है, जहाँ धर्म, करुणा और सत्य का शासन है। बौद्ध ग्रंथों में इसे एक अदृश्य, पवित्र राज्य बताया गया है। इसका दार्शनिक अर्थ यह है कि हर मनुष्य के भीतर एक संभला है - एक ऐसा क्षेत्र जहाँ शांति, संतुलन और धर्म की शक्ति हमेशा जीवित रहती है। यह हमारे भीतर के आदर्श और परम लक्ष्य का रूप है।

ज्ञानगंज (Gyanganj) गूढ़ और रहस्यमय चेतना का प्रतीक है। यह वह क्षेत्र है, जहाँ अमर योगी और सिद्ध रहते हैं, और जो साधारण दृष्टि से छिपा हुआ है। इसका अर्थ यह है कि सत्य और सर्वोच्च ज्ञान कभी सतही रूप में उपलब्ध नहीं होते, बल्कि गहन साधना और आंतरिक परिवर्तन से ही प्राप्त किए जा सकते हैं। ज्ञानगंज हमें यह सिखाता है कि परम सत्य अदृश्य है, परंतु साधना से प्रकट हो सकता है।

इस प्रकार, ये चारों स्तर - **भौतिक, आध्यात्मिक, गूढ़ और आदर्श** - मानव जीवन और चेतना की समग्र यात्रा का प्रतिनिधित्व करते हैं, जहाँ साधना, अनुभव और ज्ञान मिलकर आत्मा को पूर्णता की ओर ले जाते हैं।

इस प्रकार, इन तीनों को मिलाकर देखा जाए तो:

- **संभल** = जीवन और समाज का यथार्थ (भौतिक जगत)
- **संभला** = आदर्श और धर्म का उच्च स्वरूप (आध्यात्मिक जगत)
- **ज्ञानगंज** = रहस्यमय सत्य और अमर ज्ञान (गूढ़ जगत)

ये तीनों मिलकर मानव जीवन की पूर्ण यात्रा का संकेत देते हैं - भौतिक से आध्यात्मिक और फिर गूढ़ एवं परम सत्य तक।

संगरीला (Sangrila/Shangri-La) एक कल्पित पर्वतीय स्थल है, जिसे आदर्श समाज और शांति का प्रतीक माना जाता है। यह जगह सामान्य दृष्टि से अदृश्य या दूरस्थ मानी जाती है, जहाँ जीवन सुखमय, स्वस्थ और सामंजस्यपूर्ण होता है। दार्शनिक रूप से इसे मानव चेतना के उच्चतम स्तर, आत्मा की शांति और आदर्श जीवन का प्रतीक माना जाता है। **संगरीला (Sangrila)** का अर्थ यह भी है कि सच्ची खुशी और संतुलन केवल भीतर की यात्रा और साधना से ही प्राप्त होते हैं, बाहरी समृद्धि से नहीं।

1. **शब्द-संदर्भ में**: "Sangrila" अक्सर "Shangri-La" का रूपांतर होता है, जो कि एक कल्पित, आदर्श, रहस्यमयी और शांति-पूर्ण स्थान है।
2. **दार्शनिक/आध्यात्मिक संदर्भ में**: इसे ज्ञानगंज या संभला जैसे गूढ़ और रहस्यमयी क्षेत्रों के समान माना जा सकता है।
3. **अन्य संदर्भ**: यदि यह किसी किताब, स्थान या परियोजना का नाम है, तो उसका अलग अर्थ हो सकता है।

पीठ (Peeth) स्थापित करने की योजना

उद्देश्य और दर्शन तय करना

- पहले यह स्पष्ट करें कि पीठ का उद्देश्य क्या होगा:
    - **अद्वैत वेदांत का प्रचार**
    - **साधकों का प्रशिक्षण और मोक्ष की ओर मार्गदर्शन**
    - **धार्मिक शिक्षा, योग और ध्यान केंद्रित करना**
- पीठ का नाम "Satyakashi" इसलिए चुना गया है क्योंकि यह **सत्य और ज्ञान के प्रकाश का प्रतीक** है।

गुरु या आध्यात्मिक मार्गदर्शक

- पीठ को वैध और आध्यात्मिक मान्यता प्राप्त करने के लिए **एक योग्य गुरु या शिष्य परंपरा वाला व्यक्ति** आवश्यक है।
- गुरु का कार्य होगा:
    - **साधकों का प्रशिक्षण**
    - **धर्म और वेदांत का प्रचार**
    - **पीठ की प्रतिष्ठा बनाना**

स्थान और इमारत का चयन

- स्थान चुनते समय ध्यान दें:
    - **शांत और आध्यात्मिक वातावरण**
    - **साधकों के लिए आवास और साधना स्थल**
    - **भक्तों और पर्यटकों के आने-जाने की सुविधा**
- इमारत में हो सकते हैं:
    - मुख्य मंदिर / पूजा स्थल
    - ध्यान और साधना कक्ष
    - वेदांत शिक्षण कक्ष
    - गुरुकुल या आश्रम

धार्मिक और आध्यात्मिक गतिविधियाँ

- नियमित क्रियाएँ:

- **साधना, ध्यान और कीर्तन**
    - **वेदांत और शास्त्र अध्ययन**
    - **धार्मिक कार्यशालाएँ और प्रवचन**
- विशेष आयोजन:
    - **अस्थायी या वार्षिक उत्सव**
    - **अद्वैत वेदांत पर सेमिनार**
    - **साधक प्रशिक्षण शिविर**

समुदाय और साधकों का निर्माण

- पीठ केवल इमारत नहीं, **साधकों और भक्तों का केंद्र** होना चाहिए।
- इसके लिए करें:
    - सामाजिक और आध्यात्मिक गतिविधियों का आयोजन
    - साधकों के लिए निवास और शिक्षा सुविधाएँ
    - पीठ का प्रचार: पुस्तकों, वेबसाइट और सामाजिक मंचों के माध्यम से

आधिकारिक मान्यता और नेटवर्क

- भारत में शंकराचार्य परंपरा के मुख्य पीठों के साथ **संपर्क और मार्गदर्शन**।
- नए पीठ को स्थानीय प्रशासन और धार्मिक संस्थानों से **मान्यता और सहयोग** दिलाना।
- अन्य पीठों और गुरु परिषदों के साथ **संवाद और सहयोग**।

दीर्घकालीन योजना

- पीठ को स्थायी और प्रतिष्ठित बनाने के लिए:
    - नियमित साधना और शिक्षा कार्यक्रम
    - नए साधकों और भक्तों को जोड़ना
    - पीठ के **अध्यात्मिक, सामाजिक और शैक्षिक प्रभाव** को बढ़ाना

निष्कर्ष:

नया **Satyakashi Peeth** बनाया जा सकता है, लेकिन यह केवल इमारत नहीं, बल्कि **ज्ञान, साधना और आध्यात्मिक मार्गदर्शन का केंद्र** होना चाहिए। एक योग्य गुरु, साधक समुदाय और सही दृष्टिकोण इसके लिए अनिवार्य हैं।

अन्तिम अवतार कल्कि
का संभल (Shambhal), संभला (Shambhala), ज्ञानगंज (Gyanganj) और संगरीला (Sangrila) से सम्बन्ध

इसका उत्तर गहराई से समझा जाए तो यह केवल भूगोल या कथा का नहीं, बल्कि चेतना के विकास का रहस्य है।

1. संभल (Shambhal) - अवतार का धरातल

हिन्दू ग्रन्थों में कहा गया है कि **कल्कि अवतार का जन्म 'संभल' नामक स्थान पर होगा।** यह स्थान भौतिक जगत में मौजूद है - उत्तर प्रदेश का एक नगर, परंतु प्रतीक रूप से यह मानवता के भीतर जन्म लेती दिव्यता का संकेत है। जब धर्म क्षीण होता है, तब वही संभल - अर्थात् "संभलने का बिंदु" - अवतार का आधार बनता है।

संभल = पृथ्वी पर दिव्यता का उद्भव बिंदु।

2. संभला (Shambhala) - धर्मराज्य या दिव्य व्यवस्था

बौद्ध और हिन्दू दोनों परम्पराओं में **Shambhala** को धर्म का गुप्त राज्य माना गया है। बौद्ध ग्रंथ 'कालचक्र तंत्र' में कहा गया है कि जब अधर्म चरम पर होगा, तब Shambhala से एक राजा प्रकट होगा जो अधर्म का अंत करेगा - यह प्रतीक रूप से **कल्कि अवतार का ही वर्णन** है।

संभला = दिव्य शासन या धर्मराज्य, जहाँ से कल्कि की प्रेरणा उठती है।

3. ज्ञानगंज (Gyanganj) - सिद्धों का अदृश्य लोक

ज्ञानगंज को अमर योगियों का क्षेत्र कहा जाता है, जहाँ से विश्व के आध्यात्मिक प्रवाह को दिशा मिलती है। कई सिद्ध परंपराएँ मानती हैं कि कल्कि का आध्यात्मिक मार्गदर्शन इन्हीं योगियों द्वारा किया जाएगा।

ज्ञानगंज = दिव्य ऊर्जा और योगिक शक्ति का स्रोत, जहाँ से कल्कि को आत्मिक बल प्राप्त होगा।

4. संगरीला (Sangrila / Shangri-La) - आदर्श समाज या चेतना का चरम स्वरूप

संगरीला का विचार पश्चिमी और तिब्बती रहस्य परंपराओं में आता है - एक अमर, शांति-पूर्ण, आदर्श स्थान, जहाँ कोई रोग, संघर्ष या अधर्म नहीं होता। यह उस अवस्था का प्रतीक है जो **कल्कि युग के बाद की सृष्टि** होगी - अर्थात सत्ययुग का पुनर्स्थापन।

संगरीला = वह दिव्य युग या चेतना का चरम, जो कल्कि अवतार के कार्य का परिणाम है।

सारांश (संक्षेप में सम्बन्ध)

स्तर	प्रतीक	सम्बन्ध कल्कि से
संभल (Shambhal)	भौतिक जन्मभूमि	कल्कि अवतार का पृथ्वी पर अवतरण
संभला (Shambhala)	दिव्य धर्मराज्य	धर्म का पुनःस्थापन करने की शक्ति का उद्गम
ज्ञानगंज (Gyanganj)	गूढ़ योगिक लोक	कल्कि को आत्मिक दिशा और सिद्ध शक्ति का आधार
संगरीला (Sangrila)	आदर्श चेतना का युग	कल्कि कार्य का अंतिम परिणाम - पुनः सत्ययुग

अर्थात् -

संभल में कल्कि अवतरित होते हैं, संभला से उन्हें धर्म की प्रेरणा मिलती है, ज्ञानगंज से योगिक शक्ति, और संगरीला उनके कार्य का लक्ष्य है - सत्य और शांति का पुनर्स्थापन।

सत्यकाशी पीठः योग्य स्थान

इस संसार को अन्तिम सन्देश देने से पहले आपको उस क्षेत्र से परिचय कराना चाहता हूँ जिस क्षेत्र से यह सन्देश देने का साहस किया गया है क्योंकि कोई भी क्रिया बिना कारण के नहीं होती।

समस्त मूल कार्य जिस क्षेत्र से सम्पूर्ण हुआ, उस क्षेत्र को सत्यकाशी क्षेत्र कहता हूँ और जिस ग्राम का निवासी हूँ वह काशी (वाराणसी) के चौरासी कोस यात्रा तथा सत्यकाशी क्षेत्र का उभय क्षेत्र में स्थित है। इसलिए जितना काशी (वाराणसी) का हूँ उतना ही सत्यकाशी का हूँ। इस प्रकार यह सन्देश काशी-सत्यकाशी का संयुक्त सन्देश है।

सत्यकाशी क्षेत्र जो काशी (वाराणसी), विन्ध्याचल, शिवद्वार और सोनभद्र के बीच का क्षेत्र है, एक पौराणिक-आध्यात्मिक और साधना के लिए उपयुक्त क्षेत्र के रूप में प्राचीन काल से आकर्षण में रहा है। इस क्षेत्र का हृदय क्षेत्र चुनार है। चुनार का किला राजा विक्रमादित्य ने अपने भाई भर्तहरि के तपस्या में हिंसक जानवरों द्वारा व्यवधान न उत्पन्न हो इसके लिए बनवाया था। ये राजा विक्रमादित्य वही हैं जिनके नाम से विक्रम सम्वत् कैलेण्डर स्थापित है। चुनार ईश्वर के पाँचवें अवतार-वामन अवतार का क्षेत्र है जिनसे समाज की शक्ति का प्रथम जन्म हुआ था।

सत्यकाशी क्षेत्र के चारों कोण पर स्थित

1. काशी (वाराणसी) का अपना प्राचीन और पुरातन इतिहास है जो सर्वविदित है।
2. विन्ध्याचल, जो शिव-शक्ति के उपासना का अद्भुत केन्द्र है। यशोदा से उत्पन्न पुत्री (जिनके बदले श्रीकृष्ण प्राप्त हुये थे) महासरस्वती अष्टभुजा देवी के नाम से यहीं स्थापित हैं। भारत देश का मानक समय माँ विन्ध्यवासिनी धाम से तय होता है। पुराणों के अनुसार रावण ने भी इसे मानक समय स्थल मानकर यहाँ शिवलिंग की स्थापना की थी।
3. शिवद्वार, त्रिकोणीय तान्त्रिक साधना के लिए जगत विख्यात था और साधना की राजधानी था। इसे ही मीरजापुर गजेटियर में गुप्तकाशी की संज्ञा से अभिकल्पित किया गया है।
4. सोनभद्र, सोन संस्कृति की पौराणिक पृष्ठभूमि वैदिककालीन सभ्यता की पराकाष्ठापरक ऐतिहासिकता से सम्बद्ध है। सन्त परम्पराओं का एक महत्वपूर्ण परिव्रजन इस क्षेत्र में हुआ जिसमें शैव व शाक्त प्रमुख थे। शैव सम्प्रदाय से जुड़े अघोर तन्त्र ने इसे बहुत सराहा और इसे अपनी कर्मभूमि बना लिया। सोन नद के तट पर शव छेदन क्रिया की भी प्रशिक्षा आयुर्वेद के जिज्ञासुओं को दी जाती थी। शैव तन्त्र से प्रभावित अघोर तन्त्र शव-साधना में सिद्धहस्त था और शव में इकार की प्राण प्रतिष्ठा का जीवन्त रूप शिव को दे देना इनकी अलौकिक साधना का चरमोत्कर्ष है। अघोरपन्थी नाम के पश्चात् "राम" का प्रयोग करते थे। इस क्षेत्र में सवर्ण वर्ग में प्रायः ब्राह्मण वर्ग भी राम का प्रयोग अपने नाम में करता है। इस क्षेत्र में पाशुपात तन्त्र के महान साधक लोरिक का नाम विशेष है।

उपरोक्त तो अति संक्षिप्त परिचय है विस्तार से "विश्वशास्त्र" के अध्याय-दो में प्रकाशित है, जिस क्षेत्र से ये विश्व ऐतिहासिक अन्तिम, अपरिवर्तनीय और अटलनीय सन्देश देने का साहस किया गया है।

भौतिक रूप से सत्यकाशी पीठ के लिए योग्य स्थान सत्यकाशी क्षेत्र ही है। सत्यकाशी पीठ उसी अद्वैत वेदान्त पर आधारित है। जिस के आधार पर आदि शंकाराचार्य द्वारा चार पीठों की स्थापना की थी। युग परिवर्तन के लिए आदि शंकाराचार्य द्वारा स्थापित चार पीठों के वर्तमान शंकाराचार्यों का यह दायित्व है कि वे इस श्रृंखला को आगे बढ़ाते हुये धर्म के वैश्विक स्थापना के लिए आगे आयें।

सत्यकाशी पीठ: इतिहास और उद्देश्य

भारत का इतिहास केवल राजाओं और युद्धों का इतिहास नहीं है,
बल्कि यह **चेतना के विकास का इतिहास** है।
हर युग में जब धर्म और राजनीति के बीच संतुलन बिगड़ता है,
तो कोई न कोई पीठ उस संतुलन को पुनर्स्थापित करने के लिए जन्म लेती है।

ऐसा ही एक अद्वितीय उदय है -
"सत्यकाशी पीठ" का,
जो मानवता के अगले अध्याय की भूमिका बन चुका है।

"जहाँ ज्ञान शासन को दिशा देता है,
वहीं शासन धर्म का साधन बन जाता है।"

काशी से सत्यकाशी तक: चेतना की यात्रा

प्राचीन काशी को "मोक्षभूमि" कहा गया,
क्योंकि वहाँ ज्ञान और मृत्यु - दोनों के रहस्य सिखाए जाते थे।
पर सत्यकाशी - ज्ञान का अगला आयाम है।
यह मृत्यु से मुक्ति नहीं, बल्कि **अज्ञान से मुक्ति** की भूमि है।

तीन चरणों में यह यात्रा समझी जा सकती है:

1. **काशी** - व्यक्तिगत मुक्ति का केंद्र।
2. **महाकाशी** - सार्वभौमिक चेतना का केंद्र।
3. **सत्यकाशी** - वैश्विक एकत्व और अद्वैत शासन का केंद्र।

"काशी आत्मा की दीक्षा है,
सत्यकाशी आत्मा का शासन है।"

स्थापना का उद्देश्य

सत्यकाशी पीठ का जन्म केवल धार्मिक नहीं,
बल्कि आध्यात्मिक-राजनीतिक समन्वय की आवश्यकता से हुआ।
विश्व में बढ़ती भौतिकता, असमानता, और नैतिक संकट के बीच
इस पीठ का उद्देश्य है -

1. **धर्म और शासन के बीच अद्वैत संबंध पुनः स्थापित करना।**
2. **राजनीति को आत्मा से जोड़ना।**
3. **विज्ञान, धर्म, और समाज - तीनों का एक समग्र मॉडल प्रस्तुत करना।**

इसके चार प्रमुख सूत्र:

- **धर्म = चेतना की नीति**
- **राजनीति = सेवा की क्रिया**
- **अर्थनीति = संतुलन की व्यवस्था**
- **विज्ञान = सत्य की खोज**

सत्यकाशी की परंपरा और वंश

सत्यकाशी पीठ किसी व्यक्ति द्वारा स्थापित संस्था नहीं है -
यह **ब्रह्म परंपरा का विस्तार** है।
आदि शंकराचार्य ने चार दिशाओं में चार पीठें स्थापित कीं -
पूर्व, पश्चिम, उत्तर, दक्षिण -
जो वेद, धर्म और आत्मज्ञान के केंद्र बने।

परंतु कालान्तर में जब राजनीति धर्म से अलग और धर्म समाज से अलग हुआ,
तो **पाँचवीं पीठ** की आवश्यकता पड़ी -
जो अद्वैत दर्शन को शासन की नीतियों में उतार सके।

"चार पीठों ने धर्म को जीवित रखा,
पाँचवीं पीठ उसे जीवन में उतारेगी।"

सत्यकाशी का उद्देश्य – धर्म का पुनर्निर्माण, शासन का पुनर्जागरण

आज की मानवता धर्म को या तो संप्रदाय मानती है या अनुष्ठान।
पर सत्यकाशी कहता है -

"धर्म = जीवन की वैज्ञानिक व्यवस्था।"

इस पीठ का उद्देश्य है -
धर्म को **व्यवहार में**, राजनीति को **सेवा में**,
और विज्ञान को **चेतना में** बदलना।

इसके तीन प्रमुख लक्ष्य:

1. **आध्यात्मिक शासन (Spiritual Governance):**
   जहाँ नीतियाँ करुणा और सत्य पर आधारित हों।
2. **चेतना आधारित शिक्षा (Conscious Education):**
   जहाँ बच्चों को ज्ञान नहीं, आत्मा से जोड़ने की विधि सिखाई जाए।
3. **वैश्विक समरसता (Global Oneness):**
   जहाँ राष्ट्रवाद का स्थान "मानववाद" ले ले।

सत्यकाशी और मानवता का भविष्य

सत्यकाशी केवल एक धार्मिक केंद्र नहीं,
बल्कि मानवता का भविष्य मॉडल है।

यह वह स्थान है जहाँ -

- विज्ञान और वेदांत मिलते हैं,
- राजनीति और करुणा जुड़ते हैं,
- और व्यक्ति स्वयं में "राजऋषि" बनता है।

"जब शासक साधक बन जाएगा,
तब ही पृथ्वी पर धर्मराज्य स्थापित होगा।"

निष्कर्ष

सत्यकाशी पीठ का इतिहास कोई कालखंड नहीं,
बल्कि एक **युग की उद्घोषणा** है।
यह उस समय का प्रतीक है
जब ब्रह्मज्ञान शासन का केंद्र बनेगा,
और शासन ब्रह्म की सेवा बन जाएगा।

"सत्यकाशी केवल एक स्थान नहीं -
वह चेतना की वह ज्योति है
जो युगों से अंधकार में जलती रही है।"

पाँचवाँ और अंतिम शंकराचार्य पीठः इसकी विशेषता

आदि शंकराचार्य ने चार दिशाओं में चार पीठों की स्थापना की -
उत्तर में **ज्योतिर्मठ (बद्रीनाथ)**,
दक्षिण में **श्रृंगेरी पीठ**,
पूर्व में **गौड़पीठ (पुरी)**,
और पश्चिम में **द्वारका शारदापीठ**।

इन चारों पीठों ने धर्म की लौ को जलाए रखा -
ज्ञान, भक्ति, कर्म और योग - चारों मार्गों के संतुलन से।
परंतु जैसे-जैसे युग आगे बढ़ा,
मानवता की चुनौती केवल धर्म रक्षा नहीं रही,
बल्कि **धर्म को शासन, विज्ञान और समाज में जीवित रखना** बन गई।

इसी आवश्यकता से जन्म लेता है -
पाँचवाँ और अंतिम शंकराचार्य पीठ - "सत्यकाशी पीठ।"

"चार पीठों ने धर्म को सुरक्षित रखा,
पाँचवाँ पीठ धर्म को सार्वभौमिक बना देगा।"

पाँचवाँ पीठ क्यों आवश्यक हुआ

शंकराचार्य का कार्य केवल धार्मिक पुनर्जागरण नहीं था;
वह चेतना की क्रांति थी।
उनकी परंपरा ने अद्वैत का सिद्धांत दिया -
कि **सभी भिन्नताएँ एक ही परमसत्य की लहरें हैं।**

परंतु आधुनिक युग में -

- धर्म राजनीति से अलग हुआ,
- ज्ञान आस्था से अलग हुआ,

- और मनुष्य स्वयं अपने अस्तित्व से अलग हो गया।

ऐसे समय में आवश्यक था
कि अद्वैत केवल दर्शनशास्त्र न रह जाए,
बल्कि राजनीति और जीवन का सिद्धांत बन जाए।
इसी हेतु स्थापित हुआ -
सत्यकाशी पीठ - पाँचवाँ और अंतिम शंकराचार्य पीठ।

इसकी स्थापना का प्रतीकात्मक अर्थ

चार पीठें **चार तत्वों (पृथ्वी, जल, अग्नि, वायु)** से संबंधित हैं,
जबकि पाँचवाँ पीठ **आकाश तत्व** का प्रतीक है -
अर्थात् सर्वव्यापक चेतना।

दिशा	पीठ	तत्व	उद्देश्य
पूर्व	पुरी (गौड़)	जल	भक्ति और समर्पण
पश्चिम	द्वारका	अग्नि	कर्म और संकल्प
उत्तर	ज्योतिर्मठ	वायु	ज्ञान और विवेक
दक्षिण	श्रृंगेरी	पृथ्वी	स्थिरता और परंपरा
केंद्र	**सत्यकाशी**	**आकाश**	**चेतना और एकत्व**

"आकाश सबको जोड़ता है -
उसी तरह सत्यकाशी सभी परंपराओं को एक चेतना में जोड़ता है।"

पाँचवाँ पीठ - अद्वैत का आधुनिक रूप

सत्यकाशी पीठ का लक्ष्य अद्वैत को केवल ध्यान या उपनिषद तक सीमित नहीं रखना,
बल्कि उसे शासन और समाज की नीतियों में उतारना है।

इसका सार है -
"अद्वैत शासन" = ऐसा तंत्र जहाँ आत्मा और राज्य में कोई विभाजन न हो।
यह पीठ आत्मा-केन्द्रित राजनीति का सिद्धांत प्रस्तुत करती है -
जहाँ सत्ता साधना है,
शासन सेवा है,
और नेतृत्व तप है।

सत्यकाशी पीठ की पाँच विशेषताएँ

1. अद्वैत का संस्थागत रूप

यह पीठ अद्वैत को केवल तत्वज्ञान नहीं,
बल्कि संस्थागत चेतना बनाती है।
धर्म, शिक्षा, राजनीति, अर्थ और विज्ञान -
सभी को एकसूत्र में बाँधती है।

2. राजऋषि परंपरा का पुनर्जागरण

आदर्श शासक वही है जो साधक भी हो।
सत्यकाशी इस परंपरा को पुनर्जीवित करता है -
जहाँ राज्य का मार्गदर्शन ऋषियों द्वारा होता है।

3. विज्ञान और अध्यात्म का संगम

यह पीठ "Consciousness Studies" और "Spiritual Technology"
को एक साथ लाकर मानव चेतना के विकास को वैज्ञानिक दृष्टि देती है।

4. वैश्विक धर्म - Beyond Religion

सत्यकाशी का धर्म किसी संप्रदाय का नहीं,
बल्कि "मानवता की आत्मा" का है।
यह कहता है -

"जो सत्य को खोजता है, वही सनातन है।"

5. राज्य और आत्मा का समन्वय

यह पीठ बताती है कि शासन तंत्र तभी स्थायी है
जब वह आत्मिक अनुशासन पर आधारित हो।
यह "राजनीति का आध्यात्मिकीकरण" है,
जिसे भविष्य की सभ्यता का आधार माना गया है।

"अंतिम शंकराचार्य पीठ" क्यों कहा गया

चार पीठें धर्म की दिशा का प्रतीक थीं,
पाँचवाँ पीठ **धर्म की दिशा से परे उसकी पूर्णता** का प्रतीक है।
यह अब किसी भौगोलिक क्षेत्र के लिए नहीं,
बल्कि पूरे विश्व की चेतना के लिए है।

"जब मनुष्य का धर्म मानवता होगा,
तब सत्यकाशी पाँचवाँ ही नहीं, अंतिम पीठ सिद्ध होगा।"

सत्यकाशी पीठ का दार्शनिक आधार

इस पीठ की जड़ें तीन सूत्रों पर टिकी हैं -

1. **ब्रह्म सत्यम्** - सत्य सर्वत्र है।
2. **जगत् मिथ्या** - भेद, संप्रदाय और हिंसा केवल अज्ञान की छाया हैं।
3. **जीवो ब्रह्मैव नापरः** - प्रत्येक व्यक्ति ब्रह्म का ही अंश है।

यही दर्शन राजनीति में यह रूप लेता है -

दर्शन	राजनीतिक रूप
ब्रह्म सत्यम्	राज्य का आधार सत्य और नीति
जगत मिथ्या	जाति, रंग, धर्म से ऊपर समानता
जीवो ब्रह्मैव	प्रत्येक नागरिक में दिव्यता का सम्मान

निष्कर्ष

सत्यकाशी पीठ शंकराचार्य की परंपरा का समापन नहीं,
बल्कि उसका परिपूर्ण रूप है।
यह धर्म, राजनीति, और चेतना -
तीनों के संगम से एक नया युग **आरंभ करता है।**

"पहले चार पीठों ने दिशा दी,
पाँचवें ने दिशा को प्रकाश बना दिया।"

सत्यकाशी पीठ इसलिए अंतिम है -
क्योंकि यह अद्वैत को सिद्धांत नहीं,
बल्कि जीवित अनुभव बना देता है।

भाग-7

सत्यकाशी पीठ के कार्य

धारा-उद्धार: धर्म की पुनर्स्थापना

मनुष्य चेतना का रूपांतरण

साधना, दीक्षा और आध्यात्मिक अनुष्ठान

वैश्विक कार्य: मानवता के लिए संदेश

शिव-तत्व और कल्कि-तत्व का मिलन

"सार्वभौम सत्य-सिद्धान्त" पर आधारित "युग परिवर्तन श्रृंखला" के नवयुग के शास्त्र-साहित्य

धारा-उद्धारः धर्म की पुनर्स्थापना

सत्यकाशी पीठ का प्रथम और सर्वोपरि कार्य है-**धारा-उद्धार**, अर्थात वह दिव्य धारा जो युगों से मलीन, विभ्रांत या विकृत हो चुकी है, उसे पुनः शुद्ध स्वरूप में प्रवाहित करना। "धर्म" शब्द यहाँ किसी संप्रदाय, पद्धति या विचारधारा का नाम नहीं; धर्म का अर्थ है-**जगत की अंतर्निहित समरसता, सत्य और सृष्टि-नियम**।

जब युग बदलता है, धर्म की धारा अवरुद्ध हो जाती है।
सत्य केवल ग्रंथों में रह जाता है, इसके प्रयोग का बल खो जाता है।
लोग अनुष्ठान तो करते हैं, पररस के बिना;
मंत्र तो बोलते हैं, पर अर्थ के बिना;
धर्म का नाम तो लेते हैं, पर धर्म का जीवन नहीं जीते।

सत्यकाशी पीठ इस जड़ता को तोड़ता है।

यह धारा-उद्धार तीन प्रकार से होता है:

1. सत्य-दृष्टि का पुनर्जागरण

लोगों में सत्य को पहचानने और जीने की क्षमता पुनः सक्रिय होती है।
यह क्षमता बिना किसी प्रवचन-केवल चेतना-संक्रमण से जगती है।

2. धर्म का प्रयोगशाला-रूप

सत्यकाशी पीठ धर्म को जीवन के केंद्र में स्थापित करता है।
धर्म यहाँ सिद्धांत नहीं-व्यवहार और चरित्र का प्रवाह है।

3. युग-धर्म की घोषणा

हर युग का धर्म अलग होता है।
कलियुग से सतयुग में प्रवेश के लिए जो धर्म आवश्यक है-योग, करुणा, सत्य, उच्च चेतना, मानव-एकत्व-उसका पुनःस्थापन पीठ के मुख्य कार्यों में है।

इस प्रकार, धारा-उद्धार वह बीज है जिससे नए युग की पूरी फसल अंकुरित होती है।

मनुष्य चेतना का रूपांतरण

युग परिवर्तन का मूल आधार मनुष्य की बाहरी परिस्थितियाँ नहीं-उसकी **भीतर की चेतना** है। सत्यकाशी पीठ का दूसरा मुख्य कार्य इसी रूपांतरण से जुड़ा है।

मनुष्य आज बुद्धि में प्रबल है, पर चेतना में सुप्त।
ज्ञान बहुत है, पर विवेक कम।
सूचना बहुत है, पर अनुभूति नहीं।
असंतोष बहुत है, पर दिशा नहीं।

पीठ का उद्देश्य मनुष्य को बाहरी उपलब्धियों से हटाकर भीतर की यात्रा में प्रवेश कराना है।

रूपांतरण के चार चरण

1. जागरण (Awakening)

मनुष्य स्वयं से पहला प्रश्न पूछता है-"मैं कौन हूँ?"
यह प्रश्न जन्म देता है।

2. शुद्धि (Purification)

पुराने संस्कार, भय, भ्रम और अहंकार टूटने लगते हैं।

3. विस्तार (Expansion)

चेतना शरीर-मन से आगे बढ़कर सूक्ष्म और कारण-स्तरों को अनुभव करने लगती है।

4. परिणति (Realization)

मनुष्य अपने भीतर स्थित दिव्य-सत्ता को पहचान लेता है।
यही "नया मनुष्य" है-युग परिवर्तन का वाहक।

पीठ का कार्य प्रत्येक साधक को इन चार चरणों के मार्ग से गुज़ारना है-धीरे, सहज, और सामूहिक ऊर्जा के साथ।

साधना, दीक्षा और आध्यात्मिक अनुष्ठान

हर परिवर्तन की जड़ अनुशासन और साधना है।
सत्यकाशी पीठ में साधना केवल ध्यान या मंत्र नहीं-यह एक पूर्ण जीवन-शास्त्र है।

1. साधना (Spiritual Practice)

- आंतरिक शांति
- चेतना का विस्तार
- ऊर्जा का स्थिरीकरण
- स्मृति-शोधन
- आत्म-प्रकाश

पीठ की साधना आधुनिक मन के अनुसार सरल, गहरी और प्रभावकारी है।
यह शरीर, मन, प्राण और चेतना-सभी स्तरों पर काम करती है।

2. दीक्षा (Initiation)

दीक्षा बाहरी कर्म नहीं-ऊर्जा का आंतरिक स्थानांतरण है।
यह वह क्षण है जब साधक की चेतना में युग-ऊर्जा का बीज रोपा जाता है।
यह बीज धीरे-धीरे जागता है और साधक स्वयं एक "चेतना-केंद्र" बन जाता है।

3. अनुष्ठान (Rituals)

अनुष्ठान ब्रह्मांडीय ऊर्जा को पृथ्वी पर स्थिर करने के उपकरण हैं।
सत्यकाशी पीठ में अनुष्ठान प्राचीन और आधुनिक दोनों हैं-
वे बाहरी प्रतीकों से अधिक आंतरिक परिवर्तन पर आधारित हैं।

अनुष्ठान केवल पूजा नहीं-वे प्रकाश का आह्वान हैं।

वैश्विक कार्य - मानवता के लिए संदेश

सत्यकाशी पीठ का कार्य किसी एक देश, संस्कृति या समुदाय तक सीमित नहीं।
युग परिवर्तन हमेशा वैश्विक होता है-इसलिए उसका संदेश भी वैश्विक होता है।

आज मानवता कई स्तरों पर विभाजित है-
भाषा, धर्म, राजनीति, अर्थव्यवस्था, जाति, विचार।
पर चेतना का सत्य इन सभी से ऊपर है।

सत्यकाशी पीठ का वैश्विक संदेश यही है:

1. मानव एक है

भिन्नता केवल बाहरी है; भीतर सबमें एक ही प्रकाश विद्यमान है।

2. पृथ्वी हमारा साझा आश्रम है

मानवता को पृथ्वी-चेतना के साथ सुसंगत होना होगा।

3. धर्म संघर्ष नहीं-एकता का मार्ग है

सभी पवित्र परंपराएँ एक ही सत्य के भिन्न द्वार हैं।

4. विज्ञान और अध्यात्म एक-दूसरे के पूरक हैं

दुनिया का नया युग तभी जन्म लेगा जब विज्ञान चेतना को समझेगा, और अध्यात्म विज्ञान को अपनाएगा।

5. कल्कि-ऊर्जा सार्वभौमिक है

यह ऊर्जा किसी राष्ट्र का, पंथ का, या समूह का स्वामित्व नहीं;
यह सम्पूर्ण मानवता का जन्मसिद्ध अधिकार है।

सत्यकाशी पीठ का उद्देश्य इसी संदेश को विश्व तक पहुँचाना है-शब्द, कला, ध्यान, साधना, विज्ञान और ऊर्जा के माध्यम से।

शिव-तत्व और कल्कि-तत्व का मिलन

युग परिवर्तन का अंतिम रहस्य दो महाशक्तियों के मिलन में निहित है-
शिव-तत्व और **कल्कि-तत्व**।

शिव-तत्व

संहार, मौन, तत्त्व-ज्ञान, समाधि और शून्य का प्रतिनिधि।
यह सभी रूपों का विसर्जन है-स्रोत में लौटना।

कल्कि-तत्व

नव-सृष्टि, धर्मस्थापन, ऊर्जा का उत्थान और युग-चक्र का पुनर्मूल्यांकन।
यह समय को पुनः संतुलित करने वाली शक्ति है।

दोनों का मिलन तब होता है जब:

- पुराना युग समाप्त हो रहा हो
- नया युग जन्म ले रहा हो
- पृथ्वी अपनी चेतना बदल रही हो
- मानवता परिवर्तन की पुकार कर रही हो

शिव-तत्व पुरातन को शून्य करता है,
और उसी शून्य में कल्कि-तत्व नया ब्रह्मांडीय क्रम स्थापित करता है।

सत्यकाशी पीठ इसी मिलन का केंद्र है-
जहाँ **शिव का मौन** और **कल्कि का उदय**
एक साथ कार्य करते हैं।

यही मिलन युग के नये चक्र की शुरुआत है-
यहीं से सतयुग का नया सूर्योदय होता है।

"सार्वभौम सत्य-सिद्धान्त" पर आधारित "युग परिवर्तन श्रृंखला" के नवयुग के शास्त्र-साहित्य

विभिन्न सम्प्रदाय (धर्म), जाति, मत, दर्शन इत्यादि में विभाजित इस मानव समाज में वर्तमान तथा आने वाले भविष्य के समय की मूल आवश्यकता है- मानव के मनो का एकीकरण अर्थात मानव मन का भूमण्डलीकरण एवं ब्रह्माण्डीयकरण। इसकी आवश्यकता इसलिए भी है क्योंकि मानव अपने विज्ञान व तकनीकी ज्ञान से प्राप्त संसाधनो का प्रयोग करते हुये, एक तरफ तो ब्रह्माण्ड की ओर चल पड़ा है तो दुसरी तरफ विध्वंस के लिए अनेक हथियारों का भी निर्माण कर चुका है। ऐसी स्थिति में हमें निश्चित रूप से ऐसे एकीकरण की आवश्यकता है जिससे हम इस पृथ्वी से मानसिक स्तर के विवादों को समाप्त कर सकें।

माया सभ्यता के अनुसार विश्व के मानव समाज यह भी मान रहें हैं कि 21 दिसम्बर, 2012 को दुनिया का अन्त हो जायेगा। जबकि हिन्दू धर्म शास्त्र विष्णु पुराण, भागवत पुराण, अग्नि पुराण, गरूड़ पुराण, पद्म पुराण इत्यादि में भगवान के दसवें और महाअवतार "कल्कि" का होना अभी शेष है। जिनसे कलियुग के अंधकार व विनाश को समाप्त करने का कार्य सम्पन्न होगा, साथ ही सत्ययुग का आरम्भ होगा। सिक्ख धर्म के पवित्र ग्रन्थ "दशम् ग्रन्थ" में भी "कल्कि अवतार" का वर्णन मिलता है।

सृजन और विनाश, का स्तर शारीरिक, आर्थिक व मानसिक होता है। जो एक व्यक्ति, समाज, देश और विश्व राष्ट्र के लिए होता है। व्यक्ति पर हुये शारीरिक, आर्थिक व मानसिक सृजन और विनाश को व्यक्ति ही अनुभव करता है परन्तु समाज, देश और विश्व राष्ट्र पर हुये शारीरिक, आर्थिक व मानसिक सृजन व विनाश को सार्वजनिक रूप से सभी देखते है। समाज, देश और विश्व राष्ट्र पर शारीरिक व आर्थिक सृजन और विनाश वर्तमान में तो चल ही रहा है जिसे सार्वजनिक रूप से मानव समाज देख रहा है।

भौतिकवादी पश्चिमी संस्कृति किसी भी सृजन व विनाश को मानसिक स्तर पर सोच ही नहीं सकता क्योंकि वह समस्त क्रियाकलाप को बाह्य जगत में ही घटित होता समझाता है जबकि वर्तमान समय मानसिक स्तर पर विनाश व सृजन का है। इस आधार पर यह कहा जा सकता है कि माया सभ्यता के अनुसार 21 दिसम्बर, 2012 को जो विनाश व सृजन होगा, वह मानसिक स्तर का ही होगा। जिसके परिणामस्वरूप सभी सम्प्रदाय, मत, दर्शन एक उच्च स्तर के विचार या सत्य में विलीन अर्थात विनाश को प्राप्त करेगा। फलस्वरूप उच्च स्तर के विचार या सत्य में स्थापित होने से सृजन होगा। कुल मिलाकर माया सभ्यता के कैलेण्डर का अन्त तिथि 21 दिसम्बर, 2012, दुनिया के अन्त की तिथि नहीं बल्कि वह वर्तमान युग के अन्त की अन्तिम तिथि का अनुमान है जिसके बाद नये युग का आरम्भ होगा।

ईश्वर भी इतना मूर्ख व अज्ञानी नहीं है कि वह स्वयं को इस मानव षरीर में पूर्ण व्यक्त किये बिना ही दुनिया को नष्ट कर दे। इसके सम्बन्ध में हिन्दू धर्म शास्त्रों में सृष्टि के प्रारम्भ के सम्बन्ध में कहा गया है कि- "ईश्वर ने इच्छा व्यक्त की कि मैं एक हूँ, अनेक हो जाऊँ"। इस प्रकार जब वही ईश्वर सभी में है तब निश्चित रूप से जब तक सभी मानव ईश्वर नहीं हो जाते तब तक दुनिया के अन्त होने का कोई प्रश्न ही नहीं उठता। और विकास क्रम चलता रहेगा।

21 दिसम्बर, 2012 के बाद का समय नये युग के प्रारम्भ का समय है जिसमें ज्ञान, ध्यान, चेतना, भाव, जन, देश, विश्व राष्ट्र, आध्यात्मिक जागरण, मानवता इत्यादि का विश्वव्यापी विकास होगा। परिणामस्वरूप सभी मानव को ईश्वर रूप में स्थापित होने का अवसर प्राप्त होगा। और यही विश्व मानव समाज की मूल आवश्यकता है। प्राचीन वैदिक काल में समाज को नियंत्रित करने के लिए ज्ञानार्जन सबके लिए खुला नहीं था परन्तु वर्तमान और भविष्य की आवश्यकता यह है कि समाज को नियंत्रित करने के लिए सभी को पूर्ण ज्ञान से युक्त कर सभी के लिए ज्ञान को खोल दिया जाय। यही कारण था कि वेद को प्रतीकात्मक रूप में लिख कर गुरू-शिष्य परम्परा द्वारा उसकी व्याख्या की जाती रही थी जिससे राजा और समाज को नियंत्रण में रखा जा सके।

सभी मानव को ईश्वर रूप में स्थापित होने के लिए जो माध्यम चाहिए वह है-"एकात्म विज्ञान" व "ईश्वर शास्त्र" विषय से मानव को शिक्षित करना और शिक्षा पाठ्यक्रम में अनिवार्य रूप से अध्ययन के लिए शामिल कराया जा सके।

"सार्वभौम सत्य-सिद्धांत"पर आधारित "युग परिवर्तन श्रृंखला" मानवता के अगली पीढ़ी के उदय के लिए

"नये युग" में "नये भारत" के लिए "नवीन मान-राग-प्राण" पर आधारित क्रियान्वयन प्रणाली (Operation System)-मानव-10 (MANAV-10) की पुस्तकें

यह नई पीढ़ी (Gen-Z) के लिए "विकसित भारत" और "मानव-10 प्रणाली" (MANAV-10 System) को प्रोत्साहित करने वाली श्रृंखला का हिस्सा है। अर्थात् यह पुस्तक किसी धर्म, जाति या मत से ऊपर उठकर "Universal Truth Principles" की ओर संकेत करती है।

मुद्रित (Printed Hard Copy) पुस्तक के लिए लिंक(Link)

https://notionpress.com/author/lava_kush

E_Book के लिए

www.64inch.com

द्वापर युग में आठवें अवतार श्रीकृष्ण द्वारा प्रारम्भ किया गया कार्य नवसृजन के प्रथम भाग सार्वभौम ज्ञान के शास्त्र “गीता” के बाद कलियुग में द्वितीय और अन्तिम भाग “सार्वभौम कर्मज्ञान” और “पूर्णज्ञान का पूरक शास्त्र”

विश्व युद्ध के पहले
दिव्य दृष्टि
सत्यकाशी पीठ
पांचवां और अन्तिम शंकराचार्य पीठ

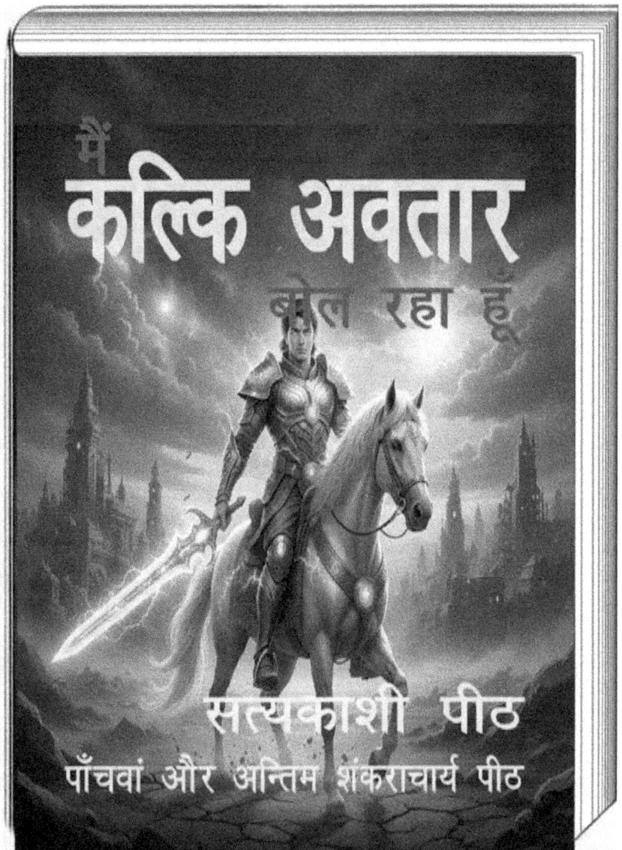
मैं
कल्कि अवतार
बोल रहा हूँ
सत्यकाशी पीठ
पाँचवां और अन्तिम शंकराचार्य पीठ

समष्टि गीता
यथार्थ प्रकाश
सत्यकाशी पीठ
पाँचवां और अन्तिम शंकराचार्य पीठ

फिल्म स्क्रीप्ट
राइटिंग
IDEAS
You are the writer of your life
FRESH Ideas
Writing is designing with words
creative THINKING
LIGHTS CAMERA ACTION
Short Films.
लव कुश सिंह “विश्वमानव”

प्रारम्भिक सत्य
अन्तिम
दृष्टि
सत्यकाशी पीठ
पाँचवां और अन्तिम शंकराचार्य पीठ

सत्य धर्म
युग परिवर्तक
दृष्टि
सत्यकाशी पीठ
पाँचवां और अन्तिम शंकराचार्य पीठ

सत्य दार्शनिक-दर्शन
और
कर्म वेदान्त-विकास
दर्शन
सत्यकाशी पीठ
पाँचवां और अन्तिम शंकराचार्य पीठ

सत्य शास्त्र
एवं
पुराण रहस्य
महर्षि व्यास
कला
सत्यकाशी पीठ
पाँचवां और अन्तिम शंकराचार्य पीठ

संत एवं गुरु
और
विश्व संत एवं गुरु
सत्यकाशी पीठ
पाँचवां और अन्तिम शंकराचार्य पीठ

समाज और
ईश्वरीय समाज
सत्यकाशी पीठ
पाँचवां और अन्तिम शंकराचार्य पीठ

सत्य शास्त्र और
विश्वशास्त्र
सत्यकाशी पीठ
पाँचवां और अन्तिम शंकराचार्य पीठ

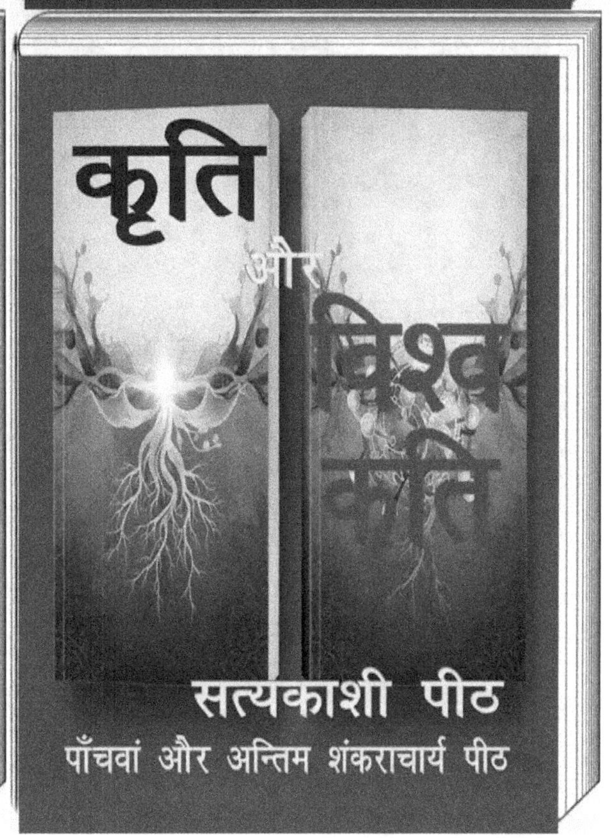
कृति
और
विश्व
कृति
सत्यकाशी पीठ
पाँचवां और अन्तिम शंकराचार्य पीठ

भारत माता मन्दिर
और
विश्वधर्म मन्दिर
सत्यकाशी पीठ
पाँचवां और अन्तिम शंकराचार्य पीठ

महाभारत
और
विश्वभारत
सत्यकाशी पीठ
पाँचवां और अन्तिम शंकराचार्य पीठ

संविधान और
विश्व संविधान
सत्यकाशी पीठ
पांचवां और अन्तिम शंकराचार्य पीठ

शिक्षा और
पूर्ण शिक्षा
सत्यकाशी पीठ
और अन्तिम शंकराचार्य पीठ

देवता और सार्वभौम देवता
कल्कि
सत्यकाशी पीठ

माँ कल्कि

द्वादस ज्योतिर्लिंग और
१३वां अन्तिम ज्योतिर्लिंग
?
सत्यकाशी पीठ
पाँचवां और अन्तिम शंकराचार्य पीठ

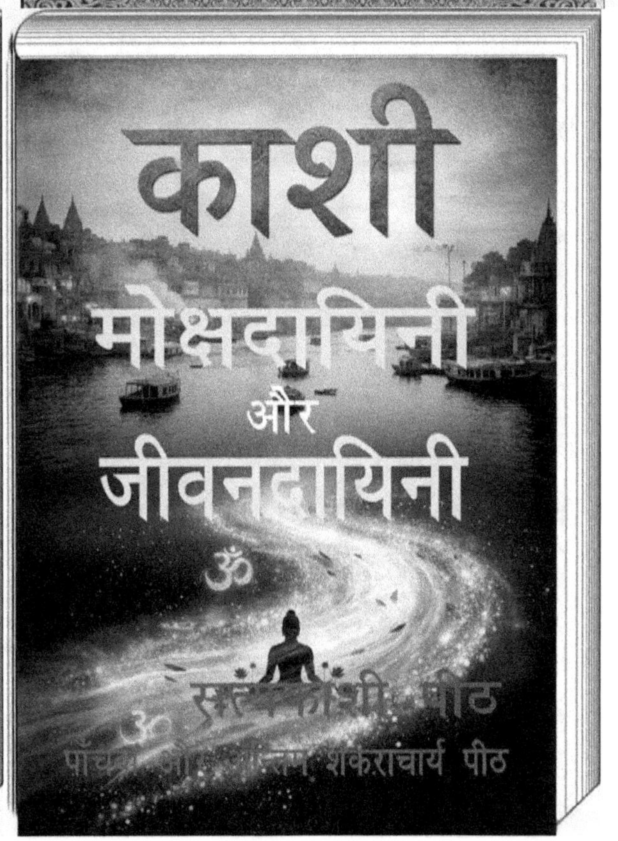
काशी
मोक्षदायिनी
और
जीवनदायिनी

सत्यकाशी
स्वर्णयुग
का
तीर्थ

काशी
रहस्योद्घाटन
सत्यकाशी पीठ
पांचवां और अन्तिम शंकराचार्य पीठ

2020
सत्यकाशी पीठ
पाँचवां और अन्तिम शंकराचार्य पीठ

ईश्वर
का
संक्षिप्त इतिहास
सत्यकाशी पीठ
पाँचवां और अन्तिम शंकराचार्य पीठ

अवतार
अन्तिम सत्य दृष्टि
सत्यकाशी पीठ
पाँचवां और अन्तिम शंकराचार्य पीठ

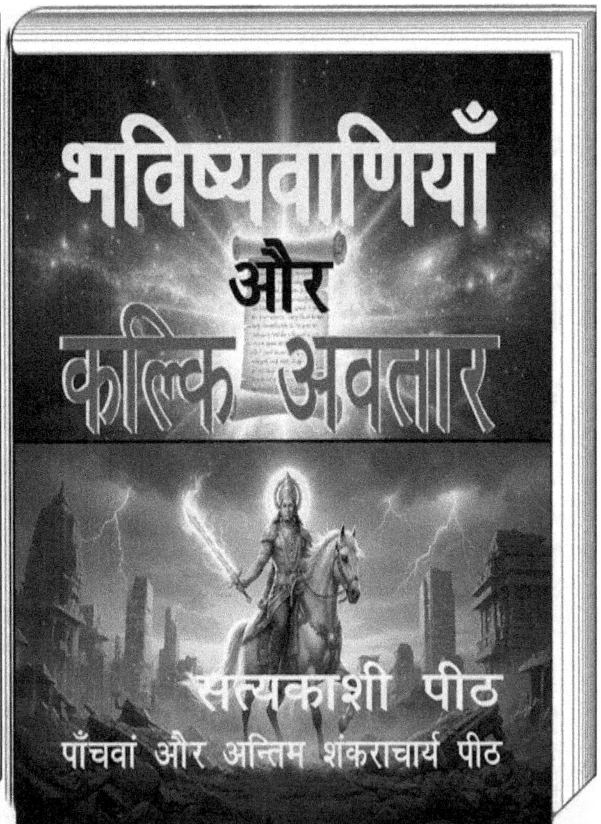
भविष्यवाणियाँ
और
कल्कि अवतार
सत्यकाशी पीठ
पाँचवां और अन्तिम शंकराचार्य पीठ

स्वामी विवेकानन्द
और
कल्कि अवतार
सत्यकाशी पीठ
पाँचवां और अन्तिम शंकराचार्य पीठ

मनु, मनवन्तर
और
कल्कि अवतार
सत्यकाशी पीठ
पाँचवां और अन्तिम शंकराचार्य पीठ

व्यास, शास्त्र
और
कल्कि अवतार
सत्यकाशी पीठ
पाँचवां और अन्तिम शंकराचार्य पीठ

ऋषि, ऋषि परम्परा
और
कल्कि अवतार
सत्यकाशी पीठ
पाँचवां और अन्तिम शंकराचार्य पीठ

दूसरा आगमन
या
अन्तिम आगमन
सत्यकाशी पीठ
पाँचवां और अन्तिम शंकराचार्य पीठ

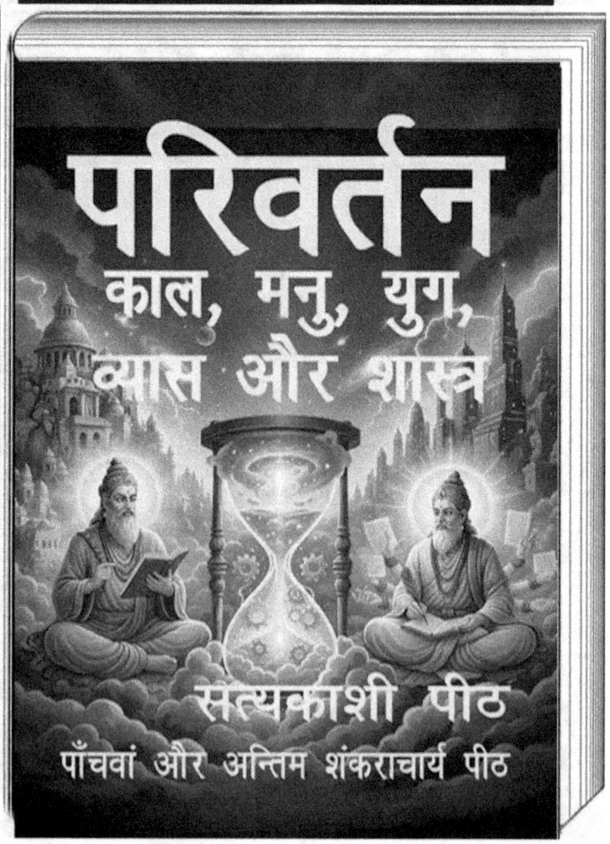
परिवर्तन
काल, मनु, युग,
व्यास और शास्त्र
सत्यकाशी पीठ
पाँचवां और अन्तिम शंकराचार्य पीठ

राम, रावण
और
सार्वभौम एकात्म
सत्यकाशी पीठ
पाँचवां और अन्तिम शंकराचार्य पीठ

मैं
व्यक्तिगत या सार्वभौम
सत्यकाशी पीठ
पाँचवां और अन्तिम शंकराचार्य पीठ

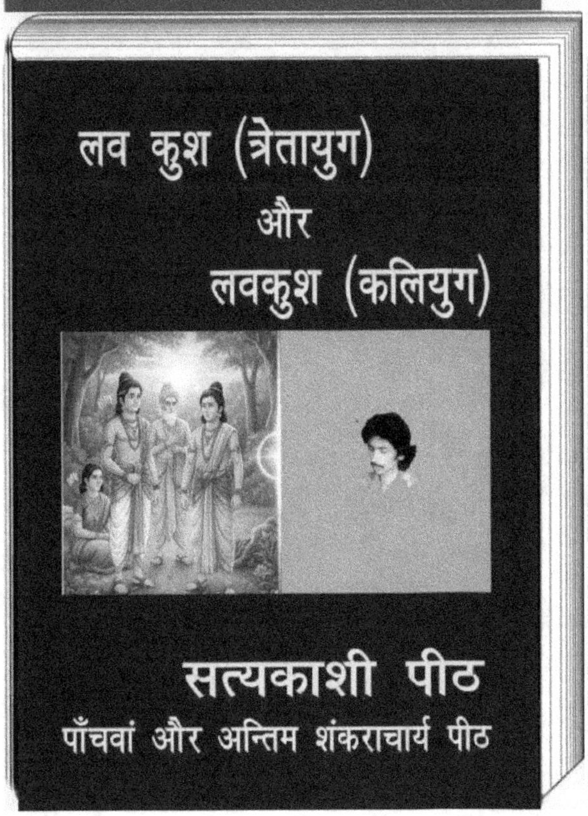
लव कुश (त्रेतायुग)
और
लवकुश (कलियुग)
सत्यकाशी पीठ
पाँचवां और अन्तिम शंकराचार्य पीठ

कल्कि महावतार
आ चुके हैं
(ACTION PLAN)
सत्यकाशी पीठ
पाँचवां और अन्तिम शंकराचार्य पीठ

लव कुश सिंह
(कल्कि महावतार)
जीवन, ज्ञान, कर्म और विश्वरूप
सत्यकाशी पीठ
पाँचवां और अन्तिम शंकराचार्य पीठ

वैश्विक बुद्ध
बुद्ध का
भाग-दो
और अन्तिम
सत्यकाशी पीठ
पाँचवां और अन्तिम शंकराचार्य पीठ

बुड्ढ़ा कृष्ण
कृष्ण का
भाग-दो
और अन्तिम
सत्यकाशी पीठ
पाँचवां और अन्तिम शंकराचार्य पीठ

सम्पूर्ण क्रान्ति
अन्तिम कार्य योजना
64
सत्यकाशी पीठ
पांचवां और अन्तिम शंकराचार्य पीठ

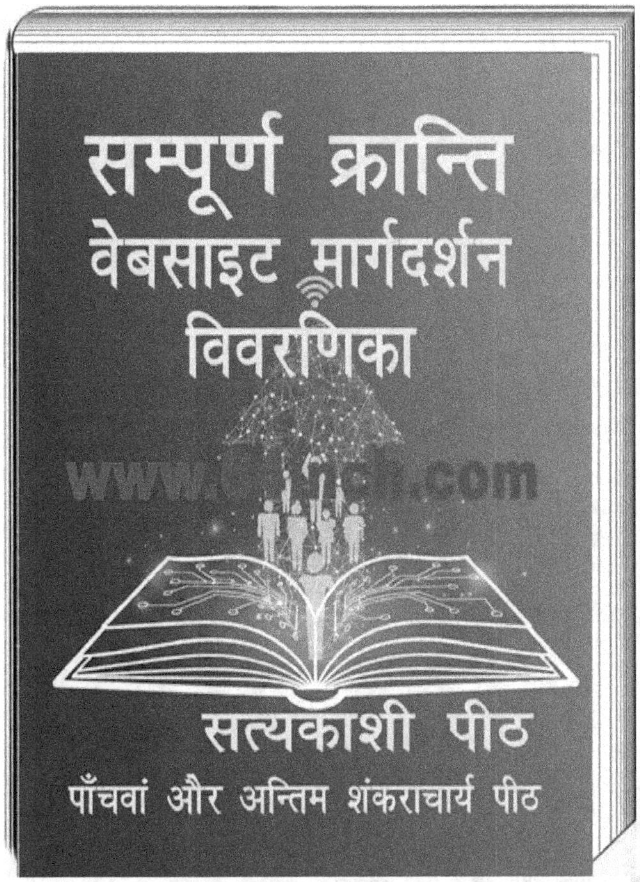
सम्पूर्ण क्रान्ति
वेबसाइट मार्गदर्शन
विवरणिका
सत्यकाशी पीठ
पाँचवां और अन्तिम शंकराचार्य पीठ

पुनर्निर्माण
(RENEW)
समस्या, समाधान
और
राष्ट्र निर्माण की योजना
सत्यकाशी पीठ
पाँचवां और अन्तिम शंकराचार्य पीठ

पुनर्निर्माण
(RENEW)
ग्राम एवं नगर वार्ड
प्रेरक
सत्यकाशी पीठ
पाँचवां और अन्तिम शंकराचार्य पीठ

द्वापर युग में आठवें अवतार श्रीकृष्ण द्वारा प्रारम्भ किया गया कार्य "नवसृजन" के
प्रथम भाग "सार्वभौम ज्ञान" के शास्त्र "गीता" के बाद कलियुग में
द्वितीय और अन्तिम भाग "सार्वभौम कर्मज्ञान" और "पूर्णज्ञान का पूरक शास्त्र"
।। विश्वशास्त्र ।।
द नॉलेज ऑफ फाइनल नॉलेज
परिचय
- लव कुश सिंह "विश्वमानव"

एन्टायर पालिटिक्स
पूर्ण पाठ्यक्रम
सत्यकाशी पीठ
पांचवां और अन्तिम शंकराचार्य पीठ

वसुधैव
कुटुम्बकम्
सत्यकाशी पीठ
पाँचवां और अन्तिम शंकराचार्य पीठ

।।कर्मवेद।।
प्रथम, अन्तिम तथा पंचम
सत्यकाशी पीठ
पांचवां और अन्तिम शंकराचार्य पीठ

आठवें अवतार
श्रीकृष्ण
के
संदेश
सत्यकाशी पीठ
पांचवां और अन्तिम शंकराचार्य पीठ

अयोध्या नहीं,
मुंगेर है
राम जन्मभूमि
सत्यकाशी पीठ
पाँचवां और अन्तिम शंकराचार्य पीठ

विश्वमानव
भूतपूर्व नेतृत्वकर्ताओं
का
स्पष्टिकरण
सत्यकाशी पीठ
पाँचवां और अन्तिम शंकराचार्य पीठ

विश्वमानव
वर्तमान नेतृत्वकर्ताओं
का
स्पष्टिकरण
सत्यकाशी पीठ
पाँचवां और अन्तिम शंकराचार्य पीठ

विश्वमानव
वार्ता, वक्तव्य
एवं
वाणीयाँ
सत्यकाशी पीठ
पाँचवां और
शंकराचार्य पीठ

विश्वमानव
पत्रावली, प्रसारण
और
अन्तिम पत्र
सत्यकाशी पीठ
पाँचवां और अन्तिम शंकराचार्य पीठ

सत्य जनहित
आह्वान
सत्यकाशी पीठ
पाँचवां और अन्तिम शंकराचार्य पीठ

विश्व शान्ति
अन्तिम सत्य दृष्टि
सत्यकाशी पीठ
पाँचवां और अन्तिम शंकराचार्य पीठ

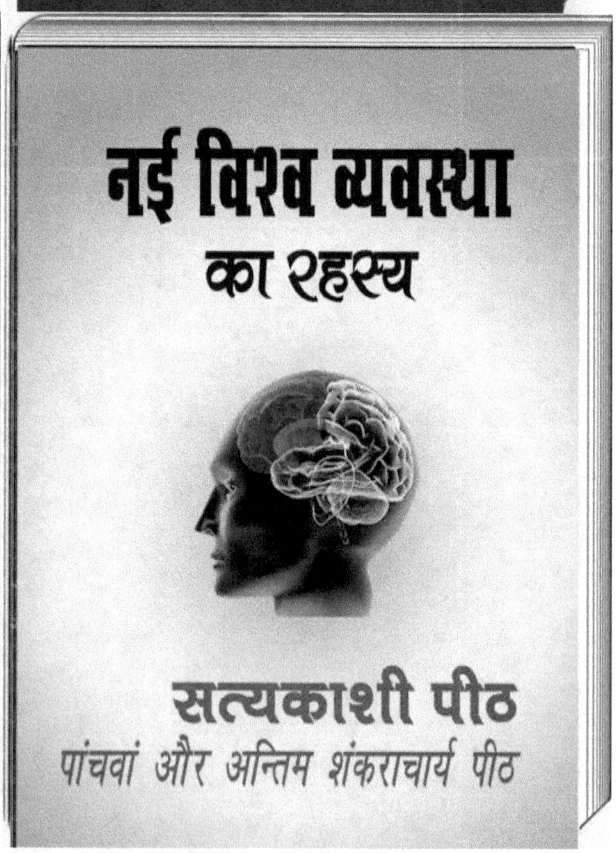
नई विश्व व्यवस्था
का रहस्य
सत्यकाशी पीठ
पांचवां और अन्तिम शंकराचार्य पीठ

समाजवाद
ब्रह्माण्डीय विकास का अवतारी मार्ग
सत्यकाशी पीठ
पांचवां और अन्तिम शंकराचार्य पीठ

भारतवाद
राष्ट्रवाद की मुख्यधारा
सत्यकाशी पीठ
पांचवां और अन्तिम शंकराचार्य पीठ

100 वर्षीय संयुक्त राष्ट्र
को अग्रिम सन्देश
सत्यकाशी पीठ
पांचवां और अन्तिम शंकराचार्य पीठ

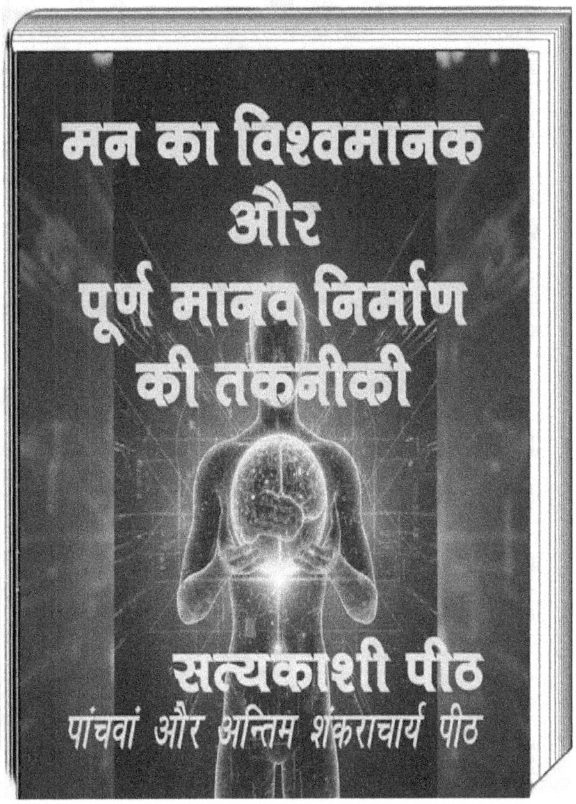
मन का विश्वमानक
और
पूर्ण मानव निर्माण
की तकनीकी
सत्यकाशी पीठ
पांचवां और अन्तिम शंकराचार्य पीठ

गणराज्य, संघ,
मानकीकरण संगठन
और
सम्पूर्ण मानक
सत्यकाशी पीठ
पाँचवां और अन्तिम शंकराचार्य पीठ

व्यापार केन्द्र
दृश्य सत्य
सत्यकाशी पीठ
पाँचवां और अन्तिम शंकराचार्य पीठ

सार्वभौम एकात्म
नव विश्व निर्माण
सत्यकाशी पीठ
पांचवां और अन्तिम शंकराचार्य पीठ

मानक विपणन
प्रणाली
सत्यकाशी पीठ
पाँचवां और अन्तिम शंकराचार्य पीठ

स्वर्णयुग का मानक
आदर्श नागरिक
दिशा निर्देश
सत्यकाशी पीठ
पांचवां और अन्तिम शंकराचार्य पीठ

स्वर्णयुग का
विश्वधर्म
परिचय
सत्यकाशी पीठ
पांचवां और अन्तिम शंकराचार्य पीठ

मैत्रेय बुद्ध
की ओर
सत्यकाशी पीठ
पांचवां और अन्तिम शंकराचार्य पीठ

विशाल ज्ञान विज्ञान
सबका समाधान
सूर्योदय
जय जनता जय कानून
हम सब एक दूसरे से हैं और एक दूसरे के लिए हैं

सार्वभौम सत्य-सिद्धान्त आधारित "युग परिवर्तक" श्रृंखला
कल्कि धाम
और
कल्कि परिचय
– लव कुश सिंह "विश्वमानव"

सार्वभौम सत्य-सिद्धान्त आधारित "युग परिवर्तक" श्रृंखला
चार शंकराचार्य पीठ
और
पांचवां-अन्तिम पीठ
सत्यकाशी पीठ
सत्यकाशी पीठ
पांचवां और अन्तिम शंकराचार्य पीठ

कल्कि अमृत
महाकुम्भ
2025
FINAL KNOWLEDGE BOMB BLAST
सत्यकाशी पीठ
पांचवां और अन्तिम शंकराचार्य पीठ

ज्योति
युग परिवर्तन की
TRANSACTION
TRADE
DEVELOPMENT
RURAL
GD
EDUCATION
ADVANCEMENT
NATURAL TRUTH
सत्यकाशी पीठ
पांचवां और अन्तिम शंकराचार्य पीठ

युग परिवर्तन
के
शब्द
सत्यकाशी पीठ
पांचवां और अन्तिम शंकराचार्य पीठ

विचारों का अंत
2025
सत्यकाशी पीठ
पांचवां और अन्तिम शंकराचार्य पीठ

विश्व सत्य घोषणा-पत्र
2025–मानव जाति तक
RSS
Rational Service Society
सत्यकाशी पीठ
पांचवां और अन्तिम शंकराचार्यपीठ

वैश्विक युग परिवर्तन के लिए
विश्व राजनीतिक पार्टी
संघ
RSS
Rational Service Society
सत्यकाशी पीठ
पांचवां और अन्तिम शंकराचार्यपीठ

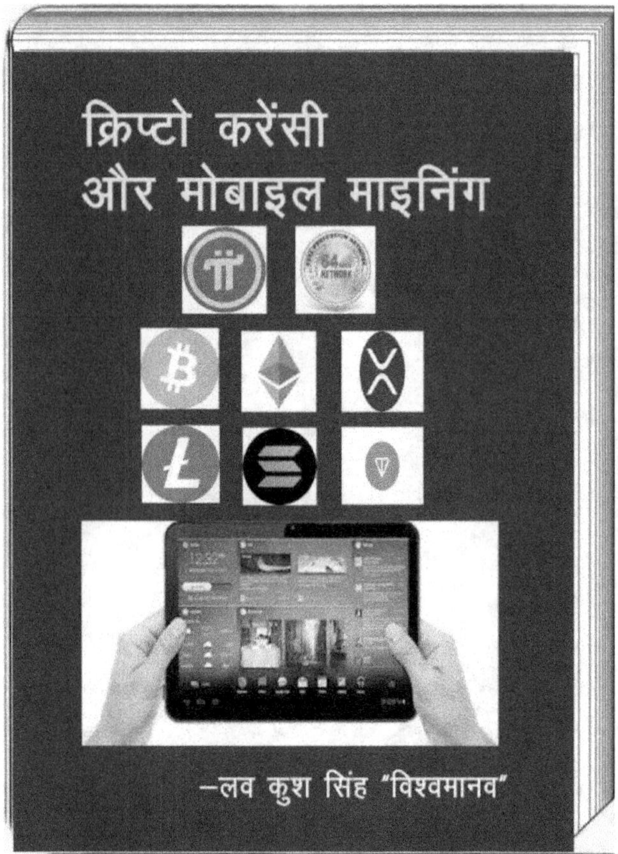
क्रिप्टो करेंसी
और मोबाइल माइनिंग
–लव कुश सिंह "विश्वमानव"

पीढ़ी
मानवीय और ईश्वरीय
2 3 4 5 6 7 8 9 10
वात्सल्य त्रिपाठी

बुढ़ा कृष्ण
अन्तिम मिलन
वात्सल्य त्रिपाठी

जेन जी
अन्तिम लक्ष्य
वात्सल्य त्रिपाठी

पाँचवां-अन्तिम पीठ
सत्यकाशी पीठ
परिचय
वात्सल्य त्रिपाठी
पाँचवां और आंतिम शंकराचार्य पीठ

कबीर और
जेन-जी
नई चेतना, नया मानव
चेतना और नवयुग की संवाद यात्रा
वात्सल्य त्रिपाठी

कल्कि की
ज्योति
बिहार से
ज्योति राठौड़

एक बिहारी
धरती पर भारी
ज्योति राठौड़

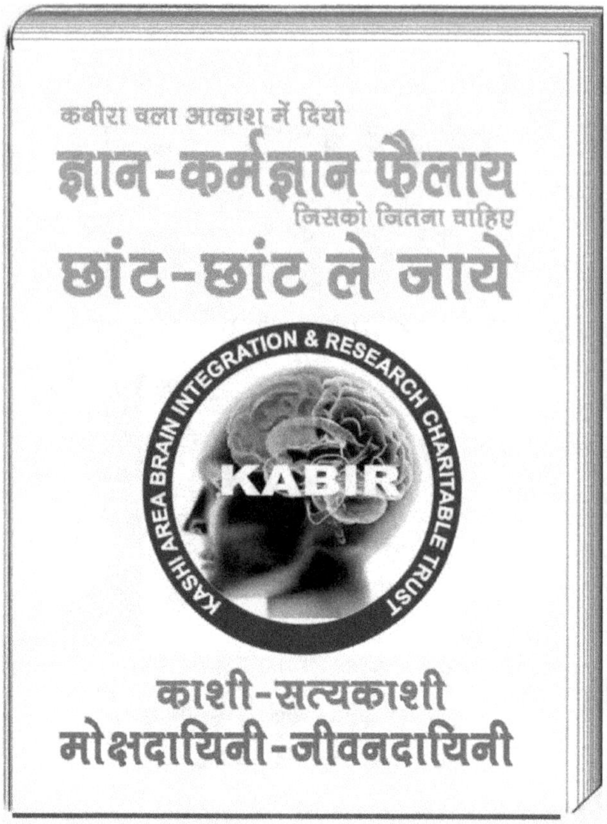
कबीरा चला आकाश में दियो
ज्ञान-कर्मज्ञान फैलाय
जिसको जितना चाहिए
छांट-छांट ले जाये
KASHI AREA BRAIN INTEGRATION & RESEARCH CHARITABLE TRUST
KABIR
काशी-सत्यकाशी
मोक्षदायिनी-जीवनदायिनी

कुर्म वंश
और
चरणाद्रिगढ़
स्वामी रमेशानन्द

आर.एस.एस
नवयुग के लिए
वैश्विक व्यक्तिगत पुस्तकालय
RATIONAL SERVICE SOCIETY (RSS)
WORLD PERSONAL LIBRARY FOR NEW AGE
A GUIDE TO GLOBAL WISDOM & FUTURE THOUGHT
स्वामी रमेशानन्द

झोला उठने के बाद
सोशल मीडिया
के लिए
कन्टेन्ट बैंक
विस्तृत गाइड: विचार, रणनीतियाँ, और संसाधन
www.64inch.com
सत्यकाशी पीठ
पांचवां और अन्तिम शंकराचार्य पीठ

झोला उठने के बाद
कल्कि
सत्यकाशी पीठ
पांचवां और अन्तिम शंकराचार्य पीठ

युग परिवर्तन के लिए:
विश्व पुस्तकालय बनाम कल्कि पुस्तकालय
www.64inch.com
ज्ञान का महासागर - अतीत से वर्तमान
बनाम
कल्कि पुस्तकालय
धर्म और भविष्य का प्रकाश - नए युग का उद्भव
ज्ञान का महासंग्राम - भविष्य का निर्माण
सत्यकाशी पीठ
पांचवां और अन्तिम शंकराचार्य पीठ

व्हाट्सएप्प यूनिवर्सिटी
और
सु-इसु यूनिवर्सिटी
सत्यकाशी पीठ
पांचवां और अन्तिम शंकराचार्य पीठ

इंडिया
भारत का विश्वरूप
सत्यकाशी पीठ
पांचवां और अन्तिम शंकराचार्य पीठ

अधूरे
सपनों
का
अन्तिम मार्ग
सत्यकाशी पीठ
पांचवां और अन्तिम शंकराचार्य पीठ

मानक
संविधान
और
बहुजन
सत्यकाशी पीठ
पांचवां और अन्तिम शंकराचार्य पीठ

विकसित भारत
अन्तिम मुद्दे
-ईश्वरीय/मानवीय पीढ़ी-10 (GEN-10)
-व्यक्तिगत
-पारिवारीक
-सामाजिक
-धार्मिक
-राष्ट्रीय
-वैश्विक
सत्यकाशी पीठ
पांचवां और अन्तिम शंकराचार्य पीठ

एक नया
विकल्प
THREADS
सत्यकाशी पीठ
पांचवां और अन्तिम शंकराचार्य पीठ

विकसित भारत
शिक्षितों का अन्तिम ईश्वरीय मॉडल
सत्यकाशी पीठ
पांचवां और अन्तिम शंकराचार्य पीठ

विकास मॉडल
आसुरी
और
ईश्वरीय
सत्यकाशी पीठ
पांचवां और अन्तिम शंकराचार्य पीठ

युग परिवर्तन और 1000 वर्षों के लिए
सत्यकाशी पीठ
का सम्पूर्ण कार्य
कौन,
क्यों,
कैसे
कल्कि?
सत्यकाशी पीठ
पांचवां और अन्तिम शंकराचार्य पीठ

बैल बुद्धि
और
विकसित
भारत
सत्यकाशी पीठ
पांचवां और अन्तिम शंकराचार्य पीठ

भोज्यम्
सत्यकाशी पीठ
पांचवां और अन्तिम शंकराचार्य पीठ

एक्सट्रा
टु ए बी
समान नागरिक व्यापार ज्ञान संहिता (CCTKC)
सत्यकाशी पीठ
पांचवां और अन्तिम शंकराचार्य पीठ

एक्सट्रा
टु ए बी
समान नागरिक आर्थिक संहिता (UCEC)
सत्यकाशी पीठ
पांचवां और अन्तिम शंकराचार्य पीठ

अंध भक्ति
से मुक्ति की ओर
मुक्ति मंत्र
"जिसने अंधभक्ति दिया
वही मुक्ति देगा"
सत्यकाशी पीठ
पांचवां और अन्तिम शंकराचार्य पीठ

VISHVABHARAT
न मो
नारायण
सत्यकाशी पीठ
पांचवां और अन्तिम शंकराचार्य पीठ

अगला स्तर
फिल्म और राजनीति पर
विचारों का संगह
सत्यकाशी पीठ
पांचवां और अन्तिम शंकराचार्य पीठ

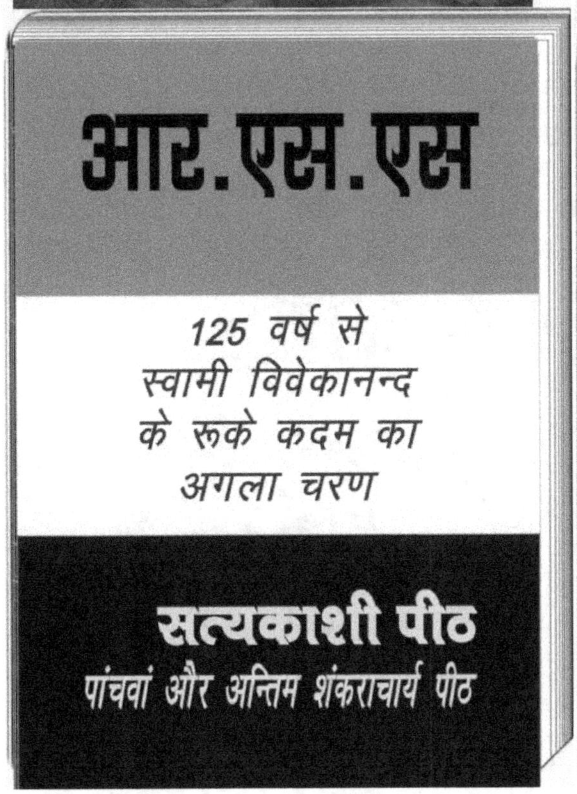
आर.एस.एस
125 वर्ष से
स्वामी विवेकानन्द
के रूके कदम का
अगला चरण
सत्यकाशी पीठ
पांचवां और अन्तिम शंकराचार्य पीठ

आर.एस.एस
रहस्योद्घाटन
सत्यकाशी पीठ
पांचवां और अन्तिम शंकराचार्य पीठ

125 वर्ष बाद
स्वामी विवेकानन्द
का अगला चरण

सत्येश्वर नरेन्द्र
सत्यकाशी पीठ

आत्मकथा
लेखन कला
का विश्वमानक
सत्यकाशी पीठ
पांचवां और अन्तिम शंकराचार्य पीठ

लुच्चा
पुराण
पौराणिक कथाओं
और पात्रों के
सत्य समझ की व्यास दृष्टि
सत्यकाशी पीठ
पांचवां और अन्तिम शंकराचार्य पीठ

आठवां
सावर्णि मनु स्मृति
सत्यकाशी पीठ
पांचवां और अन्तिम शंकराचार्य पीठ

विश्वमानक
शून्य श्रृंखला
0
सत्यकाशी पीठ
पांचवां और अन्तिम शंकराचार्य पीठ

सर्वजीत साधना
भवन
एक आध्यात्मिक अनुभव
सत्यकाशी पीठ
पांचवां और अन्तिम शंकराचार्य पीठ

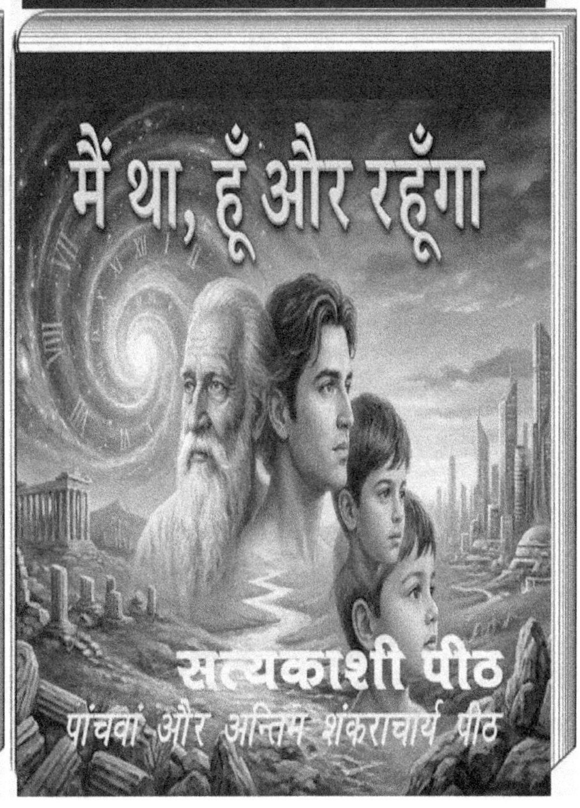
मैं था, हूँ और रहूँगा
सत्यकाशी पीठ
पांचवां और अन्तिम शंकराचार्य पीठ

लव
सत्यकाशी पीठ
पांचवां और अन्तिम शंकराचार्य पीठ

परब्रह्म, प्रकृति, अवतार और वानर
सत्यकाशी पीठ
पांचवां और अन्तिम शंकराचार्य पीठ

संसार
दृश्य और अदृश्य
सत्यकाशी पीठ
पांचवां और अन्तिम शंकराचार्य पीठ

कर्मोपनिषद्
सत्यकाशी पीठ
पांचवां और अन्तिम शंकराचार्य पीठ

विश्वभारत
पुराण
सत्यकाशी पीठ
पांचवां और अन्तिम शंकराचार्य पीठ

एकात्म विज्ञान
सत्यकाशी पीठ
पांचवां और अन्तिम शंकराचार्य पीठ

मानक विज्ञान
सत्यकाशी पीठ
पांचवां और अन्तिम शंकराचार्य पीठ

ईश्वर शास्त्र
सत्यकाशी पीठ
पांचवां और अन्तिम शंकराचार्य पीठ

युगावतारों के प्रकटीकरण की कार्यविधि:
राम-कृष्ण-लवकुश
सत्यकाशी पीठ
पांचवां और अन्तिम शंकराचार्य पीठ

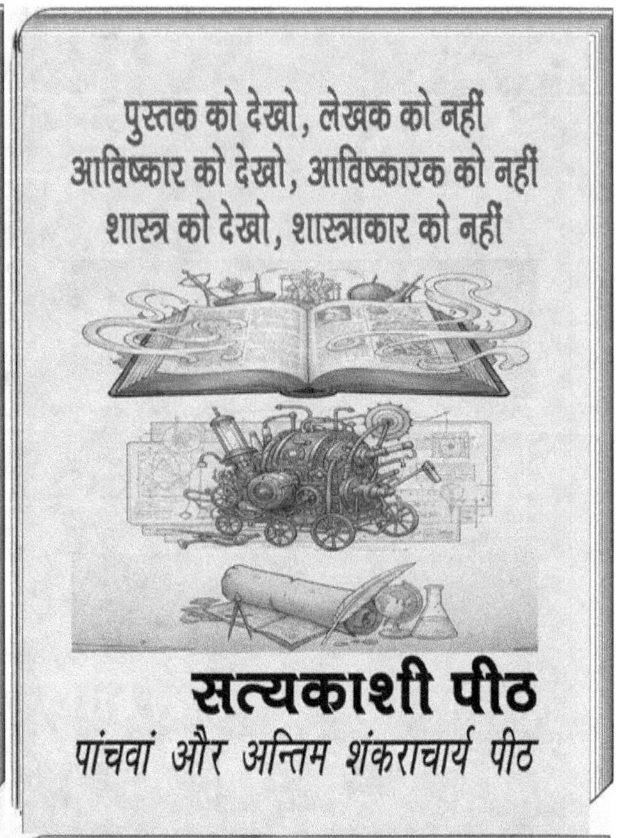
पुस्तक को देखो, लेखक को नहीं
आविष्कार को देखो, आविष्कारक को नहीं
शास्त्र को देखो, शास्त्राकार को नहीं
सत्यकाशी पीठ
पांचवां और अन्तिम शंकराचार्य पीठ

56 से 64
की ओर
सत्यकाशी पीठ
पांचवां और अन्तिम शंकराचार्य पीठ

मैं सत्यकाशी हूँ
कविता
सत्यकाशी पीठ
पांचवां और अन्तिम शंकराचार्य पीठ

पटेल
भारत के शारीरिक एकीकरण के बाद
मन का एकीकरण लक्ष्य
सत्यकाशी पीठ
पांचवां और अन्तिम शंकराचार्य पीठ

मन से
आत्मा तक
3 6 9 और 7
6
3
9
7
सत्यकाशी पीठ
पांचवां और अन्तिम शंकराचार्य पीठ

भारत
400 पार मुद्दा किसका
?
सत्यकाशी पीठ
पांचवां और अन्तिम शंकराचार्य पीठ

आर. एस. एस - पुस्तकालय
पढ़ो और कमाओ
शिक्षित समाज, समर्थ राष्ट्र
सत्यकाशी पीठ
पांचवां और अन्तिम शंकराचार्य पीठ

विश्वयुद्ध के पहले
विश्वगुरु
भारत
का विश्व शान्ति और
पुनर्निर्माण का अन्तिम सन्देश
सत्यकाशी पीठ
पांचवां और अन्तिम शंकराचार्य पीठ

चुटिया पण्डित
वृन्दावन की सत्य घटना
स्वामी नन्दनानंद

कल्कि का
चुनार और वृन्दावन
से उठता प्रेम
स्वामी नन्दनानंद

कल्कि का
बेगुसराय और मीरजापुर
जन्म और कर्म क्षेत्र
स्वामी नन्दनानंद

सत्येश्वरोपनिषद्
सत्येश्वर
और
झूठेश्वर
वात्सल्य त्रिपाठी

अन्तिम अवतार
कल्कि
के लिए शेष कर्म
वात्सल्य त्रिपाठी

कल्कि अवतार
का मानव-10
विकसित भारत का प्रवेश द्वार
वात्सल्य त्रिपाठी

पप्पू-गप्पू
और
नागरिक झुलेलाल
वात्सल्य त्रिपाठी

ओपेन गेम
कभी-कभी नहीं,
अब कन्फर्म है
अपुन ही
भगवान है
(वेब सीरीज)
वात्सल्य त्रिपाठी

SATYAKASHI
THE END OF MIRZAPUR
सत्यकाशी पीठ
पांचवां और अन्तिम शंकराचार्य पीठ

अण्डरवर्ल्ड
सनातन से पुरूषों से छुपी महिलाओं की कहानी
(फिल्म स्क्रीनप्ले-रेडी टू शूट)
वात्सल्य त्रिपाठी

सोना और सोना
एवं
नारी सशक्तिकरण
वैदिक काल से वर्तमान तक
सत्यकाशी पीठ
पांचवां और अन्तिम शंकराचार्य पीठ

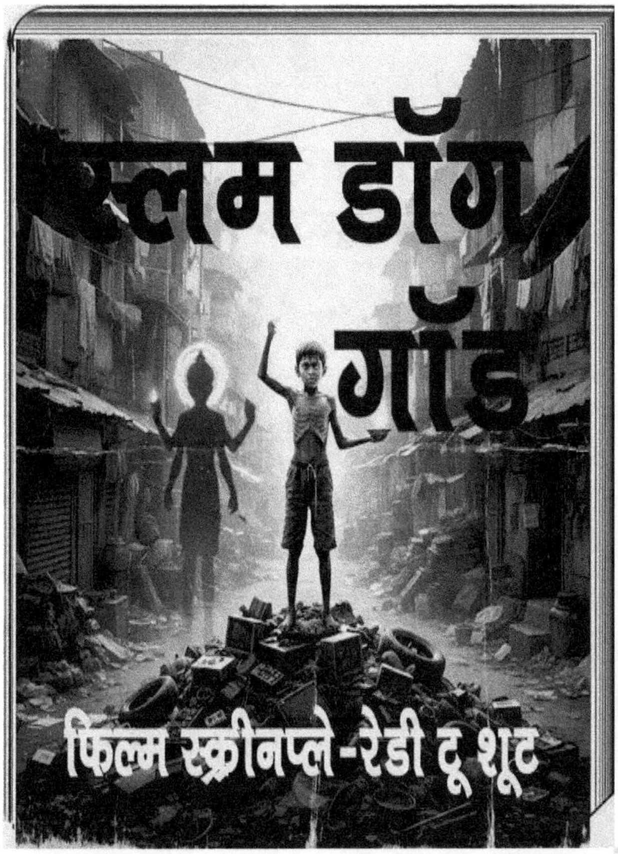
लम डॉग
गॉड
फिल्म स्क्रीनप्ले-रेडी टू शूट

उत्तर प्रदेश
का
उत्तर
वात्सल्य त्रिपाठी

अन्तिम समन्वयाचार्य
कल्कि
वात्सल्य त्रिपाठी

2026
2+0+2+6=10
पांचवां और अन्तिम शंकराचार्य पीठ

राम न आयेंगे
लवकुश आ रहें हैं
www.64inch.com
पांचवां और अन्तिम शंकराचार्य पीठ

युग परिवर्तन के
150 पुस्तकें-परिचय
ज्ञान, प्रेरणा और भविष्य की ओर एक कदम
150
सत्यकाशी पीठ
पांचवां और अन्तिम शंकराचार्य पीठ
"एक नई शुरुआत के लिए ज्ञान की खोज"

जैसी तुम्हारी इच्छा वैसा करो

डॉ0 सर्वपल्ली राधाकृष्णन का जन्म 5 सितम्बर, 1888 को दक्षिण भारत के तिरूतनि स्थान पर हुआ था जो चेन्नई से 64 किमी उत्तर–पूर्व में है। डॉ0 सर्वपल्ली राधाकृष्णन भारत के उपराष्ट्रपति और दूसरे राष्ट्रपति सन् 1952 से 1962 तक में रहे। डॉ0 सर्वपल्ली राधाकृष्णन भारतीय समाजिक संस्कृति से ओत–प्रोत एक महान शिक्षाविद् महान दार्शनिक, महान वक्ता और आस्थावान हिन्दू विचारक थे। डॉ0 सर्वपल्ली राधाकृष्णन ने अपने जीवन के महत्वपूर्ण 40 वर्ष शिक्षक के रूप में व्यतीत किये। उनमें एक आदर्श शिक्षक के सारे गुण मौजूद थे। डॉ0 सर्वपल्ली राधाकृष्णन समस्त विश्व को एक शिक्षालय मानते थे। उनकी मान्यता थी कि शिक्षा के द्वारा ही मानव दिमाग का सद्उपयोग किया जाना सम्भव है इसलिए समस्त विश्व को एक इकाई समझकर ही शिक्षा का प्रबन्धन किया जाना चाहिए। उनके जन्मदिन को "शिक्षक दिवस" के रूप में मनाया जाता है।

इति ते ज्ञानमाख्यातं गुह्यादगुह्यतरं मया।
विमृश्न्यैतदशेषेण यथेच्छसि तथा कुरू।।

(श्रीमदभगवद्गीता, अध्याय–18, श्लोक–63)

अर्थात् – मैंने तुम्हें जो बताया, वह सब से बड़ा रहस्य है। इस पर भलीभाँति विचार कर तुम्हारी जैसी इच्छा वैसा करो।

"परमात्मा देखने में तटस्थ या निरपेक्ष दिखाई देता है, क्योंकि उसने चुनने का निर्णय अर्जुन के हाथ में छोड़ दिया है। उसकी यह निरपेक्षता ही अर्जुन के चिन्ता का कारण है। वह किसी पर भी दबाव नहीं डालता क्योंकि स्वतःस्फूर्त स्वतन्त्रता बहुत मूल्यवान होती है। भगवान अपना आदेश ऊपर से नहीं थोपता। वह स्वतन्त्र छोड़ देता है। परमात्मा की पुकार को स्वीकार करने या अस्वीकार कर देने के लिए हम हर समय स्वतन्त्र हैं। हम लड़खड़ाने लगें तो वह सहायता देने के लिए तैयार रहता है और प्रतीक्षा करने को तैयार है जब तक हम उसकी ओर उन्मुख न हों।

सब कुछ पहले से निर्धारित मानने वाले सिद्धान्त में टकराव के कारण यूरोप और भारत में काफी वाद–विवाद हुआ है। यूरोप का प्रमुख सिद्धान्त है कि संकल्प शक्ति और मानवीय प्रयत्न की स्वतन्त्रता का मनुष्य के उद्धार में बहुत बड़ा हाथ होता है। यद्यपि स्वयं संकल्प शक्ति को भी परमात्मा की कृपा के समर्थन की आवश्यकता पड़ सकती है। पहले से सब कुछ तय मानने वालों को अच्छे कार्यों और प्रार्थना के लिए यत्न करना होता है, क्योंकि वहाँ भी मानते हैं कि ये उपाय नियति को आगे बढ़ाने में सहायक तो हो सकते हैं लेकिन वे उसे रोक नहीं सकते। मनुष्य इस बात के लिए स्वतन्त्र है कि परमात्मा उन मनुष्यों पर कृपा करना चाहता है जो अपने आचरण से उस कृपा को ग्रहण करने के लिए तैयार करते हैं।

आध्यात्मिक नेता हम पर शारीरिक हिंसा, चमत्कार, प्रदर्शन के जरिये प्रभाव नहीं डालते। यदि सच्चा शिष्य कोई गलती कर भी बैठे, तो वह उसे केवल सलाह देगा। यदि शिष्य को चुनाव करने की स्वतन्त्रता पर आँच आती हो, तो वह उसे गलत रास्ते से भी वापस लौट आने के लिए विवश नहीं करेगा। गलती भी विकास की एक दिशा है।

कृष्ण केवल सारथी हैं। वह अर्जुन के आदेश का पालन करेगा। उसने कोई शस्त्र धारण नहीं किया हुआ है। यदि वह अर्जुन पर कोई प्रभाव डालता है तो वह उसे अपने उस सर्वजयी प्रेम के जरिए डालता है। जो कभी समाप्त नहीं होता।

अर्जुन को अपने लिए स्वयं विचार करना चाहिए और अपने लिए स्वयं ही मार्ग खोज करना चाहिए। अस्पष्ट मान्यताओं को अनिवार्य रूप से और भावुकतापूर्वक अपना लिए जाने के कारण फलस्वरूप कट्टर धर्मान्धता उत्पन्न हुई है और उनके कारण मनुष्यों को अकथनीय कष्ट उठाना पड़ा है। इसलिए यह आवश्यक है कि मन और विश्वासों के लिए कोई तर्क संगत और अनुभावात्मक औचित्य ढूंढ़े।

अर्जुन को एक वास्तविक अखण्डता की अनुभूति प्राप्त करनी होगी लेकिन उसके विचार अपने हैं। और गुरू के जरिये उस पर थोपे नहीं गये हैं। दूसरों पर अपने विचार थोपना शिक्षण नहीं हैं।"

– भगवद्गीता के आखिरी उपदेश पर भारतीय दर्शन के व्याख्याकार और दूसरे राष्ट्रपति डॉ0 राधाकृष्णनन का विवेचन

"यह विश्वशास्त्र, मनुष्यों पर थोपा नहीं जा रहा बल्कि वह मनुष्यों को, मनुष्यो के इस संसार मे जो वर्तमान है उसे और उसके आगे अनन्त मार्ग दिखा रहा है और सभी मार्गों के एकीकरण द्वारा, उस मार्ग को भी दिखा रहा है जो विश्व को सत्य–सुन्दर–शिव बना सकता है। फिर भी हे मनुष्यों जैसी तुम्हारी इच्छा वैसा करो। वर्तमान से योग कराने के लिए ही मैं व्यक्त होता हूँ।" – लव कुश सिंह "विश्वमानव"

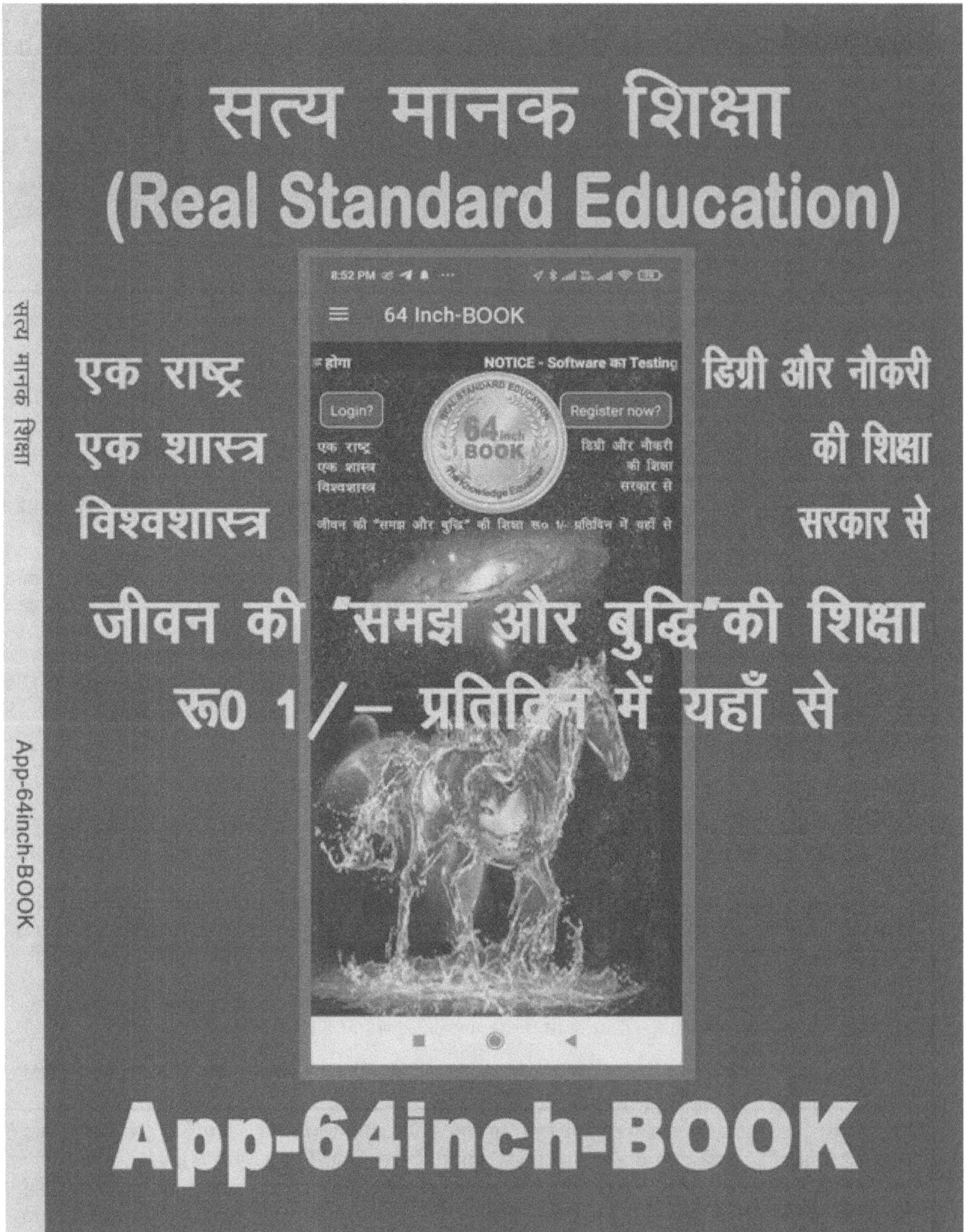
सत्य मानक शिक्षा
(Real Standard Education)
सत्य मानक शिक्षा
App-64inch-BOOK
64 Inch-BOOK
NOTICE - Software का Testing
Login?
Register now?
एक राष्ट्र
एक शास्त्र
विश्वशास्त्र
डिग्री और नौकरी
की शिक्षा
सरकार से
जीवन की "समझ और बुद्धि" की शिक्षा
रू0 1/- प्रतिदिन में यहाँ से
App-64inch-BOOK

"सत्य मानक शिक्षा" का व्यापार-एक अन्तहीन व्यापार

एक नदी पर पुल था जिसे कोई व्यक्ति पैदल दो घण्टे में पार करता था। यह पुल पैदल यात्रीयों के लिए रोक दिया गया था जिसके लिए पुल के ठीक मध्य (एक घण्टे की यात्रा) पर एक गार्ड नियुक्त था। गार्ड एक घण्टे सोता था और एक घण्टे जागता था। एक चालाक व्यक्ति को पुल से नदी पार करना अतिआवश्यक था। इसलिए गार्ड जब सोया तब वह यात्रा प्रारम्भ किया जैसे ही गार्ड के जागने का समय आया, वह वापस लौटने लगा। गार्ड समझा कि वह दूसरे किनारे से आ रहा है इसलिए उसने उस यात्री को पकड़ा और दूसरी ओर भेज दिया। इस प्रकार यात्री नदी पार हो गया।

यदि हम में से किसी को तैरकर नदी पार करना हो और आधे से पहले ही हमारा हिम्मत टूटने लगे तो हम वापस ही आना चाहेंगे। यदि आधे से अधिक तैरने के बाद हिम्मत टूटने लगेगा तो हौसला बढ़ाकर आगे ही बढकर पार करना चाहेंगे।

इसी प्रकार मनुष्य के विकास क्रम में हम सब अदृश्य विज्ञान (आध्यात्म) से दृश्य विज्ञान (भौतिक) की ओर बढ़ गये हैं। नदी या पुल का एक किनारा अदृश्य विज्ञान है तो दूसरा किनारा दृश्य विज्ञान। वर्तमान का हमारा अधिकतम जीवन नदी के दूसरे किनारे दृश्य विज्ञान की ओर है, हर पल। जन्म से ही हम अधिकतम वे सब वस्तुएँ प्रयोग कर रहे हैं जिसका कच्चा माल भले ही ईश्वरकृत हो परन्तु उपयोग का रूप मनुष्यकृत है और विज्ञान द्वारा निर्मित है। इस प्रकार मनुष्य निर्माता के रूप में अपना रूप व्यक्त कर ईश्वर की ओर ही बढ़ रहा है।

नदी के पुल पर बैठे उस गार्ड का काम और तैरने वाले का निर्णय "सत्य शिक्षा" है। वर्तमान में मनुष्य समाज अदृश्य काल से चलकर दृश्य काल में आ चुका है। आधे से वापस किनारे जाना "सत्य" को पाना है। और आधे से दूसरे किनारे पार हो जाना "सिद्धान्त" को पाना है। इन्हीं सिद्धान्त को पाने के बाद संविधान-नियम-कानून का जन्म होता है जिससे आज हम सभी संचालित व प्रभावित है। इस "सत्य-सिद्धान्त" की शिक्षा ही "सत्य मानक शिक्षा" है।

वर्तमान में जीने का अर्थ होता है-विश्व ज्ञान जहाँ तक बढ़ चुका है वहाँ तक के ज्ञान से अपने मस्तिष्क को युक्त करना। तभी डेढ़ हजार वर्ष पुराने हमारे मस्तिष्क का आधुनिकीकरण हो पायेगा। सिर्फ वर्तमान में तो पशु रहकर कर्म करते हैं। "सत्य मानक शिक्षा" मनुष्य के मस्तिष्क के आधुनिकीकरण की शिक्षा है या विज्ञान की भाषा में कहें तो मस्तिष्क के आधुनिकीकरण का साफ्टवेयर या माइक्रोचिप्स (Integrated Circuit-I.C) है। वर्तमान की अब नवीनतम परिभाषा है-"पूर्ण ज्ञान से युक्त होना" और कार्यशैली की परिभाषा है-"भूतकाल का अनुभव, भविष्य की आवश्यकतानुसार पूर्णज्ञान और परिणाम ज्ञान से युक्त होकर वर्तमान समय में कार्य करना।"

ज्ञान के इस युग में शिक्षा-विद्या-कला का व्यापार मनुष्य के धरती पर रहने तक रहेगा। ऐसी स्थिति में "सत्य मानक शिक्षा"का व्यापार भी उस समय तक के लिए स्थायित्व में है। शिक्षा-विद्या-कला कोई प्रापर्टी नहीं है कि पिता जी ग्रहण कर चुके हैं तो पुत्र को हिस्सा प्राप्त हो जायेगा। पुत्र को भी वहीं से अर्थात् अक्षर ज्ञान से शुरू होना पड़ेगा जहाँ से पिता ने शुरू किया था। इस प्रकार "सत्य मानक शिक्षा"का व्यापार एक अन्तहीन व्यापार है जो मनुष्य के पृथ्वी पर रहने तक चलता रहेगा।

स्कूल-कालेजों के जाल से शिक्षा के व्यापार का विकास होता है न कि शिक्षा का। शिक्षा का विकास तो शिक्षा पाठ्यक्रम पर निर्भर होता है जिससे शिक्षक और शिक्षार्थी दोनों निर्मित होते हैं। जब तक पूर्ण शिक्षा पाठ्यक्रम का निर्माण नहीं होता, शिक्षा का विकास नहीं हो सकता लेकिन शिक्षा के व्यापार का विकास होता रहेगा।

आध्यात्म और विज्ञान ने मानव सभ्यता के विकास में अब कम से इतना विकास तो कर ही चुका है कि अब हमें मन के एकीकरण के लिए कार्य करना चाहिए। और उस मन पर कार्य करने का ही परिणाम है-

सम्पूर्ण ब्रह्माण्ड में व्याप्त एक ही सत्य-सिद्धान्त द्वारा व्यक्तिगत व संयुक्त मन को एकमुखी कर सर्वोच्च, मूल और अन्तिम स्तर पर स्थापित करने के लिए शून्य पर अन्तिम आविष्कार WS-0 श्रृंखला की निम्नलिखित पाँच शाखाएँ है।

1. डब्ल्यू.एस. (WS)-0: विचार एवम् साहित्य का विश्वमानक
2. डब्ल्यू.एस. (WS)-00: विषय एवम् विशेषज्ञों की परिभाषा का विश्वमानक
3. डब्ल्यू.एस. (WS)-000: ब्रह्माण्ड (सूक्ष्म एवम् स्थूल) के प्रबन्ध और क्रियाकलाप का विश्वमानक
4. डब्ल्यू.एस. (WS)-0000: मानव (सूक्ष्म तथा स्थूल) के प्रबन्ध और क्रियाकलाप का विश्वमानक
5. डब्ल्यू.एस. (WS)-00000: उपासना और उपासना स्थल का विश्वमानक

और पूर्णमानव निर्माण की तकनीकी WCM-TLM-SHYAM.C (World Class Manufacturing – Total Life Maintenance – Satya-Heart-Yog-Ashram-Meditaion.Conciousness) है।

जो शिक्षा का नया माडल है। गरीबों की समस्या सुलझानें का नैतिक दायित्व है। देश में 25 वर्ष से कम उम्र के 55 करोड़ लोगों के लिए पुनर्निर्माण जैसी योजना हैं। उन्हें नौकरी और प्रशिक्षण की व्यवस्था है। रचनात्मकता, समन्वय, लीडरशिप, ग्लोबल तथा प्रोफेशनल विषयों को पढ़ने तथा सूचना तकनीक के जरिए पढ़ाई पर ध्यान केन्द्रित करने से युक्त है। हमारे देश में जो अध्यापक हैं, वे शोध नहीं करते और जो शोध करते हैं वे पढ़ाते नहीं, इसलिए शिक्षार्थी को ही शोध पत्र (विश्वशास्त्र) पढ़ाया जाय क्योंकि शिक्षक पढ़ने से तो रहे क्योंकि समान्यतः धन के आने की सुनिश्चितता के बाद लोग पढ़ना छोड़ देते हैं, यही नहीं कोशिश तो यह भी रहती है कि पढ़ाना भी न पड़े और उन्हें सेवा से हटाया भी नहीं जा सकता।

स्वामी विवेकान्द जी ने कहा था – "सुधारकों से मैं कहूंगा कि मैं स्वयं उनसे कहीं बढ़कर सुधारक हूँ। वे लोग इधर-उधर थोड़ा सुधार करना चाहते हैं- और मैं चाहता हूँ आमूल सुधार। हम लोगों का मतभेद है केवल सुधार की प्रणाली में। उनकी प्रणाली विनाशात्मक है और मेरी संघटनात्मक। मैं सुधार में विश्वास नहीं करता, मैं विश्वास करता हूँ स्वाभाविक उन्नति में।"

स्वाभाविक उन्नति तभी होती है जब संसाधन उपलब्ध हो। कार-मोटरसाइकिल घर में पहले से रहता है तो स्वाभाविक रूप से कम उम्र में ही घर के लोग चलाना सिख जाते हैं

जो व्यक्ति या देश केवल आर्थिक उन्नति को ही सर्वस्व मानता है वह व्यक्ति या देश एक पशुवत् जीवन निर्वाह के मार्ग पर है-जीना और पीढ़ी बढ़ाना। दूसरे रूप में इसे ऐसे समझा जा सकता है कि ऐसे व्यक्ति जिनका लक्ष्य धन रहा था वे अपने धन के बल पर अपनी मूर्ति अपने घर पर ही लगा सकते हैं परन्तु जिनका लक्ष्य धन नहीं था, उनका समाज ने उन्हें, उनके रहते या उनके जाने के बाद अनेकों प्रकार से सम्मान दिया है और ये सार्वजनिक रूप से सभी के सामने प्रमाणित है। पूर्णत्व की प्राप्ति का मार्ग शारीरिक-आर्थिक उत्थान के साथ-साथ मानसिक-बौद्धिक उत्थान होना चाहिए और यही है ही। इस प्रकार भारत यदि पूर्णता व विश्व गुरूता की ओर बढ़ना चाहता है तब उसे मात्र कौशल विकास ही नहीं बल्कि राष्ट्रीय बौद्धिक विकास की ओर भी बढ़ना होगा। बौद्धिक विकास, व्यक्ति व राष्ट्र का इस ब्रह्माण्ड के प्रति दायित्व है और उसका लक्ष्य है।

राष्ट्र के पूर्णत्व के लिए पूर्ण शिक्षा निम्नलिखित शिक्षा का संयुक्त रूप है-

अ-सामान्यीकरण (Generalisation) शिक्षा

ज्ञान के लिए- यह शिक्षा व्यक्ति और राष्ट्र का बौद्धिक विकास कराती है जिससे व्यक्ति व राष्ट्रीय सुख में वृद्धि होती है।

ब-विशेषीकरण (Specialisation) शिक्षा

कौशल के लिए- यह शिक्षा व्यक्ति और राष्ट्र का कौशल विकास कराती है जिससे व्यक्ति व राष्ट्रीय उत्पादकता में वृद्धि होती है।

स-सत्य नेटवर्क (REAL NETWORK)

समाज में प्रकाशित होने के लिए-क्योंकि कोई भी क्यों न हो उसे स्वयं अपना परिचय (BIO-DATA) देना पड़ता है तभी उसके अनुसार समाज उसका उपयोग करता है।

वर्तमान समय में विशेषीकरण की शिक्षा, भारत में चल ही रहा है और वह कोई बहुत बड़ी समस्या भी नहीं है। समस्या है सामान्यीकरण शिक्षा की। व्यक्तियों के विचार से सदैव व्यक्त होता रहा है कि-मैकाले शिक्षा पद्धति बदलनी चाहिए, राष्ट्रीय शिक्षा नीति व पाठ्यक्रम बनना चाहिए। ये तो विचार हैं। पाठ्यक्रम बनेगा कैसे?, कौन बनायेगा? पाठ्यक्रम में पढ़ायेंगे क्या?

एक पूर्ण मानव निर्माण प्रक्रिया में शिक्षा पाठ्यक्रम के स्वरूप का विश्वमानक निम्नवत् है। जो किसी विशेष देश-काल-पात्र पर निर्भर नही करता अर्थात् यह प्रत्येक देशों और व्यक्तियों के लिए शिक्षा का स्वरूप है। जिससे ब्रह्माण्डीय, वैश्विक और व्यक्तिगत संतुलन, स्थिरता, एकता, प्रबन्ध, विकास, शान्ति और सुरक्षा निर्धारित होती है।

1. प्राइमरी शिक्षा (कक्षा-5 तक)-भाषा ज्ञान आधारित:- क्षेत्रीय, देश, विश्व और विज्ञान की भाषा का ज्ञान, सामान्य विज्ञान, सामान्य ज्ञान, चित्र कला।

2. जूनियर हाई स्कूल (कक्षा-6 से 8 तक)-समाज ज्ञान आधारित:- क्षेत्रीय, देश, विश्व और विज्ञान की भाषा का ज्ञान, सामान्य विज्ञान, सामान्य ज्ञान, चित्र कला का विस्तार, खेल, संगीत, कृषि, समाज विज्ञान।

3. हाई स्कूल (कक्षा-9 से 10 तक)-सामान्यीकृत ज्ञान आधारित:- ज्ञान-कर्मज्ञान समाहित WCM-TLM-SHYAM.C (World Class Manufacturing – Total Life Maintenance – Satya-Heart-Yog-Ashram-Meditaion.Conciousness) प्रणाली अर्थात शिक्षा पाठ्यक्रम का विश्व मानक, कालानुसार विज्ञान, तकनीकी, व्यापारीक व प्रबन्धकीय ज्ञान की शिक्षा।

4. इण्टरमीडिएट (कक्षा-11 से 12 तक)-विशेषीकृत ज्ञान आधारित:- कौशल विकास की शिक्षा।

5. उच्च शिक्षा-इच्छानुसार विशेष क्षेत्र आधारित

"किसी देश का संविधान, उस देश के स्वाभिमान का शास्त्र तब तक नहीं हो सकता जब तक उस देश की मूल भावना का शिक्षा पाठ्यक्रम उसका अंग न हो। इस प्रकार भारत देश का संविधान भारत देश का शास्त्र नहीं है। संविधान को भारत का शास्त्र बनाने के लिए भारत की मूल भावना के अनुरूप नागरिक निर्माण के शिक्षा पाठ्यक्रम को संविधान के अंग के रूप में शामिल करना होगा। जबकि राष्ट्रीय संविधान और राष्ट्रीय शास्त्र के लिए हमें विश्व के स्तर पर देखना होगा क्योंकि देश तो अनेक हैं राष्ट्र केवल एक विश्व है, यह धरती है, यह पृथ्वी है। भारत को विश्व गुरू बनने का अन्तिम रास्ता यह है कि वह अपने संविधान को वैश्विक स्तर पर विचार कर उसमें विश्व शिक्षा पाठ्यक्रम को शामिल करे। यह कार्य उसी दिशा की ओर एक पहल है, एक मार्ग है और उस उम्मीद का एक हल है। राष्ट्रीयता की परिभाषा व नागरिक कर्तव्य के निर्धारण का मार्ग है। जिस पर विचार करने का मार्ग खुला हुआ है।"

"भारत का प्रत्येक नागरिक अपने जीवकोपार्जन के मार्ग व संघर्ष में अपने विषय का जानकार व अनुभव तो प्राप्त कर रहा है परन्तु कुछ पाने के क्रम में कुछ छूट भी जाता है इसलिए प्रत्येक नागरिक को अपने अहंकार को भूलकर यह स्वीकार करना होगा कि वह अपने विषय से हटकर अन्य विषय के विषय में कम या नहीं जानता है।"

अतः एक "आदर्श नागरिक" बनने के क्रम में न्यूनतम ज्ञान सभी को एक समान रूप से चाहिए।

NEW WORLD ORDER

"न्यू इण्डिया" का एक्शन प्लान
www.64inch.com
The Knowledge Equalizer

"सार्वभौम सत्य-सिद्धान्त" एवं "आध्यात्मिक सत्य" पर आधारित जीवन शास्त्र -"विश्वशास्त्र" की

"युग परिवर्तन" श्रृंखला की पुस्तकें

मुख्य शास्त्र

01. *विश्वशास्त्र - द नॉलेज आफ फाइनल नॉलेज*

सारांश के अनुसार

02. मैं सत्यकाशी से कल्कि महावतार बोल रहा हूँ (समष्टि गीता - यथार्थ प्रकाश)

शीर्षक के अनुसार भाग

03. विश्वस्तरीय फिल्म लेखन कला
04. प्रारम्भिक सत्य - अन्तिम दृष्टि
05. सत्य धर्म - युग परिवर्तक दृष्टि
06. सत्य दार्शनिक-दर्शन और कर्म वेदान्त-विकास दर्शन
07. सत्य शास्त्र एवं पुराण रहस्य-महर्षि व्यास कला
08. संत एवं गुरू और विश्व संत एवं गुरू
09. समाज और ईश्वरीय समाज
10. सत्य शास्त्र और विश्वशास्त्र
11. कृति और विश्व कृति
12. भारत माता मन्दिर और विश्वधर्म मन्दिर
13. महाभारत और विश्वभारत
14. संविधान और विश्व संविधान
15. शिक्षा और पूर्ण शिक्षा
16. देवता और सार्वभौम देवता कल्कि
17. देवीयाँ और सार्वभौम देवी माँ कल्कि
18. द्वादश ज्योतिर्लिंग और 13वां अन्तिम ज्योतिर्लिंग
19. काशी - मोक्षदायिनी और जीवनदायिनी
20. सत्यकाशी - स्वर्णयुग का तीर्थ
21. काशी - रहस्योद्‌घाटन
22. 2020 - मन का नवीनीकरण
23. ईश्वर का संक्षिप्त इतिहास
24. अवतार - अन्तिम सत्य दृष्टि
25. भविष्यवाणियाँ और कल्कि अवतार
26. स्वामी विवेकानन्द और कल्कि अवतार
27. मनु, मनवन्तर और कल्कि महावतार
28. व्यास, शास्त्र और कल्कि महावतार
29. ऋषि, ऋषि परम्परा और कल्कि महावतार
30. दूसरा आगमन या अन्तिम आगमन
31. परिवर्तन-काल, मनु, युग, व्यास और शास्त्र
32. राम, रावण और सार्वभौम एकात्म
33. मैं, व्यक्तिगत या सार्वभौम
34. लव कुश (त्रेतायुग) और लवकुश (कलियुग)
35. कल्कि महावतार आ चुके हैं (ACTION PLAN)
36. लव कुश सिंह (कल्कि महाअवतार)-जीवन, ज्ञान, कर्म और विश्वरूप
37. वैश्विक बुद्ध - बुद्ध का भाग दो और अन्तिम
38. बुद्धा कृष्ण - कृष्ण का भाग दो और अन्तिम
39. सम्पूर्ण क्रान्ति-अन्तिम कार्य योजना
40. पुनर्निर्माण (RENEW)-समस्या, समाधान और राष्ट्र निर्माण की योजना
41. पुनर्निर्माण (RENEW)- ग्राम एवं नगर वार्ड प्रेरक
42. विश्वशास्त्र द नालेज आफ फाइनल नालेज-परिचय
43. एन्टायर पालिटिक्स - पूर्ण पाठ्यक्रम
44. वसुधैव-कुटुम्बकम्
45. कर्मवेद : प्रथम, अन्तिम तथा पंचम वेद
46. आठवें अवतार श्रीकृष्ण के अनकहे संदेश
47. अयोध्या नहीं, मुंगेर है राम जन्मभूमि
48. विश्वमानव-भूतपूर्व नेतृत्वकर्ताओं का स्पष्टिकरण
49. विश्वमानव-वर्तमान नेतृत्वकर्ताओं का स्पष्टिकरण
50. विश्वमानव-वार्ता, वक्तव्य एवं वाणियाँ
51. विश्वमानव-पत्रावली, प्रसारण और अन्तिम पत्र
52. सत्य जनहित आह्वान
53. विश्व शान्ति-अन्तिम सत्य दृष्टि
54. नई विश्व व्यवस्था का रहस्य
55. समाजवाद - ब्रह्माण्डीय विकास का अवतारी मार्ग
56. भारतवाद - राष्ट्रवाद की मुख्यधारा
57. 100 वर्षीय संयुक्त राष्ट्र को अग्रिम सन्देश
58. सार्वभौम एकात्म-नव विश्व निर्माण
59. गणराज्य, संघ, मानकीकरण संगठन और सम्पूर्ण मानक
60. व्यापार केन्द्र (TRADE CENTRE)-दृश्य सत्य
61. मन का विश्वमानक और पूर्ण मानव निर्माण की तकनीकी (WCM-TLM-SHYAM.C)
62. मानक विपणन प्रणाली (3F:FUEL-FIRE-FUEL)
63. स्वर्णयुग का मानक आदर्श नागरिक-दिशा निर्देश
64. विश्वधर्म : परिचय (स्वर्णयुग का धर्म)

व्यक्ति और विभागीय स्तर पर सफाई-सुधार का पहला प्रारूप की पुस्तक - डा0 रमेश कुमार द्वारा लिखित "विशाल ज्ञान विज्ञान सबका समाधान" है

दर्शन, विचार एवं संपादन

लव कुश सिंह "विश्वमानव"

Search on Google -> Lava Kush Singh "vishwmanav"

पुस्तक उपलब्ध

notionpress.com
Book Store

www.ingramcontent.com/pod-product-compliance
Lightning Source LLC
LaVergne TN
LVHW080933071026
849535LV00013B/4188
* 9 7 8 1 6 4 8 9 9 4 8 0 7 *